COMENTÁRIOS AO ESTATUTO DA ADVOCACIA E DA OAB

GEN
Grupo Editorial Nacional

O GEN | Grupo Editorial Nacional – maior plataforma editorial brasileira no segmento científico, técnico e profissional – publica conteúdos nas áreas de concursos, ciências jurídicas, humanas, exatas, da saúde e sociais aplicadas, além de prover serviços direcionados à educação continuada.

As editoras que integram o GEN, das mais respeitadas no mercado editorial, construíram catálogos inigualáveis, com obras decisivas para a formação acadêmica e o aperfeiçoamento de várias gerações de profissionais e estudantes, tendo se tornado sinônimo de qualidade e seriedade.

A missão do GEN e dos núcleos de conteúdo que o compõem é prover a melhor informação científica e distribuí-la de maneira flexível e conveniente, a preços justos, gerando benefícios e servindo a autores, docentes, livreiros, funcionários, colaboradores e acionistas.

Nosso comportamento ético incondicional e nossa responsabilidade social e ambiental são reforçados pela natureza educacional de nossa atividade e dão sustentabilidade ao crescimento contínuo e à rentabilidade do grupo.

COMENTÁRIOS AO ESTATUTO DA ADVOCACIA E DA OAB

PAULO LÔBO

18ª edição
revista, atualizada e reformulada

gen | saraiva jur

- O autor deste livro e a editora empenharam seus melhores esforços para assegurar que as informações e os procedimentos apresentados no texto estejam em acordo com os padrões aceitos à época da publicação, e *todos os dados foram atualizados pelo autor até a data de fechamento do livro*. Entretanto, tendo em conta a evolução das ciências, as atualizações legislativas, as mudanças regulamentares governamentais e o constante fluxo de novas informações sobre os temas que constam do livro, recomendamos enfaticamente que os leitores consultem sempre outras fontes fidedignas, de modo a se certificarem de que as informações contidas no texto estão corretas e de que não houve alterações nas recomendações ou na legislação regulamentadora.

- Data de fechamento do livro: *15.10.2025*

- O autor e a editora se empenharam para citar adequadamente e dar o devido crédito a todos os detentores de direitos autorais de qualquer material utilizado neste livro, dispondo-se a possíveis acertos posteriores caso, inadvertida e involuntariamente, a identificação de algum deles tenha sido omitida.

- **Atendimento ao cliente: (11) 5080-0751 | faleconosco@grupogen.com.br**

Publicada pelo selo **SaraivaJUR**
Uma editora integrante do GEN | Grupo Editorial Nacional
Travessa do Ouvidor, 11
Rio de Janeiro – RJ – 20040-040
www.grupogen.com.br

- Capa: Deborah Mattos

- **CIP-BRASIL. CATALOGAÇÃO NA PUBLICAÇÃO**
SINDICATO NACIONAL DOS EDITORES DE LIVROS, RJ

L784c
18. ed.

Lobo, Paulo Luiz Netto, 1949-
Comentários ao estatuto da advocacia e da OAB / Paulo Lôbo. - 18. ed. - Rio de Janeiro : Saraiva Jur, 2026.

Inclui bibliografia
ISBN 9786584004306

1. Brasil. [Estatuto da Advocacia e Ordem dos Advogados do Brasil (1994)]. 2. Ordem dos Advogados do Brasil. 3. Advogados - Estatuto legal, leis, etc. - Brasil. 4. Ética jurídica - Brasil I. Título.

25-101170.0 CDU: 347.965.8(81)

Carla Rosa Martins Gonçalves - Bibliotecária - CRB-7/4782

Em homenagem
aos Ex-Presidentes Nacionais da OAB
Marcello Lavenère Machado (*in memoriam)*
e José Roberto Batochio,
em cujas gestões o Estatuto da Advocacia e da OAB
foi concebido, discutido e convertido em Lei.

SOBRE O AUTOR

PAULO LÔBO

Doutor em Direito pela Universidade de São Paulo (USP).

Advogado e professor emérito da Universidade Federal de Alagoas (UFAL).

Ex-Conselheiro do Conselho Nacional de Justiça (CNJ).

Foi Conselheiro Federal da OAB, ocasião em que atuou como coordenador e relator da comissão de sistematização do anteprojeto do Estatuto da Advocacia e da OAB e do Regulamento Geral.

NOTA À 18ª EDIÇÃO

Esta edição mantém o padrão das anteriores, desde a primeira, de 1994, relacionando os comentários a cada capítulo da lei, distribuídos sistematicamente por itens temáticos, que podem agrupar um ou mais preceitos legais do capítulo. Os comentários são de doutrina jurídica, com referências à legislação aplicável, à jurisprudência dos tribunais, à jurisprudência administrativa da OAB e, complementarmente, ao direito estrangeiro.

Os dispositivos do Regulamento Geral são mencionados nos comentários dos artigos do Estatuto da Advocacia, Lei n. 8.906/94 (doravante Estatuto), aos quais se vinculam. Quanto ao Código de Ética e Disciplina, seu conteúdo é sempre referido em nossos comentários aos temas éticos e disciplinares, pertinentes a cada artigo do Estatuto.

Mudanças legais e regulamentares, direta ou indiretamente aplicáveis à advocacia, além de novas orientações na jurisprudência dos tribunais superiores e do próprio Conselho Federal da OAB, ocorridas após a última publicação, tornaram necessária uma nova, revista e atualizada edição.

ÍNDICE GERAL

PARTE I
DA ADVOCACIA

PARTE II
DA ORDEM DOS ADVOGADOS DO BRASIL

PARTE I

DA ADVOCACIA

ORIGENS DA ADVOCACIA

ORIGENS REMOTAS DA ADVOCACIA

A advocacia, como defesa de pessoas, direitos, bens e interesses, teria nascido no terceiro milênio antes de Cristo, na Suméria, se forem considerados apenas dados históricos mais remotos, conhecidos e comprovados. Segundo um fragmento do Código de Manu, sábios em leis poderiam ministrar argumentos e fundamentos para quem necessitasse defender-se perante autoridades e tribunais. No Antigo Testamento recolhe-se idêntica tradição entre os judeus. No Egito, proibiam-se as alegações oratórias, para que as artes suasórias e os usos retóricos do defensor não influíssem nos juízes (Martinez Val, 1981, p. 1-5). Há quem localize na Grécia antiga, especialmente em Atenas, o berço da advocacia, onde a defesa dos interesses das partes, por grandes oradores como Demóstenes, Péricles, Isócrates, se generalizou e se difundiu (Rossi, 1990, p. 16).

Tais hipóteses, no entanto, não configuraram a existência de uma profissão, de uma atividade profissional permanente e reconhecida.

Se tomarmos por referência o mundo romano, ao qual nos vinculamos por tradição cultural, poderemos encontrar traços evolutivos da advocacia, que poderia ser desdobrada em dois tipos de profissionais distintos: os advogados, como patronos e representantes das partes, e os jurisconsultos. Estes últimos, acreditados pela alta qualidade científica e moral de suas opiniões jurídicas, granjearam, ao longo da história romana, reconhecimento oficial, inclusive para vincular as decisões judiciais. Eram as *responsia prudentium* (daí, jurisprudência) que seriam levadas em conta no julgamento. Lê-se no preâmbulo das Instituições de Justiniano, voltadas à "mocidade que estuda as leis", que esse Imperador, em 530-533, promoveu a reunião nos cinquenta livros do *Digesto* ou *Pandectas* do direito romano antigo, nomeadamente dos pareceres, opiniões e obras dos jurisconsultos romanos (Justianiano, 1979, p. 3), constituindo a fonte básica do grande sistema jurídico romano-germânico, do qual somos tributários.

Em Roma, inicialmente, a advocacia forense era tarefa cometida apenas aos patrícios, que a desempenhavam como *patronos* de seus pares e clientes (*patronus*), porque somente eles tinham acesso ao direito. Após a Lei das XII Tábuas, em mais ou menos 450 antes de Cristo, com a vitória política da plebe, cessou tal monopólio do direito, aumentando o número de advogados leigos e plebeus postulando em juízo, com a denominação de *advocatus* (Corrêa, 1986, p. 1-24), que predominou daí por diante.

No *Digesto* (D. 50, 13, 1, 11) inexiste qualquer distinção, considerando-se advogados todos quantos "se dão ao estudo das leis e pleiteiam causas nas quais elas se aplicam". Dessa forma, tornaram-se indistintas as funções do jurisconsulto (jurista, no sentido estrito atual) e do advogado.

Durante a Idade Média europeia, segundo Max Weber, distinguiu-se do advogado o "prolocutor" (*counsel*), que se colocava ao lado das partes no tribunal, contribuindo para a formulação da sentença e para a proposta de decisão; de certa forma, pertencia ao grupo de julgadores. Já o advogado (*avoué, solicitor, attorney, procurator*) assumia a direção técnica na preparação do procedimento e na obtenção dos meios de prova. Mas essas funções só puderam ser exercidas quando o procedimento foi em grande medida racionalizado. No procedimento primitivo não se concebia o advogado com as funções atuais. Na Inglaterra quase todos os advogados procediam do grupo dos únicos que sabiam escrever, ou seja, os clérigos; somente a partir do século XV os advogados laicos conseguiram se organizar em quatro grêmios dos *Jures of Court*, excluindo os clérigos. Desses grêmios saíam os juízes, que faziam com os advogados vida profissional comum. No mundo islâmico, o *Mufti* foi um perfeito paralelo do jurisconsulto romano (Weber, 1977, p. 58-9).

Longa tradição aponta Santo Ivo como o patrono dos advogados. Nascido na França, em 1253, cursou direito, filosofia e teologia. Ordenado sacerdote, por quatro anos foi juiz eclesiástico na diocese de Rennes. Atuou perante os tribunais na defesa dos pobres e dos necessitados, sendo por isso conhecido como o "advogado dos pobres". No dia 19 de maio de 1347 foi canonizado, comemorando-se nessa data o dia do defensor público.

ADVOCACIA COMO PROFISSÃO ORGANIZADA

Pode-se afirmar, a partir de fontes variadas, que a advocacia se converteu em profissão organizada quando o Imperador Justino, antecessor de Justiniano, constituiu no século VI a primeira Ordem de Advogados no Império Romano do Oriente, obrigando o registro a quantos fossem advogar no foro. Requisitos rigorosos foram impostos: ter aprovação em exame de jurisprudência, ter boa reputação, não ter mancha de infâmia, comprometer-se a defender quem o pretor em caso de necessidade designasse, advogar sem falsidade, não pactuar *quota litis*, não abandonar a defesa, uma vez aceita.

Vários autores, no entanto, apontam o século XIII, com a Ordenança francesa do Rei São Luiz, que indicava requisitos para o exercício da profissão, como o marco inicial da regulamentação legal da advocacia. Mas, na verdade, a Ordenança tinha por objeto as primeiras regras deontológicas da profissão e não propriamente sua regulamentação.

Hamelin e Damien (1995, p. 17) sustentam, no entanto, que a primeira menção que se tem dos advogados foi em um capitular de Carlos Magno, em 802, e que os gregos e romanos ignoraram a profissão. Têm razão os autores se tomarmos a advocacia como profissão organizada, mas eles próprios reconhecem que "em Roma a função do advogado existia sob a forma de uma instituição liberal" e, ainda, que no Baixo Império os advogados foram organizados em colégio sob o nome de "Ordem dos Advogados", durante o império de Justino.

ADVOCACIA NO MUNDO LUSO-BRASILEIRO

Em Portugal, alguns forais no século XIII já faziam referência aos advogados, mas é com as Ordenações Filipinas (notadamente no Livro 1, Título XLVIII) que se tenta a primeira organização da advocacia, com reflexos no Brasil. As Ordenações determinavam o tempo de oito anos para o curso jurídico; exame para atuar na Casa da Suplicação; impossibilidade de advogar contra a lei; responsabilidade civil do advogado; penas disciplinares aplicadas pelo juiz, inclusive degredo para o Brasil; e várias normas ético-profissionais.

Os historiadores da profissão costumam apresentar como primeiro advogado, no Brasil, Duarte Peres, o *bacharel de Cananeia*, degredado deixado em Cananeia no ano de 1501 (Sodré, 1975, p. 277). Para alguns historiadores seu nome seria Mestre Cosme Fernandes, um judeu de reconhecida cultura que fora expulso de Portugal por motivos religiosos, tendo sido encontrado vinte anos depois vivendo com os índios. Durante a Colônia, o quadro geral do foro brasileiro era desolador: magistratura ignorante e corrompida de um lado e, de outro, rabulice analfabeta e trapaceira, segundo Plínio Barreto (*apud* Paulo Filho, 1997, p. 18).

Durante o período colonial, o exercício da profissão de advogado era mais ou menos livre, constituindo o espaço de atuação dos leguleios ou rábulas, ou seja, dos que aprendiam e exerciam o ofício na prática. As Ordenações Filipinas (Livro 1, Título XLVIII) determinavam que "todos os Letrados, que houverem de advogar e procurar em nossos Reinos, tenham oito anos de estudo cursados na Universidade de Coimbra em Direito Canônico, ou Civil, ou em ambos", com penas severas de prisão ou degredo para os infratores. Todavia, o Alvará régio de 24 de julho de 1713 declarou que, fora da Corte, poderia ser advogado "qualquer pessoa idônea, ainda que não seja formado, tirando Provisão". Desse termo resultou a figura do provisionado, que perdurou no Brasil até o advento do atual Estatuto da Advocacia (Lei n. 8.906/94). Assim, pelas evidentes dificuldades de deslocamento para Coimbra, o título de bacharel em Direito era quase nobiliárquico, servindo muito mais para a conquista de postos de comando da alta burocracia ou de efeito simbólico dos estamentos do poder na Colônia e no Império.

O CFOAB, em 2022, concedeu o título de primeira advogada do Brasil à Esperança Garcia, mulher negra e escravizada. Uma Carta escrita por ela em 6 de setembro de 1770 é considerada um dos registros mais antigos que uma pessoa escravizada fez sobre a sua situação. Tinha o formato de petição e era dirigida a Gonçalo Lourenço Botelho de Castro, presidente da Província de São José do Piauí, para reclamar os maus-tratos sofridos por ela e seu filho e a violação à liberdade religiosa.

No Brasil independente, a advocacia (e as profissões jurídicas em geral) identifica seu ponto de partida como profissão reconhecida, na criação dos cursos jurídicos, em 11 de agosto de 1827, em Olinda e São Paulo. Em verdade, a lei de 1827 foi antecedida pelo decreto de 9 de julho de 1825, que criou provisoriamente na Capital do Império (Rio de Janeiro) um curso jurídico, o qual nunca se instalou durante o Império, mas permitiu a elaboração dos Estatutos das Faculdades de Direito, pelo Visconde de Cachoeira, mais tarde adotados pelas Faculdades de São Paulo (instalada em 1º-3-1828 no Convento de São Francisco) e de Olinda (instalada em 15-5-1828 no Mosteiro de São Bento e transferida para Recife em 1854).

Os cursos jurídicos criados no Império tinham finalidades explícitas de formação dos quadros dirigentes, como se lê nos Estatutos do Visconde Cachoeira, aos quais remete o art. 10 da Lei, e, residualmente, de advogados. O caráter genérico das disciplinas ministradas não contribuiu para a profissionalização, servindo os cursos como espaços de revelação de vocações políticas e literárias.

A fundação do Instituto da Ordem dos Advogados Brasileiros, em 1843, e, finalmente, a criação da Ordem dos Advogados do Brasil, em 1930, simbolizam as etapas evolutivas da organização da advocacia brasileira, consagradas no atual Estatuto da Advocacia (que, pela primeira vez, assim se denominou formalmente) – a Lei n. 8.906, de 4 de julho de 1994.

Na República Velha, a hegemonia política dos bacharéis deu sinais de declínio, na proporção do crescimento da advocacia como profissão autônoma e independente do Poder Público. Somente com a criação da OAB, em 1930, iniciou no Brasil a regulamentação profissional do advogado, com exigência de formação universitária, salvo nas regiões onde se fazia necessária a figura do rábula ou provisionado. Até 1994, os dois primeiros Estatutos da Advocacia (Dec. n. 20.784/31 e Lei n. 4.215/63) voltaram-se exclusivamente para a advocacia entendida como profissão liberal, autônoma. Não contemplaram a advocacia extrajudicial e o advogado assalariado dos setores público e privado.

O descompasso com a realidade profissional e social levou à necessidade de elaboração de novo Estatuto, o de 1994. A advocacia passou a ser entendida como exercício profissional de postulação a qualquer órgão do Poder Judiciário e como atividade de consultoria, assessoria e direção jurídicas extrajudiciais. Também disciplinou o sentido e alcance de sua indispensabilidade na administração da justiça, prevista no art. 133 da Constituição Federal.

LEI N. 8.906, DE 4 DE JULHO DE 1994

Dispõe sobre o Estatuto da Advocacia e a Ordem dos Advogados do Brasil – OAB

O PRESIDENTE DA REPÚBLICA
Faço saber que o Congresso Nacional decreta e eu sanciono a seguinte Lei:

TÍTULO I
DA ADVOCACIA

CAPÍTULO I
DA ATIVIDADE DE ADVOCACIA

Art. 1º São atividades privativas de advocacia:

I – a postulação a ~~qualquer~~ órgão do Poder Judiciário e aos juizados especiais;

- *O termo "qualquer" foi considerado inconstitucional pelo STF na ADI 1.127-8.*

II – as atividades de consultoria, assessoria e direção jurídicas.

§ 1º Não se inclui na atividade privativa de advocacia a impetração de *habeas corpus* em qualquer instância ou tribunal.

§ 2º Os atos e contratos constitutivos de pessoas jurídicas, sob pena de nulidade, só podem ser admitidos a registro, nos órgãos competentes, quando visados por advogados.

§ 3º É vedada a divulgação de advocacia em conjunto com outra atividade.

Art. 2º O advogado é indispensável à administração da justiça.

§ 1º No seu ministério privado, o advogado presta serviço público e exerce função social.

§ 2º No processo judicial, o advogado contribui, na postulação de decisão favorável ao seu constituinte, ao convencimento do julgador, e seus atos constituem múnus público.

§ 2º-A. No processo administrativo, o advogado contribui com a postulação de decisão favorável ao seu constituinte, e os seus atos constituem múnus público.

- *§ 2º-A acrescentado pela Lei n. 14.365/2022.*

§ 3º No exercício da profissão, o advogado é inviolável por seus atos e manifestações, nos limites desta Lei.

Art. 2º-A. O advogado pode contribuir com o processo legislativo e com a elaboração de normas jurídicas, no âmbito dos Poderes da República.

- *Art. 2º-A acrescentado pela Lei n. 14.365/2022.*

Art. 3º O exercício da atividade de advocacia no território brasileiro e a denominação de advogado são privativos dos inscritos na Ordem dos Advogados do Brasil – OAB.

§ 1º Exercem atividade de advocacia, sujeitando-se ao regime desta Lei, além do regime próprio a que se subordinem, os integrantes da Advocacia-Geral da União, da Procuradoria da Fazenda Nacional, da Defensoria Pública e das Procuradorias e Consultorias Jurídicas dos Estados, do Distrito Federal, dos Municípios e de suas respectivas entidades de administração indireta e fundacional.

§ 2º O estagiário de advocacia, regularmente inscrito, pode praticar os atos previstos no art. 1º, na forma do Regulamento Geral, em conjunto com advogado e sob a responsabilidade deste.

Art. 3º-A. Os serviços profissionais de advogado são, por sua natureza, técnicos e singulares, quando comprovada sua notória especialização, nos termos da lei.

Parágrafo único. Considera-se notória especialização o profissional ou a sociedade de advogados cujo conceito no campo de sua especialidade, decorrente de desempenho anterior, estudos, experiências, publicações, organização, aparelhamento, equipe técnica ou de outros requisitos relacionados com suas atividades, permita inferir que o seu trabalho é essencial e indiscutivelmente o mais adequado à plena satisfação do objeto do contrato.

- *Art. 3º-A acrescentado pela Lei n. 14.039/2020.*

Art. 4º São nulos os atos privativos de advogado praticados por pessoa não inscrita na OAB, sem prejuízo das sanções civis, penais e administrativas.

Parágrafo único. São também nulos os atos praticados por advogado impedido – no âmbito do impedimento –, suspenso, licenciado ou que passar a exercer atividade incompatível com a advocacia.

Art. 5º O advogado postula, em juízo ou fora dele, fazendo prova do mandato.

§ 1º O advogado, afirmando urgência, pode atuar sem procuração, obrigando-se a apresentá-la no prazo de 15 (quinze) dias, prorrogável por igual período.

§ 2º A procuração para o foro em geral habilita o advogado a praticar todos os atos judiciais, em qualquer juízo ou instância, salvo os que exijam poderes especiais.

§ 3º O advogado que renunciar ao mandato continuará, durante os 10 (dez) dias seguintes à notificação da renúncia, a representar o mandante, salvo se for substituído antes do término desse prazo.

§ 4º As atividades de consultoria e assessoria jurídicas podem ser exercidas de modo verbal ou por escrito, a critério do advogado e do cliente, e independem de outorga de mandato ou de formalização por contrato de honorários.

- *§ 4º acrescentado pela Lei n. 14.365/2022.*

COMENTÁRIOS

DENOMINAÇÃO DE ADVOGADO

Origem da denominação

Para o Estatuto, advogado é o bacharel em Direito, inscrito no quadro de advogados da OAB, que realiza atividade de postulação ao Poder Judiciário, como representante judicial de seus clientes, e atividades extrajudiciais de direção, consultoria e assessoria em matérias jurídicas.

Denominava-se advogado (*advocatus*) em Roma, inicialmente, o que era chamado em defesa (*vocati ad, ad-vocati*) ou que reunia prova para o *patronus*, durante o período aristocrático da profissão. Após a Lei das XII Tábuas, ampliou-se o direito dos que podiam pleitear causas, eliminando-se o privilégio do patriciado, assumindo contornos mais precisos a profissão de *advocatus*.

Segundo a lição de Alexandre Augusto de Castro Corrêa (1986, p. 3), "já sob Augusto, *advocatus* torna-se sinônimo de *patronus* e vemos o primeiro termo perder o primitivo sentido: *postulare advocationem*, e, então, pedir licença para defender um acusado. A função do advogado chamou-se *officium, munus advocationis*".

As antigas distinções, encontradas nos textos romanos, de *advocatus*, *patronus* e *causidicus* desapareceram nos séculos II e III depois de Cristo, em benefício da primeira denominação. Da mesma forma, quanto ao termo *leguleii* atribuídos aos jurisconsultos de segunda categoria que ajudavam os litigantes e se apegavam ao estudo da letra da lei e das formas de processo.

De maneira geral, na atualidade, a atividade de advocacia é unificada, mesmo quando se adotam denominações variadas, a exemplo dos países de *common law*, cujos profissionais são descritos como *lawers, attorneys, barristers* ou *counsellors*, salvo no caso da Inglaterra, que mantém a distinção de competência entre os *barristers* (que advogam perante os tribunais superiores e que não tratam diretamente com os clientes) e os *solicitors* (que advogam perante os juízos e tribunais inferiores e tratam diretamente com os clientes). Nos Estados Unidos os termos *barrister* e *solicitor* foram substituídos por *attorney* e *counselor of law* pelos integrantes do chamado "Foro" (*Bar*), que inclui os promotores públicos e os juízes. Na França, a antiga distinção de funções que havia entre *avocats* e *avoués* desapareceu com a Lei de 31 de dezembro de 1971. Com a Lei de 31 de dezembro de 1990 houve a fusão dos *avocats* com os *conseils juridiques*.

A palavra "advogado" é muito assemelhada nos vários idiomas de origem europeia, com exceção dos países anglófonos (embora residualmente se utilize *advocate*). Na União Europeia, em virtude de diretivas específicas, são utilizadas as seguintes denominações, que tutelam o exercício profissional: Alemanha: *rechtsanwalt*; Bélgica: *avocat, advocat*; Dinamarca: *advokat*; Espanha: *abogado, advocat, avogado, abokatu*; Grã-Bretanha: *advocate, barrister, solicitor*; na Finlândia: *asianajaja, advokat*; na França: *avocat*; Grécia: *dikigoros*; Holanda: *advocaat*; Itália: *avvocato*; Irlanda: *barrister, solicitor*; Luxemburgo: *avocat*; Portugal: *advogado*; Suécia: *advokat*.

Uso da denominação segundo o Estatuto

Apenas os inscritos na OAB podem utilizar a denominação *advogado*, única utilizada no Brasil. Os cursos jurídicos não formam advogados (como não formam magistrados, procuradores, promotores de justiça, delegados de carreira, defensores públicos), mas bacharéis em direito. A legislação anterior que disciplinava os cursos jurídicos, inclusive a lei de 11 de agosto de 1827, fazia referência também a doutor em direito, reservada apenas para os professores catedráticos. Advogado não é gênero, mas apenas espécie de profissional do direito.

Deixam de ser advogados os que, por qualquer motivo, têm suas inscrições canceladas na OAB. Os licenciados não perdem a qualificação, embora tenham o exercício profissional suspenso.

Por hábito bastante difundido, no Brasil, costuma-se tratar o advogado por *doutor*. No entanto, são situações distintas. Doutor é o que obteve o título de doutor em direito, conferido por instituição de pós-graduação credenciada para tanto, com defesa de tese. Embora não se possa evitar o tratamento social, o uso indevido do título de doutor em documentos profissionais e nos meios de publicidade configura infração ética. Como lembra Ruy de Azevedo Sodré (1975, p. 334), há "velha recomendação, sempre renovada, de que o advogado não use, em seus cartões, impressos e placas indicativas, a denominação de doutor, que não lhe é própria".

ATO E ATIVIDADE DE ADVOCACIA

O art. 1º diz quais são os atos privativos da atividade de advocacia no estágio atual. Apenas os advogados legalmente inscritos na OAB podem praticá-los, sob pena de exercício ilegal da profissão.

A atividade é concebida como um conjunto de atos teleologicamente orientados, em um quadro de continuidade, permanência e integração. Ato e atividade distinguem-se e interpenetram-se na relação de conteúdo e continente. A petição, o contrato, o parecer são atos isolados, que fazem sentido quando integrados à atividade da advocacia.

Ressalte-se que as hipóteses desse artigo não constituem enumeração exaustiva (*numerus clausus*). Enunciam tipos básicos e inconfundíveis, mas não excluem outros que por sua natureza enquadram-se na atividade própria da advocacia, ditados pela evolução das necessidades jurídicas e sociais.

Igualmente, no processo administrativo, a representação e defesa das partes deve ser feita por advogado e não por leigo. E quando estiver em jogo direito da parte, é obrigatória a presença do advogado. Porém, segundo a Súmula Vinculante 5/STF, "a falta de defesa técnica por advogado no processo administrativo disciplinar não ofende a Constituição".

Fora do âmbito dos órgãos do Poder Judiciário, a capacidade postulatória mediante advogado pode ser fixada em lei, quando houver representação regular, como o fez a Lei n. 9.307/96, relativamente aos procedimentos arbitrais: "As partes poderão postular por intermédio de advogado, respeitada, sempre, a faculdade de designar quem as represente ou assista no procedimento arbitral" (art. 21, § 3º).

De acordo com o Provimento n. 196/2020 do CFOAB, também constitui atividade de advocacia, para todos os fins legais, a atuação dos advogados como conciliadores nos juizados especiais ou como mediadores, estes regulados pela Lei n. 13.140/2015. O mediador é terceiro escolhido pelas partes (extrajudicial) ou designado pelo tribunal (judicial), sem poder decisório.

Ainda de acordo com o Provimento n. 196/2020, considera-se atividade de advocacia a atuação do advogado como árbitro, apesar de ser prática eventual de julgamento extrajudicial, conforme disciplina a Lei n. 9.307/96. Nessa hipótese, os advogados atuam em situações distintas: ou como árbitro (julgamento), ou como representante de parte (postulação), ou como parecerista (assessoramento).

Forte corrente, na doutrina e na jurisprudência dos tribunais, entende inaplicável ao advogado a legislação de proteção ao consumidor. Nesse sentido, a Súmula 2/2011 do CFOAB, segundo a qual a "Lei n. 8.906/94 esgota toda a matéria, descabendo a aplicação subsidiária do CDC".

POSTULAÇÃO PERANTE OS ÓRGÃOS DO PODER JUDICIÁRIO E DA ADMINISTRAÇÃO PÚBLICA. *JUS POSTULANDI* DA PARTE

Postulação é ato de pedir ou exigir a prestação jurisdicional do Estado. Exige qualificação técnica. Promove-a privativamente o advogado, em nome de seu cliente. Esta é a função tradicional, historicamente cometida à advocacia. O advogado tem o monopólio da assistência e da representação das partes em juízo. Ninguém, ordinariamente, pode postular em juízo sem a assistência de advogado, a quem compete o exercício do *jus postulandi*, salvo (CPC, art. 103) a postulação em causa própria quando tiver habilitação legal. São nulos de pleno direito os atos processuais que, privativos de advogado, venham a ser praticados por quem não dispõe de capacidade postulatória. Assim decidiu o STF no AgRg 1.354, que fez a distinção entre *jus postulandi* e *direito de petição* assegurado à generalidade das pessoas, que não inclui aquele; reafirmando que "o direito de petição não implica, por si só, a garantia de estar em Juízo, litigando em nome próprio ou como representante de terceiro, se, para isso, não estiver devidamente habilitado, na forma da lei" (MI 772).

O Estatuto procurou afastar as dúvidas de interpretação relativas à necessidade de participação do advogado para postular perante determinados órgãos do Poder Judiciário, presentes em decisões flutuantes dos tribunais, após o advento da Constituição de 1988. Envolve a postulação a qualquer órgão do Poder Judiciário, a saber (art. 92 da Constituição, com a redação da EC n. 45/2004):

"I – o Supremo Tribunal Federal;

I-A – o Conselho Nacional de Justiça;

II – o Superior Tribunal de Justiça;

III – os Tribunais Regionais Federais e Juízes Federais;

IV – os Tribunais e Juízes do Trabalho;

V – os Tribunais e Juízes Eleitorais;

VI – os Tribunais e Juízes Militares;

VII – os Tribunais e Juízes dos Estados e do Distrito Federal e Territórios".

Não há qualquer exceção, dado o amplo alcance do art. 133 da Constituição, salvo o Conselho Nacional de Justiça, que não é órgão jurisdicional (mas o patrocínio por terceiros apenas pode ser feito por advogado). A norma do art. 1º do Estatuto explicita e regulamenta o art. 133, nesta sede, pondo cobro aos entendimentos restritivos, que admitiam a postulação direta das partes a certos órgãos judiciários.

Sem embargo da força normativa expressa do art. 1º do Estatuto, o STF, na ADI 1.127-8, considerou-o constitucional, mas imprimiu interpretação restritiva ao preceito, ao excluir de seu alcance os juizados especiais e a justiça do trabalho. No julgamento definitivo, em 17 de maio de 2006, o STF decidiu pela inconstitucionalidade do termo "qualquer" constante do inciso I e considerou prejudicado o pedido quanto aos juizados especiais, tendo em vista as alterações legislativas posteriores.

"A Constituição da República estabeleceu que o acesso à justiça e o direito de petição são direitos fundamentais (art. 5º, inc. XXXIV, alínea *a*, e XXXV), porém estes não garantem a quem não tenha capacidade postulatória litigar em juízo, ou seja, é vedado o exercício do direito de ação sem a presença de um advogado, considerado 'indispensável à administração da justiça' (art. 133 da Constituição da República e art. 1º da Lei n. 8.906/94), com as ressalvas legais. (...) Incluem-se, ainda, no rol das exceções, as ações protocoladas nos juizados especiais cíveis, nas causas de valor até vinte salários mínimos (art. 9º da Lei n. 9.099/95), e as ações trabalhistas (art. 791 da Consolidação das Leis do Trabalho), não fazendo parte dessa situação privilegiada a ação popular" (AO 1.531-AgR).

Com relação aos juizados especiais, previstos no art. 98, I, da Constituição, a Lei n. 9.099/95, que os regulamentou, estabeleceu que a dispensa do advogado fosse admitida quando o valor da causa não ultrapassar o limite de vinte salários mínimos. A partir daí será indispensável a representação mediante advogado. Já a Lei n. 10.259/2001 instituiu os juizados especiais cíveis e criminais no âmbito da justiça federal e estabeleceu o limite de sessenta salários mínimos ou o de infrações que a lei comine pena máxima de dois anos ou multa. O CF da OAB ajuizou ação direta de inconstitucionalidade (ADI 1.539) contra a primeira parte do art. 9º da Lei n. 9.099/95, com fundamento no art. 133 da Constituição, mas o STF manteve a assistência jurídica facultativa em ações de até vinte salários mínimos, por entender que "não é absoluta a assistência compulsória do profissional da advocacia em juízo".

Com idêntico objetivo, o Conselho Federal ajuizou a ADI 3.168 contra a dispensa do advogado nos juizados especiais cíveis e criminais da Justiça Federal, prevista na Lei n. 10.259/2001; neste caso, decidiu o STF em 8 de junho de 2006 que: "Perante os juizados especiais federais, em processos de natureza cível, as partes podem comparecer pessoalmente em juízo ou designar representante, advogado ou não, desde que a causa não ultrapasse o valor de sessenta salários mínimos (art. 3º da Lei n. 10.259/2001) e sem prejuízo da aplicação subsidiária integral dos parágrafos do art. 9º da Lei n. 9.099/95. Já quanto aos processos de natureza criminal, em homenagem ao princípio da ampla defesa, é imperativo que o réu compareça ao processo devidamente acompanhado de profissional habilitado a oferecer-lhe defesa técnica de qualidade, ou seja, de advogado devidamente inscrito nos quadros da Ordem dos Advogados do Brasil ou defensor público. Aplicação subsidiária do art. 68, III, da Lei n. 9.099/95. Interpretação conforme, para excluir do âmbito de incidência do art. 10 da Lei n. 10.259/2001 os feitos de competência dos juizados especiais criminais da Justiça Federal".

A decisão do Supremo Tribunal, no que concerne à justiça trabalhista, resultou em tornar compatíveis o Estatuto e a CLT, não tendo aquele derrogado esta. Mantém-se a situação anterior de representação profissional facultativa, embora a prática tenha demonstrado que, na quase totalidade das reclamações, as partes (empregadores e empregados) sejam sempre patrocinados por advogados. A Lei n. 10.288/2001 estendeu a dispensa do advogado na justiça trabalhista, ao ampliar a competência do sindicato, na prestação de assistência judiciária gratuita, e ao assegurar que, na falta do representante legal, o menor de 18 anos tenha sua reclamação trabalhista feita pela Procuradoria da Justiça do Trabalho, pelo sindicato, pelo Ministério Público estadual ou por curador nomeado em juízo. A Quarta Turma do TST decidiu que a natureza extraordinária do recurso de revista "exige que seja interposto por advogado devidamente inscrito na OAB, a quem é reservada a atividade privativa da postulação em juízo, entre os quais o ato de recorrer" (AIRR 886/2000). Para o TST, o art. 791 da CLT, que admite que empregados e empregadores possam reclamar pessoalmente perante a Justiça do Trabalho, "até o final", deve ser levado em conta apenas para a instância ordinária, de acordo com a Instrução Normativa n. 23/2003-TST.

A Lei n. 12.016/2009, que disciplina o mandado de segurança individual e coletivo, admitiu, em seu art. 14, § 2º, que a autoridade coatora possa recorrer diretamente da decisão concessiva do mandado. Contra esse dispositivo, a OAB ajuizou a ADI 4403, perante o STF, que a julgou improcedente.

Em 2025, na ADPF 591, também o STF manteve dispositivos da Lei n. 5.478/68 (Lei de Alimentos) que permitem a presença facultativa de advogado na audiência inicial de ações de alimentos, reafirmando a possibilidade de o credor comparecer em juízo, sem advogado, para acesso direto à Justiça em casos de menor complexidade.

Dir-se-á que a indispensabilidade do advogado pode dificultar o acesso à justiça nesses casos. Tal argumento é insubsistente, porque o direito ao advogado e à assistência jurídica integral é garantia de todo cidadão. Para Raimundo Faoro, "a vantagem de se livrar do advogado é aparente, porquanto na verdade ele fica ao desamparo da assistência do profissional habilitado, muitas vezes enfrentando a outra parte assistida por profissional de grande competência e habilidade" (1990, p. 11-17). A cidadania sai maculada se não há igualdade de meios técnicos, quando uma parte é defendida por profissional e outra não, fazendo com que os mais fracos sejam entregues à própria sorte, à sua inexperiência e ao desconhecimento dos procedimentos e do aparelho judiciário.

De toda sorte, a Constituição cometeu ao Estado o dever de prestação de assistência jurídica gratuita aos necessitados, mediante a Defensoria Pública, obrigatoriamente disponível. E se esta faltar, o advogado indicado pela OAB prestará a assistência devida, percebendo os honorários fixados pelo juiz e pagos pelo Estado ou pela União (art. 22, § 1º, do Estatuto).

O Código de Ética e Disciplina (art. 30) e o Provimento n. 166/2015 também regulamentaram a advocacia *pro bono*, assim considerada a prestação gratuita, eventual e voluntária de serviços jurídicos em favor de instituições sociais sem fins econômicos e aos seus assistidos, sem condições para contratação de profissional, ou a pessoas naturais desprovidas de recursos, que não estejam assistidos pela defensoria pública.

A exceção contida no § 1º do art. 1º (*habeas corpus*) merece explicação. A história desse magnífico instituto demonstra que ele não se inclui na postulação jurisdicional comum, mas diz com o exercício estrito da cidadania, que não pode ser necessariamente submetido a representação profissional, sob pena de obstar seu alcance de garante da liberdade pessoal.

Além da impetração do *habeas corpus*, o STF, como vimos, apenas admitiu o *jus postulandi* direto da parte nos juizados especiais e na justiça trabalhista. Assim, o defensor dativo leigo, no processo criminal, designado pelo juiz, não é legalmente admissível. Havendo falta de advogado ou impossibilidade da Defensoria Pública na Comarca, impõe-se a solicitação à OAB (Conselho Seccional ou Subseção), que indicará o advogado para a assistência judiciária, a ser remunerado pelo Estado, segundo honorários fixados pelo juiz, nos limites da tabela da OAB (art. 22, § 1º, do Estatuto).

Todavia, assim decidiu o STF: "Ordem de *habeas corpus* concedida *ex officio* para anular o acórdão do Tribunal coator que não conheceu de revisão criminal subscrita pelo ora paciente por falta de capacidade postulatória, com fundamento no art. 1º, I, do novo Estatuto da OAB (Lei n. 8.906/94). A norma invocada deve ser excepcionada não só para as causas trabalhistas, para as submetidas ao juizado de pequenas causas e para o *habeas corpus*, mas também para a revisão criminal, se não pelo que dispõe o art. 623 do CPP, ao menos por analogia com o *habeas corpus*. Precedentes" (HC 74.528).

No campo criminal, o direito ao advogado ou de ter assistência de um advogado para sua defesa é um direito fundamental do cidadão, tutelado pelas garantias da ampla defesa e do devido processo legal (incisos LIV e LV do art. 5º da Constituição).

A Convenção de Haia, ratificada pelo Brasil e promulgada pelo Decreto n. 3.087/99, com força de lei ordinária interna, proíbe a interveniência de particulares no processo de adoção internacional. Entendeu o CFOAB (Proposição n. 0042/2003/COP) que a atuação do advogado não pode ser considerada interveniência de particular, porque decorre de exercício profissional legalmente definido, não podendo as Comissões Estaduais Judiciárias de Adoção cerceá-la.

A Lei n. 8.560/92 admite que o Ministério Público possa ajuizar ação de investigação de paternidade quando a mãe indicar o suposto pai e este recusar-se a assumi-la, o que suscitou dúvida de sua constitucionalidade. No julgamento do RE 248869, decidiu o STF que "o princípio da necessária intervenção do advogado não é absoluto (CF, art. 133), dado que a Carta Federal faculta a possibilidade de outorgar o *jus postulandi* a outras pessoas", e entendeu que a substituição processual extraordinária do Ministério Público era legítima, dada a "precariedade da assistência jurídica prestada pelas defensorias públicas".

O advogado pode postular em causa própria, salvo se estiver impedido de advogar contra a parte contrária. Como regra geral, há previsão expressa no art. 103 do CPC. Postulando em causa própria, basta indicar, na petição ou na contestação, o endereço e seu número de inscrição na OAB.

O patrocínio de interesses de terceiros, no âmbito extrajudicial ou no processo administrativo, também constitui atividade da advocacia, apenas permitida aos inscritos na OAB, conforme decidiu o STJ, no caso de atuação junto ao INPI (REsp 35.248-7). No que respeita às Comissões Parlamentares de Inquérito, com o intuito de assegurar o amplo direito de defesa e coibir os abusos praticados contra os cidadãos depoentes, dispôs a Lei n. 10.679/2003, alterando o art. 3º da Lei n. 1.579/52, que "o depoente poderá fazer-se acompanhar de advogado, ainda que em reunião secreta".

A Lei n. 14.365/2022, ao introduzir o § 2º-A ao art. 2º do Estatuto, estabeleceu regra geral de *jus postulandi* no processo administrativo, enunciando que neste o "advogado contribui com a postulação de decisão favorável ao seu constituinte". O direito de petição é assegurado constitucionalmente a qualquer pessoa, perante autoridade administrativa, mas sua representação em caráter profissional apenas pode ser feita por advogado. A Lei n. 14.365/2022 também estabeleceu que o advogado "pode contribuir com o processo legislativo e com a elaboração de normas jurídicas, no âmbito dos Poderes da República" (art. 2º-A do Estatuto); nessa hipótese, não há representação, mas assessoria técnico-jurídica sujeita às mesmas regras legais e éticas da atividade de advocacia, que não pode ser confundida com exercício de *lobby*. A atividade de *lobby*, por influir na elaboração de leis que beneficiam grupos de interesses não necessariamente jurídicos, é distinta da atividade de advocacia.

CONSULTORIA, ASSESSORIA E DIREÇÃO JURÍDICAS

A atividade privativa de advocacia abrange situações que não se enquadram na específica administração da justiça, como se vê no item II desse artigo comentado.

Na atualidade, cresce em todo o mundo a advocacia preventiva, que busca soluções negociadas aos conflitos ou o aconselhamento técnico que evite o litígio judicial. Ao contrário da advocacia curativa, ou de postulação em juízo, em que seus argumentos são *ad probandum*, o advogado, ao emitir conselhos, vale-se de argumentos essencialmente *ad necessitatem*.

O paradigma profissional a que se voltaram o primeiro Estatuto, dos anos 1930, e o segundo Estatuto, dos anos 1960, era o advogado forense, em ruptura com o paradigma existente no Império e nos primeiros cursos jurídicos de quadro qualificado da Administração Pública e da magistratura. O Estatuto atual, considerando a realidade profissional profundamente transformada, teve de levar em conta, além do advogado forense, o advogado empregado, o advogado público e as atividades profissionais extrajudiciais, compondo um paradigma complexo e multifacetado, que se abrigou sob a tutela jurídica comum.

Um dos grandes males da formação jurídica, no Brasil, é a destinação predominante dos cursos jurídicos ao litígio. No entanto, a área mais dinâmica das profissões jurídicas, na atualidade, é a atuação extrajudicial, em várias dimensões. Podemos encará-las de dois modos: como atividades preventivas e como atividades extrajudiciais de solução de conflitos. No primeiro caso, busca-se evitá-los. No segundo, buscam-se meios distintos do processo judicial para solucionar conflitos já instalados ou com potencial de litigiosidade; este é o campo das mediações, das negociações individuais ou coletivas, da arbitragem, da formulação de condições gerais para contratação, do desenvolvimento de regras extraestatais de conduta, tanto nas relações internas quanto nas relações internacionais. O advogado é o profissional especializado, cuja assessoria ou consultoria é imprescindível, independentemente de mandamento legal, pela demanda crescente de seus serviços vinda de pessoas, empresas, entidades, grupos sociais e movimentos populares. Esse vasto campo profissional requer habilidades que os cursos jurídicos devem considerar, em virtude da desjudicialização dessas atividades.

Nesse sentido, o CPC (art. 3º) estabelece que a conciliação, a mediação e outros métodos de solução consensual de conflitos devem ser estimulados pelos advogados e demais operadores do direito, inclusive no curso do processo judicial, além de reforçar o papel da arbitragem. Na mediação, regulada pela Lei n. 13.140/2015 e nos arts. 165 a 175 do CPC, a atuação do advogado, considerada atividade própria de advocacia pelo Provimento n. 196/2020, é de assessoramento e de colaboração técnicas para o bom êxito desse procedimento. Porém, para a audiência de conciliação ou de mediação, ainda que o mediador ou conciliador seja advogado, as partes devem estar acompanhadas de seus advogados ou defensores públicos (CPC, art. 334), que deverão ser devidamente intimados. O STF decidiu em 2023, na ADI 6.324, pela constitucionalidade da norma do CNJ que faculta a presença de advogados ou defensores públicos nos Centros Judiciários de Solução de Conflitos e Cidadania (Cejuscs).

Os atos e contratos elaborados por mãos técnicas podem afastar prejuízos futuros. A tomada de decisões que consulte previamente os requisitos e condições legais reduz os riscos de erros e danos. No campo econômico, o advento da legislação protetiva do consumidor passou a valorizar a consulta jurídica para o fornecedor, antes de veicular alguma publicidade ou colocar no mercado algum produto ou serviço.

A direção, coordenação, chefia de qualquer serviço que envolva manifestação de caráter jurídico só pode ser desempenhada por advogado legalmente habilitado (inscrito regularmente na OAB), assim no setor privado como no setor público.

O inciso II do art. 1º do Estatuto qualifica como privativas de advocacia as atividades de consultoria, assessoria e direção jurídicas, mas não as considera iguais ou semelhantes. São distintas, uma vez que o advogado pode apenas prestar consultoria a clientes privados ou públicos, ou prestar assessoria jurídica, ou ser o dirigente jurídico de entidade pública ou privada, ou realizá-las conjuntamente, sem quebra de suas autonomias. As duas últimas atividades são autônomas, de exercício exclusivo por advogado, que não se realizam mediante pareceres.

Os pareceres emitem opiniões técnico-jurídicas que podem ou não ser consideradas para tomada de decisões dos interessados, não estando sujeitos a censura ou licença (Constituição, art. 5º, IV e IX). Nessa mesma direção é o entendimento do STJ (REsp 1.641.901) de que parecer de jurista não se compreende no conceito de documento novo para os efeitos do CPC, porque se trata apenas de reforço de argumentação para apoiar determinada tese jurídica, não sendo, portanto, imperativa a oitiva da parte contrária a seu respeito.

A assessoria jurídica é espécie do gênero advocacia extrajudicial, pública ou privada, que se perfaz auxiliando quem deva tomar decisões, realizar atos ou participar de situações com efeitos jurídicos, reunindo dados e informações de natureza jurídica, sem exercício formal de consultoria. Se o assessor proferir pareceres, conjuga a atividade de assessoria em sentido estrito com a atividade de consultoria jurídica.

A atividade de *lobby*, por influir na elaboração de leis que beneficiam grupos de interesses não necessariamente jurídicos, é distinta da atividade de advocacia, no sentido estrito de assessoria jurídica, sendo com ela incompatível. O modelo legal brasileiro é de exercício exclusivo de advocacia, sem associação com qualquer outra atividade profissional. Quem pratica *lobby*, apresentando-se como advogado, incorre em infração disciplinar (Estatuto, art. 34, XXV).

Respondendo a consulta, o Órgão Especial do CFOAB (Ementa 163/2017/OEP) entendeu que a elaboração de contratos é atividade que se encontra inserida no conceito de assessoria jurídica e, portanto, privativa de advocacia, nos termos do art. 1º, II, do Estatuto.

Direção jurídica tem o significado de administrar, gerir, coordenar, definir diretrizes de serviços jurídicos. Esses serviços apenas podem ser dirigidos por advogados. Na vigência do anterior Estatuto, a controvérsia lavrava nos âmbitos administrativo e judicial quanto a qualificá-la como atividade privativa de advogado. O Estatuto – no âmbito da competência exclusiva da União de legislar sobre condições para o exercício das profissões, art. 22, XVI, da Constituição – pôs cobro à controvérsia ao definir explicitamente no inciso II do art. 1º que constitui atividade privativa dos inscritos da OAB. Para os dirigentes jurídicos é essencial a atividade-fim de gestão de serviço jurídico, enquanto são complementares as atividades de assessoria e consultoria jurídicas, que podem ou não ser por eles exercidas. Os atos de advocacia de quem exerce direção jurídica são presumidos, sem necessidade de comprovação específica.

No sentido de direção jurídica encontram-se as atividades a ela conexas, como as de gerência ou coordenação de atividades jurídicas, no setor privado ou no setor público, incluindo empresas públicas ou paraestatais, como prevê o Provimento n. 207/2021.

A consultoria jurídica não pode ser prestada como oferta ao público, de modo impessoal, por utilização de meios de comunicação como o telefone ou a Internet. O modelo de sociedade de advogados adotado pelo Estatuto é o de organização de meios, não podendo ter finalidades mercantis ou empresariais. Nesse sentido, entendeu o CFOAB ser ilegal a implantação de sistema de prestação de serviços de consultoria jurídica por telefone (Consulta 147/97/OEP).

Também é incompatível com o modelo não empresarial de advocacia, adotado pelo Estatuto, a oferta de serviços jurídicos mediante planos de assistência jurídica, com pagamento de mensalidades.

A Lei n. 14.365/2022 introduziu o § 4º do art. 5º do Estatuto, estabelecendo que as atividades de consultoria e assessoria jurídicas podem ser exercidas de modo verbal ou por escrito, não dependendo de outorga de mandado. Sua natureza é interpretativa, pois não modifica a regra geral do art. 1º, II. É ônus do advogado comprovar a execução do serviço, inclusive para fins tributários ou de cobrança judicial, quando não resultar de contrato escrito com o cliente, na hipótese de assessoria jurídica, ou de parecer escrito, na hipótese de consultoria jurídica.

ATOS E CONTRATOS

Os atos jurídicos (atos jurídicos em sentido estrito e negócios jurídicos) estão se tornando cada vez mais técnicos e complexos, em alguns casos parecendo verdadeiros códigos de direitos e deveres, sobretudo em matérias envolventes de interesses difusos ou coletivos. São regulamentos de conduta, muito comuns na atividade econômica, que convivem ao lado do direito estatal. Não há obrigatoriedade de participação de advogados em sua elaboração, mas é inevitável que tal ocorra, dadas as suas especificidades técnicas. A Lei n. 8.934/94, com as alterações ulteriores, que dispõe sobre o registro de empresas mercantis, não modificou a exigência do visto.

A participação obrigatória do advogado em qualquer ato jurídico importaria lesão ao princípio da liberdade de exercício da atividade econômica, assegurada na Constituição, art. 170. Afigura-se compatível com o princípio constitucional, contudo, essa obrigatoriedade quanto aos atos constitutivos de pessoas jurídicas, porque as consequências da criação desses entes sobre grupos sociais diversos exigem uma cautela maior. A experiência demonstrou que esse campo foi ocupado por outros profissionais, sem qualificação jurídica (despachantes, contadores), utilizando formulários e modelos nem sempre adequados, provocando dificuldades e litígios evitáveis, especialmente nos casos de dissoluções societárias.

O Estatuto considera nulos os atos que não estejam visados por advogado. O visto não é mera formalidade; importa o comprometimento com a forma e o conteúdo do ato, estando sujeito aos deveres ético-profissionais e à responsabilidade civil culposa por danos decorrentes. Não consulta os fins sociais da norma o entendimento que se satisfaça apenas com a função extrínseca e cartorária do visto, o que converteria o advogado em notário, pois o interesse tutelado é o da coletividade e não o de reserva de mercado de trabalho. Estabelece o art. 2º do Regulamento Geral que o visto do advogado "deve resultar da efetiva constatação, pelo profissional que os examinar, de que os respectivos instrumentos preenchem as exigências legais pertinentes".

A norma estatutária não alcança as empresas individuais porque estas não configuram pessoas jurídicas. A empresa individual (dita firma individual) é equiparada à pessoa jurídica para determinados fins legais, como, por exemplo, os tributários. Mas a equiparação visa a fins determinados que não alteram a natureza do ente. As empresas individuais são registradas mediante formulário padronizado que declara apenas dados predeterminados, não havendo a formulação de conteúdo que os atos constitutivos societários exigem para regulação de conduta de administradores e associados.

Na ADI 1.194, o STF indeferiu, por unanimidade, o pedido de medida liminar de inconstitucionalidade formulado pela Confederação Nacional da Indústria contra o § 2º do art. 1º, em 1996. No mérito, decidiu que "a obrigatoriedade do visto de advogado para o registro de atos e contratos constitutivos de pessoas jurídicas (art. 1º, § 2º, da Lei n. 8.906/94) não ofende os princípios constitucionais da isonomia e da liberdade associativa".

A lei (CPC, arts. 610 e 733), ao dispor sobre escrituras públicas de inventário e partilha, divórcio consensual, separação consensual e extinção consensual de união estável, estabelece que somente podem ser lavradas se os interessados estiverem assistidos por advogado ou defensor público. Assistência não é simples presença formal ao ato para sua autenticação, porque esta não é atribuição do advogado, mas de efetiva participação no assessoramento e na orientação do casal (art. 1º do Estatuto), esclarecendo as dúvidas de caráter jurídico e elaborando a minuta do acordo ou dos elementos essenciais para a lavratura da escritura pública. Considerando que o advogado é escolha calcada na confiança e que sua atividade não é meramente formal, não pode o tabelião indicá-lo, se os cônjuges o procurarem sem acompanhamento daquele. Na escritura constarão a qualificação do advogado e sua assinatura, sendo imprescindível o número de inscrição na OAB. Se cada cônjuge tiver contratado advogado, este, além do assessoramento, tem o dever de conciliar os interesses do seu cliente com os do outro – sem prejuízo do dever de defesa –, de modo a viabilizar o acordo desejado pelo casal. Se os cônjuges necessitarem de assistência jurídica gratuita, por não poderem pagar advogado particular, poderão ser assistidos por defensor público (Lei n. 11.965/2009). Na forma do Provimento n. 118/2007 da OAB, constitui infração disciplinar valer-se o advogado de agenciador ou assinar qualquer escrito extrajudicial que não tenha feito ou colaborado, sendo ilícita a advocacia em causa própria, cabendo aos Conselhos e Subseções a fiscalização devida. Resolução do CNJ estabelece que é vedada ao tabelião a indicação de advogado às partes, que deverão comparecer para o ato notarial acompanhadas de profissional de sua confiança. Se as partes não dispuserem de condições econômicas para contratar advogado, o tabelião deverá recomendar-lhes a Defensoria Pública, onde houver, ou, na sua falta, a Seccional da OAB.

DIVULGAÇÃO DE ATIVIDADE DE ADVOCACIA. VEDAÇÃO DE EXERCÍCIO CONJUNTO COM OUTRA ATIVIDADE

A divulgação da advocacia encarta-se na temática da ética profissional. Nesse passo, interessa o tratamento da advocacia enquanto atividade específica que não pode ser confundida ou coligada com qualquer outra.

A lei proíbe a divulgação conjunta com outra atividade, não importando sua natureza civil, comercial, econômica, não lucrativa, pública ou privada. A advocacia não pode estar associada a outra atividade, seja ela qual for. É proibida a divulgação da advocacia com outras atividades ou a indicação de vínculos entre umas e outras, por exemplo, de advocacia e atividade contábil, de advocacia e imóveis, de advocacia e consultoria econômica. A violação desse dever, também previsto no Código de Ética e Disciplina (art. 40, IV), importa infração disciplinar sujeita à sanção de censura (art. 36, II e III, do Estatuto).

A vedação legal diz respeito não apenas à publicidade, mas ao exercício conjunto de atividades que incluam a advocacia. Nada impede que o advogado exerça outras atividades, econômicas ou não, contudo, jamais podem estar associadas à advocacia em caráter permanente, quando oferecer seus serviços profissionais. Como decidiu o antigo Tribunal de Ética da OAB-SP, em 10 de fevereiro de 1994, "o exercício da advocacia não pode se realizar no mesmo local onde se exerce a corretagem de imóveis. Se o escritório do advogado está localizado em prédio destinado à atividade comercial, deve ter acomodações separadas para resguardo do sigilo que deve cercar a atividade da advocacia".

O modelo adotado pela lei para a advocacia é o da exclusividade, ao contrário de experiências empresariais permitidas em outros países. Uma empresa pode ter um setor jurídico, como atividade-meio, mas não pode divulgá-lo entre suas atividades-fim. O CFOAB decidiu que comete infração legal estabelecimento bancário que oferta serviços de advocacia complementares de seus departamentos imobiliários, e bem assim o uso de impresso destinado a petições forenses, com a denominação da empresa acompanhada do adjetivo "jurídico" (Rec. 142/SC/79).

De igual modo, nenhuma outra atividade pode ser divulgada incluindo a advocacia, ainda que no caso de empresas que a ofereçam como prestação secundária de serviços a seus clientes.

Sobre a publicidade da advocacia, vejam-se os comentários ao art. 33.

CARACTERÍSTICAS ESSENCIAIS DA ADVOCACIA

O art. 2º do Estatuto tem por fito ressaltar as características essenciais da advocacia, embora as não defina:

I - indispensabilidade;

II - inviolabilidade;

III - função social;

IV - independência.

O art. 133 da Constituição encerra duas normas distintas, relativas à indispensabilidade à administração da justiça e à inviolabilidade:

"Art. 133. O advogado é indispensável à administração da justiça, sendo inviolável por seus atos e manifestações no exercício da profissão, nos limites da lei".

Seu texto unitário provocou interpretações conflitantes, ante a parte final que remete à lei regulamentadora, entendendo alguns que não seria autoexecutável porque referida a ambas as matérias, inclusive à indispensabilidade.

No Estatuto, a indispensabilidade está cuidada no *caput* do art. 2º e a inviolabilidade no seu § 3º, ficando explicitadas, no seu art. 7º, as duas questões emergentes do art. 133 da Constituição: a) a lei a que se remete é esta (o Estatuto) e não outra; b) os limites dizem respeito apenas à inviolabilidade.

O STF declarou inteiramente constitucional o § 3º do art. 7º, na ADI 1127, especialmente a expressão "nos limites desta lei".

A indispensabilidade do advogado à administração da justiça é total; não pode sofrer limitações estabelecidas em norma infraconstitucional. Nesse ponto, o art. 133 é norma de eficácia plena, ou seja, independe de lei, porque é da natureza da administração da justiça, em nosso sistema jurídico, a necessária participação do advogado, ao lado do magistrado e do membro do Ministério Público. O STF já havia decidido no MI 295-9/400 que o art. 133 é autoaplicável, quanto à indispensabilidade, e que "a referência contida no art. 133 aos limites da lei diz respeito à inviolabilidade no exercício profissional e não à regra peremptória segundo a qual o advogado é indispensável à administração da justiça".

De qualquer forma, em face do texto expresso do Estatuto, este é a lei regulamentadora a que se refere o art. 133 da Constituição.

Sobre inviolabilidade e a independência do advogado, ver os comentários aos arts. 7º e 31, § 1º, respectivamente.

INDISPENSABILIDADE DO ADVOGADO

O princípio da indispensabilidade não foi posto na Constituição como favor corporativo aos advogados ou para reserva de mercado profissional. Sua *ratio* é de evidente ordem pública e de relevante interesse social, como instrumento de garantia de efetivação da cidadania. É garantia primária da parte e não do profissional.

Em face do litígio, a administração da justiça pressupõe a paridade de armas, mediante a representação e defesa dos interesses das partes por profissionais com idênticas habilitação e capacidade técnica. O acesso igualitário à justiça e a assistência jurídica adequada são direitos invioláveis do cidadão (Constituição, art. 5º, XXXV e

LXXIV). Comprovando-se a insuficiência de rendimentos pessoais, cabe ao Estado prestar assistência jurídica integral ao necessitado através de corpo de advogados remunerados pelos cofres públicos, a saber, os defensores públicos (Constituição, art. 134), sem prejuízo do voluntariado eventual da advocacia *pro bono*, admitida pelo Código de Ética e Disciplina (art. 30) e pelo Provimento n. 166/2015 para instituições sem fins lucrativos e pessoas desprovidas de recursos.

No ordenamento brasileiro, são três os figurantes indispensáveis à administração da justiça: o advogado, o juiz e o promotor. O primeiro postula, o segundo julga e o terceiro fiscaliza a aplicação da lei. Cada um desempenha seu papel de modo paritário, sem hierarquia (ver os comentários ao art. 6º, abaixo). Pode-se dizer, metaforicamente, que o juiz simboliza o Estado, o promotor, a lei, e o advogado, o povo. Todos os demais figurantes são auxiliares.

São advogados todos os que patrocinam os interesses das partes, sejam elas quais forem, mesmo quando remunerados pelos cofres públicos (advogados estatais, defensores públicos). Ou seja, são os representantes necessários, que agem em nome das partes, mas no interesse da administração da justiça.

Como adverte José Afonso da Silva (1995, p. 533), comentando o art. 133 da Constituição, "o princípio [da indispensabilidade] agora é mais rígido, parecendo, pois, não mais se admitir postulação judicial por leigos, mesmo em causa própria, salvo falta de advogado que o faça".

NATUREZA DA ADVOCACIA. SERVIÇO PÚBLICO. FUNÇÃO SOCIAL

A administração da justiça é espécie do gênero atividade pública. Atividade pública peculiar, porque expressão própria de um dos Poderes estatais constituídos, não se confundindo com a Administração Pública, em sentido estrito, que o Judiciário também exerce com relação a suas atividades-meio. O magistrado e o promotor são agentes do Estado e exercem função pública. O advogado, no entanto, embora dela participe como figurante indispensável, não é titular de função pública (ou estatal), salvo se for vinculado a entidade de advocacia pública.

O art. 2º, § 1º, do Estatuto atribui-lhe o caráter de serviço público, mesmo quando exercida em "ministério privado". Significa dizer que a advocacia não é função pública, mas é regida pelo direito público. Como diz Martinez Val (1981, p. 19), a advocacia é uma profissão "tremendamente pública, ante cuja radical publicidade desnuda-se minuto a minuto a intimidade da alma, mais que em qualquer outra".

Sem embargo da natureza não estatal de sua atividade, imprescindível para assegurar-lhe a independência diante do próprio Estado, o Estatuto equipara-a a serviço público, em suas finalidades. Assim é porque a atividade de advocacia participa da administração pública da justiça. No Estado Moderno é comum que pessoas e entes privados executem funções e serviços públicos.

Para Carnelutti, não há dúvida de que o patrocínio, estreitamente ligado à ação no processo, serve a um interesse público, ou correspondente a uma função pública ou mesmo a um serviço público, segundo o critério de distinção entre estas suas espécies de atividade pública (1936, p. 468). Diz Fábio Konder Comparato que o múnus público da advocacia, marcado pelo monopólio do *jus postulandi* privado em todas as instâncias, com raras exceções, bem demonstra que a atividade judicial do advogado não visa, apenas ou primariamente, à satisfação de interesses privados, mas à realização da justiça, finalidade última de todo processo litigioso (1993, p. 45).

Múnus público é o encargo a que se não pode fugir, dadas as circunstâncias, no interesse social. A advocacia, além de profissão, é múnus, pois cumpre o encargo indeclinável de contribuir para a realização da justiça, ao lado do patrocínio da causa, quando atua em juízo. Nesse sentido, é dever que não decorre de ofício ou cargo público.

Durante o Império brasileiro, havia várias referências legais ao significado de múnus da advocacia, como se vê no Aviso Imperial 151, de 1828, determinando a cassação de provisão de advogado, na peculiar linguagem da época, "porque sendo a advocacia um *munus publico*, não póde ser exercida por indivíduos que não gozem dos fóros de cidadão brasileiro". No Aviso 206, de 1866, diz-se que "a profissão de advogado é de um caracter mixto, elle não é só o mandatario da parte, é de mais, uma especie se não de funccionario publico, ao menos de agente publico e especial, a quem a lei confere direitos e impõe obrigações".

A advocacia, sobretudo quando ministrada em caráter privado, é exercida segundo uma função social intrínseca. A função social é a sua mais importante e dignificante característica. O interesse particular do cliente ou o da remuneração e o prestígio do advogado não podem sacrificar os interesses sociais e coletivos e o bem comum. A função social é o valor finalístico de seu mister, pois sua atividade projeta-se sobre o amplo espaço da comunidade.

O advogado realiza a função social quando concretiza a aplicação do direito (e não apenas da lei) ou quando obtém a prestação jurisdicional e quando, mercê de seu saber especializado, participa da construção da justiça social. Como diz José Geraldo de Souza Junior (1990, p. 130), "a compreensão dos deveres e a plena concretização dos direitos dos advogados passam pela mediação de sua prática social, de sujeito coparticipante do processo de reinstituição contínua da sociedade".

Portanto, são distintas, mas interdependentes, as características da advocacia enunciadas no § 1º do art. 2º do Estatuto, talvez o mais importante de seus preceitos, de grande potencialidade hermenêutica. É serviço público, na medida em que o advogado participa necessariamente da administração pública da justiça, sem ser agente estatal; cumpre uma função social, na medida em que não é simples defensor judicial do cliente, mas projeta seu ministério privado na dimensão comunitária, tendo sempre presente que o interesse individual que patrocine deve estar plasmado pelo interesse social.

A Lei n. 14.365/2022, ao introduzir o § 2º-A ao Estatuto, expandiu o conceito de múnus público, tradicionalmente afeto ao processo judicial, para nele incluir a atuação do advogado no processo administrativo.

O ADVOGADO ESTRANGEIRO

O exercício da advocacia no Brasil depende de inscrição no quadro de advogados da OAB.

O advogado estrangeiro pode exercer a profissão no Brasil, mas há de submeter-se à inscrição na OAB, atendendo aos requisitos do art. 8º, inclusive a prova de graduação em direito e de aprovação em Exame de Ordem, que supõe o conhecimento da língua portuguesa e do direito nacional. Tal providência não pode ser considerada um obstáculo à tendência mundial de superação das fronteiras e de formação das comunidades de nações, salvo a ocorrência de tratado internacional sobre a matéria (art. 5º, § 2º, da Constituição). Não faz sentido que o advogado brasileiro se obrigue à inscrição e fiscalização da corporação profissional e o estrangeiro não, porque a legislação de seu país não produz efeitos sobre a atividade profissional que venha a desenvolver no Brasil.

O Provimento n. 129/2008 abriu exceção para os advogados portugueses, que ficam desobrigados de prestar Exame de Ordem e das demais exigências de inscrição. Para esses advogados, em virtude do tratamento privilegiado que a Constituição brasileira outorga aos cidadãos portugueses, para sua inscrição junto ao Conselho Seccional que escolher, basta fazer prova da documentação de sua inscrição originária e de seus documentos pessoais, em originais ou fotocópias, autenticados pelo consulado brasileiro em Portugal. Não há necessidade de revalidação do diploma de graduação em direito obtido em Portugal.

O CFOAB (Ementa 104/2018/OEP), interpretando o Provimento n. 129, entendeu que o advogado brasileiro com dupla nacionalidade (brasileira e portuguesa), inscrito na Ordem de Portugal, está desobrigado de prestar Exame de Ordem.

Deixa de haver a exigência, constante do Estatuto anterior, de reciprocidade de direitos e deveres, segundo a qual o advogado estrangeiro só poderia inscrever-se na OAB se tal possibilidade ocorresse em seu país para o advogado brasileiro. Essas restrições não contribuem para a circulação ultranacional dos profissionais. Se a legislação brasileira permite o exercício da advocacia ao advogado estrangeiro no território nacional, desde que inscrito na OAB, o Brasil estará legitimado a pugnar politicamente por idêntica atitude em outros países que adotem norma diferenciada.

O Provimento n. 91/2000 do CFOAB admite que o advogado estrangeiro, nessa condição, possa atuar no Brasil, se obtiver autorização do Conselho Seccional da OAB, pelo prazo renovável de três anos, e exclusivamente para prática de consultoria sobre o direito de seu país de origem, não lhe sendo permitida a postulação a órgão do Poder Judiciário, ainda que em parceria com advogado brasileiro. Também é vedada a advocacia extrajudicial (consultoria, assessoria, direção jurídicas) sobre o direito brasileiro.

Os consultores em direito estrangeiro poderão reunir-se em sociedade específica, devidamente registrada no Conselho Seccional da OAB, acrescentando-se a seu nome de origem "Consultores em Direito Estrangeiro". A esses advogados e às respectivas sociedades aplica-se a legislação brasileira sobre atividade de advocacia, inclusive as regras deontológicas. O Provimento n. 99/2002 do Conselho Federal determinou a organização do Cadastro Nacional de Consultores e de Sociedades de Consultores em Direito Estrangeiro. A sociedade de consultores em direito estrangeiro ou a sociedade de advogados que tenha admitido consultor em direito estrangeiro deverão comunicar à Seccional da OAB competente a identificação completa de seus consultores estrangeiros, incluindo o nome social porventura adotado por qualquer deles, bem como qualquer alteração de seus quadros.

A cooperação entre escritórios brasileiros e estrangeiros de advocacia é, portanto, possível, desde que dela não resulte: a criação de novas pessoas jurídicas, com participação societária de advogados estrangeiros ou dos próprios escritórios; a prática da advocacia, no Brasil, por profissionais sem inscrição na OAB; a subordinação dos advogados brasileiros a entidade ou instituição estrangeiras; a utilização de endereço comum no Brasil ou divulgação e comunicações comuns.

Ante o modelo legal brasileiro, a XXI Conferência Nacional dos Advogados, em 2011, aprovou conclusões no sentido de não ser permitida parceria entre advogados ou sociedade de advogados brasileiros e consultores em direito estrangeiro, salvo para a troca de experiências e atendimento de clientes no âmbito das relações internacionais, cada qual atuando no território do seu país de origem, ou para associação de natureza científica e cultural. É razoável a restrição, pois é necessário demonstrar proficiência sobre o direito nacional que o advogado tem de invocar, o que se apura com o Exame de Ordem, no Brasil. Não faz sentido que o exame seja exigível para o brasileiro e dispensado para o estrangeiro.

Na maioria dos países, as restrições são mais severas que as adotadas pela OAB no Brasil. Nos Estados Unidos, apenas 24 Estados possuem legislação permitindo o exercício, em seu solo, de direito alienígena pelos chamados consultores legais estrangeiros, com requisitos limitantes como tempo de profissão e reciprocidade do país de origem do consultor, exigência que o Brasil não faz. Os advogados da maioria dos países rejeitaram a liberalização dos serviços jurídicos no âmbito do Acordo Geral sobre o Comércio de Serviços (GATS), porque a advocacia não pode ser tratada como mercancia.

ADVOCACIA PÚBLICA. ADVOGADOS CONTRATADOS COM NOTÓRIA ESPECIALIZAÇÃO

A Constituição, nos arts. 131, 132 e 134, cuida da advocacia pública da União, dos Estados-membros, do Distrito Federal, dos Municípios e de suas Autarquias e Fundações Públicas.

O Estatuto orientou-se em sentido diametralmente oposto à legislação anterior, que apenas disciplinava a atividade do advogado privado. Com o Estatuto atual, a advocacia passou a ser entendida como exercício profissional de postulação a qualquer órgão do Poder Judiciário e como atividade de consultoria, assessoria e direção jurídicas extrajudiciais. Também disciplinou o sentido e alcance de sua indispensabilidade na administração da justiça, prevista no art. 133 da Constituição Federal, a inserção da advocacia pública e a tutela legal mínima do advogado empregado.

Quem defende juridicamente interesse de terceiro, seja ele particular ou administração pública, ou profere opinião jurídica, é advogado. São três os figurantes indispensáveis da administração da justiça: o magistrado judicial, o membro do Ministério Público e o advogado. A advocacia pública não tem natureza nem atribuições da magistratura ou do Ministério Público.

O advogado público, além de servidor público, é advogado. Os advogados (ou procuradores) da União, do Estado ou do Município, enquanto servidores públicos, são regidos pelas legislações específicas, que delimitam suas atribuições, máxime quanto a suas relações com a administração pública. Porém, enquanto advogados, observam, igualmente, as regras gerais e éticas próprias de sua classe geral e devem ser legalmente defendidos pela OAB.

A alteração havida na LC n. 80/94 (que prevê que a "capacidade postulatória do defensor público decorre exclusivamente de sua nomeação e posse no cargo público") foi entendida pelo STF como suficiente para dispensar os defensores públicos do dever de inscrição na OAB, tendo o Tribunal conferido interpretação conforme à Constituição ao art. 3º, § 1º, do Estatuto, "declarando-se inconstitucional qualquer interpretação que resulte no condicionamento da capacidade postulatória dos membros da Defensoria Pública à inscrição dos Defensores públicos na Ordem dos Advogados do Brasil" (ADI 4.636). Esse entendimento foi mantido pelo STF no RE 1.240.999 (Tema 1.074 de repercussão geral).

A dispensa de inscrição na OAB dos defensores públicos não alcança "advogadas e advogados dativos", cuja atuação está regulada pela Res. n. 376/21, do CNJ, nomeados pelos tribunais com honorários pagos por estes, quando as respectivas defensorias públicas informarem incapacidade de atendimento. Esses advogados e advogadas dativos não integram a carreira de defensor público. Os tribunais podem criar seus próprios cadastros ou firmar convênios com os Conselhos Seccionais da OAB, de acordo com a referida resolução, cujos modos de seleção e pagamento devem observar as diretrizes da Res. n. 618/25 do CNJ.

Com exceção dos procuradores dos Estados, do Distrito Federal e dos Municípios, salvo se dispuserem em contrário as leis respectivas, os demais advogados públicos apenas podem exercer a advocacia no âmbito de suas atribuições institucionais. Significa dizer que não podem exercer a advocacia particular. Essa restrição, contida nas leis próprias, foi objeto de ação direta de inconstitucionalidade proposta pela OAB, mas o STF a rejeitou por entender que inexiste direito adquirido a regime jurídico, mantendo a vedação legal à advocacia particular para os servidores ocupantes de cargos de advogado da União, assistente jurídico da União, procurador e advogado de autarquias e fundações públicas, defensor público, procurador da Fazenda Nacional, procurador do Banco Central, procurador do INSS e procuradores da Comissão de Valores Mobiliários e da Superintendência de Seguros Privados (ADI 1.754).

Ao tratar das incompatibilidades com o exercício da advocacia, no art. 28, o Estatuto não incluiu os advogados públicos. A incompatibilidade determina a proibição *total* de advogar; o impedimento, a proibição parcial. Os advogados públicos estão *parcialmente* proibidos de exercer a advocacia, ou seja, fora de suas atribuições institucionais, ou a particular. Apenas se estivessem totalmente proibidos de exercer a advocacia ficariam excluídos do regime legal do Estatuto. Mas se o advogado público da União se licenciar de seu cargo estará apenas impedido de exercer a advocacia perante os órgãos e as entidades dessa Fazenda Pública.

A regularidade da inscrição na OAB é exigência permanente, bem como a observância das normas gerais da legislação da advocacia e dos deveres ético-profissionais, quando no exercício da advocacia pública. Assim dispõe o Provimento n. 114/2006: "Art. 3º O advogado público deve ter inscrição principal perante o Conselho Seccional da OAB em cujo território tenha lotação. Parágrafo único. O advogado público, em caso de transferência funcional ou remoção para território de outra Seccional, fica dispensado do pagamento da inscrição nesta, no ano em curso, desde que já tenha recolhido anuidade na Seccional em que esteja anteriormente inscrito". O Provimento também deixa explícito que a aprovação em concurso público de provas e de provas e títulos para cargo na advocacia pública não exime a aprovação em exame de ordem, para inscrição em Conselho Seccional da OAB onde tenha domicílio ou deva ser lotado. Nesse sentido, a Orientação Normativa n. 1/2011 da AGU determinou que todos os advogados da União, os procuradores da Fazenda Nacional, os procuradores federais e os integrantes do quadro suplementar da AGU devem ter inscrição regular na OAB para o exercício da advocacia pública no âmbito da instituição.

A Lei n. 14.039/2020 acrescentou o art. 3º-A no Estatuto, para qualificar os serviços prestados por advogado como de natureza técnica e singular, quando comprovada sua notória especialização. O intuito dessa norma, de caráter interpretativo, é permitir a contratação de advogado para prestar serviços à administração pública, sem se submeter a processo de licitação pública, quando for notória sua especialização, conforme facultam a CF/88, art. 37, XXI, e a Lei de Licitação. Ao dizer que os serviços de advocacia são de natureza técnica e singular, a norma impede que sejam interpretados de modo diferente.

O requisito de notória especialização há de ficar demonstrado e comprovado documentalmente e ser assim reconhecido pelo setor jurídico correspondente da administração pública. Segundo a doutrina, notória especialização se comprova mediante reconhecimento da área de atuação, que pode ser demonstrado por várias maneiras, como estudos, experiências, publicações, organização (Oliveira, 2017, p. 554). Há entendimento do STF de que, para a inexigibilidade da licitação, os serviços profissionais apenas podem ser exercidos em situações extraordinárias, cujas condições devem ser avaliadas sob a ótica da administração pública em cada caso específico (Inq. 3074). Além da excepcionalidade, esses serviços são de natureza transitória e específica, não podendo competir com as atribuições exercidas pelos advogados públicos vinculados à respectiva administração pública.

ATUAÇÃO DE ESTAGIÁRIO

Ao contrário do Estatuto anterior, que permitiu o exercício pelo estagiário dos atos não privativos de advogado, o Estatuto faculta ao primeiro (regularmente inscrito na OAB) exercer todos os atos, desde que acompanhado necessariamente por advogado (incluindo o procurador ou o defensor público) e sob a responsabilidade deste. A atuação do estagiário não constitui atividade profissional; integra sua aprendizagem prática e tem função pedagógica.

Assim, todos os atos profissionais e peças processuais deverão ser realizados com a participação do advogado, embora possam conter, também, o nome, o número de inscrição e a assinatura do estagiário. A ausência do advogado gera nulidade do ato e responsabilidade disciplinar para ambos, em virtude de infração de norma estatutária expressa (art. 36, III, do Estatuto).

"Petição do recurso extraordinário sem assinatura do procurador subscritor da peça, certo que essa foi assinada apenas por estagiário, não se observando, pois, a forma prescrita no art. 3º, § 2º, da Lei n. 8.906/94. Jurisprudência do Supremo Tribunal Federal que se orienta no sentido de que não se conhece de recurso sem a assinatura do advogado, dado que formalidade essencial de existência do recurso" (RE 423335-AgR).

O art. 29 do Regulamento Geral especifica as hipóteses em que é possível a prática isolada de alguns atos auxiliares pelo estagiário, embora sob a responsabilidade do advogado a que se vincule:

I – retirar e devolver autos em cartório, assinando a respectiva carga; ("A retirada dos autos em carga por estagiário de direito não importa em ciência inequívoca do advogado responsável pela causa" – STJ, REsp 1296317)

II – obter junto aos escrivães e chefes de secretarias certidões de peças ou autos de processos em curso ou findos;

III – assinar petições de juntada de documentos a processos judiciais e administrativos.

"O estudante de direito (...), regularmente inscrito na OAB/DF (...), requer vista dos autos e extração de cópias 'para fins de estudo acadêmico jurídico'. Observo, no entanto, que o requerente não representa nenhuma das partes do presente processo, o que impede seja deferida vista dos autos fora de cartório ou secretaria de Tribunal (art. 40, I, do CPC). Ademais, nos termos do § 2º do art. 3º da Lei n. 8.906/94 – Estatuto da Ordem dos Advogados do Brasil, só se permite aos estagiários a prática das atividades privativas da advocacia em conjunto com advogado e sob responsabilidade deste. Isso posto, defiro o pedido de extração de cópias, que deverão ser obtidas, a expensas do requerente, junto à Secretaria deste Tribunal e sem retirada dos autos" (STF, RE 545877).

Decidiu o CFOAB que também se inclui entre as hipóteses o pedido de informações sobre o andamento de processos judiciais, sem retirada e sem vistas dos autos (OEP 49/95).

Pode o estagiário atuar como assistente do advogado em sessão de júri, em conjunto com o advogado e sob sua supervisão, o que implica dizer que eventual sustentação oral possa ocorrer desde que presente o advogado que tenha iniciado a sustentação, de modo que a argumentação oral seja complementar à do advogado, para qualificar-se como prática (Ementa 19/2019/OEP).

Tais hipóteses pressupõem que o estagiário seja mandatário conjunto com o advogado ou que deste tenha recebido autorização, que lhe poderá ser exigida. Essas cautelas são necessárias porque há responsabilidade principal e solidária do advogado, no caso de extravio ou retenção abusiva de autos.

O exercício de atos extrajudiciais, que envolvam assessoria jurídica, pode ser praticado pelo estagiário isoladamente, quando receber autorização ou substabelecimento do advogado para tal mister e permanecer sob orientação deste. Os demais atos de advocacia extrajudicial, envolventes de consultoria e direção jurídicas, não podem ser praticados isoladamente pelo estagiário, mesmo quando autorizados pelo advogado, porque são atos definitivos e principais, privativos deste.

Não pode o estagiário atuar de modo autônomo, isoladamente ou em conjunto com outros estagiários, oferecendo diretamente seus serviços a advogados ou a terceiros, porque há desvirtuamento da finalidade educativa do estágio. Pode o estagiário, devidamente inscrito na OAB, fazer uso de insígnias da OAB, como *bottons* (Ementa 024/2013/OEP).

Sobre estagiário, ver os comentários ao art. 9º.

NULIDADE DOS ATOS DE ADVOCACIA PRATICADOS ILEGALMENTE

A consequência que a lei atribui à prática ilegal dos atos privativos de advogados, especialmente por pessoa não inscrita na OAB, é a nulidade. Não se trata de simples ineficácia, mas de invalidade em seu mais alto grau. Trata-se, aqui, da nulidade em sentido estrito, que alguns denominam *absoluta*, afastando-se, pois, a anulação (grau menor de invalidade).

A nulidade, por ser de pleno direito: a) pode ser declarada de ofício; b) pode ser provocada por qualquer interessado ou pelo Ministério Público; c) é imprescritível; d) não se ratifica pela parte interessada; e) não convalesce com o tempo; f) apaga, ao ser declarada, os efeitos produzidos *ab initio*; g) não pode ser suprida ou sanada.

"O direito de petição não implica, por si só, a garantia de estar em Juízo, litigando em nome próprio ou como representante de terceiro, se, para isso, não estiver devidamente habilitado, na forma da lei. (...). Distintos o direito de petição e o direito de postular em Juízo. Não é possível, com base no direito de petição, garantir a bacharel em Direito, não inscrito na OAB, postular em Juízo, sem qualquer restrição" (STF, *RTJ* 146/44).

Além da nulidade que atinge o ato em si, quem o pratica responde civilmente pelos danos decorrentes, ao prejudicado, em virtude do ilícito (art. 927 do CC); criminalmente, por exercício ilegal da profissão, e administrativamente, onde couberem as respectivas sanções.

No caso do advogado impedido, a nulidade alcança apenas os atos relativos ao âmbito do impedimento. Por exemplo, na regra geral, são nulos os atos de advocacia praticados contra os interesses da Fazenda Pública a que se vincule o advogado, incluindo todas as entidades da respectiva Administração Pública (art. 30, I, do Estatuto).

No caso da suspensão, seus efeitos não se restringem ao campo administrativo-disciplinar; envolvem a nulidade de qualquer ato de advocacia praticado durante o cumprimento da penalidade. Porém, o STJ entendeu que não se decreta a nulidade dos atos praticados por advogado afastado do exercício profissional, se foram ratificados por novo procurador constituído nos autos e se da irregularidade da representação processual não adveio prejuízo a qualquer das partes (REsp 449627).

"O advogado que subscreveu a petição de interposição do recurso ordinário está com a inscrição suspensa na OAB/MG, não possuindo, portanto, capacidade postulatória para a prática do ato. Esta Corte entende que o recorrente deve possuir capacidade postulatória para interpor recurso ordinário em *habeas corpus*, ainda que tenha sido o impetrante originário, por tratar-se de ato privativo de advogado" (STF, RHC 121722). Com mitigação da regra, quando se tratar de atuação de advogado licenciado em processo criminal: "Nulidade do processo-crime não configurada, pois além de não ter sido demonstrado qualquer prejuízo advindo do exercício da defesa por advogado licenciado da Ordem dos Advogados do Brasil, o princípio da falta de interesse, tal como estabelecido no art. 565, primeira parte, do Código de Processo Penal, não admite a arguição da nulidade por quem tenha dado causa ou concorrido para a existência do vício" (STF, HC 99457).

Da mesma forma, aos licenciados da advocacia, porque não há licença materialmente parcial, incluindo os afastados temporariamente para exercer cargos ou funções incompatíveis. A incompatibilidade total gera o cancelamento definitivo da inscrição.

MANDATO JUDICIAL

O mandato judicial é o contrato mediante o qual se outorga a representação voluntária do cliente ao advogado, para que este possa atuar em nome daquele, em juízo ou fora dele. O instrumento do mandato, onde são explicitados os poderes da representação, é a procuração, que o advogado deve sempre provar. O art. 5º do Estatuto desobriga o advogado de reconhecer a firma do mandante, seja para atuar em juízo, seja para atuar perante a administração pública, porque apenas exige que faça prova do mandato, tal como ocorre com a legislação processual. O art. 105 do CPC admite que a procuração possa ser assinada digitalmente. Em qualquer hipótese, a procuração judicial deve conter o número de inscrição na OAB e o endereço completo.

O contrato de mandato está subjacente ao contrato de prestação de serviços profissionais, onde se regula a forma de remuneração do advogado. No direito brasileiro, diferentemente de outros sistemas jurídicos, todo mandato contém representação; não há mandato sem representação. O mandato judicial supõe necessariamente a representação do cliente, ainda que os poderes de representação dependam da procuração, que é o instrumento do mandato. A rigor, a um só tempo, o contrato que se ajusta com o advogado é sempre misto típico, fundindo-se com elementos de três negócios jurídicos: contrato de mandato, contrato de prestação de serviços profissionais e negócio jurídico unilateral de procuração.

A procuração pressupõe o contrato de mandato, que lhe subjaz, ainda que tacitamente. O fato de figurar como representante um advogado qualifica o mandato e o torna necessariamente oneroso.

É cabível a pactuação da verba honorária contratual no bojo do próprio instrumento de mandato (STJ, REsp 1.818.107).

Na hipótese de sociedade de advogados, o mandato judicial deve ser outorgado individualmente aos que dela façam parte, mesmo que o instrumento procuratório a ela se refira, conforme determina o art. 15, § 3º, do Estatuto. O art. 105 do CPC também exige que a procuração contenha o nome e o número de registro da sociedade de advogados na OAB.

O preceito legal (art. 5º) tem igualmente fundo deontológico. Dirige-se ao advogado atribuindo-lhe o dever de provar o mandato, quando postular em nome do cliente.

De mesma natureza é a exceção prevista no § 1º, que admite possa atuar sem procuração em caso de urgência, porque pressupõe existir o mandato, conferindo fé à sua declaração nesse sentido. O prazo para apresentar o instrumento procuratório é de quinze dias, contados do dia seguinte ao do ato de representação, independentemente de qualquer ato ou manifestação da autoridade judicial. Porém: "Agravo regimental interposto mediante petição subscrita por advogado sem procuração nos autos, não tendo sido invocada a situação de urgência (CPC, art. 37; Lei n. 8.906/94, art. 5º, § 1º). Recurso não conhecido, consoante jurisprudência do Supremo Tribunal Federal" (STF, SS 1349-AgR-AgR). "É assente a jurisprudência desta Corte no sentido de se considerar inexistente o recurso extraordinário interposto por advogado que não tenha procuração nos autos (...)" (STF, AI 504704-AgR).

Permite a lei a prorrogação por igual período de quinze dias, uma única vez, totalizando trinta dias. A necessidade da prorrogação deve ser justificada, dado o caráter de excepcionalidade de que se reveste e o dever ético de provar o mandato. Essa justificativa deve ser dirigida ao magistrado, quando em juízo, e à pessoa com quem deve relacionar-se representando o cliente, quando fora de juízo, antes do término do primeiro prazo para que se não converta em renovação, que a lei desconsiderou. Não cabe ao magistrado o juízo de conveniência, mas o de razoabilidade da justificativa apresentada.

A falta de mandato produz consequências em face de terceiros e do suposto mandante. Atinge-se o plano da existência e não apenas o da eficácia. Contudo, em deferência ao velho princípio de direito que veda o enriquecimento ilícito, responde o suposto mandante até o proveito que teve. Quanto ao advogado, há responsabilidade disciplinar e civil.

Considera-se falta de mandato a ausência de demonstração de regular inscrição do mandatário judicial nos quadros da OAB, gerando "a inexistência dos atos processuais praticados", conforme decidiu o Pleno do STF (MS 21730). Igualmente no caso de advogado excluído da OAB ou durante o período da pena disciplinar de suspensão, de nada valendo o substabelecimento posterior a profissional habilitado.

Na instância especial (Súmula 115-STJ) e na extraordinária não se tem admitido recurso interposto por advogado sem procuração nos autos. Na instância ordinária admite-se que é defeito sanável a falta de instrumento procuratório quando da interposição da apelação.

Da mesma forma, tem sido entendido que os procuradores autárquicos em geral, quando atuam em juízo em nome da autarquia respectiva a cujo quadro pertencem, estão dispensados de apresentar o instrumento procuratório, porque não cumprem mandato judicial, mas exercem atribuições de seus cargos. Basta declinarem o cargo, com o número da matrícula e o de inscrição na OAB. A capacidade postulatória do advogado público em geral comprova-se pela posse no cargo e não com o mandato judicial, que é dispensável. A respeito, veja-se o RE 173.568-7 do STF: "Tratando-se de autarquia, a representação por procurador do respectivo quadro funcional independe de instrumento de mandato. Suficiente é a revelação do *status*, mencionando-se, tanto quanto possível, o número da matrícula. Declinada a simples condição de advogado inscrito na Ordem dos Advogados do Brasil, presume-se a contratação do profissional para o caso concreto, exigindo-se, aí, a prova do credenciamento – a procuração". No mesmo sentido o STJ: "os advogados do Banco Central do Brasil e os procuradores autárquicos em geral, que, atuando em Juízo pela autarquia respectiva, não cumprem mandato *ad judicia* – contrato que se prova pela procuração, mas exercem atribuição do seu cargo, para o que não dependem de outro título que a investidura nele. Precedente do STF" (REsp 6470).

Em se tratando de assistência judiciária, fora do âmbito da defensoria pública, entende-se que a aceitação do patrocínio leva ao mandato com o cliente. Sem a procuração, a presença em juízo identificaria mandato aparente, exarando-se na ata da audiência os termos da referida outorga (Lei n. 1.060/50, art. 16), bastando para isso a confirmação do assistido de ser ele o advogado que o defende. Os tribunais têm decidido que o mandato escrito somente é necessário para os atos que exorbitem da procuração geral para o foro (*RT*, *718*:115).

A morte extingue o mandato e a procuração. Equivale à morte da pessoa física a dissolução da pessoa jurídica, para fins de extinção do mandato. Em virtude da proteção da aparência e da boa-fé, o mandatário pode exercer o mandato, enquanto não tomar conhecimento da extinção da pessoa jurídica mandante. O advogado, afirmando urgência, pode atuar sem procuração, obrigando-se a apresentá-la no prazo de quinze dias, prorrogável por igual período; essa regra excepcional de representação sem mandato tanto serve para o advogado que ainda não tenha recebido o instrumento procuratório, quanto para a hipótese de extinção de mandato preexistente à extinção da pessoa mandante.

PODERES PARA O FORO EM GERAL

A locução "para o foro em geral" tem a função prático-operacional de significar um conjunto de poderes, sem necessidade de especificá-los, permitindo ao advogado exercer todos os atos processuais e procedimentais atribuídos às partes e necessários ao desenvolvimento normal do processo, desde a distribuição até os recursos às últimas instâncias. O Estatuto preferiu não indicar quais os poderes especiais que estão excluídos, deixando-os a critério das várias legislações processuais.

No âmbito da legislação processual civil, consideram-se poderes especiais os de receber citação, confessar, reconhecer a procedência do pedido, transigir, desistir, renunciar ao direito sobre que se funda a ação, receber, dar quitação, firmar compromisso e assinar declaração de hipossuficiência econômica.

"A ação rescisória, por se tratar de demanda de caráter excepcional (uma vez que tem por escopo a desconstituição de decisão já acobertada pelo manto da coisa julgada), há de ser postulada por representante processual devidamente amparado por mandato judicial que lhe confira poderes específicos para tanto. Em se tratando de ação autônoma, o mandato originário não se estende à proposição de ação rescisória. Os efeitos das procurações outorgadas se exaurem com o encerramento definitivo daquele processo. Exigência que não constitui formalismo extremo, mas cautela que, além de condizente com a natureza especial e autônoma da ação rescisória, visa resguardar os interesses dos próprios autores" (STF, AR 2236-ED e AR 2239-ED).

Não é permitido ao outorgante da procuração restringir os poderes para o foro em geral por meio de cláusula especial, porque expressamente previstos em lei (STJ, REsp 1.904.872).

RENÚNCIA AO MANDATO JUDICIAL

O advogado pode renunciar ao mandato judicial sempre que julgar conveniente ou por imperativo ético. O juízo de oportunidade é seu, embora matizado pela ética profissional. Impõe-se o dever de renúncia sempre que o advogado sentir faltar-lhe a confiança do cliente. O Código de Ética e Disciplina (art. 16) determina que a renúncia implica omissão do motivo, ou seja, deve ser feita sem menção do motivo que a determinou, além da responsabilidade por danos eventualmente causados ao cliente.

O Estatuto exige que o advogado permaneça no pleno exercício do mandato durante dez dias após a renúncia. Da mesma forma dispõe o CPC, art. 112. Esse período é necessário para que o cliente tenha condições de tempo para prover à sua substituição. O advogado responde por qualquer prejuízo que causar ao cliente ou a terceiros, no período citado, por dolo ou culpa. A consumação do prazo pode ser dispensada se antes for substituído por outro advogado ou não houver necessidade de sua permanência para evitar prejuízo ao mandante.

Consuma-se a renúncia quando for regularmente comunicada ao cliente, judicial ou extrajudicialmente (carta com aviso de recepção, documento com ciência firmada pelo cliente, notificação mediante o Cartório de Títulos e Documentos). A renúncia não tem efetividade se o advogado não procedeu à notificação do mandante, inobservando o art. 5º, § 3º, do Estatuto (STF, HC 82877). Não se admite renúncia genérica se houver mais de uma causa do cliente sob o patrocínio do advogado. A falta de notificação, em ação penal, pode acarretar a nulidade do processo (STF, MC em HC 98118).

No processo civil, a comunicação é dispensada quando a procuração tiver sido outorgada a vários advogados e a parte continuar representada por outro, apesar da renúncia (CPC, art. 112, § 2º).

Quando o mandato outorgado a advogado tiver finalidades extrajudiciais, o prazo de dez dias também será exigível, com a notificação da renúncia ao próprio cliente.

A renúncia não é apenas uma faculdade atribuída ao profissional; é uma imposição ética, em determinadas circunstâncias, como: a) se o cliente tiver omitido a existência de outro advogado já constituído; b) se sobrevier conflito de interesses entre seus clientes, devendo optar por um dos mandatos, resguardando o sigilo profissional; c) se concluir que a causa é contrária à ética, à moral ou à validade de ato jurídico em que tenha colaborado; d) se o cliente impuser a indicação de outro advogado para com ele trabalhar na causa; se sobrevier conflito de interesses entre seus constituintes, devendo optar por um dos mandatos, renunciando aos demais, resguardando o sigilo profissional.

"Renúncia, quanto a um dos advogados, sem efetividade, haja vista que o advogado não procedeu à notificação do mandante. Inobservância, pelo advogado, das regras relativas à renúncia constantes do Código de Processo Civil (art. 45) e da Lei n. 8.906, de 1994 (art. 5º, § 3º). Improcedência das alegações. *Habeas corpus* indeferido" (STF, HC 82.877).

Por ser direito potestativo do profissional, não é possível a estipulação de multa no contrato de honorários para as hipóteses de renúncia ou revogação unilateral do mandato do advogado, independentemente de motivação, respeitado o direito de recebimento dos honorários proporcionais ao serviço prestado. Nesse sentido, decidiu o STJ (REsp 1.346.171 e 1.882.117).

Quando a decisão de renúncia for do cliente, decidiu o STJ (REsp 1.724.441) que configura abuso de direito a denúncia imotivada pelo cliente de contrato de prestação de serviços advocatícios firmado com cláusula de êxito antes do resultado do processo, salvo quando houver estipulação contratual que a autorize ou quando ocorrer fato superveniente que a justifique.

DIREITOS DO ADVOGADO

Capítulo II
DOS DIREITOS DO ADVOGADO

Art. 6º Não há hierarquia nem subordinação entre advogados, magistrados e membros do Ministério Público, devendo todos tratar-se com consideração e respeito recíprocos.

§ 1º As autoridades e os servidores públicos dos Poderes da República, os serventuários da Justiça e os membros do Ministério Público devem dispensar ao advogado, no exercício da profissão, tratamento compatível com a dignidade da advocacia e condições adequadas a seu desempenho, preservando e resguardando, de ofício, a imagem, a reputação e a integridade do advogado nos termos desta Lei.

§ 2º Durante as audiências de instrução e julgamento realizadas no Poder Judiciário, nos procedimentos de jurisdição contenciosa ou voluntária, os advogados do autor e do requerido devem permanecer no mesmo plano topográfico e em posição equidistante em relação ao magistrado que as presidir.

- *Parágrafo único transformado em § 1º e § 2º acrescido pela Lei n. 14.508/2022.*

Art. 7º São direitos do advogado:

I – exercer, com liberdade, a profissão em todo o território nacional;

II – a inviolabilidade de seu escritório ou local de trabalho, bem como de seus instrumentos de trabalho, de sua correspondência escrita, eletrônica, telefônica e telemática, desde que relativas ao exercício da advocacia;

- *Inciso II com a redação da Lei n. 11.767/2008.*

III – comunicar-se com seus clientes, pessoal e reservadamente, mesmo sem procuração, quando estes se acharem presos, detidos ou recolhidos em estabelecimentos civis ou militares, ainda que considerados incomunicáveis;

IV – ter a presença de representante da OAB, quando preso em flagrante, por motivo ligado ao exercício da advocacia, para lavratura do auto respectivo, sob pena de nulidade e, nos demais casos, a comunicação expressa à seccional da OAB;

V – não ser recolhido preso, antes da sentença transitada em julgado, senão em sala de Estado Maior, com instalações e comodidades condignas, ~~assim reconhecidas pela OAB~~ e, na sua falta, em prisão domiciliar;

- *Os termos "assim reconhecidas pela OAB" foram considerados inconstitucionais pelo STF na ADI 1.127-8.*

VI – ingressar livremente:

***a*) nas salas de sessões dos tribunais, mesmo além dos cancelos que separam a parte reservada aos magistrados;**

***b*) nas salas e dependência de audiências, secretarias, cartórios, ofícios de justiça, serviços notariais e de registro, e, no caso de delegacias e prisões, mesmo fora da hora de expediente e independentemente da presença de seus titulares;**

***c*) em qualquer edifício ou recinto em que funcione repartição judicial ou outro serviço público onde o advogado deva praticar ato ou colher prova ou informação útil ao exercício da atividade profissional, dentro do expediente ou fora dele, e ser atendido, desde que se ache presente qualquer servidor ou empregado;**

***d*) em qualquer assembleia ou reunião de que participe ou possa participar o seu cliente, ou perante a qual este deva comparecer, desde que munido de poderes especiais;**

VII – permanecer sentado ou em pé e retirar-se de quaisquer locais indicados no inciso anterior, independentemente de licença;

VIII – dirigir-se diretamente aos magistrados nas salas e gabinetes de trabalho, independentemente de horário previamente marcado ou outra condição, observando-se a ordem de chegada;

IX – ~~sustentar oralmente as razões de qualquer recurso ou processo, nas sessões de julgamento, após o voto do relator, em instância judicial ou administrativa, pelo prazo de quinze minutos, salvo se prazo maior for concedido;~~

- *O inciso IX foi considerado inconstitucional pelo STF na ADI 1.127-8.*

IX-A – (VETADO); (*Acrescentado pela Lei n. 14.365, de 2022*)

X – usar da palavra, pela ordem, em qualquer tribunal judicial ou administrativo, órgão de deliberação coletiva da administração pública ou comissão parlamentar de inquérito, mediante intervenção pontual e sumária, para esclarecer equívoco ou dúvida surgida em relação a fatos, a documentos ou a afirmações que influam na decisão;

- *Inciso X com a redação da Lei n. 14.365/2022.*

XI – reclamar, verbalmente ou por escrito, perante qualquer juízo, tribunal ou autoridade, contra a inobservância de preceito de lei, regulamento ou regimento;

XII – falar, sentado ou em pé, em juízo, tribunal ou órgão de deliberação coletiva da Administração Pública ou do Poder Legislativo;

XIII – examinar, em qualquer órgão dos Poderes Judiciário e Legislativo, ou da Administração Pública em geral, autos de processos findos ou em andamento, mesmo sem procuração, quando não estiverem sujeitos a sigilo ou segredo de justiça, assegurada a obtenção de cópias, com possibilidade de tomar apontamentos;

- *Inciso XIII com a redação da Lei n. 13.793/2019.*

XIV – examinar, em qualquer instituição responsável por conduzir investigação, mesmo sem procuração, autos de flagrante e de investigações de qualquer natureza, findos ou em andamento, ainda que conclusos à autoridade, podendo copiar peças e tomar apontamentos, em meio físico ou digital;

- *Inciso XIV com a redação da Lei n. 13.245/2016.*

XV – ter vista dos processos judiciais ou administrativos de qualquer natureza, em cartório ou na repartição competente, ou retirá-los pelos prazos legais;

XVI – retirar autos de processos findos, mesmo sem procuração, pelo prazo de dez dias;

XVII – ser publicamente desagravado, quando ofendido no exercício da profissão ou em razão dela;

XVIII – usar os símbolos privativos da profissão de advogado;

XIX – recusar-se a depor como testemunha em processo no qual funcionou ou deva funcionar, ou sobre fato relacionado com pessoa de quem seja ou foi advogado, mesmo quando autorizado ou solicitado pelo constituinte, bem como sobre fato que constitua sigilo profissional;

XX – retirar-se do recinto onde se encontre aguardando pregão para ato judicial, após trinta minutos do horário designado e ao qual ainda não tenha comparecido a autoridade que deva presidir a ele, mediante comunicação protocolizada em juízo;

XXI – assistir aos seus clientes investigados durante a apuração de infrações sob pena de nulidade absoluta do respectivo interrogatório ou depoimento e subsequentemente de todos os elementos investigatórios e probatórios decorrentes ou derivados, direta ou indiretamente, podendo, inclusive, no curso da mesma apuração:

***a*) apresentar razões e quesitos;**

***b*) (VETADO).**

- *Inciso XXI acrescentado pela Lei n. 13.246/2016.*

§ 1º Não se aplica o disposto nos incisos XV e XVI:

1) aos processos sob regime de segredo de justiça;

2) quando existirem nos autos documentos originais de difícil restauração ou ocorrer circunstância relevante que justifique a permanência dos autos no cartório, secretaria ou repartição, reconhecida pela autoridade em despacho motivado, proferido de ofício, mediante representação ou a requerimento da parte interessada;

3) até o encerramento do processo, ao advogado que houver deixado de devolver os respectivos autos no prazo legal, e só o fizer depois de intimado.

§ 2º O advogado tem imunidade profissional, não constituindo injúria, difamação ~~ou desacato~~ puníveis qualquer manifestação de sua parte, no exercício de sua atividade, em juízo ou fora dele, sem prejuízo das sanções disciplinares perante a OAB, pelos excessos que cometer.

- *Termos "ou desacato" considerados inconstitucionais pelo STF na ADI 1.127).*

§ 2º-A. (VETADO) (*Incluído pela Lei n. 14.365/2022*)

§ 2º-B. Poderá o advogado realizar a sustentação oral no recurso interposto contra a decisão monocrática de relator que julgar o mérito ou não conhecer dos seguintes recursos ou ações:

I – recurso de apelação;

II – recurso ordinário;

III – recurso especial;

IV – recurso extraordinário;

V – embargos de divergência;

VI – ação rescisória, mandado de segurança, reclamação, *habeas corpus* e outras ações de competência originária.

- *§ 2º-A acrescentado pela Lei n. 14.365/2022.*

§ 3º O advogado somente poderá ser preso em flagrante, por motivo de exercício da profissão, em caso de crime inafiançável, observado o disposto no inciso IV deste artigo.

§ 4º O Poder Judiciário e o Poder Executivo devem instalar, em todos os juizados, fóruns, tribunais, delegacias de polícia e presídios, salas especiais permanentes para os advogados, com uso e ~~controle~~ assegurados à OAB.

- *O termo "controle" foi considerado inconstitucional pelo STF na ADI 1.127-8.*

§ 5º No caso de ofensa a inscrito na OAB, no exercício da profissão ou de cargo ou função de órgão da OAB, o Conselho competente deve promover o desagravo público do ofendido, sem prejuízo da responsabilidade criminal em que incorrer o infrator.

§ 6º Presentes indícios de autoria e materialidade da prática de crime por parte de advogado, a autoridade judiciária competente poderá decretar a quebra da inviolabilidade de que trata o inciso II do *caput* deste artigo, em decisão motivada, expedindo mandado de busca e apreensão, específico e pormenorizado, a ser cumprido na presença de representante da OAB, sendo, em qualquer hipótese, vedada a utilização dos documentos, das mídias e dos objetos pertencentes a clientes do advogado averiguado, bem como dos demais instrumentos de trabalho que contenham informações sobre clientes.

- *§ 6º com a redação da Lei n. 11.767/2008.*

§ 6º-A. A medida judicial cautelar que importe na violação do escritório ou do local de trabalho do advogado será determinada em hipótese excepcional, desde que exista fundamento em indício, pelo órgão acusatório.

§ 6º-B. É vedada a determinação da medida cautelar prevista no § 6º-A deste artigo se fundada exclusivamente em elementos produzidos em declarações do colaborador sem confirmação por outros meios de prova.

§ 6º-C. O representante da OAB referido no § 6º deste artigo tem o direito a ser respeitado pelos agentes responsáveis pelo cumprimento do mandado de busca e apreensão, sob pena de abuso de autoridade, e o dever de zelar pelo fiel cumprimento do objeto da investigação, bem como de impedir que documentos, mídias e objetos não relacionados à investigação, especialmente de outros processos do mesmo cliente ou de outros clientes que não sejam pertinentes à persecução penal, sejam analisados, fotografados, filmados, retirados ou apreendidos do escritório de advocacia.

§ 6º-D. No caso de inviabilidade técnica quanto à segregação da documentação, da mídia ou dos objetos não relacionados à investigação, em razão da sua natureza ou volume, no momento da execução da decisão judicial de apreensão ou de retirada

do material, a cadeia de custódia preservará o sigilo do seu conteúdo, assegurada a presença do representante da OAB, nos termos dos §§ 6º-F e 6º-G deste artigo.

§ 6º-E. Na hipótese de inobservância do § 6º-D deste artigo pelo agente público responsável pelo cumprimento do mandado de busca e apreensão, o representante da OAB fará o relatório do fato ocorrido, com a inclusão dos nomes dos servidores, dará conhecimento à autoridade judiciária e o encaminhará à OAB para a elaboração de notícia-crime.

§ 6º-F. É garantido o direito de acompanhamento por representante da OAB e pelo profissional investigado durante a análise dos documentos e dos dispositivos de armazenamento de informação pertencentes a advogado, apreendidos ou interceptados, em todos os atos, para assegurar o cumprimento do disposto no inciso II do *caput* deste artigo.

§ 6º-G. A autoridade responsável informará, com antecedência mínima de 24 (vinte e quatro) horas, à seccional da OAB a data, o horário e o local em que serão analisados os documentos e os equipamentos apreendidos, garantido o direito de acompanhamento, em todos os atos, pelo representante da OAB e pelo profissional investigado para assegurar o disposto no § 6º-C deste artigo.

§ 6º-H. Em casos de urgência devidamente fundamentada pelo juiz, a análise dos documentos e dos equipamentos apreendidos poderá acontecer em prazo inferior a 24 (vinte e quatro) horas, garantido o direito de acompanhamento, em todos os atos, pelo representante da OAB e pelo profissional investigado para assegurar o disposto no § 6º-C deste artigo.

§ 6º-I. É vedado ao advogado efetuar colaboração premiada contra quem seja ou tenha sido seu cliente, e a inobservância disso importará em processo disciplinar, que poderá culminar com a aplicação do disposto no inciso III do *caput* do art. 35 desta Lei, sem prejuízo das penas previstas no art. 154 do Decreto-Lei n. 2.848, de 7 de dezembro de 1940 (Código Penal).

- *§§ 6º-A a 6º-I acrescentados pela Lei n. 14.365/2022.*

§ 7º A ressalva constante do § 6º deste artigo não se estende a clientes do advogado averiguado que estejam sendo formalmente investigados como seus partícipes ou coautores pela prática do mesmo crime que deu causa à quebra da inviolabilidade.

- *§ 7º com a redação da Lei n. 11.767/2008.*

§ 8º (VETADO) (*Acrescentado pela Lei n. 11.767/2008*)

§ 9º (VETADO) (*Acrescentado pela Lei n. 11.767/2008*)

§ 10. Nos autos sujeitos a sigilo, deve o advogado apresentar procuração para o exercício dos direitos de que trata o inciso XIV.

§ 11. No caso previsto no inciso XIV, a autoridade competente poderá delimitar o acesso do advogado aos elementos de prova relacionados a diligências em andamento e ainda não documentados nos autos, quando houver risco de comprometimento de eficiência, de eficácia ou de finalidade das diligências.

§ 12. A inobservância aos direitos estabelecidos no inciso XIV, o fornecimento incompleto dos autos em que houve a retirada de peças já incluídas no caderno investigativo implicará responsabilização criminal e funcional por abuso de autori-

dade do responsável que impedir o acesso do advogado com o intuito de prejudicar o exercício da defesa, sem prejuízo do direito subjetivo do advogado de requerer acesso aos autos ao juiz competente.

- *§§ 10 a 12 acrescentados pela Lei n. 13.245/2016.*

§ 13. O disposto nos incisos XIII e XIV do *caput* deste artigo aplica-se integralmente a processos e a procedimentos eletrônicos, ressalvado o disposto nos §§ 10 e 11 deste artigo. (NR)

- *§ 13 acrescentado pela Lei n. 13.793/2019.*

§ 14. Cabe, privativamente, ao Conselho Federal da OAB, em processo disciplinar próprio, dispor, analisar e decidir sobre a prestação efetiva do serviço jurídico realizado pelo advogado.

- *§ 14 acrescentado pela Lei n. 14.365/2022.*

§ 15. Cabe ao Conselho Federal da OAB dispor, analisar e decidir sobre os honorários advocatícios dos serviços jurídicos realizados pelo advogado, resguardado o sigilo, nos termos do Capítulo VI desta Lei, e observado o disposto no inciso XXXV do *caput* do art. 5º da Constituição Federal.

- *§ 15 acrescentado pela Lei n. 14.365/2022.*

§ 16. É nulo, em qualquer esfera de responsabilização, o ato praticado com violação da competência privativa do Conselho Federal da OAB prevista no § 14 deste artigo." (NR)

- *§ 16 acrescentado pela Lei n. 14.365/2022.*

Art. 7º-A. São direitos da advogada:

I – gestante:

***a*) entrada em tribunais sem ser submetida a detectores de metais e aparelhos de raios X;**

***b*) reserva de vaga em garagens dos fóruns dos tribunais;**

II – lactante, adotante ou que der à luz, acesso a creche, onde houver, ou a local adequado ao atendimento das necessidades do bebê;

III – gestante, lactante, adotante ou que der à luz, preferência na ordem das sustentações orais e das audiências a serem realizadas a cada dia, mediante comprovação de sua condição;

IV – adotante ou que der à luz, suspensão de prazos processuais quando for a única patrona da causa, desde que haja notificação por escrito ao cliente.

§ 1º Os direitos previstos à advogada gestante ou lactante aplicam-se enquanto perdurar, respectivamente, o estado gravídico ou o período de amamentação.

§ 2º Os direitos assegurados nos incisos II e III deste artigo à advogada adotante ou que der à luz serão concedidos pelo prazo previsto no art. 392 do Decreto-Lei n. 5.452, de 1º de maio de 1943 (Consolidação das Leis do Trabalho).

§ 3º O direito assegurado no inciso IV deste artigo à advogada adotante ou **que der à luz será concedido pelo prazo previsto no § 6º do art. 313 da Lei n. 13.105, de 16 de março de 2015 (Código de Processo Civil).**

- *Art. 7º-A acrescentado pela Lei n. 13.363/2016.*

Art. 7º-B. Constitui crime violar direito ou prerrogativa de advogado previstos nos incisos II, III, IV e V do *caput* do art. 7º desta Lei:

Pena – detenção, de 2 (dois) meses a 4 (quatro) anos, e multa.

- *Art. 7º-B acrescentado pela Lei n. 13.869/2019 e alterado pela Lei n. 14.365/2022.*

COMENTÁRIOS

DIREITOS OU PRERROGATIVAS

O Estatuto trata de forma indistinta os direitos e prerrogativas do advogado. Contudo, prerrogativas são gênero das quais os direitos do advogado são espécies. Elas perpassam todo o Estatuto, não se contendo apenas no capítulo dos direitos.

As prerrogativas profissionais diferenciam-se dos privilégios das corporações de ofício ou guildas medievais. Como esclarece Max Weber (1977, p. 556), antes do Estado Moderno e da concepção de direito subjetivo, os direitos particulares apareciam normalmente sob a forma de direitos *privilegiados*, isto é, em ordenamentos estatuídos autonomamente por tradição ou acordo de comunidades de tipo estamental ou de uniões socializadas. O princípio de que o *privilégio* (direito particular privilegiado, nesse sentido) prevalecia sobre o direito geral do país (direito comum, vigente na ausência daqueles) era um postulado a que se reconhecia validade quase universal.

Se, no passado, prerrogativa podia ser confundida com privilégio, na atualidade, prerrogativa profissional significa direito exclusivo e indispensável ao exercício de determinada profissão no interesse social. Em certa medida é direito-dever e, no caso da advocacia, configura condições legais de exercício de seu múnus público.

O presidente do Conselho Seccional ou da Subseção, ao tomar conhecimento do fato que tenha violado ou possa violar direitos ou prerrogativas da profissão, deve adotar as providências judiciais e extrajudiciais cabíveis, designando advogado com poderes bastantes e integrando a defesa, como assistente, quando necessário. Este é o mandamento expresso contido nos arts. 15 a 17 do Regulamento Geral. Entre as medidas possíveis cabe a representação contra o responsável por abuso de autoridade (art. 7º-B do Estatuto, com a redação da Lei n. 13.869/2019).

O direito de representação será exercido por meio de petição subscrita pelo advogado ofendido ou pelo Presidente do Conselho Seccional ou da Subseção, dirigida à autoridade superior que tiver competência legal para aplicar sanção administrativa (advertência, repreensão, suspensão do cargo, destituição da função, demissão e demissão a bem do serviço público – art. 6º) ou ao Ministério Público competente para iniciar processo-crime contra a autoridade culpada. A sanção penal poderá consistir em multa, detenção por dez dias a seis meses ou perda do cargo e inabilitação para o exercício de qualquer outra função pública por prazo de até três meses.

O Provimento n. 179/2018 instituiu o Registro Nacional de Violações de Prerrogativas (RNVP), que deve ser consultado pelos Conselhos Seccionais por ocasião da análise dos pedidos de inscrição, "visando à possível suscitação de inidoneidade moral baseada na violação grave ou reiterada das prerrogativas da advocacia decorrente do deferimento do desagravo público", assegurando-se o contraditório e a ampla defesa no momento do requerimento da inscrição. O RNVP não pode ser divulgado publicamente, mesmo que para fins estatísticos.

Ao assegurar a prerrogativa de atuação do advogado perante comissão parlamentar de inquérito, o Min. Relator do HC 88015 no STF assim fundamentou a decisão: "O Advogado – ao cumprir o dever de prestar assistência técnica àquele que o constituiu, dispensando-lhe orientação jurídica perante qualquer órgão do Estado – converte, a sua atividade profissional, quando exercida com independência e sem indevidas restrições, em prática inestimável de liberdade".

O art. 7º-B tipifica como crime, punível com detenção de dois meses a quatro anos e multa, a violação de direitos e prerrogativas do advogado, incluindo os agentes públicos, especificamente quanto: a) à inviolabilidade do escritório, dos locais de trabalho, dos dados profissionais; b) à comunicação do advogado com seus clientes presos; c) ao direito do advogado preso em flagrante, por motivo ligado à advocacia, de ter a presença de representante da OAB; d) e ao direito do advogado de ser preso em sala de Estado Maior ou equivalente, ou na falta desta em prisão domiciliar. O Provimento n. 201/2020 do CFOAB regulamenta os procedimentos a serem adotados pelos órgãos da OAB, ou seus representantes, nessas situações, inclusive para oferecimento de comunicação ou de representação ao Ministério Público para o ajuizamento da ação penal pública incondicionada, ou ajuizamento de ação penal privada subsidiária, nas hipóteses legais.

As prerrogativas do advogado incluem sua atuação em cargos de consultoria, assessoria, gerência, coordenação e direção jurídicas, nos setores públicos e privados, máxime no que concerne à inviolabilidade e à confidenciabilidade de seus meios de atividade tanto no ambiente de trabalho quanto em sua residência e nas mídias sociais, conforme esclarece o Provimento n. 207/2021. Havendo dúvida se a atividade é de gestão empresarial ou de advocacia, deverá ser chamado representante da OAB na hipótese de diligência determinada judicialmente.

Os §§ 14 e 16 do art. 7º do Estatuto, introduzidos pela Lei n. 14.365/2022, estabelecem que cabe privativamente ao Conselho Federal da OAB, em processo disciplinar próprio, decidir se os serviços prestados por determinado advogado têm ou não a natureza de atividade de advocacia, ante as características próprias e exclusivas desta. A norma estabelece a competência privativa do Conselho Federal da OAB, devendo os demais órgãos da entidade a este encaminharem os processos e matérias nos quais questione a natureza dos serviços prestados por advogado. Nenhum órgão da administração pública e nenhuma entidade privada podem definir em atos ou contratos que o serviço prestado por advogado seja de advocacia, em caso de controvérsia, devendo submeter a dúvida ao Conselho Federal da OAB, sob pena de nulidade. A norma, no entanto, não impede o acesso ao Judiciário competente para julgar os atos do Conselho Federal da OAB, constitucionalmente assegurado (CF, art. 5º, XXXV).

A Lei n. 14.365/2022 também introduziu o § 15 ao art. 7º do Estatuto, para atribuir a competência privativa do Conselho Federal da OAB na análise e decisão sobre os honorários advocatícios dos serviços jurídicos realizados pelo advogado, quando houver dúvida fundada e relevante, excluindo qualquer outro órgão da OAB ou da administração pública, salvo o direito de acesso ao Judiciário. Essa competência, apesar de contemplar situação concreta, visa a uniformizar o entendimento sobre a exigibilidade e o *quantum* dos honorários advocatícios praticados pelos advogados, sem prejuízo da competência do Conselho Seccional de fixar a tabela dos honorários em seu âmbito (Estatuto, art. 58, V).

INDEPENDÊNCIA DO ADVOGADO ANTE O JUIZ E OS AGENTES PÚBLICOS

O preceito do art. 6º complementa o princípio da indispensabilidade do advogado à administração da justiça, previsto no art. 2º, ressaltando a isonomia de tratamento entre o advogado, o juiz e o promotor de justiça.

Cada figurante tem um papel a desempenhar: um postula, outro fiscaliza a aplicação da lei e o outro julga. As funções são distintas e não se estabelece entre elas relação de hierarquia e subordinação. Em sendo assim, mais forte se torna a direção ética que o preceito encerra no sentido do relacionamento profissional independente, harmônico, reciprocamente respeitoso e digno. O prestígio ou o desprestígio da justiça afeta a todos os três figurantes. Disse J. J. Calmon de Passos que "não tem o advogado, à semelhança do magistrado, no processo, interesses que lhe sejam próprios. Seu interesse é o interesse do constituinte, que ele formula e patrocina perante os tribunais de que espera a segurança a que faz jus" (1976, p. 15).

Em face do art. 133 da Constituição, e do Estatuto como lei que o regulamenta, especialmente do art. 6º deste, que proclama a ausência de hierarquia entre magistrado e advogado, não prevalecem mais as normas contidas no Código de Processo Penal, que autorizavam o juiz a nomear de ofício defensor ao réu que o não tivesse. Cabe apenas à OAB designar advogado para assistência jurídica quando houver impossibilidade de Defensoria Pública no local do serviço, falecendo ao juiz qualquer autoridade para tal, que redundaria em subalternidade do advogado.

É a um só tempo dever e direito. Dever de comportamento e direito de reciprocidade. Nesse sentido, estabelece o CPC (art. 78) que é vedado aos advogados, juízes, membros do Ministério Público e defensores públicos o emprego de expressões ofensivas nos escritos apresentados; pode o juiz, de ofício ou a requerimento do ofendido, determinar que as expressões ofensivas sejam riscadas, assegurando-se certidão do inteiro teor das que foram riscadas.

Os profissionais do direito têm a mesma formação (bacharéis em direito) e atuam em nível de igualdade no desempenho de seus distintos e inter-relacionados misteres. No mundo inteiro mantêm estreitas relações de respeito e cordialidade. Na Espanha tratam-se mutuamente por companheiros. Na Inglaterra, os juízes são selecionados dentre os advogados que atuam nos tribunais (*barristers*), e mesmo depois de nomeados permanecem como membros da respectiva instituição (*Inns of Courts*) (Karalfy, 1990, p. 288).

O maltrato sofrido pelo advogado, em sua independência ou dignidade profissionais, não apenas lhe diz respeito individualmente, mas a toda a classe. Contra ele deve reagir imediata e adequadamente, fazendo constar no processo ou fora dele o que for necessário, levantando provas, para comunicar o fato à Ordem e promover as representações devidas. É seu direito-dever defender as prerrogativas da profissão, legal e eticamente, não podendo ser submisso, omisso ou conivente. Não pode, todavia, exceder os limites da reciprocidade, nem abusar de seu direito isonômico.

Sem independência, a advocacia fenece. Sem dignidade, ela se amesquinha (sobre independência do advogado, ver comentários ao art. 31).

O parágrafo único do art. 6º do Estatuto estende o comando a todos os agentes públicos de quaisquer poderes da República aos membros do Ministério Público e aos serventuários de justiça, com os quais deve o advogado relacionar-se profissionalmente. Não é privilégio porque advocacia é serviço público, quanto aos efeitos do *jus postulandi*, e seu desempenho tem de receber adequada colaboração desses agentes. Quando o advogado se dirigir a qualquer órgão ou entidade pública, no exercício da profissão e no interesse do constituinte, com prova do mandato, exceto quando for tratar de interesse pessoal, não pode receber tratamento ordinário e idêntico às demais pessoas não profissionais, cabendo aos agentes públicos oferecer condições adequadas ao desempenho de seu mister. Há também o dever legal dos agentes públicos de preservarem a imagem, a reputação e a integridade do advogado, quando no exercício da atividade da advocacia perante eles.

POSIÇÃO DO ADVOGADO NAS SALAS DE AUDIÊNCIAS

Qual a posição que deve ser destinada aos advogados das partes nas salas de audiências em relação aos advogados? A arquitetura utilizada em muitas delas posiciona o magistrado em patamar superior, segundo o modelo adotado em outros países. A determinação introduzida pela Lei n. 14.508/2022, no parágrafo segundo do art. 6º, corresponde ao padrão constitucional brasileiro de igualdade e interdependência dos figurantes da administração da justiça, tendo essa norma importante efeito simbólico não apenas entre esses figurantes, mas também perante os jurisdicionados, que no outro modo veem seus advogados em situação inferiorizada ou dependente do magistrado. Por outro lado, insere-se na compreensão das prerrogativas profissionais.

A posição equidistante dos advogados das partes veda que o magistrado ou servidores judiciários privilegiem advogados em detrimento de outros, ao destinarem os locais que devam estar nas audiências. Para a lei pouco importa qual a natureza da audiência, se de instrução e julgamento ou de jurisdição voluntária.

Essa determinação legal é restrita ao primeiro grau. Não alcança os órgãos judiciários de deliberação coletiva de grau superior. Ao contrário das audiências, nesses órgãos a presença do advogado não é necessária, salvo quando se inscrever para sustentação oral. Ainda nessa situação, o número dos advogados presentes depende do número dos processos que serão julgados e o advogado ocupa lugar de destaque na tribuna quando faz a sustentação, o que torna impraticável a extensão da regra que a lei determinou para as audiências.

No que concerne ao membro do Ministério Público, decidiu o STF, na ADI 4.768, proposta pelo Conselho Federal da OAB, que é seu direito apresentar-se no mesmo plano e à direita dos magistrados nas audiências e sessões de julgamento, sem comprometimento do princípio da isonomia e da paridade de armas entre defesa e acusação, porque quando atua como parte ou fiscal da lei é sempre órgão estatal responsável pela defesa da ordem jurídica e do interesse público, com as mesmas garantias, prerrogativas e vedações do magistrado.

LIBERDADE DO EXERCÍCIO PROFISSIONAL

A Constituição (art. 5º, XIII) determina que é livre o exercício de qualquer profissão, "atendidas as qualificações profissionais que a lei estabelecer". A locução *qualificação profissional* tem sentido mais abrangente que *capacidade* a que fazia referência a Constituição de 1967/1969 (art. 153, § 23). Significa condições, requisitos e qualidades que são estabelecidos em lei para exercer a profissão regulamentada. Esta é a função do Estatuto.

A liberdade de exercício profissional é, portanto, condicionada a esses elementos de qualificação. O parâmetro que a lei qualificadora deve observar é o da igualdade de todos perante ela, sem qualquer discriminação, segundo o princípio estruturante do *caput* do art. 5º da Constituição a que se subordina seu inciso XIII.

A profissão de advogado, para os inscritos na OAB, pode ser exercida em todo o território nacional, observadas algumas qualificações ou condições que o Estatuto estabeleceu para todos igualmente. A liberdade de exercício pode ser assim qualificada:

I – *plena*, com a seguinte classificação:

a) em razão do espaço, no âmbito do território do Estado-membro, do Distrito Federal ou do Território Federal, em cujo Conselho Seccional o advogado obteve sua inscrição principal ou sua inscrição suplementar ou por transferência (*v.* art. 10 do Estatuto);

b) em razão da matéria, perante os Tribunais federais e superiores, localizados em outras unidades federativas, nas causas em que haja seu patrocínio profissional;

II – *condicionada*, para o exercício eventual da advocacia, fora do território de sua inscrição principal ou suplementar, assim entendido quando não exceder de cinco causas ao ano.

INVIOLABILIDADE DO ADVOGADO

A garantia constitucional da inviolabilidade do advogado perpassa todo o texto do Estatuto, que a regulamenta. Os limites legais referidos na Constituição (art. 133) têm uma dimensão positiva e negativa.

O conceito de inviolabilidade de matriz constitucional é amplo. Abrange, principalmente, a imunidade profissional do advogado, ou o que a lei qualifica como prerrogativas, segundo os parâmetros nela estabelecidos.

Na dimensão positiva, a inviolabilidade do advogado, referida expressamente nos arts. 2º, § 3º, e 7º, II e XIX e §§ 2º e 3º, do Estatuto, ostenta as seguintes características:

a) *imunidade profissional*, por manifestações e palavras;

b) proteção do *sigilo profissional*;

c) proteção dos *meios de trabalho*, incluindo local, instalações, documentos e dados.

Na dimensão negativa, os limites referidos na Constituição revelam-se no poder exclusivo da OAB de punir disciplinarmente os excessos cometidos pelo advogado.

A inviolabilidade é espécie do gênero imunidade. A imunidade material importa a descriminalização do delito tipo para quem é legitimado a receber sua tutela e pode ser concebida como inviolabilidade (Gomes, 1990, p. 21), como o faz a Constituição no art. 133.

"A imunidade profissional é indispensável para que o advogado possa exercer condigna e amplamente seu múnus público" (STF, ADI 1127).

A imunidade também alcança o delito civil, não podendo o advogado ser imputável por responsabilidade civil, inclusive por danos morais, em virtude de ofensas irrogadas no exercício de sua profissão.

Essa peculiar imunidade profissional não constitui um privilégio, tampouco carta de indenidade. Em verdade, o escopo da lei é menos a proteção do profissional e muito mais a do cliente. O segredo que guarda não é seu, é do cliente. Os atos e manifestações profissionais são proferidos em razão do patrocínio do cliente. Os instrumentos de trabalho não são bens de desfrute pessoal, mas existem em função do cliente.

A inviolabilidade não é absoluta porque não alcança os atos não profissionais, a saber, os que dizem respeito a interesses meramente pessoais, e os excessivos, que ultrapassam os limites da razoabilidade, aos quais incidem as normas disciplinares.

Na forma do art. 7º-B, introduzido pela Lei n. 13.869/2019 (Lei do Abuso de Autoridade), constitui crime desrespeitar a inviolabilidade do advogado, no exercício de suas atribuições, sujeitando o agente da violação a pena de detenção, de 2 a 4 anos, e multa.

Sobre a relação da inviolabilidade com a indispensabilidade, ver os comentários ao art. 2º. Passaremos a tratar especificamente das espécies de inviolabilidade do advogado, que emergem do Estatuto.

IMUNIDADE PROFISSIONAL POR MANIFESTAÇÕES E ATOS

A imunidade profissional estabelecida pelo Estatuto é a imunidade penal do advogado por suas manifestações, palavras e atos que possam ser considerados ofensivos por qualquer pessoa ou autoridade. Resulta da garantia ao princípio de *libertas convinciandi*. A imunidade é relativa aos atos e manifestações empregados no exercício da advocacia, não tutelando os que deste excederem ou disserem respeito a fatos e situações de natureza pessoal.

Como diz José Roberto Batochio (*RT*, *688*:401), a natureza eminentemente conflitiva da atividade do advogado frequentemente o coloca diante de situações que o obrigam a expender argumentos à primeira vista ofensivos, ou eventualmente adotar conduta insurgente.

Essa regra não é novidade no direito brasileiro. A imunidade já estava prevista no art. 142, II, do Código Penal, ao preceituar que não constituem injúria ou difamação punível a ofensa irrogada em juízo, na discussão da causa, pela parte ou por seu procurador, ou seja, não se caracteriza privilégio porque se dirige a qualquer cidadão que se manifeste em juízo.

A imunidade profissional não se limita às ofensas irrogadas em juízo, mas em qualquer órgão da Administração Pública, e em relação a qualquer autoridade extrajudicial, como, por exemplo, quando o advogado atua perante tribunal administrativo ou órgão de deliberação coletiva, como uma Comissão Parlamentar de Inquérito ou um Conselho de Contribuintes.

No plano internacional, a Carta de Princípios Fundamentais da Profissão Forense (Bonn, 1964) da União Internacional de Advogados estabelece que "a palavra do advogado nos Tribunais está amparada pela imunidade".

A imunidade é relativa às partes, aos magistrados e a qualquer autoridade pública, judicial ou extrajudicial. Caem por terra certos entendimentos jurisprudenciais que a excluíam. A imunidade profissional não pode ser excluída até mesmo na hipótese de ofensas irrogadas contra juiz, que não podem ser consideradas crime contra a honra. Essa era a orientação adotada pelo STF (*RTJ*, *54*:517): "1) A *libertas convinciandi* não se degrada em licença de irrogar ofensas ao juiz da causa. 2) Todavia, a vivacidade excessiva do advogado, talvez provocada pela vivacidade menos intensa do julgador, pode não constituir crime, mas apenas falta disciplinar punível, talvez, pelo órgão de classe, sem prejuízo de serem riscadas dos autos as expressões descorteses". No HC 98237, o STF a reafirmou, assegurando ao advogado a inviolabilidade por manifestações que haja exteriorizado no exercício da profissão, mesmo que a suposta ofensa tenha sido contra o juiz.

A regra da imunidade guarda coerência com o princípio da igualdade dos figurantes da administração da justiça, que o art. 6º do Estatuto tornou claro e incisivo. Por esse princípio, o advogado e o magistrado são autoridades do mesmo grau, com competências específicas e harmônicas, ambos exercendo serviço público (Estatuto, art. 2º, § 1º).

Por não dispor do poder de punir contra o advogado que estiver no exercício da representação judicial e em razão desta, é vedado ao magistrado excluí-lo do recinto judiciário, inclusive de audiências e sessões, ou censurar as manifestações escritas no processo, por ele consideradas ofensivas, estando derrogadas as normas legais que as admitiam.

Não há exigência de se estabelecer qualquer vínculo entre a ofensa e a causa ou processo judicial. O STF já decidiu que esse vínculo está na própria atuação do advogado a quem se confere a imunidade, sendo aquela exigência "uma restrição que a lei não faz" (*RTJ*, *48*:42).

A imunidade profissional não exclui a punibilidade ético-disciplinar do advogado, porque cabe a ele o dever de tratar os membros do Ministério Público e da Magistratura com consideração e respeito recíprocos. O art. 6º, como já vimos, ao abrir o capítulo dos direitos dos advogados, impõe-lhes o dever de tratar magistrados e promotores de justiça "com consideração e respeito recíprocos". Já o Código de Ética e Disciplina (art. 28) considera dever ético do advogado tratar o público, os colegas e as autoridades com respeito, discrição e independência, empregando linguagem polida e agindo com lhaneza. Mas apenas a OAB tem competência para punir o excesso do advogado, por suas manifestações, palavras e atos, no exercício da advocacia.

A falta de reciprocidade de tratamento respeitoso por parte de magistrados e promotores de justiça, devidamente comprovada, afasta a infração disciplinar imputável ao advogado, em situações concretas, salvo por seus excessos.

A imunidade profissional importa ausência de criminalidade, por não haver contrariedade a direito, que caracteriza o ilícito.

Os atos e manifestações do advogado, no exercício profissional, não podem ficar vulneráveis e sujeitos permanentemente ao crivo da tipificação penal comum. O advogado é o mediador técnico dos conflitos humanos e, às vezes, depara-se com abusos de autoridades, prepotências, exacerbações de ânimos. O que, em situações leigas, possa considerar-se uma afronta, no ambiente do litígio ou do ardor da defesa deve ser tolerado. "Não há difamação nem injúria, dizer o advogado, nos autos, em defesa de seus constituintes, se encontrar o magistrado ligado a facção política. Igualmente inexiste o *animus calumniandi* em focalizar com certo calor sua personalidade" (*RT*, *439*:448). Os excessos que transbordem dos limites admitidos pelo Código de Ética e Disciplina e pelo Estatuto devem ser punidos disciplinarmente pela OAB.

Se o advogado opõe a exceção de suspeição em processo judicial, o magistrado assume o papel de parte (Fernandes, 1976, p. 31). Não há maneira de poupá-lo sem prejudicar a própria exceção. A exceção de suspeição em si é incompatível com o crime contra a honra; os dois são incompossíveis.

A ilicitude dos atos e manifestações do advogado é pré-excluída, não apenas dos crimes contra a honra, a saber, a injúria (ofensa à dignidade ou ao decoro da pessoa) e a difamação (ofensa à reputação), mas também do desacato (desrespeito ou ofensa a pessoa investida de autoridade pública). Todavia, o STF, na ADI 1127, entendeu que a imunidade profissional não inclui a hipótese de desacato. Para que possa ser configurado o desacato, não bastará a consideração subjetiva do suposto ofendido, mas a concretização dos pressupostos do tipo criminal, assegurando-se ao advogado o devido processo penal e a ampla defesa.

O desacato é um dos tipos criminais mais difíceis de ser definidos, deixando larga margem de apreciação ao julgador, com evidente risco para o ofensor. O casuísmo judiciário nessa matéria, flutuante e contraditório, em que até o sorriso é assim considerado, revela grande instabilidade e incerteza, o que recomenda ponderação e redobrada isenção. Configura-se o desacato quando o ofendido, funcionário público no exercício da função (art. 331 do CP), é humilhado, agredido ou desprestigiado. É indispensável que a ofensa seja cometida na presença do funcionário, não se considerando tal se o foi por carta, telefone, rádio, televisão, petição (*RT*, *534*:324) ou em razões de recursos (*RJTJSP*, *59*:384). Há de estar comprovado o dolo, a vontade livre e consciente de ofender e desprestigiar a função exercida; se o atingido é a pessoa do funcionário ou genericamente uma instituição, desacato não há.

Excluem-se da imunidade profissional as ofensas que possam configurar crime de calúnia, entendido este como a imputação falsa e maliciosa feita com *animus calumniandi* ao ofendido de crime que não cometera. A tanto não poderia chegar a inviolabilidade, sob pena de esmaecer sua justificação ética, legalizando os excessos, que, mesmo em situações de tensão, o advogado nunca deve atingir. Nesses casos, responde não apenas disciplinarmente, mas também no plano criminal. A imunidade conferida ao advogado não constitui um *bill of indemnity*, pois a ofensa pessoal a juiz, a promotor de justiça ou a advogado da parte contrária ultrapassa os limites do exercício da atividade profissional.

Contudo, mesmo na hipótese de calúnia, é admissível a *exceptio veritatis*, como já foi decidido por nossos tribunais (*RT*, *350*:369), ou o afastamento da ilicitude quando o *animus defendendi* neutraliza o *animus calumniandi* (*RT*, *439*:448).

SIGILO PROFISSIONAL

Desde tempos imemoriais compreendeu-se que, sem a garantia do sigilo profissional, a advocacia, como múnus público, teria minados seus próprios fundamentos. O sigilo profissional não existe em razão do advogado, ou até mesmo de seu cliente, mas sim da sociedade. É do interesse geral que cada pessoa humana, empresa ou entidade tenha assegurado que o de mais íntimo e reservado recebido pelo advogado não extravase para o espaço público. É do interesse da administração da justiça, para que esta não seja comprometida, que pessoas, empresas e entidades não soneguem informações ao seu defensor, com receio de vê-las divulgadas.

O direito ao sigilo, no mundo atual, passou a integrar os direitos fundamentais do cidadão, que são invioláveis inclusive em face do legislador infraconstitucional. Destina-se a proteger o segredo da pessoa (Cupis, 1982, p. 26 e 381).

O sigilo profissional compagina-se à mesma etiologia, mas tem configuração própria, sendo antes um dever que se impõe ao advogado, para justamente assegurar-se a plenitude da defesa do direito do cidadão. Não se protege segredo próprio, mas de outrem. Como diz Adriano de Cupis, aquele que é necessariamente destinado a receber segredos tem o particular dever de conservá-lo (1982, p. 381). Diz o autor que a mesma necessidade corresponde à estrutura da sociedade moderna, característica da qual é a distribuição de competências e funções; em virtude de tal distribuição, alguns sujeitos, e somente estes, desenvolvem determinadas funções no interesse de outros, e em razão de tais funções encontram-se na condição de penetrar em importantes segredos pessoais.

O sigilo profissional é, ao mesmo tempo, direito e dever, ostentando natureza de ordem pública. Direito ao silêncio e dever de se calar. Tem natureza de ofício privado (múnus), estabelecido no interesse geral, como pressuposto indispensável ao direito de defesa. Não resulta de contrato entre o advogado e o cliente. Por essa razão, Ruy de Azevedo Sodré (1975, p. 396) afirma que ele não foi instituído no interesse particular do cliente, mas para servir ao direito de defesa, que é de ordem pública. Impõe-se "em qualquer circunstância, mesmo que o cliente autorize expressamente o advogado a revelá-lo".

O dever de sigilo profissional existe seja o serviço solicitado ou contratado, remunerado ou não remunerado, haja ou não representação judicial ou extrajudicial, tenha havido aceitação ou recusa do advogado. O Código de Ética e Disciplina (art. 36) estendeu sigilo profissional às funções de mediador, conciliador e árbitro, quando exercidas por advogado.

Estende-se o dever de segredo às confidências do cliente, às do adversário, às dos colegas, às que resultam de entrevistas para conciliar ou negociar, às de terceiras pessoas feitas ao advogado em razão de sua profissão e, também, aos colaboradores e empregados. Nesse sentido é o Código de Ética da *Unión Iberoamericana de Colegios y Agrupaciones de Abogados – UIBA*.

O Estado ou os particulares não podem violar essa imunidade profissional do advogado porque estariam atingindo os direitos da personalidade dos clientes, e *a fortiori* a cidadania. O sigilo profissional não é patrimônio apenas dos advogados, mas uma conquista dos povos civilizados.

O dever de sigilo, imposto ética e legalmente ao advogado, não pode ser violado por sua livre vontade. É dever perpétuo, do qual nunca se libera, nem mesmo quando autorizado pelo cliente, salvo no caso de estado de necessidade para a defesa da dignidade ou dos direitos legítimos do próprio advogado, ou para conjurar perigo atual e iminente contra si ou contra outrem, ou, ainda, quando for acusado pelo próprio cliente. Entendemos cessado o dever de sigilo se o cliente comunica ao seu advogado a intenção de cometer um crime, porque está em jogo a garantia fundamental e indisponível à vida, prevista na Constituição. Neste último caso, deve o advogado promover os meios para evitar que o crime seja cometido.

O inciso XIX do art. 7º, ora comentado, assegura ao advogado o direito-dever de recusa a depor como testemunha sobre fato relacionado com seu cliente ou ex-cliente, do qual tomou conhecimento em sigilo profissional. Esse impedimento incide apenas sobre fatos que o advogado conheça em razão de seu ofício.

A Lei n. 13.869/2019, art. 15, comina a pena de um a quatro anos de detenção e multa à autoridade que constranger a depor, sob ameaça de prisão, pessoa que, em razão da profissão, deva guardar segredo ou resguardar sigilo.

O STF, em julgamento havido em 2020 (Rcl 37.235), decidiu que o advogado não pode testemunhar sobre fatos de que tomou conhecimento em razão de seu ofício, a partir da narração apresentada pelo cliente e eventuais documentos por ele entregues, ainda que os poderes tenham sido posteriormente revogados, sem liberação do segredo profissional.

Na Rcl 36.542, em 2020, o Ministro relator no STF concedeu liminar, requerida pelo CFOAB, para dispensar o advogado, notificado pela Polícia Federal, para prestar esclarecimentos, na condição de averiguado, sobre fatos ligados aos seus antigos clientes, também notificados.

A regra de tutela do sigilo profissional, mesmo em face do depoimento judicial, é largamente reafirmada na legislação brasileira, como se vê no Código Civil, art. 229, I, e na legislação processual civil e penal.

Estabelece o Código de Ética e Disciplina (art. 38) que o advogado deve guardar sigilo, mesmo em depoimento judicial, sobre o que saiba em razão de seu ofício, cabendo-lhe recusar-se a depor como testemunha em processo no qual funcionou ou deva funcionar, ou sobre fato relacionado com pessoa de quem seja ou tenha sido advogado, mesmo que autorizado pelo constituinte. Assim também estabelece o CPC (art. 448): o advogado não é obrigado a testemunhar sobre fatos a cujo respeito deva guardar sigilo.

Mas o advogado pode quebrar o sigilo profissional nos casos em que se vê atacado pelo próprio cliente, ou, como prevê o Código de Ética e Disciplina (art. 37), em face de circunstâncias excepcionais que configurem justa causa, como nos casos de grave ameaça à vida, à honra ou em defesa própria.

A defesa do sigilo profissional é de interesse da independência e do prestígio de toda a classe dos advogados, perante a população. A guarda do sigilo é valoroso bastião contra as investidas dos poderosos.

A tutela do sigilo e da recusa de depoimento alcança os pareceres jurídicos ofertados, pois estes são objeto de investigação científica e nunca de investigações policiais, judiciais ou de comissões parlamentares de inquérito.

Falta objeto e inexiste o direito-dever de sigilo profissional em relação a fatos notórios, fatos de conhecimento público, fatos provados em juízo e a documentos autênticos ou autenticados.

A revelação voluntária de sigilo profissional configura infração disciplinar, punível com a sanção de censura (art. 36, I, do Estatuto), além de caracterizar crime de violação de segredo profissional, punível com pena de detenção de três meses a um ano, na forma do Código Penal.

A Lei n. 12.683/2012, que alterou a Lei n. 9.613/98 (Lei de Lavagem de Dinheiro), impôs o dever às pessoas físicas e jurídicas de informar às autoridades financeiras competentes sobre operações financeiras suspeitas. Mas essa determinação legal não se aplica à advocacia (advogados e sociedades de advogados), que é regida por lei especial, sobrelevando o dever de sigilo profissional.

INVIOLABILIDADE DO LOCAL E DOS MEIOS DE EXERCÍCIO PROFISSIONAL

A inviolabilidade do advogado alcança seus meios de atuação, tais como seu escritório ou locais de trabalho, seus arquivos, seus dados, sua correspondência e suas comunicações, de natureza profissional. Todos esses meios estão alcançados tradicionalmente pela tutela do sigilo profissional.

A Lei n. 11.767/2008 deu nova redação ao inciso II do art. 7º, reforçando a inviolabilidade do local e dos instrumentos de trabalho do advogado, sem admitir exceções; suprimiu, inclusive, as expressões "salvo caso de busca ou apreensão determinada por magistrado e acompanhada de representante da OAB", constantes da redação originária do preceito. Os abusos perpetrados por agentes policiais, em cumprimento de determinações judiciais, com invasões de escritórios de advocacia, para busca e apreensão de documentos de seus clientes submetidos a investigações criminais, com divulgação pela imprensa, levaram o legislador a suprimir a ressalva. A partir do início da vigência da Lei n. 11.767, o Poder Judiciário não pode determinar a quebra da inviolabilidade do local e dos instrumentos de trabalho do advogado, em razão de sua atividade, nem mesmo para fins de investigação criminal ou de instrução processual penal em relação a seus clientes. O escritório e os instrumentos de trabalho do advogado não podem ser utilizados para produção de provas contra seus clientes.

Para os fins da Lei n. 11.767/2008, a proteção da inviolabilidade do local e meios de trabalho do advogado requer: a) que ele esteja no exercício da profissão; b) que o objeto da violação seja o local de trabalho ou escritório de advocacia; ou c) a comunicação telefônica e telemática no exercício da profissão; d) que ele seja o titular de seus instrumentos de trabalho.

A Lei n. 11.767/2008 apenas admitiu a quebra da inviolabilidade em uma única hipótese: quando houver indícios de autoria e materialidade da prática de crime pelo próprio advogado. Nesse caso, não é mais o advogado, mas sim o cidadão, que resvalou para o crime, não podendo valer-se da inviolabilidade, que é prerrogativa exclusivamente profissional.

Consubstanciados os indícios da prática de crime, com indiscutível verossimilhança, o juiz poderá, em decisão motivada, em que se demonstre não dizer respeito à atividade lícita de advocacia, determinar a busca e apreensão específica, com a presença do representante da OAB, designado pelo Presidente do Conselho Seccional ou da Subseção, exclusivamente dos dados e documentos pessoais do advogado investigado relacionados à prática do crime averiguado. O juiz encaminhará ao Presidente da OAB (Conselho ou Subseção) ofício confidencial, para que seja designado o representante, ficando todos responsáveis pela confidencialidade, para que não fique comprometida a diligência. A apreensão deverá ater-se exclusivamente às coisas achadas ou obtidas por meios criminosos, como prevê a legislação processual penal, ou para fins criminosos, não podendo ser feita de modo aleatório, alcançando o que for encontrado. Não pode a busca e apreensão estender-se aos documentos, objetos, informações e arquivos pertencentes a seus clientes, que permanecem cobertos com a garantia da inviolabilidade. O agente público que ultrapassar esses limites responde, inclusive criminalmente, por tal ilicitude.

Apenas em uma hipótese é possível a extensão da quebra da inviolabilidade aos objetos, dados, arquivos e informações do cliente: quando este for cúmplice do advogado na prática do mesmo crime atribuível ao advogado (participação ou coautoria) e esteja sendo investigado conjuntamente com ele. A inviolabilidade cede passo diante da existência de um interesse público superior, que são os fundados indícios da prática de infração criminal.

Na jurisprudência do STF, não opera a inviolabilidade do escritório de advocacia quando o próprio advogado "seja suspeito da prática de crime, sobretudo concebido e consumado no âmbito desse local de trabalho, sob pretexto de exercício da profissão" (STF, Inq 2424). "A alegação de afronta ao sigilo profissional, tendo em vista que o paciente é advogado e teriam sido interceptadas ligações travadas com seus clientes, (...) não merece acolhida, já que os delitos que lhe foram imputados teriam sido cometidos justamente no exercício da advocacia. O simples fato de o paciente ser advogado não pode lhe conferir imunidade na eventual prática de delitos no exercício de sua profissão" (STF, HC 96.909).

O Estatuto refere-se a escritório e local de trabalho. Entende-se por local de trabalho qualquer um que o advogado costume utilizar para desenvolver seus trabalhos profissionais, incluindo a residência, quando for o caso. A atual tecnologia de informação aponta para a realização a distância de serviços ligados por redes de comunicação, sem o deslocamento físico das pessoas. Em qualquer circunstância, o sigilo profissional não pode ser violado.

O Estatuto não se refere à residência do advogado, porque esta já está coberta pela garantia constitucional de inviolabilidade a todas as pessoas (CF, art. 5º, XI): "a casa é o asilo inviolável do indivíduo". De todo modo, se o advogado a utiliza para seu local de trabalho, o manto da inviolabilidade profissional também a cobre. Nesse sentido, decidiu o STJ no AgRg no RHC 167.794, repelindo procedimento realizado na casa do advogado, onde exercia seu múnus, circunstância previamente informada aos investigadores.

São instrumentos de trabalho do advogado, insuscetíveis de apreensão, os bens móveis ou intelectuais utilizados no exercício da advocacia, especialmente seus computadores, telefones, arquivos impressos e virtuais, bancos de dados, livros e anotação de qualquer espécie, bem como documentos, objetos de mídias de som e imagem, recebidos de clientes ou terceiros.

A busca e apreensão não podem incluir correspondências recebidas pelo advogado, porque são confidências escritas, feitas ao abrigo da confiança e da tutela da intimidade, garantidas pela Constituição (art. 5º, XII), nem os demais documentos, arquivos e dados que não se vinculem à finalidade ilícita, objeto da busca; nesses casos, a inviolabilidade é absoluta.

Nesse sentido, o CFOAB editou a Súmula 12/2020/COP, com o seguinte teor: "É crime contra as prerrogativas da advocacia a violação ao sigilo telefônico, telemático, eletrônico e de dados do advogado, mesmo que seu cliente seja alvo de interceptação de comunicações".

Acompanhando orientação internacional, nesta matéria, o Estatuto condicionou a busca e apreensão ao acompanhamento de representante da OAB. O STF, no julgamento definitivo da ADI 1127, decidiu pela constitucionalidade da expressão "e acompanhada do representante da OAB", contida na redação original do inciso II do art. 7º e reproduzida no § 6º introduzido pela Lei n. 11.767/2008. Os ministros ressalvaram que o juiz poderá comunicar a OAB para que esta designe representante com objetivo de acompanhar o cumprimento de mandado de busca e apreensão em caráter confidencial de modo a ser garantida a eficácia das diligências.

Por força da Lei n. 11.767/2008, não mais prevalece a regra do Código de Processo Penal, que estabelecia requisitos do mandado de busca e apreensão de documentos em poder do defensor do acusado, para constituir elemento do corpo de delito. A busca e apreensão de objetos, documentos e informações de acusado que estejam em poder do advogado não é mais permitida, salvo se ambos (cliente e advogado) estiverem consorciados na prática do crime.

Em caso de interceptação telefônica determinada por magistrado, o qual não incluiu a devassa das linhas telefônicas dos advogados dos pacientes, decidiu o STF que: "Não cabe aos policiais executores da medida proceder a uma espécie de filtragem das escutas interceptadas. A impossibilidade desse filtro atua, inclusive, como verdadeira garantia ao cidadão, porquanto retira da esfera de arbítrio da polícia escolher o que é ou não conveniente ser interceptado e gravado. Valoração, e eventual exclusão, que cabe ao magistrado a quem a prova é dirigida" (HC 91867).

A Lei n. 14.365/2022 amplificou o previsto no § 6º do art. 7º do Estatuto, desdobrando seu conteúdo em nove outros parágrafos, numerados de 6º-A a 6º-I. Estabelecem esses dispositivos os procedimentos que devem adotar as autoridades judiciais e policiais quando houver indícios de autoria de crime por parte do advogado, de modo que os mandados de busca e apreensão preservem os dados pessoais de seus clientes e a inviolabilidade do sigilo profissional. A medida cautelar apenas pode ser determinada em caráter excepcional e se houver fundamento em indícios ou meios de prova, excluindo-se delação premiada. A presença do representante da OAB é indispensável para constar a preservação do sigilo dos dados dos clientes e para impedir que ela seja violada, sob pena de abuso de autoridade. Se os objetos e dados recolhidos não permitirem separar os dados dos clientes do advogado, não incluídos na investigação, em razão de sua natureza e volume, cabe à cadeia de custódia preservar o sigilo de seu conteúdo, na presença de representante da OAB. Se o sigilo não for observado, cabe ao representante da OAB informar à autoridade judiciária e à OAB para esta elaborar a notícia-crime, se assim entender.

Para que seja assegurado o efetivo acompanhamento do representante da OAB, cabe à autoridade responsável informar com antecedência mínima de 24 horas ao Conselho Seccional da OAB a data, o horário e local em que se darão a busca e apreensão. Ao advogado investigado será assegurado acompanhamento de todos os atos.

O § 6º-I do art. 7º proíbe ao advogado efetuar colaboração premiada contra quem tenha sido seu cliente. Se o fizer, estará sujeito à sanção disciplinar de exclusão da advocacia, cominada em processo disciplinar que deve ser instaurado necessariamente pelo órgão competente da OAB. Ficará sujeito, igualmente, à pena de detenção de três meses a um ano, que lhe seja aplicada em processo criminal, de acordo com o art. 154 do Código Penal. O processo criminal pode tramitar independentemente do processo disciplinar e vice-versa.

COMUNICAÇÃO COM CLIENTE PRESO

A prisão ou mesmo a incomunicabilidade do cliente não podem prejudicar a atividade do profissional. A tutela do sigilo envolve o direito do advogado de comunicar-se pessoal e reservadamente com o cliente preso, sem qualquer interferência ou impedimento do estabelecimento prisional e dos agentes policiais.

Já decidiu o STF que "1. O acesso do advogado ao preso é consubstancial à defesa ampla garantida na Constituição, não podendo sofrer restrição outra que aquela imposta, razoavelmente, por disposição expressa da lei. 2. Ação penal instaurada contra advogado, por fatos relacionados com o exercício do direito de livre ingresso nos presídios. Falta de justa causa reconhecida" (RHC 51778).

A eventual incomunicabilidade do cliente preso não vincula o advogado, mesmo quando ainda não munido de procuração, fato muito frequente nessas situações. Nesse ponto o Estatuto regulamentou o que dispõe o art. 5º, LXIII, da Constituição, que assegura ao preso, sempre, a assistência de advogado.

Na forma do art. 7º-B do Estatuto, introduzido pela Lei n. 13.869/2019 (Lei do Abuso de Autoridade), constitui crime violar o direito do advogado, no exercício de suas atribuições, de comunicação com o cliente preso, sujeitando o agente da violação a pena de detenção, de 3 meses a 1 ano, e multa.

"A existência de divisória de vidro e de interfone para a comunicação entre o advogado e seu cliente, preso preventivamente, não ofende a garantia prevista no art. 7º, III, do Estatuto. Os impetrantes não lograram demonstrar a ocorrência de prejuízo concreto para a defesa decorrente da existência de 'barreiras' à comunicação entre o advogado e seu cliente, o que impede o reconhecimento de nulidade, nos termos da reiterada jurisprudência desta Corte" (STF, HC 112.558).

PRISÃO EM FLAGRANTE DO ADVOGADO

O inciso IV, combinado com o § 3º do art. 7º, complementa a dimensão pessoal da imunidade, ao prever que a prisão em flagrante do advogado, por motivo de exercício da profissão, só deva ocorrer em caso de crime inafiançável, portanto, em situação muito grave.

Os dispositivos legais, como bem anota Tales Castelo Branco, visam a resguardar a dignidade profissional e a liberdade física do advogado, "evitando, se possível, a iniquidade e a torpeza de autuações injustas, encomendadas, forjadas, ilegais ou ardilosamente provocadas por fautores inveterados da felonia e da baixeza. Procuram, ainda, assegurar – caso a lavratura do auto seja inevitável – a tomada imediata das providências cabíveis, quer, de uma parte, para tentar conjurar com presteza a imerecida afronta, quer, de outra, para garantir-lhe a incolumidade moral e física, que, além de estampar preceito constitucional, consubstancia dever coletivo de toda a Corporação, e individual de cada advogado" (1986, p. 213-4).

A prisão em flagrante só será válida, com a lavratura do auto respectivo, se estiver presente o representante da OAB, indicado pela diretoria do Conselho Seccional ou da Subseção onde ocorrer o fato, mesmo quando o advogado nela não tenha inscrição principal. A presença necessária do representante da OAB não é simbólica, porque tem ele o direito e dever de participar da autuação, assinando-o como fiscal da legalidade do ato, fazendo consignar os protestos e incidentes que julgue necessários.

Essa norma comentada foi considerada constitucional pelo STF, na ADI 1127. Também decidiu o STF que o § 3º do art. 7º não sofreria restrição de sua interpretação, quanto ao desacato, que deixava o advogado à mercê do arbítrio do magistrado, constituindo condenável privilégio. Assim, apenas no caso de crime inafiançável, o advogado pode ser preso em flagrante, por motivo de exercício da profissão.

Cabe à autoridade competente, incluindo o magistrado, a prova da comunicação expressa da prisão à OAB, sempre que o fato imputado ao advogado decorrer do exercício profissional. Nesse caso, o representante da OAB designado integra a defesa, como assistente, no processo penal ou no inquérito policial (art. 16 do Regulamento Geral), além de adotar as providências judiciais e extrajudiciais cabíveis.

Por força do art. 7º-B, introduzido pela Lei n. 13.869/2019 (Lei do Abuso de Autoridade), constitui crime violar o direito do advogado, preso em flagrante no exercício da profissão, sem a presença do representante da OAB, sujeitando o agente da violação à pena de detenção, de 3 meses a 1 ano, e multa.

PRISÃO EM SALA DE ESTADO-MAIOR

Em todas as hipóteses em que o advogado deva ser legalmente preso, pelo cometimento de crimes comuns, inclusive os não relacionados com o exercício da profissão, e enquanto não houver decisão transitada em julgado, cabe-lhe o direito a ser recolhido à sala de Estado-Maior. Por esta deve ser entendida toda sala utilizada para ocupação ou detenção eventual dos oficiais integrantes do quartel militar respectivo. O direito dos advogados a esse benefício só é garantido em casos de prisão preventiva. O cumprimento da pena de condenações transitadas em julgado ocorre em presídios normais.

O Estatuto prevê que a sala disponha de instalações e comodidades condignas. Esse preceito procura evitar os abusos que se cometeram quando os quartéis indicavam, a seu talante, celas comuns como dependências de seu Estado-Maior. Se não houver salas com as características previstas na lei, sem improvisações degradantes, ficará o advogado em prisão domiciliar, até a conclusão definitiva do processo penal.

Na ADI 1127, o STF concedeu liminar para suspender a eficácia da expressão "assim reconhecidas pela OAB". Suprimido o reconhecimento da OAB, caberá ao advogado preso, ou à própria OAB (por se tratar de defesa de prerrogativas profissionais), demonstrar em juízo que a sala não possui instalações e comodidades condignas.

Durante as discussões havidas no CFOAB, quando da aprovação do anteprojeto do Estatuto, propôs-se a substituição de sala do Estado-Maior por sala especial, em simetria com os demais profissionais universitários. Prevaleceu, no entanto, a continuidade dessa prerrogativa, após os depoimentos dos advogados que se expuseram aos arbítrios dos regimes autocráticos, por força de sua atuação profissional em defesa de dissidentes políticos. A exigência de sala de Estado Maior minorou o sofrimento desses profissionais.

Julgado do STJ (*RT*, *718*:483) entendeu que o recolhimento do advogado a dependência especial do Batalhão da Polícia Militar supre a exigência legal, porque esta tem por objetivo proteger os advogados do convívio com presos comuns, negando o pedido de prisão domiciliar. Posteriormente, em 2003, interpretando a Lei n. 10.258/2001, que modificou o art. 295 do Código de Processo Penal, a Quinta Turma do STJ decidiu que no caso de inexistência de sala do Estado Maior, o advogado pode ser recolhido em prisão comum, desde que em dependência reservada e separada dos outros presos.

Dirimindo dúvidas acerca do decidido na ADI 1.127, esclareceu o Pleno do STF (Rcl 5.212): "1. No julgamento da ADI 1.127, este Supremo Tribunal reconheceu a constitucionalidade do art. 7º, inc. V, da Lei n. 8.906/94 (Estatuto da Advocacia), declarando, apenas, a inconstitucionalidade da expressão 'assim reconhecidas pela OAB'. 2. É firme a jurisprudência deste STF no sentido de que há de ser deferida a prisão domiciliar aos advogados onde não exista na localidade sala com as características daquela prevista no art. 7º, inc. V, da Lei n. 8.906/94, enquanto não transitada em julgado a sentença penal condenatória". Porém, nas Rcls 5.826 e 8.853 o plenário do STF julgou improcedentes as reclamações de advogados presos preventivamente, considerando que, por conta da ausência de espaços deste tipo, estas salas podem ser equiparadas a ambientes separados, sem grades, situados em unidades prisionais ou quartéis da Polícia Militar. Igualmente na Rcl 19.286, o STF decidiu que na ausência de sala de Estado-Maior, atende ao comando legal a existência de vaga especial na unidade penitenciária, desde que provida de instalações com comodidades condignas e localizada em área separada dos demais detentos.

Tendo em vista a expressa disposição legal concessiva (Estatuto) e os precedentes referidos do STF, não se aplica aos advogados a decisão do mesmo STF, na ADPF 334 (2023), em relação ao art. 295, VII, do CPP, que assim concluiu de modo genérico: "Ausente qualquer justificativa que empregue sentido válido ao fator de *discrímen* indicado na norma impugnada, a conclusão é a de que a prisão especial, em relação aos portadores de diploma de nível superior, é inconciliável com o preceito fundamental da isonomia (art. 3º, IV, e art. 5º, *caput*, CF)".

Tem sido decidido que o advogado que tenha contra si decretada prisão civil por inadimplemento da obrigação alimentícia não tem direito de cumprir a restrição em sala de Estado Maior ou em prisão domiciliar, segundo o entendimento de que o benefício se restringe à prisão penal, de índole punitiva, o que não ocorreria com a prisão civil (STJ, HC 305.805).

Na forma do art. 7º-B, introduzido pela Lei n. 13.869/2019 (Lei do Abuso de Autoridade), a violação desse direito do advogado sujeita o agente da violação à pena de detenção, de 3 meses a 1 ano, e multa.

DIREITO DE INGRESSO EM ÓRGÃOS JUDICIÁRIOS E LOCAIS PÚBLICOS

Das prerrogativas do advogado, as mais sensíveis e violadas são justamente as que lhe asseguram os meios necessários de sua atuação, em face dos agentes e órgãos públicos, sobretudo os relacionados com a administração da justiça. Atitudes burocráticas e prepotentes frequentemente se antepõem à liberdade de movimentos do advogado quando no exercício profissional.

O Estatuto introduziu mecanismos mais severos, de forma a efetivar esses direitos universalmente aceitos como imprescindíveis ao peculiar trabalho do advogado, que não podem ficar à mercê da prudência ou ao arbítrio dos outros. O advogado exerce serviço público e não pode ser impedido de ingressar livremente nos locais onde deva atuar. Por essa razão compreende-se a especificação contida no inciso VI.

O ingresso do advogado é livre nas salas de sessões dos tribunais, de audiências judiciais, nos cartórios, nas delegacias, em horários de funcionamento regular. Na hipótese de delegacias e prisões, seu ingresso é livre, inclusive após os horários de expediente. Qualquer medida que separe, condicione ou impeça o ingresso do advogado, para além de portas, cancelos e balcões, quando precisar comunicar-se com magistrados, agentes públicos e serventuários da justiça, no interesse de seus clientes, viola essa disposição legal.

Interpretando o Estatuto, decidiu o STJ que a advocacia é serviço público, igual aos demais prestados pelo Estado, e, por suposto, "o direito de ingresso e atendimento em repartições públicas pode ser exercido em qualquer horário, desde que esteja presente qualquer servidor da repartição. A circunstância de se encontrar no recinto da repartição – no horário de expediente ou fora dele – basta para impor ao serventuário a obrigação de atender ao advogado. A recusa ao atendimento constituirá ato ilícito. Não pode o juiz vedar ou dificultar o atendimento a advogado em horário reservado a expediente interno" (RMS 1275). Mas o mesmo STJ decidiu (RMS 3.258-2) que "não constitui nenhuma ilegalidade a restrição de acesso dos advogados e das respectivas partes além do balcão destinado ao atendimento, observados, contudo, o direito livre e irrestrito aos autos, papéis e documentos específicos, inerentes ao mandato".

Em caso de ingresso em dependência do INSS, no exercício da profissão de advogado, entendeu o STF: "Descabe impor aos advogados, no mister da profissão, a obtenção de ficha de atendimento. A formalidade não se coaduna sequer com o direito dos cidadãos em geral de serem atendidos pelo Estado de imediato, sem submeter-se à peregrinação verificada costumeiramente em se tratando do Instituto" (RE 277.065).

A prerrogativa de livre acesso do advogado também abrange os locais onde ocorra reunião ou assembleia em que interesse legítimo de seu cliente possa ser atingido. Nessa hipótese (alínea *d*) exige-se que se apresente munido de procuração bastante. Nas demais hipóteses do inciso VI (alíneas *a*, *b* e *c*) não há necessidade de fazer prova da procuração, bastando o documento de identificação profissional.

O direito de ingresso para exercício profissional inclui espaços privados, como assembleias e reuniões, nos quais o advogado possa ou deva defender interesse de seu constituinte. Nesse sentido, decidiu o STJ, em caso de um clube que impediu o advogado de ingressar em suas dependências, alegando que somente os sócios poderiam fazê-lo (REsp 735668).

RELAÇÃO COM MAGISTRADOS

Em reforço da atuação independente do advogado, e da ausência de relação de hierarquia com autoridades públicas, os incisos VII e VIII impedem qualquer laço de subordinação com magistrados. Inexistindo vínculo hierárquico, o advogado pode permanecer em pé ou sentado ou retirar-se de qualquer dependência quando o desejar. Não lhe pode ser determinado pelo magistrado qual o local que deva ocupar, quando isto importar desprestígio para a classe ou imposição arbitrária.

Observadas as regras legais e éticas de convivência profissional harmônica e reciprocamente respeitosa, o advogado pode dirigir-se diretamente ao magistrado sem horário marcado, nos seus ambientes de trabalho, naturalmente sem prejuízo da ordem de chegada de outros colegas.

Se os magistrados criam dificuldades para receber os advogados, infringem expressa disposição de lei, cometendo abuso de autoridade e sujeitando-se, também, a punição disciplinar a ele aplicável. Cabe ao advogado e à OAB contra ele representarem, inclusive à corregedoria competente ou ao Conselho Nacional de Justiça.

Decidiu o STJ que "a delimitação de horário para atendimento a advogados pelo magistrado viola o art. 7º, inciso VIII, da Lei n. 8.906/94" (RMS 15706). Assim também decidiu o CNJ (PCA 0002680-55.2018.2.00.0000), ao determinar que o juiz atendesse os advogados em seu gabinete sem restrição de horários; no caso, o juiz havia estabelecido que somente atenderia os advogados e as partes entre 11h e 11h30.

SUSTENTAÇÃO ORAL NOS TRIBUNAIS

A liberdade de palavra do advogado nas sessões e audiências judiciárias é um dos mais importantes e insubstituíveis meios de sua atuação profissional. Todas as reformas tendentes a melhorar o acesso e a própria administração da justiça sempre apontam para ampliar a oralidade processual. A participação oral dos advogados nos tribunais e órgãos colegiados contribui decisivamente para o esclarecimento e a convicção dos julgadores.

Importante inovação, nessa sede, trouxe o inciso IX do art. 7º do Estatuto, ao modificar o momento em que o advogado possa realizar sustentação oral nas sessões de julgamento dos tribunais, após a leitura do relatório e *do voto* do relator. O que isso representa de avanço? Se o advogado apenas se manifesta antes do voto do relator, vê-se na contingência de realizar verdadeiro exercício de premonição, para sacar do relatório a possível orientação do voto que ainda não foi manifestado. Nem todos os juízes primam por clareza e rigor na elaboração do relatório, omitindo pontos julgados importantes pelas partes ou complementando-os no voto.

A sustentação oral do advogado é dificultada pela incerteza da orientação do voto ou quando, em curto espaço de tempo, um relatório malfeito impele-o a complementá-lo. Manifestando-se após o voto, no entanto, sobretudo quando lhe for desfavorável, o advogado pode encetar o contraditório de teses, no derradeiro esforço de convencimento dos demais juízes do colegiado. Cumprem-se mais claramente as garantias constitucionais do contraditório e do amplo direito de defesa em benefício da parte cujos interesses patrocina.

O argumento contrário funda-se no aspecto formal de que, iniciado o julgamento pela manifestação do voto do relator, não pode ser mais interrompido. Contudo, todos os meios que contribuam para aumentar o grau de certeza e justiça da decisão devem ser valorizados. Tanto o juiz quanto o advogado têm a missão incessante de eficaz e justa distribuição da justiça.

Norma legal assemelhada, que modificava o Código de Processo Civil de 1939, foi declarada inconstitucional pelo STF, *de officio* em sessão administrativa de 5 de dezembro de 1956, sob o seguinte fundamento, constante da ementa da decisão: "No exercício de sua atividade, os tribunais judiciários elaboram seus regimentos internos com independência e soberania, conforme preceitos constitucionais inequívocos. E, decorrentemente, só eles podem alterar seus regimentos internos". O preceito constitucional referido era o art. 97, II, da Constituição de 1946, que atribuía aos tribunais a competência para elaborar seus regimentos internos, sem estabelecer limites. A Constituição de 1988 não manteve regra idêntica; ao contrário, excluiu dos tribunais a competência para legislar mediante regimento interno. O art. 96, I, *a*, da Carta de 1988, faz competir aos tribunais a elaboração de seus regimentos internos, mas estabelece uma fundamental limitação: "... com observância das normas de processo e das garantias processuais das partes...". Ora, o inciso X do art. 7º do Estatuto é exatamente norma de processo e, acima de tudo, garantia processual das partes, porque a estas e não às pessoas dos advogados interessa a ampliação de suas possibilidades de defesa.

Miguel Seabra Fagundes, na 1ª Conferência Nacional da OAB, em 1958, deplorava a desencorajadora reação do Supremo. Dizia que "os tribunais, de um modo geral, são indiferentes ao emperramento e ao anacronismo do processo, e se alguns têm a preocupação plausível da celeridade, pensam atingi-la apenas com a supressão dos debates, alma das deliberações colegiais. E nesse açodamento de julgar (julgar para devorar pautas e não para fazer justiça) há os que têm por incômodo o uso da palavra pelo advogado. Se não o suprimem, porque é lei, desprestigiam-no com ar de enfado e desinteresse com o que ouvem. Deslembram-se de que o advogado que assoma à tribuna cumpre o dever de postular em nome de outrem e perante titulares remunerados pelo Estado para conhecer desta postulação. Não pede o obséquio de ser ouvido. Usa o direito de ser ouvido".

Apesar dessas razões, que militam em favor da constitucionalidade do preceito introduzido no Estatuto, o STF manteve os fundamentos do precedente referido nas ADIs 1105 e 1127, além de a maioria entender que o contraditório se perfaz entre as partes e não destas em relação ao magistrado.

A Lei n. 13.676/2018 passou a permitir a defesa oral do pedido liminar, no Tribunal, na sessão de julgamento do mandado de segurança, nos casos de competência originária dos tribunais, afastando a restrição anterior a respeito.

A partir da pandemia da Covid/19, os tribunais passaram a realizar sessões por videoconferência, admitindo aos advogados a sustentação oral por idêntico meio, requerida também eletronicamente.

A Lei n. 14.365/2022 introduziu o § 2º-B do art. 7º do Estatuto para permitir ao advogado realizar sustentação oral no julgamento colegiado do recurso interposto contra decisão monocrática de relator que julgar diretamente o mérito ou que não conhecer de recursos de apelação, ordinário, especial, extraordinário ou embargos de divergência. Igualmente no julgamento colegiado de recurso contra decisão monocrática que não conhecer de ação rescisória, mandado de segurança, reclamação, *habeas corpus* e outras ações de competência originária. É norma de natureza estritamente processual, sendo discutível sua inserção no Estatuto da Advocacia.

De acordo com a Res. n. 591/2024, do CNJ, faculta-se aos advogados encaminhar as respectivas sustentações por meio eletrônico até 48 horas antes do julgamento, ou em prazo inferior definido pelo tribunal. Ainda que seja faculdade, essa modalidade de sustentação encontra resistência entre as entidades da advocacia, que sustentam lesão às prerrogativas da profissão.

USO DA PALAVRA ORAL. ESCLARECIMENTOS E RECLAMAÇÕES

Ao contrário da hipótese do inciso IX do art. 7º do Estatuto, que disciplina a intervenção ordinária do advogado nas sessões de julgamento, o inciso X cuida da intervenção extraordinária, em decorrência de seu dever de vigilância durante o julgamento, para evitar prejuízo à causa sob seu patrocínio, ou à sua própria dignidade profissional.

O uso da palavra, fora do momento destinado à sustentação oral, para esclarecer equívoco ou dúvida que possa influir no julgamento ou decisão, é um direito indeclinável do advogado, que independe de concessão do presidente da sessão, a ser exercido com moderação e brevidade, objetivamente, sem comentários ou adjutórios. Essa prerrogativa tem por função contribuir para a correta administração da justiça ou da tomada de decisão coletiva.

A Lei n. 14.365/2022, dando nova redação ao inciso X do art. 7º do Estatuto, estendeu essa prerrogativa de uso da palavra pelo advogado para esclarecimento a qualquer tribunal judicial ou administrativo, órgão de deliberação coletiva da administração pública ou comissão parlamentar de inquérito.

Tem por função, igualmente, a defesa imediata das prerrogativas profissionais do advogado, maculadas por acusações e censuras que lhe dirijam, ilegalmente, no julgamento ou deliberação coletiva, que possam infringir sua imunidade profissional. O advogado não está em julgamento; se cometeu infração disciplinar, cabe ao órgão julgador contra ele representar à OAB, que detém a exclusividade do poder de punir disciplinarmente.

Outra situação de excepcionalidade, mas de grande importância, é a prevista no inciso XI, que permite o direito à reclamação do advogado, inclusive oral, contra inobservância flagrante de preceito legal, em prejuízo da causa sob seu patrocínio. Essa reclamação não é só um desabafo, porquanto tem por fito alertar o juiz ou tribunal para esse ponto e preservar direitos futuros. É o meio de defesa contra o uso de puros juízos subjetivos de valor que desconsiderem norma legal expressa. Evidentemente não cabe a reclamação se a hipótese for de lacuna, de interpretação, ou do uso alternativo do direito, quando se utilizem parâmetros objetivos.

Nenhuma norma regimental poderá estabelecer a forma que o advogado deve observar, ao dirigir a palavra, no seu exercício profissional, em qualquer órgão público ou judiciário. Seu é o direito de fazê-lo sentado ou em pé, como prevê o inciso XII.

Em virtude desse direito, sobretudo durante o julgamento da causa patrocinada, o CNJ decidiu orientar os tribunais de todo o País a disponibilizarem assentos para os advogados, próximo ao púlpito de sustentação oral dos plenários (PP 0007813-88.2012.2.00.0000).

DIREITO A EXAME DE PROCESSOS E DOCUMENTOS

O acesso aos autos de processos e procedimentos judiciais, policiais ou administrativos ativos ou findos, inclusive os de natureza eletrônica, é direito inviolável do advogado, para que possa exercer livremente a profissão, no interesse de seus clientes.

O direito de acesso aos autos é gênero, do qual são espécies o direito de vistas e retirada de autos ativos – o mais amplo de todos –, o direito de exame a autos ativos e o direito de retirada de autos findos. O direito de vistas pressupõe que o advogado tenha sido regularmente constituído, fazendo prova com a procuração, pois inclui o direito de retirar, no prazo legal, os autos ativos. O direito de exame é prerrogativa de todos os advogados, para que tenham acesso a autos ativos, sem fazer prova de procuração, principalmente quando necessitam ter conhecimento de seu conteúdo, antes de aceitar ou rejeitar o patrocínio da causa. Consequentemente, o direito de exame não inclui o de retirada dos autos, salvo se necessitar copiar documentos neles contidos, que não estejam protegidos por sigilo legal, em outro local e apenas pelo curto tempo que necessitar para tal fim, quando a serventia judicial ou órgão administrativo não dispuser de fotocopiadoras. O direito de retirada, sem procuração, é exclusivamente admitido para os autos de processos findos.

Para o exame, o advogado pode fazer anotações, copiar ou fotocopiar os processos ou partes deles, inclusive os eletrônicos (Lei n. 13.793/2019). A única restrição é quando estejam em regimes de sigilo ou de segredo de justiça, previstos em lei. É a lei que estabelece, caso a caso, o regime de sigilo, para prevenir dano irreparável aos direitos, à imagem, à reputação, à intimidade das pessoas, como ocorre com os conflitos do *status* familiar. Se o órgão judiciário não oferece condições para a cópia dos documentos físicos, deve assegurar ao advogado esse direito, permitindo-lhe tempo necessário para deslocamento até o equipamento privado mais próximo, o que não caracteriza retirada, em sentido estrito.

O art. 189 do CPC estabelece que tramitam em segredo de justiça os processos em que o exija o interesse público ou social; que versem sobre casamento, separação de corpos, divórcio, separação, união estável, filiação, alimentos e guarda de crianças e adolescentes; em que constem dados protegidos pelo direito constitucional à intimidade; que versem sobre arbitragem, inclusive sobre cumprimento de carta arbitral, desde que a confidencialidade estipulada na arbitragem seja comprovada perante o juízo. O direito de consultar os autos de processo que tramite em segredo de justiça e de pedir certidões de seus atos é restrito às partes e aos seus procuradores.

O Conselho Nacional de Justiça (Proc. 0001505-65.2014.2.00.0000) decidiu que não cabe a tribunais limitar a forma como advogados fazem cópia dos autos sem segredo judicial, mesmo aos profissionais que não tenham procuração para atuar no caso.

Provimentos de determinado tribunal apenas admitiam que os advogados pudessem fazer cópias usando escâner portátil ou câmera fotográfica na própria secretaria de juízo; diretamente na secretaria, mediante pagamento; ou dirigindo-se ao "comércio de reprografia mais próximo", acompanhado por um servidor da secretaria de juízo.

No inquérito policial, admite-se o sigilo no momento da coleta das provas ou das diligências; mas o resultado da diligência não está coberto por sigilo; até porque o inquérito policial não é processo, mas procedimento administrativo (D'Urso, 1998, p. 89). Com essas ressalvas, não tem a autoridade policial competência para decretar sigilo, assegurando-se o direito de acesso ao advogado, com ou sem procuração.

No HC 82.534, a Primeira Turma do STF, em decisão unânime, determinou que a proibição de vista integral dos autos de inquérito policial viola os direitos do investigado. A defesa do acusado havia tentado, sem sucesso, obter direito de acesso aos autos de inquérito na Polícia Federal, tendo seu pedido negado na primeira instância, na segunda instância e no STJ. Fazendo remissão ao inciso XIV do art. 7º do Estatuto, o STF concluiu que ao advogado do indiciado não é oponível o sigilo que se imponha ao procedimento, assegurando-se-lhe acesso aos autos e a obtenção de cópias que interessar, antes da data da inquirição do investigado.

Para pôr cobro à controvérsia reinante nos tribunais, o STF editou a Súmula Vinculante 14, com o seguinte enunciado: "É direito do defensor, no interesse do representado, ter acesso amplo aos elementos de prova que, já documentados em procedimento investigatório realizado por órgão com competência de polícia judiciária, digam respeito ao exercício do direito de defesa". Durante a discussão da súmula, os ministros ressaltaram que a autoridade policial está autorizada a separar partes do inquérito que estejam em andamento para proteger a investigação.

A possibilidade do exame, sem procuração específica, justifica-se. O advogado pode estar ante situação de urgência ou necessita de exame prévio, para decidir se aceita ou não o patrocínio da causa. Antes da criação da OAB, a possibilidade de exame de autos não era considerada direito, mas um favor do escrivão, "um favor que o escrivão fica autorizado a conceder e concederá a seu arbítrio, recusará, ou frustrará, segundo as suas simpatias ou seus interesses" (Carneiro, 1943, p. 159), o que bem indica a importância desse direito atual.

O direito do advogado ao exame processual, já garantido pela Súmula Vinculante 14 do STF, foi substancialmente reforçado pela Lei n. 13.245/2016, que deu nova redação ao inciso XIV do art. 7º do Estatuto, além de acrescentar três parágrafos ao artigo, que delimitam o alcance do inciso. De acordo com a nova redação, o advogado tem direito de exame de processo em qualquer instituição responsável por conduzir investigação, mesmo sem procuração, e não apenas em repartição policial, como estabelecia a redação anterior. Assim, o direito se expandiu para incluir o Ministério Público e órgãos de todos os poderes públicos que tenham competência para conduzir investigação contra pessoas físicas ou jurídicas. O direito de exame abrange quaisquer processos investigativos, incluindo os inquéritos administrativos, findos ou em andamento, pouco importando que estejam em meio físico ou eletrônico.

Igualmente, o § 7º do art. 11 da Lei n. 11.419/2006, alterado pela Lei n. 13.793/2019, assegura que os sistemas de informações pertinentes a processos eletrônicos devem possibilitar que advogados, procuradores e membros do Ministério Público cadastrados, mas não vinculados a processo previamente identificado, acessem automaticamente todos os atos e documentos processuais armazenados em meio eletrônico, desde que demonstrado interesse para fins apenas de registro, salvo nos casos de processos em segredo de justiça.

O advogado deve apresentar procuração do cliente quando os autos estiverem sujeitos, legalmente, a sigilo ou segredo de justiça. Também pode ser limitado o direito de exame, pela autoridade competente, incumbida de conduzir o processo ou sua superiora, quando referida autoridade, motivadamente, declarar que os elementos de prova ainda não estão documentados nos autos porque estão dependentes de diligências em andamento e esse exame prévio possa comprometer a eficiência e a finalidade das diligências.

Salvo nas hipóteses de sigilo legal ou segredo de justiça, ou de diligências em andamento, a denegação do exame implica responsabilidade criminal e funcional por abuso de autoridade do responsável. O advogado, independentemente de pleitear a responsabilização da autoridade, poderá requerer ao juiz que lhe seja assegurado o acesso aos autos, por determinação à autoridade responsável, inclusive de modo cautelar.

DIREITO DE TER VISTA OU DE RETIRADA DE PROCESSOS JUDICIAIS OU ADMINISTRATIVOS

O direito de ter vista dos processos é mais abrangente do que o de simples exame. Pressupõe a representação profissional e é imprescindível para o seu desempenho a apresentação da procuração. Em nenhuma hipótese pode ser obstado, nem mesmo quando em regime de sigilo. O direito de vistas associa-se ao de retirar os processos do cartório ou da repartição competente, para poder manifestar-se nos prazos legais (no processo civil é de 5 dias).

O STF decidiu que "Não pode ficar ao nuto do escrivão ter o advogado vista dos autos fora do cartório. Se fatos contra o advogado forem apurados, aí então providências deverão ser tomadas, mas fora isso não há como negar-lhe o direito aludido" (RE 77.882).

O CPC (art. 40, § 2º) estabelece que, sendo comum às partes o prazo, poderão seus advogados retirar os autos, ressalvada a obtenção de cópias, para as quais cada um disporá de uma hora, independentemente de ajuste entre eles. A lei procurou dar mais efetividade ao direito de vistas, nesses casos, permitindo que todos os advogados tenham acesso ao processo, antecipando o conhecimento antes de sua vez de retirá-lo. No processo civil, o CPC (art. 107) estabelece que, sendo o prazo comum às partes, os procuradores poderão retirar os autos somente em conjunto ou mediante prévio ajuste, por petição nos autos; mas cada advogado pode retirar os autos para obtenção de cópias pelo prazo de duas a seis horas.

Há situações em que o direito de vista é legitimamente obstado, além das hipóteses de sigilo: quando o processo encontra-se pautado para julgamento ou quando já tiver sido iniciado o julgamento. Nesse sentido, decidiu o STF, no HC 72.324, que, "no curso do julgamento interrompido por pedido de vista de um dos julgadores, não tem, evidentemente, aplicação o inciso XV do art. 7º da Lei n. 8.906/94". No RMS 4.848, o STJ negou o direito de vistas a advogado sem procuração em ação de investigação de paternidade, justamente por correr em segredo de justiça, para resguardo da intimidade das partes.

O inciso XV do art. 7º inclui o direito de vistas do processo administrativo, fora da repartição, sob protocolo. Antes do Estatuto, o STF já tinha decidido que, "ressalvadas as exceções previstas em lei, tem o advogado direito à vista de processos disciplinares fora das repartições ou secretarias" (RE 77.507). Após o Estatuto, o STJ concedeu mandado de segurança, no MS 6.356, para assegurar ao advogado impetrante "o poder legítimo de tomar conhecimento dos atos processuais já praticados no processo administrativo em questão e obter cópias das peças que entender".

O Estatuto não se refere, na hipótese do direito de vistas, à exigibilidade da procuração. No entanto, a representação do advogado (com ou sem procuração) deve ser indiscutível, sob pena de responder por infração ético-disciplinar perante a OAB.

A retirada de autos findos judiciais ou administrativos pode ser feita dentro do prazo de dez dias, mesmo sem procuração.

A Constituição, após a Emenda Constitucional n. 45, de 2004, estabeleceu, no art. 93, IX, que a lei pode limitar a presença, em determinados atos, às próprias partes e a seus advogados, ou somente a estes, em casos nos quais a preservação do direito à intimidade do interessado no sigilo não prejudique o interesse público à informação.

"A regra concernente à vista do processo fora do Cartório sofre limitação, considerado o disposto nos arts. 86 do Regimento Interno do Supremo Tribunal Federal, 803 do Código de Processo Penal e 7º, inciso XV, § 1º, item 2, da Lei n. 8.906/94" (STF, Inq 1.884).

O direito do advogado de acesso aos processos não pode ser dificultado sob fundamento de organização de serviços cartorários.

DESAGRAVO PÚBLICO

À ofensa recebida pelo advogado, por motivo relacionado ao exercício profissional, legal e eticamente regular, além das implicações penais, civis e disciplinares cabíveis, rebate-se com o desagravo público. Esse procedimento peculiar e formal tem por fito tornar pública a solidariedade da classe ao colega ofendido, mediante ato da OAB, e o repúdio coletivo ao ofensor.

O desagravo público, como instrumento de defesa dos direitos e prerrogativas da advocacia, não depende de concordância do ofendido, que não pode dispensá-lo, devendo ser promovido a critério do Conselho, como estabelece o § 9º do art. 18 do Regulamento Geral.

O desagravo público deve ser aprovado, com parcimônia e moderação, para assegurar sua força simbólica e ética, sem risco de banalizá-lo. Por mais influente que seja o profissional, por mais serviços que tenha prestado ao engrandecimento da classe, não pode ser por ele beneficiado, quando a ofensa for de caráter pessoal ou relacionada a outras atividades que exerça. Seu uso tem de ser motivado pela defesa das prerrogativas profissionais, exclusivamente. Considera-se de caráter pessoal toda ofensa que não estiver relacionada com o exercício profissional da advocacia, ou resulte de crítica doutrinária, política ou religiosa, mesmo quando o atingido seja advogado, ou mera referência genérica, ainda que desairosa, sem individualizar os advogados.

O desagravo não depende nem é prejudicado por processo criminal que o advogado ofendido ajuíze contra o ofensor ou ofensores, porque tem natureza e finalidade distintas. Em contrapartida, não é cabível se "a decisão de vistas ao advogado foi indeferida em despacho fundamentado, sem agressão ou ofensa pessoal, e dela foram movidos os recursos cabíveis" (CFOAB, Rec. 0109/2003/PCA), ou "quando os alegados abusos e ofensas estão estritamente ligados a questões processuais, as quais comportam recursos específicos ou mesmo irresignação junto à Corregedoria do Tribunal de Justiça de origem", pois a OAB não é órgão de controle disciplinar de "Magistrado que não desempenha suas funções com esmero" (CFOAB, PCA/037/2007).

Deve ele ser objeto de deliberação prévia do Conselho competente e consiste na leitura da nota pelo presidente na sessão a ele designada, na publicação na imprensa, no seu encaminhamento ao ofensor e às autoridades e no registro nos assentamentos do inscrito. Se a ofensa foi cometida por magistrado ou outro agente público, dar-se-á ciência aos órgãos a que se vinculem. Não há exigência de sessão especial do Conselho para o desagravo, mas ao momento a ele destinado deverá ser dado todo o destaque possível.

Se a repercussão for mais favorável ao ofendido, o desagravo pode ser realizado na sede da subseção, a cuja sessão comparecerá a representação designada pelo Conselho Seccional.

Se o ofendido for o próprio Conselho Seccional ou seu presidente, o desagravo público pode contar com a participação da diretoria do Conselho Federal, que se fará presente à sessão especial daquele, quando for particularmente grave a ofensa.

O procedimento a ser adotado está previsto no Regulamento Geral (arts. 18 e 19), sempre em virtude de ofensa em razão do exercício profissional ou de função da OAB, cabendo ao Conselho decidir de ofício ou mediante representação de qualquer pessoa. De acordo com o art. 18 do Regulamento Geral a submissão do pedido de desagravo deverá ser feita à Diretoria do Conselho competente, que poderá, nos casos de urgência e notoriedade, conceder imediatamente o desagravo, para apreciação do órgão competente do Conselho. O relator pode propor o arquivamento do pedido se a ofensa for pessoal, se não estiver relacionada com o exercício profissional ou com as prerrogativas gerais do advogado ou se configurar crítica de caráter doutrinário, político ou religioso. O dispositivo legal fixa, ainda, o prazo de 60 dias para a decisão sobre o pedido de desagravo e o prazo de 30 dias para a sua realização.

Os desagravos públicos passaram a compor o Registro Nacional de Violações das Prerrogativas (RNVP), disciplinado pelo Provimento n. 179/2018, para fins de consulta dos Conselhos Seccionais, notadamente para fins de verificação de inidoneidade moral, oriunda de violação grave ou reiterada das prerrogativas, quando da análise de pedidos de inscrição para exercício da advocacia.

O direito à ampla defesa deve ser assegurado a quem se imputa a ofensa, salvo em caso de urgência e notoriedade do fato. O desagravo público não é mera manifestação de solidariedade corporativista, mas defesa da dignidade da profissão, sendo necessário que aprecie com isenção os fatos, respeitando o contraditório, para que não se converta, ele próprio, em ofensa. Esses dois requisitos não são alternativos, mas cumulativos. A urgência decorre do prejuízo evidente do ofendido, que poderá ser agravado pela demora, com danos à sua reputação profissional. A notoriedade do fato há de ser comprovada, como se dá com documentos autênticos ou manifestações oficiais publicadas, que praticamente tornam inócua qualquer defesa do ofensor. De qualquer forma, a notoriedade do fato pode ser enganosa, recomendando a prudência que se apurem as causas ou motivos.

Em sentido contrário: Súmula 07/2018/COP: "A disposição coloca a concessão de desagravo como ato político interno da entidade de classe, sendo ausente a legitimação da pessoa ou autoridade ofensora para interpor recurso em face de decisão que deferiu o desagravo público". Entendemos, diferentemente, que o ato de desagravo mal fundamentado ou em desacordo com suas finalidades pode se converter ele mesmo em ofensa ao suposto ofensor, em virtude de suas repercussões.

O Órgão Especial do CFOAB, respondendo a consulta (Ementa 180/2018/OEP), admitiu o direito de recurso ao terceiro interessado, "para corrigir qualquer desvio de finalidade", mas sem efeito suspensivo da decisão concessiva do desagravo.

Excepcionalmente, o desagravo pode ser promovido pelo Conselho Federal, e por ele decidido, nas seguintes hipóteses:

a) quando o ofendido for conselheiro federal ou presidente do Conselho Seccional, no exercício das atribuições de seus cargos;

b) quando a ofensa a advogado se revestir de relevância e graves repercussões às prerrogativas profissionais; nesse caso, comprovar-se-á que o fato teve repercussões nacionais.

Nas duas hipóteses, salvo no caso de conselheiro federal, a sessão pública de desagravo dar-se-á no local de inscrição do ofendido ou da ofensa, perante o Conselho Seccional respectivo, com a presença dos representantes do Conselho Federal.

O lapso de tempo decorrido da data da ofensa ao julgamento do processo no Conselho Seccional não constitui óbice para aprovação do desagravo, se forem suficientemente provados os fatos (CFOAB, Proc. 1.243/93/SC).

SÍMBOLOS PRIVATIVOS DO ADVOGADO

Somente o advogado regularmente inscrito na OAB pode usar os símbolos privativos de sua profissão.

Símbolos privativos são aqueles aprovados ou difundidos pelo CFOAB e os que a tradição vinculou à advocacia. Eles não se confundem com os meios de identificação profissional, que também são exclusivos, como a carteira, o cartão e o número de inscrição; são formas externas genéricas e ostensivas, tais como desenhos significativos, togas ou vestimentas, anéis, adornos etc. Apenas o CFOAB tem competência para criá-los ou aprová-los, dado o caráter de uniformidade nacional que se impõe.

Os símbolos e a marca oficial da OAB foram padronizados pelo Provimento n. 135/2009, com uso obrigatório pelos órgãos da OAB. O uso desses símbolos em eventos depende de prévia autorização da Diretoria do Conselho Federal, do Conselho Seccional ou da Subseção, no âmbito de suas competências.

Decidiu o Órgão Especial do CFOAB que os cartões de visita e os papéis timbrados dos advogados não podem conter o logotipo da OAB, ante a vedação expressa do Código de Ética e Disciplina (CFOAB, Proc. 115/96/OE). Mas admitiu sua utilização em *bottons* (Ementa 024/2013/OEP).

Admite-se que: a) que o advogado utilize, em seu automóvel, adesivo que contenha referência à OAB, mas em *design* e *layout* diverso dos símbolos oficiais; b) que o advogado utilize em seu veículo adesivos com o símbolo oficial da OAB, no caso de se tratar de adesivo de confecção pela própria OAB, como objeto de eventual campanha promocional institucional, a exemplo de campanhas de valorização da advocacia e defesa das prerrogativas profissionais (Ementa 52/2019/OEP).

RETIRADA DO RECINTO

Audiências e demais atos processuais, quando são marcados, impõem a presença pontual do advogado, que se depara com consequências irremediáveis quando se atrasa. O atraso do magistrado, no entanto, desrespeita as partes e enerva os advogados, que se veem na contingência de remarcar suas programações de trabalho.

O Estatuto garante ao advogado o direito de retirar-se, quando a autoridade se atrasar por mais de trinta minutos do horário designado. Para isso, o advogado deverá promover a comunicação escrita, protocolizando-a. Dessa forma, ressalva os direitos seus e de seus clientes.

Regra similar foi acrescentada ao art. 815 da CLT pela Lei n. 14.657/2023, ampliada para as partes e com determinação de remarcação de nova audiência pelo juiz para a data mais próxima possível.

Não se aplica a regra quando o juiz estiver presente e o retardamento se der em virtude de atrasos ou prolongamentos de audiências imediatamente anteriores. O requisito é a ausência efetiva do juiz ao recinto. Embora incômodas às partes e aos advogados, são situações comuns no foro. Se a retirada do advogado fosse admitida incondicionalmente, o prejuízo seria das partes e dos depoentes que compareceram e do colega da parte adversa que não concordasse com o adiamento.

ASSISTIR AOS CLIENTES INVESTIGADOS NAS APURAÇÕES

A Lei n. 13.245/2016 ampliou o elenco de direitos privativos dos advogados, ao incluir o de assistir aos seus clientes que estejam submetidos a investigações, durante a apuração das infrações. Trata-se de explicitação da garantia do amplo direito de defesa, "com os meios e recursos a ela inerentes" (Constituição, art. 5º, LV).

O advogado pode acompanhar, se assim for solicitado por seu cliente, todos os procedimentos de apuração das infrações, assim consideradas em lei, de quaisquer naturezas, incluindo depoimentos, interrogatórios e formação probatória. Como consequência, pode, no curso da apuração, apresentar razões e quesitos à autoridade competente. Essa específica assistência ao cliente investigado protege-o do arbítrio e de eventual abuso na produção das provas. A redação originária do projeto de lei aprovado pelo Congresso Nacional consignava, igualmente, o direito de "requisitar diligências", durante a apuração de infrações, mas foi vetado pela Presidência da República, sob a justificativa de que poderia levar à interpretação equivocada de ser mandatória, podendo embaraçar investigações, com prejuízos à administração da justiça. Mas o cliente, mediante o advogado, pode exercer o direito de petição, dirigindo-se à autoridade competente, ou ao magistrado, se negado administrativamente, por força da garantia constitucional (CF, art. 5º, XXXIV, *a*). Por outro lado, a Súmula Vinculante 14 do

STF já reconhece que é direito do investigado e de seu defensor ter acesso a todos os elementos que fazem parte de apurações. Igualmente, o art. 14 do CPP assegura que o ofendido, ou seu representante legal, "poderão requerer qualquer diligência, que será realizada, ou não, a juízo da autoridade".

A lei cominou com pena de "nulidade absoluta" o depoimento, o interrogatório e as provas daí resultantes que não podem produzir os efeitos pretendidos.

Com intuito de amplificar os meios de obtenção de informações que permitam ao advogado tornar mais efetivo o direito de assistência ao cliente, o Provimento n. 188/2018 faculta ao advogado promover diligências investigatórias para instrução em procedimentos administrativos ou judiciais, regulamentando o que denominou "investigação defensiva", com ou sem o apoio de consultores ou peritos profissionais, que lhe permita obter acervo probatório lícito.

DIREITOS DA ADVOGADA GESTANTE, LACTANTE, ADOTANTE OU QUE DER À LUZ

Contemplando o princípio da diferença, que ajusta a igualdade jurídica à discriminação afirmativa e à valorização de circunstâncias específicas, a Lei n. 13.363/2016 introduziu direitos específicos da advogada, para o exercício de sua atividade profissional. São circunstâncias temporárias, porém de estrema relevância para as vidas pessoais da advogada e do filho a nascer ou nascido, que o direito não pode desconsiderar, além de não prejudicar a administração da justiça.

A igualdade de todos na lei ("homens e mulheres são iguais em direitos e obrigações", art. 5º, I, da Constituição) não significa que suas diferenças sejam desconsideradas, tanto as naturais quanto as culturais. O direito à diferença tem por fito o respeito às peculiaridades de cada qual, constitutivas de suas dignidades. Mas não fundamenta, como se fez no passado, a desigualdade de direitos e obrigações, no plano jurídico.

O art. 7º-A, nessa linha de inspiração, estabelece que a advogada gestante tem direito a não ser submetida a detectores de metais e a aparelhos de raios X quando necessitarem adentrar nos órgãos do sistema judiciário e da administração pública em geral, inclusive dos aparelhos policiais e penitenciários. Como a advogada gestante, no exercício de sua atividade profissional, pode necessitar colher dados, informações e provas em quaisquer outros lugares, a norma legal também a tutela quando adentrar em imóveis de instituições e empresas privadas para tais fins. A advogada gestante tem, igualmente, direito de reserva de vagas em garagens de fóruns ou tribunais, que são obrigados a mantê-las disponíveis. A advogada gestante tem direito de preferência na ordem das sustentações orais e das audiências, às quais deva comparecer em razão de processos sob seu patrocínio. A ordem das audiências no mesmo dia deve ser modificada para contemplar essa especial preferência. A preferência na ordem tanto das sustentações orais quanto das audiências concorre com outras preferências estabelecidas em lei (por exemplo, outra advogada lactante ou adotante). Essa preferência compreende o tempo do estado gravídico.

A advogada lactante, adotante ou a que der à luz tem direito igualmente à preferência na ordem das sustentações orais e das audiências. A adotante ou a que der à luz tem direito específico à suspensão dos prazos processuais, quando for a única patrona da causa, fazendo prova da ciência prévia desse fato a seu cliente; a suspensão dos prazos será fixada pelo juiz pelo tempo necessário a essas circunstâncias. A advogada adotante tem direito à preferência pelo tempo equivalente da preferência atribuída à advogada que der à luz ou for lactante, tendo em vista as mesmas exigências de cuidados para com a criança. As advogadas lactante e adotante podem exercer o direito de preferência pelo período que as ciências da saúde consideram adequado à amamentação, seja ela natural ou não.

INSCRIÇÃO NA OAB

Capítulo III
DA INSCRIÇÃO

Art. 8º Para inscrição como advogado é necessário:

I - capacidade civil;

II - diploma ou certidão de graduação em direito, obtido em instituição de ensino oficialmente autorizada e credenciada;

III - título de eleitor e quitação do serviço militar, se brasileiro;

IV - aprovação em Exame de Ordem;

V - não exercer atividade incompatível com a advocacia;

VI - idoneidade moral;

VII - prestar compromisso perante o Conselho.

§ 1º O Exame de Ordem é regulamentado em provimento do Conselho Federal da OAB.

§ 2º O estrangeiro ou brasileiro, quando não graduado em direito no Brasil, deve fazer prova do título de graduação, obtido em instituição estrangeira, devidamente revalidado, além de atender aos demais requisitos previstos neste artigo.

§ 3º A inidoneidade moral, suscitada por qualquer pessoa, deve ser declarada mediante decisão que obtenha no mínimo dois terços dos votos de todos os membros do Conselho competente, em procedimento que observe os termos do processo disciplinar.

§ 4º Não atende ao requisito de idoneidade moral aquele que tiver sido condenado por crime infamante, salvo reabilitação judicial.

Art. 9º Para inscrição como estagiário é necessário:

I - preencher os requisitos mencionados nos incisos I, III, V, VI e VII do art. 8º;

II - ter sido admitido em estágio profissional de advocacia.

§ 1º O estágio profissional de advocacia, com duração de dois anos, realizado nos últimos anos do curso jurídico, pode ser mantido pelas respectivas instituições de ensino superior, pelos Conselhos da OAB, ou por setores, órgãos jurídicos e escritórios de advocacia credenciados pela OAB, sendo obrigatório o estudo deste Estatuto e do Código de Ética e Disciplina.

§ 2º A inscrição do estagiário é feita no Conselho Seccional em cujo território se localize seu curso jurídico.

§ 3º O aluno de curso jurídico que exerça atividade incompatível com a advocacia pode frequentar o estágio ministrado pela respectiva instituição de ensino superior, para fins de aprendizagem, vedada a inscrição na OAB.

§ 4º O estágio profissional poderá ser cumprido por bacharel em Direito que queira se inscrever na Ordem.

§ 5º Em caso de pandemia ou em outras situações excepcionais que impossibilitem as atividades presenciais, declaradas pelo poder público, o estágio profissional poderá ser realizado no regime de teletrabalho ou de trabalho a distância em sistema remoto ou não, por qualquer meio telemático, sem configurar vínculo de emprego a adoção de qualquer uma dessas modalidades.

- *§ 5º acrescentado pela Lei n. 14.365/2022.*

§ 6º Se houver concessão, pela parte contratante ou conveniada, de equipamentos, sistemas e materiais ou reembolso de despesas de infraestrutura ou instalação, todos destinados a viabilizar a realização da atividade de estágio prevista no § 5º deste artigo, essa informação deverá constar, expressamente, do convênio de estágio e do termo de estágio.

- *§ 6º acrescentado pela Lei n. 14.365/2022.*

Art. 10. A inscrição principal do advogado deve ser feita no Conselho Seccional em cujo território pretende estabelecer o seu domicílio profissional, na forma do Regulamento Geral.

§ 1º Considera-se domicílio profissional a sede principal da atividade de advocacia, prevalecendo, na dúvida, o domicílio da pessoa física do advogado.

§ 2º Além da principal, o advogado deve promover a inscrição suplementar nos Conselhos Seccionais em cujos territórios passar a exercer habitualmente a profissão, considerando-se habitualidade a intervenção judicial que exceder de cinco causas por ano.

§ 3º No caso de mudança efetiva de domicílio profissional para outra unidade federativa, deve o advogado requerer a transferência de sua inscrição para o Conselho Seccional correspondente.

§ 4º O Conselho Seccional deve suspender o pedido de transferência ou de inscrição suplementar, ao verificar a existência de vício ou ilegalidade na inscrição principal, contra ela representando ao Conselho Federal.

Art. 11. Cancela-se a inscrição do profissional que:

I – assim o requerer;

II – sofrer penalidade de exclusão;

III – falecer;

IV – passar a exercer, em caráter definitivo, atividade incompatível com a advocacia;

V – perder qualquer um dos requisitos necessários para inscrição.

§ 1º Ocorrendo uma das hipóteses dos incisos II, III e IV, o cancelamento deve ser promovido, de ofício, pelo Conselho competente ou em virtude de comunicação por qualquer pessoa.

§ 2º Na hipótese de novo pedido de inscrição – que não restaura o número da inscrição anterior – deve o interessado fazer prova dos requisitos dos incisos I, V, VI e VII do art. 8º.

§ 3º Na hipótese do inciso II deste artigo, o novo pedido de inscrição também deve ser acompanhado de provas de reabilitação.

Art. 12. Licencia-se o profissional que:

I – assim o requerer, por motivo justificado;

II – passar a exercer, em caráter temporário, atividade incompatível com o exercício da advocacia;

III – sofrer doença mental considerada curável.

Art. 13. O documento de identidade profissional, na forma prevista no Regulamento Geral, é de uso obrigatório no exercício da atividade de advogado ou de estagiário e constitui prova de identidade civil para todos os fins legais.

Art. 14. É obrigatória a indicação do nome e do número de inscrição em todos os documentos assinados pelo advogado, no exercício de sua atividade.

Parágrafo único. É vedado anunciar ou divulgar qualquer atividade relacionada com o exercício da advocacia ou o uso da expressão "escritório de advocacia", sem indicação expressa do nome e do número de inscrição dos advogados que o integrem ou o número de registro da sociedade de advogados na OAB.

COMENTÁRIOS

REQUISITOS PARA INSCRIÇÃO COMO ADVOGADO

No território brasileiro, o exercício da advocacia depende de inscrição na OAB. Somente os Conselhos Seccionais da OAB têm competência legal para realizá-la.

É garantido o uso do nome social e o reconhecimento da identidade de gênero de pessoas travestis e transexuais para inscrição como advogados na OAB, inclusive para fins de registro e cadastro das sociedades de advogados de que façam parte. A Res. n. 05/2016, que alterou o art. 33 do Regulamento Geral, considera nome social a designação pela qual a pessoa travesti ou transexual se identifica e é socialmente reconhecida e será inserido na identificação do advogado, mediante requerimento.

De acordo com os Provimentos n. 175/2016 e 203/2021, é facultada às Seccionais a digitalização de autos de inscrição de advogados, estagiários e consultores em direito estrangeiro, podendo, os documentos originais, após digitalização, a critério da Seccional, ser entregues aos respectivos titulares, mediante assinatura de termo de responsabilidade, ficando estes obrigados pela sua guarda e preservação. A Seccional deverá manter em seus arquivos os documentos de interesse histórico. Com o falecimento do titular, a Seccional poderá entregar os documentos originais aos respectivos familiares e, na impossibilidade, deverá manter arquivo para a sua guarda.

Capacidade civil

O requisito de capacidade civil prova-se com documento de identidade (registro geral ou certidão de nascimento), devendo o interessado ter mais de dezoito anos. A maioridade presume a capacidade civil plena (não apenas a capacidade jurídica - todas as pessoas a têm, independentemente de idade ou estado mental -, mas a capacidade de fato ou negocial).

Antes de completar 18 anos, pode haver a inscrição do interessado, se for comprovada sua graduação no curso jurídico. O Código Civil (art. 5º, parágrafo único, IV) inclui a graduação universitária como causa de maioridade civil, sem necessidade de emancipação concedida pelos pais. Nesse caso, o diploma é a prova da capacidade civil. A Lei de Diretrizes e Bases da Educação Nacional-LDB (n. 9.394/96, art. 47) admite que alunos com extraordinário aproveitamento nos estudos, demonstrado por meio de avaliação aplicada por banca examinadora especial, poderão ter abreviada a duração dos seus cursos. A LDB também não exige que a seleção para curso universitário esteja limitada a determinada idade.

Diploma de graduação em direito

O segundo requisito é o diploma ou certidão de graduação. A certidão supre a falta ou demora na concessão do diploma. Não há inscrição provisória; é sempre definitiva. Muito rigor deve ter a OAB no acatamento da certidão, porque aumenta a probabilidade de erro, fraude ou falsificação. O diploma é objeto de conferência na instituição de ensino quanto à integralidade do curso jurídico, antes de ser registrado pela Universidade ou órgão educacional que receba delegação de competência do Ministério da Educação.

A certidão deve ser emitida apenas pelo órgão responsável pela expedição do diploma ou pelo controle do registro acadêmico da instituição que mantenha o curso jurídico, não sendo aceitas declarações ou manifestações de outra espécie, ou certidões emitidas por órgão da instituição que não possa expedir o diploma. Toda instituição de ensino, para expedir diplomas, deve estar credenciada ou recredenciada pelo Conselho de Educação competente, que constitui a segunda etapa necessária para seu regular funcionamento.

O Regulamento Geral (art. 23) determina que a certidão de graduação em direito deve estar acompanhada de cópia autenticada do respectivo histórico escolar. A providência é salutar, permitindo à OAB verificar o cumprimento efetivo da carga horária exigível e o conteúdo mínimo previstos nas diretrizes curriculares emanadas do Conselho Nacional de Educação.

Além do credenciamento da instituição mantenedora (universidade, centro universitário, faculdades integradas ou estabelecimento isolado de ensino superior), o curso jurídico deve estar autorizado a funcionar pela autoridade educacional competente e ser reconhecido. O curso jurídico, federal ou particular, depois de autorizado e com funcionamento regular, deve obter o reconhecimento do MEC, renovado periodicamente, ou do Conselho Estadual de Educação competente, neste caso quando se tratar de instituição mantida com recursos públicos estaduais ou municipais. A OAB apenas pode admitir a inscrição de bacharéis graduados em cursos jurídicos autorizados e posteriormente reconhecidos. Não basta, pois, estar o curso autorizado; há de estar também reconhecido. Nesse sentido, decidiu o CFOAB (Ementa 23/2007/OEP) pela impossibilidade de inscrição no Exame da Ordem, bem como nos quadros da OAB, de estudantes de direito concludentes e egressos de curso de direito não reconhecido pelo MEC.

"A melhor exegese do art. 8º, II, da Lei n. 8.906/94 sugere que se considere como instituição de ensino 'oficialmente autorizada e credenciada' aquela cujo curso de bacharelado em Direito conte com a chancela do MEC" (STJ, REsp 1121275).

Regularidade eleitoral e militar

O terceiro requisito é a regularidade eleitoral e militar, enquanto compulsória. O anteprojeto elaborado pelo CFOAB suprimia essa exigência, porque impõe à corporação profissional uma função de fiscalização oficial que lhe é estranha, mas o Congresso Nacional a manteve.

Relativamente ao título de eleitor, o CFOAB, respondendo a consulta (Ementa 009/2025/OEP), em situação de candidato à inscrição na OAB como advogado, entendeu que o título de eleitor suspenso é causa de indeferimento do pedido de inscrição nos quadros da OAB, pois não cumpre o requisito do art. 8º, III, do EAOAB, exigente de prova da regularidade eleitoral, o que não impede futura revalidação, bastando que o interessado regularize sua situação junto ao órgão eleitoral.

Exame de Ordem

O Exame de Ordem é um exame de aferição de conhecimentos jurídicos básicos e de prática profissional do bacharel em Direito que deseja exercer a advocacia. Os estudantes dos cursos jurídicos, antes da graduação, não podem fazê-lo. Encarta-se entre as atribuições da OAB de seleção dos profissionais da advocacia.

No mundo luso-brasileiro, a fonte remota do Exame de Ordem é o exame que as Ordenações Filipinas (Livro 1, Título XLVIII) exigiam para os que desejassem atuar como procuradores na Casa de Suplicação, em Portugal.

O exame é composto de uma prova de conhecimentos jurídicos gerais (prova objetiva) e de outra prova de redação de peça profissional e de conhecimentos práticos, na área especializada de escolha do examinando (prova prático-profissional, de natureza discursiva). As duas provas devem compreender os conteúdos previstos nas diretrizes curriculares dos cursos de Direito, estabelecidos pelo Conselho Nacional de Educação, além de direitos humanos e da legislação do advogado (Estatuto, Regulamento Geral e Código de Ética e Disciplina), podendo, ainda, contemplar matérias do eixo fundamental do curso (antropologia, ciência política, economia, ética, filosofia, história, psicologia e sociologia). Submete-se à segunda o que lograr êxito na primeira.

O exame é de caráter nacional e unificado, realizado três vezes em cada ano. O Estatuto determinou que o Exame de Ordem fosse inteiramente regulado em Provimento editado pelo CFOAB. A padronização dos procedimentos é assegurada pela Coordenação Nacional de Exame de Ordem, designada pelo Presidente do CFOAB.

O candidato apenas pode submeter-se à prova prático-profissional (2ª fase) se for aprovado na prova objetiva (1ª fase). Ao candidato que não lograr aprovação na prova prático-profissional será facultado computar o resultado obtido na prova objetiva apenas quando se submeter ao Exame de Ordem imediatamente subsequente. Dado o caráter nacional do exame, os Conselhos Seccionais não têm competência para apreciação de recursos interpostos, que devem ser apreciados pela banca revisora constituída pelo Presidente do CFOAB.

O Exame de Ordem unificado pode ser prestado, pelo bacharel em Direito, perante o Conselho Seccional de sua livre escolha, não mais se restringindo ao do curso onde se graduou ou ao de seu domicílio eleitoral. Essas restrições faziam sentido, para evitar burla à lei, antes da unificação do exame, pois seu conteúdo variava em cada Conselho Seccional.

Podem prestar o exame bacharéis em direito e os estudantes de direito do último ano do curso ou do nono e décimo semestres. Para os bacharéis em direito, exige-se que a graduação tenha sido obtida em curso regularmente reconhecido pelo MEC ou pelo Conselho Estadual de Educação, nesse caso quando se tratar de instituição mantida com verbas públicas do Estado ou do Município. Respondendo a consulta, manifestou o CFOAB (Ementa 123/2018/OEP) não ser possível a concessão do certificado de aprovação no Exame de Ordem ao estudante de direito que não esteja matriculado nos dois últimos semestres do curso.

O bacharel em Direito que exerça cargo ou função incompatível com a advocacia pode prestar Exame de Ordem. A certidão de sua aprovação vigora por prazo indeterminado, podendo ser utilizada no pedido de inscrição, após sua desincompatibilização.

De acordo com o Provimento n. 144/2011, com a redação do Provimento n. 212/2022, o candidato prestará o Exame de Ordem no Conselho Seccional da OAB de sua livre escolha, não necessariamente na unidade federativa na qual concluiu o curso de graduação em direito ou na sede do seu domicílio eleitoral. Todas as etapas do Exame serão realizadas perante o Conselho Seccional escolhido, salvo se for deferido requerimento feito à Coordenação Nacional do Exame de Ordem, em que justifique a excepcionalidade.

A Resolução n. 02/94 do Conselho Federal, além de regular as situações transitórias, dispensou do Exame de Ordem os bacharéis em direito que concluíram com aproveitamento o estágio anterior, até o dia 4 de julho de 1994, e os que tiveram suas inscrições canceladas em virtude do exercício permanente de cargos e funções incompatíveis, quando requererem nova inscrição. Interpretando essa Resolução e o art. 84 do Estatuto, deliberou o Órgão Especial do CFOAB (Súmula 20/2024/OEP) que os bacharéis em direito que exerceram cargos ou funções incompatíveis com a advocacia iniciados antes do Estatuto, sem nunca terem obtido inscrição na OAB, são obrigados a prestar o Exame de Ordem, não se cogitando de direito adquirido.

O Provimento n. 144/2011 dispensa do Exame de Ordem os ex-magistrados, ex-promotores de justiça e os ex-integrantes de carreiras jurídicas. Porém, essa dispensa não alcança os Conselheiros dos Tribunais de Contas, tendo em vista o caráter taxativo dos casos de dispensa previsto no Provimento n. 144. O Provimento n. 174/2016, dispensou do Exame de Ordem, igualmente, os advogados públicos aprovados em concurso público de provas e títulos realizado com a participação da OAB, até a data da publicação desse Provimento (5-9-2016), com inscrição requerida até 5-3-2017.

Os cursos jurídicos não graduam advogados, magistrados, promotores de justiça, delegados de carreira, defensores públicos, procuradores públicos, mas bacharéis em direito. Seja qual for a profissão jurídica que desejarem exercer, devem ser selecionados previamente. No caso do advogado, o resultado de sua profissão é público e não privado, porque é elemento indispensável à administração pública da justiça.

Durante décadas, e antes do Estatuto, o Exame de Ordem foi alvo de cerrada objeção de interesses mercantilistas das más escolas de direito ou de equivocada reação de alguns integrantes do meio acadêmico. As primeiras procuravam evitar, como lamentavelmente ainda ocorre, qualquer requisito legal que as levasse a investir em qualidade dos cursos, em especial do corpo docente; os segundos brandiam o poderoso argumento da autonomia universitária e do conflito de finalidades entre os profissionais do ensino e o pragmatismo dos operadores do direito.

Como a grande maioria dos egressos dos cursos jurídicos procura inscrever-se na OAB, é intuitivo que o Exame de Ordem provoque uma demanda crescente pela melhoria do desempenho dos cursos jurídicos (melhores professores, instalações, acervo bibliográfico, estágio adequado etc.), o que resulta em mais investimento.

A reação sincera que ainda havia em segmentos do meio acadêmico minorou quando se perceberam com mais clareza os papéis distintos, mas complementares, da comunidade universitária e da comunidade profissional, e que o interesse da OAB na elevação da qualidade do ensino jurídico é legítimo, sem qualquer móvel intervencionista ou de quebra da autonomia universitária. Por outro lado, e aí residia o equívoco, o Exame de Ordem – por apreender apenas alguns aspectos da formação jurídica, principalmente os práticos – não avalia o curso, nem mesmo o estudante, mas tão somente constitui modo de seleção para exercício da profissão de advogado, uma entre tantas que o bacharel em Direito pode escolher. O Exame de Ordem não interfere na autonomia universitária dos cursos jurídicos, porque estes têm finalidade de formação do bacharel em Direito. O grau que os cursos conferem e os diplomas que expedem não dependem do Exame de Ordem. A finalidade de seleção (e fiscalização) da OAB é posterior à graduação conferida pelos cursos jurídicos. Ao contrário da legislação de outros países, a lei brasileira não fixa número determinado de vagas, podendo exercer a profissão qualquer um que seja aprovado no Exame de Ordem, desde que não exerça cargo incompatível com a advocacia.

O Exame de Ordem é compatível com o princípio de liberdade de profissão, estabelecido no inciso XIII do art. 5º da Constituição, que estabelece:

"XIII – é livre o exercício de qualquer trabalho, ofício ou profissão, atendidas as qualificações profissionais que a lei estabelecer".

A seleção inclui-se entre as *qualificações profissionais*; a lei que a estabelece é o próprio Estatuto. A Constituição não contempla a liberdade absoluta; exige o requisito de qualificação, ou seja, não tutela o profissional desqualificado, que porá em risco a liberdade, a segurança e o patrimônio das pessoas cujos interesses patrocine. Na vigência da Constituição de 1967/1969, o Supremo Tribunal Federal já tinha fixado o entendimento sobre a constitucionalidade de requisitos e limitações à liberdade de exercício profissional previstos em lei (Representação de Inconstitucionalidade 930).

O princípio da liberdade de exercício profissional há de ser lido em harmonia com o art. 22, XVI, da Constituição, que estabelece ser competência privativa da União legislar sobre *condições para o exercício das profissões*. Fê-lo o Estatuto, incluindo o requisito de Exame de Ordem.

A exigência de Exame de Ordem ou do equivalente Exame de Estado (prestado perante tribunais ou outros órgãos públicos) para os que desejam exercer a advocacia é procedimento comum em quase todos os países do mundo. Na maioria dos países o Exame de Ordem ou equivalente é exigível juntamente com um estágio realizado *após* a graduação, durante dois anos, em média. Segundo relatório divulgado pelo Conselho da Europa sobre o funcionamento da Justiça dos Estados europeus, em 2012, apenas Andorra não fazia nenhuma avaliação dos bacharéis antes de eles começarem a advogar. Na Alemanha, quem deseja exercer a advocacia passa por treinamento e tem de fazer os mesmos exames que aqueles que vão optar por uma carreira na Magistratura ou no Ministério Público.

O estágio não é supletivo do Exame de Ordem. Cumpre função pedagógica necessária para a formação prática do estudante de direito e para permitir a inscrição no quadro de estagiários da OAB (ver comentários ao art. 9º, § 1º). Sobre a dispensa do Exame de Ordem, ver os comentários ao art. 84.

Contra a exigência legal do Exame de Ordem, várias ações foram ajuizadas, com decisões divergentes dos tribunais, em torno do argumento de sua inconstitucionalidade. Finalmente, em acórdão unânime, publicado em 25-5-2012, o Supremo Tribunal Federal, no RE 603.583, com repercussão geral, concluiu por sua constitucionalidade, pois a atuação profissional do advogado repercute no campo de interesse de terceiros, mostrando-se consentâneo com a Constituição Federal, que remete às qualificações previstas em lei. Segundo a decisão, o Exame de Ordem é um instrumento correto para aferir a qualificação profissional e tem o propósito de garantir as condições mínimas para o exercício da advocacia, além de proteger a sociedade.

Decidiu o CFOAB (Ementa 6/2020/OEP) que os requisitos para inscrição como advogado são aferidos quando cessada a incompatibilidade, não se podendo invocar direito adquirido, para não se prestar o Exame de Ordem. No caso, Constituição estadual equiparava a carreira de delegado de polícia ao exercício de advocacia, para os fins desta. No mesmo sentido, decidiu o CFOAB (Ementa 004/2025/PCA) que a inscrição na OAB obedece à lei do tempo em que ela se opera, sendo irrelevante o momento da aquisição da condição de bacharel em Direito, inexistindo direito adquirido à inscrição direta nos quadros da OAB àquele que, na vigência da Lei n. 4.215/63, exercia cargo incompatível com o exercício da profissão de advogado, não tendo requerido, à época, sua inscrição, apenas vindo a fazê-lo quando a norma de regência (Lei n. 8.906/94) já estabelecia a obrigatoriedade da realização do Exame de Ordem.

De acordo com o Provimento n. 144/2011, com a redação do Provimento n. 213/2022, o conteúdo do Exame de Ordem, na primeira fase, deve abranger as matérias do eixo de formação técnico-jurídica, previstas nas diretrizes curriculares dos cursos de graduação em direito estabelecidas pelo Conselho Nacional de Educação, e as matérias de direitos humanos, do Estatuto da Advocacia e seu regulamento geral e código de ética, de direito eleitoral, de direito financeiro e previdenciário, podendo abranger conteúdo do eixo de formação geral (antropologia, ciência política, economia, ética, filosofia, história, psicologia e sociologia).

Ausência de incompatibilidade

O quinto requisito é não exercer atividade incompatível com a advocacia. As atividades que geram incompatibilidade ou impedimento total estão enumeradas no art. 28 do Estatuto, para cujos comentários remetemos o leitor. Deve o interessado declarar essa circunstância, assumindo as consequências, inclusive penais, da manifestação.

Se a declaração não for verdadeira, a inscrição será cancelada e o falso advogado ficará sujeito às sanções penais (especialmente por falsidade ideológica e exercício ilegal da profissão), administrativas (processo disciplinar) e civis (responsabilidade civil por danos materiais e morais). Os atos por ele praticados são nulos e não poderão ser convalidados (art. 4º).

Idoneidade moral

O sexto requisito é a idoneidade moral. É um conceito indeterminado (porém determinável), cujo conteúdo depende da mediação concretizadora do Conselho competente, em cada caso. Os parâmetros não são subjetivos, mas decorrem da aferição objetiva de *standards* valorativos que se captam na comunidade profissional, no tempo e no espaço, e que contam com o máximo de consenso na consciência jurídica.

De maneira geral, não são compatíveis com a idoneidade moral atitudes e comportamentos imputáveis ao interessado, que contaminarão necessariamente sua atividade profissional, em desprestígio da advocacia. Assim, decidiu o CFOAB que: a) a condenação por crime, sujeito às sanções do art. 305 do Código Penal, importa necessariamente inidoneidade moral, que não seria afastada em virtude de boa conduta posterior ou pedido de revisão criminal, salvo reabilitação judicial (Ementário 1990/92, p. 139); b) também importa inidoneidade moral a prática ilegal da profissão por bacharel estagiário com inscrição cancelada, respondendo a inquéritos policiais (Proc. 4.676/95/PC); ou, c) a demissão de servidor a bem do serviço público (Proc. 5.255/98/PCA); ou d) a exoneração de cargo ou função, a bem do serviço público, mesmo que não tenha havido conclusão do processo criminal (Proc. 3.987/90/PC); ou e) que tenha havido rejeição da denúncia na esfera criminal (Proc. 4.603/94/PC); ou f) a demissão do serviço público ocasionada por apropriação de dinheiro pertencente ao Erário (Proc. 4.602/94/PC); g) a demissão do cargo público de agente policial, por extorsão e coação, ainda que não tenha havido trânsito em julgado da sentença judicial condenatória (Ementa 012/2020/PCA); ou h) omissão do requerente à inscrição de que figurava como réu em ação penal, ainda que não concluída (Ementa 033/2025/OEP).

Também constituem inidoneidade moral, impedientes da inscrição, segundo o CFOAB: a) a prática de violência contra a mulher, assim definida na "Convenção Interamericana para Prevenir, Punir e Erradicar a Violência contra a Mulher – 'Convenção de Belém do Pará' (1994)", independente da instância criminal, assegurado ao Conselho Seccional a análise de cada caso concreto (Súmula 9/2019/COP); b) a prática de violência contra crianças e adolescentes, idosos e pessoas com deficiência física ou mental, independente da instância criminal, assegurado ao Conselho Seccional a análise de cada caso concreto (Súmula 10/2019/COP; c) a prática de violência contra pessoas LGBTI+, em razão da orientação sexual, identidade de gênero e expressão de gênero (Súmula 11/2019/COP).

Os casos de conduta incompatível (ver comentários ao art. 35, parágrafo único) também se enquadram nessa espécie. "A conduta incompatível com a advocacia, comprovadamente imputável ao requerente, impede a inscrição no quadro de advogados", estabelece o § 2º do art. 20 do Regulamento Geral.

A extinção punitiva, no juízo criminal, de fato que caracterize inidoneidade moral não a elide, permanecendo o impedimento à inscrição. É também irrelevante a ausência de pena criminal ou administrativa como pressuposto do indeferimento do pedido de inscrição (CFOAB, Recurso n. 4.289/92/PC). A decisão do Conselho da OAB não depende de decisão criminal, quando houver processo penal em curso, porque as instâncias judicial e administrativa não se confundem.

A declaração de inidoneidade moral é ato vinculado, motivado. Para se evitar o componente arbitrário, o Estatuto determina que a decisão do Conselho obtenha no mínimo dois terços dos votos dos membros do Conselho (considerada sua composição total, e não de presentes à sessão), assegurado ao interessado o amplo direito de defesa (defesa escrita, oral, recursos, instrução probatória), segundo o procedimento disciplinar, onde couber. O processo é de natureza exclusivamente administrativa, não se subordinando à eventual pena criminal, que em relação a ele não prevalece, como anotamos nos comentários ao art. 68, abaixo. O que emerge do § 4º do art. 8º é a presunção legal da inidoneidade, quando houver condenação criminal transitada em julgado, sem prejuízo de investigação própria da OAB enquanto ela não se der.

O indeferimento decorre de processo administrativo, cujo juízo não se vincula ao processo judicial, quando os elementos probatórios forem suficientes para formá-lo. Portanto, mesmo antes da condenação judicial, a inscrição pode ser negada se os fatos forem suficientes para a configuração da inidoneidade moral.

Decidiu o CFOAB que "a declaração de inidoneidade moral depende de procedimento incidental e prejudicial da decisão, em que seja garantido o amplo direito de defesa, instaurado mediante representação dos interessados ou de ofício pelo próprio relator ou órgão da OAB competente para decidir sobre a inscrição, observado, onde couber, o disposto no art. 52, exceto o parágrafo 5º, do Código de Ética e Disciplina. Suspende-se a tramitação do processo de inscrição até que se decida sobre a inidoneidade. Compete ao Plenário do Conselho Seccional ou ao órgão especial correspondente decidir pelo *quorum* mínimo de dois terços de todos os seus membros" (CFOAB, Processo n. 4.635/95/PC). Essa decisão, referindo-se ao texto do CED anterior sobre regra mantido no atual, tem efeito normativo, porque não se aplicou apenas ao caso concreto.

"Nos processos de inscrição, o Conselho competente poderá suscitar incidente de apuração de idoneidade, quando se tratar de pessoa que de forma grave ou reiterada tenha ofendido as prerrogativas da advocacia, assegurando-se o contraditório e a ampla defesa" (OAB, Súmula 06/2018/COP). A aferição dos requisitos de inscrição, notadamente o de inidoneidade moral, deve ser feita antes do deferimento da inscrição; não pode o Conselho Seccional conceder a inscrição e depois analisar eventual inidoneidade por meio de procedimento disciplinar (CFOAB, Ementa 187/2018/OEP).

Após reabilitação regularmente deferida, estará desimpedido para nova inscrição, porque no sistema jurídico brasileiro inexiste consequência perpétua da pena. Em simetria com a situação do que teve a inscrição cancelada por investir-se em cargo incompatível com a advocacia, por aplicação analógica do § 2º do art. 11 do Estatuto, o reabilitado não necessita submeter-se ao Exame de Ordem, nem juntar comprovação de título de eleitor e de quitação com o serviço militar quando pedir nova inscrição, pois seus documentos da inscrição anterior permanecem com o Conselho Seccional, que tem o dever perpétuo de custódia.

O Plenário do Conselho Federal aprovou a regulamentação do banco de dados nacional de inidoneidade moral (Provimento n. 223/2024), para subsidiar os Conselhos Seccionais nos processos de inscrição, inclusive de inscrições suplementares. O banco de dados é mantido pelo Conselho Federal e alimentado automaticamente após o trânsito em julgado da declaração de inidoneidade moral, acessível apenas aos Diretores de cada Conselho Seccional.

Crime infamante

Há uma hipótese taxativa de inidoneidade moral, dada sua gravidade, contida no § 4º do art. 8º e que merece destaque: a do crime infamante. Não é qualquer crime, mas aquele, entre os tipos penais, que provoca o forte repúdio ético da comunidade geral e profissional, acarretando desonra para seu autor, e que pode gerar desprestígio para a advocacia se for admitido seu autor a exercê-la. *Infamante* é conceito indeterminado, de delimitação difícil, devendo ser concretizado caso a caso pelo Conselho Seccional. Sobre ele remetemos o leitor aos comentários ao art. 34, XXVIII.

A extinção da punibilidade da prescrição punitiva não afasta a existência do fato tipificado como crime, notadamente se infamante.

Compromisso

O último requisito, após a conclusão favorável do processo de inscrição, é a prestação de compromisso solene perante o Conselho. O compromisso não é mera formalidade dispensável; é elemento integrador da inscrição. Sem ele, devidamente consignado em ata do Conselho, que indique nominalmente os compromissandos, é nula a inscrição, por preterição de solenidade que a lei considera essencial. O compromisso manifestado de viva voz é no sentido de exercer a advocacia com dignidade e responsabilidade, em estrita observância da legislação aplicável e do Código de Ética e Disciplina. O compromisso é personalíssimo e indelegável, consequentemente não pode o interessado estar representado por procurador.

O Regulamento Geral, art. 20, fixou os seguintes termos do compromisso, devendo o requerente fazê-lo de pé e com a mão direita sobre o peito esquerdo:

"*Prometo exercer a advocacia com dignidade e independência, observar a ética, os deveres e prerrogativas profissionais e defender a Constituição, a ordem jurídica do Estado Democrático, os direitos humanos, a justiça social, a boa aplicação das leis, a rápida administração da justiça e o aperfeiçoamento da cultura e das instituições jurídicas*".

Apesar de longo, é um compromisso que alcança as variadas dimensões da advocacia, em nosso tempo. Não apenas o aspecto deontológico é ressaltado, mas inclui as finalidades institucionais da OAB, também assumidas individualmente pelo advogado, até mesmo para dar sentido à função social relevante de seu ministério.

Sobre o pedido de inscrição ao Conselho Seccional, ver os comentários aos arts. 58 e 61.

INSCRIÇÃO DO ADVOGADO ESTRANGEIRO

Vigorava no Estatuto anterior o princípio da reciprocidade, a saber, seria admitida a inscrição do advogado estrangeiro se em seu país o advogado brasileiro pudesse fazê-lo em idênticas condições. No Recurso n. 1.891/75/PC, o CFOAB – sem embargo de considerar constitucional o dispositivo do anterior Estatuto que previa a reciprocidade – afirmou sua inconveniência com os interesses nacionais, porque estaria transferindo a Estado estrangeiro decisão de matéria que só ao Brasil cabe resolver.

Com a crescente aproximação entre os povos e o aprofundamento das relações econômicas e jurídicas internacionais, não faz mais sentido tal exigência. As comunidades de nações são uma realidade que avança e, em nossa região, a implantação do Mercosul pressupõe que os países vizinhos facilitem os meios de atuação e de intercâmbio de seus profissionais, tomando iniciativas que estimulem os demais a segui-los.

Não faz sentido, no entanto, que o advogado possa exercer no território brasileiro sua profissão em situação mais vantajosa que seu colega brasileiro. Daí a exigência de que seja também inscrito na OAB, antes de praticar qualquer ato privativo de advogado, devendo, inclusive, prestar Exame de Ordem e o compromisso legal, para demonstrar que conhece o direito brasileiro com que vai lidar. O diploma de graduação e os demais documentos oficiais, referidos como requisitos, terão de ser autenticados no consulado brasileiro no país onde foram emitidos e depois traduzidos para o português (Lei de Registros Públicos) por tradutor público ou intérprete público *ad hoc* (Lei n. 14.195/2021) ou por tradutor judicialmente compromissado. A dispensa da legalização consular é possível quando os documentos são encaminhados por governo estrangeiro ao governo brasileiro por via diplomática ou forem documentos expedidos por países com os quais o Brasil tenha firmado acordos de simplificação ou dispensa do processo de legalização (Decreto n. 8.742/2016). O diploma deverá, ainda, ser revalidado por órgão educacional brasileiro competente.

No mundo inteiro prevalecem certas exigências ou pressupostos para a atuação do advogado estrangeiro, mesmo nos países mais abertos às relações internacionais. O Japão, por exemplo, passou a permitir o estabelecimento de *foreign firms* de advocacia, mas impõe aos advogados estrangeiros o exercício da profissão em parceria com advogados japoneses. No Reino Unido, seu peculiar sistema premial de profissões jurídicas, incluindo o acesso ao Judiciário, torna muito difícil a atuação do advogado estrangeiro (Animale, 1995, p. 168). No âmbito da União Europeia, a Diretiva n. 98/5/CE reconhece como advogado qualquer dos profissionais de advocacia, sem as distinções acaso existentes nos países a ela vinculados. Impõe, no entanto, condições básicas: a) o advogado de outro país da União deve inscrever-se no país de acolhimento e atuar de acordo com preceitos ali determinados; b) dependendo da finalidade da atividade profissional, pode ser exigido atuar em conjunto com outro advogado local, que por ele se responsabilize; c) pode haver restrições para atuação perante tribunais superiores e exigência de seguro de responsabilidade profissional; d) o advogado fica submetido às regras de ética profissional do país de acolhimento.

ESTAGIÁRIO

O estagiário é o inscrito na OAB, nessa qualidade, devendo ser estudante de curso jurídico legalmente autorizado e reconhecido ou bacharel em Direito.

O cartão de identidade do estagiário pode ser na modalidade digital, constituindo versão eletrônica de identidade para todos os fins legais (art. 13 do Estatuto), conforme prevê o art. 34 do Regulamento Geral, com a redação dada pela Res. n. 1/2020.

O estagiário não é um profissional do direito, e sua aprendizagem prática é desenvolvida ao lado e sob a orientação de um advogado. Por conseguinte, o estagiário não pode isoladamente realizar qualquer ato próprio da atividade de advocacia sem a assistência do advogado. Todos os atos de que participe, especialmente os de natureza processual, devem ser assinados por ele e pelo advogado, ou autorizados expressamente por este, exceto aqueles previstos no Regulamento Geral (*v.* comentários ao art. 3º), os quais pode ele exercer diretamente.

A jurisprudência do STF orienta-se no sentido de que não se conhece de recurso sem a assinatura do advogado, dado que é formalidade essencial de existência do recurso (RE 423.335-AgR). No caso, na petição do recurso extraordinário não havia assinatura do procurador subscritor da peça, certo de que esta foi assinada apenas por estagiário.

A inscrição do estagiário perdurará pelo prazo máximo de realização do respectivo estágio, ou seja, dois anos, e será feita no Conselho Seccional em cujo território funcione o curso jurídico respectivo. Em nenhuma hipótese pode ser prorrogado, porque é transitório em virtude de ser aprendizagem que antecede sua inscrição como advogado (CFOAB, Rec. 0179/2003/PCA-SP). O pedido de inscrição deverá estar acompanhado de comprovante da matrícula no estágio, do registro civil, do título de eleitor, da quitação do serviço militar e da declaração de não exercer atividade incompatível com a advocacia.

Aplicam-se ao estagiário as mesmas regras de impedimento ou incompatibilidade. A sua inscrição não pode ser deferida pela OAB se exercer cargo ou função que o incompatibilize com a advocacia, dentre as hipóteses previstas no Estatuto. Essa restrição se justifica porque o leigo dificilmente sabe distinguir o profissional do estagiário e o potencial de captação de clientela e desprestígio para a profissão é muito grande. De qualquer forma poderá cursar o estágio em sua instituição de ensino, para fins de aprendizagem.

Concluído o estágio e obtido o grau de bacharel em Direito, prestará Exame de Ordem, para inscrição como advogado. Em nenhuma hipótese haverá dispensa do Exame de Ordem.

A lei prevê que o estágio profissional de advocacia terá a duração de dois anos. Esse é o prazo mínimo que se entende adequado para a devida aprendizagem prática. O estágio profissional de advocacia não é obrigatório; sê-lo-á, apenas, para os que desejarem inscrever-se no quadro de estagiários da OAB.

O Estatuto, no seu art. 87, revogou tanto a Lei n. 4.215/63 quanto a Lei n. 5.842/72, que disciplinavam respectivamente o estágio profissional de advocacia e o estágio de prática forense e organização judiciária, ambos facultativos para os alunos e para as instituições de ensino e ambos dispensando o Exame de Ordem. Os dois estágios tinham como objetivo exclusivamente a formação profissional para a advocacia.

De acordo com o Estatuto, há dois tipos de estágio, a saber, o estágio de prática jurídica, ministrado pelas instituições de ensino, de natureza curricular e obrigatório, para todos os alunos dos cursos jurídicos, e o estágio profissional de advocacia, disciplinado pelo Estatuto e pelo Regulamento Geral. O segundo, ou complementa o primeiro, com atividades próprias de advocacia, ou é realizado inteiramente, de modo autônomo, mas sem dispensa do primeiro. Havendo convênio entre a instituição de ensino e a OAB, esta poderá admitir o estágio de prática jurídica como estágio profissional de advocacia, desde que seja complementado com carga horária destinada a atividades privativas de advocacia e seja promovido o estudo do Estatuto e do Código de Ética e Disciplina.

O estágio de prática jurídica (curricular) não é exclusivamente da advocacia, até porque os cursos jurídicos não são escolas de advocacia, pois estão habilitados a graduar bacharéis em direito em geral. Bacharel em Direito é título de habilitação, mas não é profissão. Habilita-se o graduado a exercer profissões jurídicas (advogado particular ou público, magistrado, promotor de justiça, delegado de polícia etc.), para cujo ingresso deverá submeter-se às seleções previstas em lei, ou seja, concursos públicos ou Exame de Ordem.

O que difere o estágio profissional de advocacia do estágio de prática jurídica? O primeiro apenas define os requisitos mínimos para ser considerado como tal, com o exclusivo objetivo de permitir a inscrição na OAB como estagiário, ou seja, apenas para os que desejarem inscrever-se nessa condição e que não estejam impedidos de fazê-lo (caso dos que exercem cargos incompatíveis com a advocacia ou de alunos da escola que não está conveniada com a OAB). A inscrição prévia como estagiário não é condição para posterior inscrição como advogado; é conveniente e obrigatória para os que estiverem estagiando em escritórios de advocacia e necessitem exercer as atividades que lhes são próprias, como previstas no Regulamento Geral da OAB (retirar e devolver autos em cartório, obter certidões de processos, assinar petições de juntada).

Para que a OAB reconheça o estágio curricular da escola de direito, como igualmente estágio profissional de advocacia, possibilitando a inscrição dos alunos como estagiários de advocacia, será necessária a realização de convênio. E se a escola não for conveniada com a OAB, nada impede que os alunos se inscrevam como estagiários, se estiverem atuando em escritórios de advocacia ou entidades credenciados pela OAB. Nesse último caso (escola não conveniada) o estágio profissional de advocacia deve ser completo (300 horas, no prazo máximo de dois anos). Para que o estágio de prática jurídica possa ser recebido como estágio profissional de advocacia, dependente do convênio, recomenda-se o acréscimo de ao menos 100 horas, podendo ser reduzidas na hipótese de o primeiro já incluir o estudo do Estatuto, do Regulamento Geral e do Código de Ética. A complementação da carga horária pode ser efetivada em escritórios de advocacia, defensoria pública, setores jurídicos públicos ou privados, desde que credenciados pela OAB.

O Provimento n. 217/2023 regulamenta o estágio profissional de advocacia ofertado por instituições conveniadas com a OAB, que pode ser eventualmente realizado por graduado em direito no prazo máximo de dois anos após a graduação. Também regulamenta o estágio conveniado com escritório de advocacia e com setores jurídicos de órgãos públicos. Em ambas as hipóteses se exige que o supervisor ou coordenador seja advogado com mais de cinco anos de inscrição na OAB.

O CFOAB decidiu que o estagiário inscrito na OAB tem o prazo máximo de inscrição de até 3 (três) anos. Ultrapassado esse período, tendo ele concluído ou não o curso, extingue-se automaticamente, por decurso de prazo, a validade de sua inscrição como estagiário perante o Conselho Seccional (Ementa 029/2013/OEP).

A formação prática adequada que se requer de um estágio deve envolver atividades simuladas (elaboração de peças processuais e formação de processos, da distribuição ao trânsito em julgado); análises de autos findos; visitas comprovadas mediante relatórios sumários aos organismos judiciários, audiências e sessões, delegacias de polícia, penitenciárias; técnicas de negociação, conciliação e arbitragem; e atuação em processos reais e demais serviços jurídicos de assessoria e consultoria.

A inscrição como estagiário não é pré-requisito para a posterior inscrição como advogado. O estudante de direito que não queira ou não possa inscrever-se como estagiário poderá inscrever-se diretamente como advogado, quando obtiver sua graduação universitária. Em qualquer circunstância, será obrigatória a prévia aprovação no Exame de Ordem.

O bacharel em Direito pode realizar o estágio profissional de advocacia, em qualquer modalidade, inclusive em curso jurídico em que se graduou ou não. A hipótese, prevista na lei, é de pouca utilidade prática, salvo para os que se sentirem inseguros a prestar diretamente o Exame de Ordem.

Ao estagiário que realizar atividades práticas em escritório de advocacia aplica-se a Lei n. 11.788/2008, cujo art. 12 concede-lhe o direito de receber bolsa ou outra forma de remuneração, sem vínculo empregatício, e direito de recesso de 30 dias, se o estágio ultrapassar um ano. A jornada de trabalho será definida em comum acordo entre a instituição de ensino e o escritório de advocacia.

Sobre o direito de concluí-lo, sem obrigatoriedade do Exame de Ordem, para os que se matricularam em cursos de estágio segundo a legislação anterior, ver os comentários ao art. 84. Sobre a atuação permitida ao estagiário, ver os comentários ao art. 3º.

A Lei n. 14.365/2022 introduziu os §§ 5º e 6º ao art. 9º do Estatuto autorizando que o estágio possa ser realizado em regime de teletrabalho, por qualquer meio telemático, em caso de pandemias ou situações excepcionais, com ou sem fornecimento de equipamentos ou sistemas para sua viabilização. O Provimento n. 217/2023 ampliou a faculdade de oferta do estágio profissional pelos cursos jurídicos nas modalidades híbrida ou exclusivamente remota, em situações não excepcionais.

INSCRIÇÃO PRINCIPAL

O advogado pode exercer livremente a profissão em todo o território nacional. Essa liberdade é plena ou condicionada, como anotamos nos comentários ao art. 7º, I.

A inscrição *principal* é promovida no Conselho Seccional, em cujo território o advogado declara que terá seu domicílio profissional. Esse domicílio, que abrange o território do respectivo Estado-membro ou Distrito Federal, é de livre escolha do interessado e não se vincula ao Conselho Seccional onde se localize o curso jurídico que lhe graduou ou onde prestou o Exame de Ordem. A declaração há de ser veraz, sob pena de constituir fraude à lei, ensejando o cancelamento de ofício da inscrição. A fraude é constatada posteriormente, quando a atividade do advogado passa a ser exercida predominantemente fora de sua sede principal, após a inscrição. Na dúvida, ou seja, na hipótese de pluralidade de centros de atividades, a lei estabelece uma presunção *juris tantum* de coincidência entre o domicílio profissional e o domicílio da pessoa física do advogado (onde tenha residência com ânimo definitivo).

O domicílio profissional é imprescindível, porque vincula o advogado à jurisdição do respectivo Conselho, para fins de fiscalização, eleições, pagamento de contribuições obrigatórias, controle disciplinar, cadastro e assentamentos. A declaração falsa de domicílio profissional, posteriormente verificada, leva ao cancelamento da inscrição. Decidiu o Conselho Federal da OAB que é competente para, de ofício ou mediante representação de qualquer órgão da OAB, de advogado ou interessado, cassar ou modificar ato de órgão ou autoridade da OAB, contrário ao Estatuto, ao Regulamento Geral ou ao Código de Ética e Disciplina, incluindo o ato administrativo de inscrição no quadro de advogados de Conselho Seccional, máxime quando haja indícios de falsidade de declaração de domicílio profissional.

O domicílio profissional alcança todo o território da unidade federativa, a saber, do Estado-membro, do Distrito Federal ou do Território Federal (arts. 10 do Estatuto e 117 do Regulamento Geral). Não pode estar circunscrito ao âmbito de jurisdição de uma subseção. O vínculo com a subseção é de natureza administrativa e de descentralização das atividades da OAB. O domicílio profissional, portanto, é relacionado ao espaço de jurisdição do Conselho Seccional respectivo.

O advogado pode, eventualmente, exercer sua advocacia fora da sede principal, sem necessidade de inscrever-se em outro Conselho Seccional. Mas há um limite quantitativo, que não pode ser ultrapassado, para não se sujeitar ao exercício ilegal da profissão e à correspondente sanção disciplinar: até cinco causas por ano, em outro e mesmo Estado-membro. Não importa que o patrocínio da causa seja inicial ou em fase posterior. Em resposta a consulta, entendeu o Órgão Especial da OAB (Ementa 0127/2012/OEP) que a simples existência do nome do advogado em procuração *ad judicia*, sem que tenha realmente exercido ato judicial ou extrajudicial em cinco demandas, não configura a habitualidade.

INSCRIÇÃO SUPLEMENTAR

Para efeito da inscrição suplementar, a habitualidade entende-se como o exercício profissional em unidade federativa que supere cinco causas ao ano. Causa deve ser entendida como processo judicial efetivamente ajuizado em que haja participação do advogado. A lei impõe o requisito expresso de "intervenção judicial". Assim, a advocacia preventiva ou extrajudicial habitual independe de inscrição suplementar.

Sobre o assunto decidiu o CFOAB que causa "é sempre a primeira, sendo irrelevante o acompanhamento nos anos subsequentes. A defesa em processos administrativos, em inquéritos policiais, o 'visto' em contratos constitutivos de pessoas jurídicas, a impetração de *habeas corpus* e o simples cumprimento de cartas precatórias não constituem intervenção judicial para os efeitos do art. 10, § 2º. O recebimento de substabelecimento sem reservas, com assunção do patrocínio da causa, importa intervenção judicial.

Em casos de procuração conjunta, só é caracterizada a intervenção do advogado que, efetivamente, praticar atos judiciais" (Consulta 136/97/OEP).

Não se entende, evidentemente, no sentido de causa os recursos decorrentes e processados em tribunais localizados fora do território da sede principal. A instalação ou participação em escritório de advocacia ou o vínculo permanente a setor jurídico de empresa ou entidade pública fazem presumir a habitualidade da profissão, deixando de ser eventual. O exercício eventual não necessita de ser comunicado à OAB, dispensando-se a exigência que havia no passado.

"O Advogado somente estará sujeito a promover a sua inscrição suplementar, sempre que passar a exercer a sua profissão, em caráter de habitualidade (mais de cinco causas por ano), em Seção diversa daquela em cujo território possui domicílio profissional (Estatuto, art. 10, § 2º, *in fine*). Em consequência, não constitui nulidade processual o fato de o Advogado constituído pelo réu não se achar inscrito suplementarmente na Seção em que vem a exercer, de modo eventual, em favor do acusado, o patrocínio da causa penal, pois essa circunstância, só por si, nenhum prejuízo acarreta à condução da defesa técnica" (STF, HC 73.524).

A habitualidade, na forma acima indicada, torna obrigatória a inscrição *suplementar* em cada Conselho Seccional, em cujo território ela ocorra. Essa inscrição recebe numeração distinta, e perfaz-se juntando-se certidão integral ou cópias autenticadas do processo de inscrição originário e dos documentos cadastrais subsequentes, além de prova de quitação e regularidade. Não há necessidade de prestação de compromisso, porque este é uno e indivisível.

Decidiu o Conselho Federal (Consulta 0001/2003/OEP) que é inadmissível a inscrição suplementar ou transferência se o inscrito passar a ocupar cargo público que gere incompatibilidade com o exercício da advocacia.

O Provimento n. 178/2017 disciplinou os procedimentos da inscrição suplementar, estabelecendo, entre outras, as seguintes regras: a) a simples existência do nome do advogado em procuração para o foro em geral não configura habitualidade, nem o cumprimento de cartas precatórias ou atendimento de diligências determinadas em juízo, em processos de terceiros; b) é plena a atuação dos advogados com inscrição suplementar perante os tribunais com jurisdição sobre os territórios da Seccional onde haja inscrição suplementar.

Por força do art. 5º do Provimento n. 178/2017, os advogados públicos estão dispensados de inscrição suplementar, quando atuarem fora da área de sua lotação, quando designados para tarefas específicas de suas atribuições, devendo a autoridade competente informar aos Conselhos Seccionais respectivos.

INSCRIÇÃO POR TRANSFERÊNCIA

Se o advogado transferir de fato a sede principal da atividade de advocacia para outro território, inclusive onde tenha inscrição suplementar, deverá promover a transferência da inscrição originária.

O dever de informar a mudança é dever ético e legal, correspondente do direito pessoal de escolha da sede principal. De acordo com o Provimento n. 148/2012, o Conselho Seccional que acolher o pedido de transferência manterá a data da inscrição originária. Os procedimentos para transferência da inscrição para outro Conselho Seccional estão disciplinados no Provimento n. 178/2017.

O Conselho que receber o pedido de inscrição suplementar ou por transferência não pode negar validade à inscrição originária, em virtude do princípio da igualdade federativa dos Conselhos Seccionais. No entanto, se verificar a existência de vício ou ilegalidade na inscrição principal, tem o dever de contra ela representar, perante o Conselho Federal, que decidirá sobre a validade da inscrição, ficando suspensa a tramitação do pedido de transferência ou de inscrição suplementar. Nesses casos, o cancelamento da inscrição principal é inevitável, quando fica caracterizado o vício, em virtude de falta de cumprimento de requisito legal.

O CFOAB tinha, reiteradamente, decidido pela presunção de vício quando o advogado se inscrevia em um Conselho Seccional, alegando sede principal de advocacia, após ser reprovado em Exame de Ordem em seu local de origem, requerendo em seguida transferência para seu real domicílio. Também configurava fraude à lei, ou violação indireta da lei. Com a unificação do Exame de Ordem essa orientação não faz mais sentido, não se aplicando, a essa hipótese, o § 4º do art. 10 do Estatuto.

Considera-se ilegalidade a inobservância dos requisitos contidos na legislação aplicável, especialmente no Estatuto, no Regulamento Geral e nos Provimentos; vício é a fraude à lei ou a má-fé. Os dois fatores podem estar interligados, como no caso da declaração falsa de inexistência de incompatibilidade. Se acolher a representação, o Conselho Federal determinará o cancelamento da inscrição principal, dando conhecimento ao Conselho que representou para arquivamento do pedido da nova inscrição. A representação deve ser processada no Conselho Federal, com ampla garantia de defesa ao Conselho que deferiu a inscrição originária e ao advogado.

Os assentamentos de inscrição do advogado estão permanentemente disponíveis para registros relevantes de sua vida profissional, além das sanções disciplinares que transitarem em julgado. O Regulamento Geral admitiu que o advogado pode requerer o registro de fatos relacionados com sua atividade advocatícia, cultural ou científica, além dos serviços prestados à classe.

Na forma do Provimento n. 178/2017, a Seccional para a qual se transferiu o advogado fornecerá a ele nova carteira e novo cartão profissional, nos termos do art. 13 do Estatuto, e do Título I, Capítulo V, de seu Regulamento Geral. A partir do momento em que for certificada regularidade do advogado, este deve encerrar suas atividades profissionais na base territorial da Seccional de origem e poderá iniciar suas atividades profissionais na base territorial da Seccional de destino, enquanto aguarda a tramitação do processo de transferência da sua inscrição principal.

CANCELAMENTO DA INSCRIÇÃO

O Estatuto regula em *numerus clausus* as hipóteses de cancelamento da inscrição. Trata-se de ato desconstitutivo, que afeta definitivamente a existência da inscrição. O efeito do cancelamento é *ex nunc*, exceto na hipótese de inscrição obtida com falsa prova, porque a natureza da decisão seria declaratória de inexistência. Compete ao Conselho Seccional decidi-lo, porque somente este pode deferir a inscrição, salvo no caso da penalidade de exclusão, porque é decorrência automática e o Conselho já apreciara a matéria. A sua decisão é imprescindível para ressalvas de direitos, não podendo a diretoria substituí-lo.

Mesmo quando o ex-inscrito deseje e possa retornar à atividade de advocacia, cessando o óbice legal, sua inscrição anterior jamais se restaura, em nenhum de seus efeitos. Inclusive no caso de ex-presidente de Conselho, porque sua prerrogativa de membro nato de órgão da OAB depende da regularidade da inscrição. Desaparecendo a inscrição, desaparece definitivamente o vínculo com o órgão de classe, em face do caráter desconstitutivo do cancelamento que afeta a existência e não apenas a eficácia da inscrição. Outra inscrição haverá de se dar, comprovados os mesmos requisitos do art. 8º, exceto quanto à comprovação do diploma de graduação em direito, regularidade eleitoral e militar, devendo seu pedido ser apreciado pelo Conselho Seccional e o interessado submeter-se a novo compromisso. É este o sentido da explicitação do § 2º do art. 11. O CFOAB admitiu o efeito simbólico da restauração do número de inscrição originária, em pedido de nova inscrição de Conselheiro de Tribunal de Contas aposentado (Ementa 002/2025/PCA), ainda que a restituição do número anterior não implique no restabelecimento do vínculo anterior com a OAB, inclusive para efeito de fixação de antiguidade.

O número de inscrição vago, por cancelamento, deve ser preservado como dado histórico da OAB, não podendo ser reaproveitado, inclusive mediante permuta (Proc. 4.177/97/CP). O STJ decidiu (REsp 475.616), no caso de magistrado aposentado, que "a imutabilidade da inscrição somente pode ser assegurada a quem não teve a inscrição cancelada, pois o cancelamento implica a eliminação total do vínculo do profissional com a instituição corporativa".

A Res. n. 02/94 excepcionou do Exame de Ordem os magistrados, os promotores de justiça e os integrantes das carreiras jurídicas, quando requererem nova inscrição como advogado, mas será nova a inscrição, obtendo-se novo número de registro.

O processo de cancelamento não é prejudicado pela superveniência da aposentadoria do ocupante de cargo incompatível, porque tem natureza declarativa de inexistência e eficácia *ex tunc*, desde a investidura, não podendo convalidar a inscrição irregular (CFOAB, Proc. 4.783/95/PC).

O cancelamento pode ser requerido pelo inscrito, inclusive desmotivadamente, sendo deferido incontinenti. O pedido tem de ser pessoal (porque personalíssimo), não podendo vir mediante procurador. É definitivo, não havendo possibilidade de arrependimento.

A penalidade de exclusão acarreta o cancelamento automático e de ofício após o trânsito em julgado da decisão. Porém, são duas situações distintas, o que bem demonstra que o cancelamento não detém a natureza de pena, porque é consequência desta.

No caso de falecimento ou exercício documentalmente comprovado de atividade incompatível, se os sucessores ou o inscrito não tomarem a iniciativa, será promovido o cancelamento de ofício pelo Conselho competente, cuja decisão, mesmo de ofício, como já dissemos, é imprescindível para ressalva de direitos, não podendo a diretoria substituí-lo.

A última hipótese é a da perda superveniente de qualquer requisito de inscrição (por exemplo, perda da capacidade civil, cancelamento do diploma de graduação, inidoneidade ou conduta incompatível).

A perda ou suspensão dos direitos políticos não gera o cancelamento da inscrição, por força do Provimento n. 04/64. Contudo, se o fato causador se enquadrar no tipo infracional de inidoneidade moral para o exercício da advocacia (art. 34, XXVII, do Estatuto), poderá ensejar a penalidade de exclusão. Observe-se que a perda de cargo parlamentar em virtude de quebra de decoro não constitui necessariamente inidoneidade moral para fins de exclusão da OAB, pois depende do grau de desvio da conduta e do *quantum* de componente político do julgamento.

O cancelamento, salvo na hipótese de requerimento voluntário do inscrito ou do prévio processo disciplinar, no caso da exclusão, não pode ser decidido de ofício; há de observar o devido processo legal e o contraditório, até mesmo quando for indiscutível a hipótese, a exemplo de falsidade do diploma de graduação. Mas o cancelamento da inscrição, por ser esta ato administrativo cuja nulidade pode ser proclamada a qualquer tempo, não é obstado pela prescrição, não se podendo cogitar de coisa julgada (CFOAB, Proc. 245/99/OEP). Comprovada fraude da inscrição principal, após o cancelamento, o fato deve ser denunciado ao Ministério Público Federal para apuração do crime de falsidade ideológica (CFOAB, Proc. 323/2001/OEP).

LICENCIAMENTO DO ADVOGADO

O advogado poderá, por ato voluntário, ou deverá licenciar-se da atividade profissional nas hipóteses previstas na lei.

Enquanto estiver licenciado ficará desobrigado do pagamento das anuidades, mas, segundo a Súmula 03/2012/COP do CFOAB, é obrigatória sua manifestação expressa de opção nesse sentido, presumindo-se, com a ausência de requerimento correspondente, que pretende fazer jus aos benefícios proporcionados pela OAB, com a manutenção da obrigatoriedade do respectivo recolhimento.

O pedido de licenciamento deverá ser justificado, apresentando o advogado motivo relevante que o impeça de exercer a advocacia durante o período indicado. É justificado o pedido de licenciamento no caso de afastamento temporário do Brasil, para acompanhar a família (CFOAB, Proc. 5.491/2000/PCA). Dificuldades financeiras transitórias não constituem relevância. Cabe ao Conselho Seccional apreciar caso a caso, não podendo sua diretoria fazê-lo.

A incompatibilidade temporária é hipótese prevista em lei. Cabe ao inscrito comunicá-la, requerendo o licenciamento. O prazo poderá ser indeterminado, porque os titulares desses cargos são sempre exoneráveis *ad nutum*. A falta de comunicação voluntária enseja o licenciamento de ofício pelo Conselho Seccional, incorrendo o inscrito em infração disciplinar, cujo processo será imediatamente instaurado. Os efeitos do pedido de licenciamento começam a partir da data em que protocolizado (CFOAB, Rec. 112/2002/PCA).

O licenciamento, em virtude de comprovado exercício de cargo ou função incompatível e permanente com a advocacia, é ato administrativo sem natureza disciplinar, que deve ser editado de ofício pelo Conselho Seccional da OAB, sem audiência do inscrito, a teor do art. 12 do Estatuto. O licenciamento não é pena ou sanção, razão por que não é de aplicar o princípio do devido processo legal. Essa orientação é a mesma para a hipótese de incompatibilidade temporária (CFOAB, Rec. 0297/2002/PCA), por força do art. 12, II, do Estatuto.

A doença mental curável é a terceira e última hipótese de licenciamento, que perdurará até que o interessado apresente laudo médico que declare sua recuperação definitiva. Como o licenciamento independe de interdição judicial, que é sempre temporária e para fins específicos, poderá ser promovido de ofício pelo Conselho Seccional, após submeter o inscrito a perícia médica, ou, em caso de recusa deste, com fundamento em provas irrefutáveis de sua instabilidade mental.

O licenciamento voluntário, exceto para exercício temporário de cargo incompatível, não retira do advogado suas prerrogativas profissionais, exceto as que se vinculam ao exercício da profissão; por exemplo, não direito a desagravo. O advogado licenciado continua sendo advogado. Se exercer a profissão, sujeitar-se-á às sanções disciplinares, mas não se considerará exercício ilegal, pois seus atos não são nulos, uma vez que não está suspenso disciplinarmente.

Deixando de existir a incompatibilidade ou encerrado o licenciamento voluntário, restaurada a inscrição, o pagamento da anuidade deve ser integral (CFOAB, Ementa 117/2018/OEP).

DOCUMENTO DE IDENTIDADE DO ADVOGADO

A competência para dispor sobre a identificação do advogado ou do estagiário é do CFOAB (art. 54, X, do Estatuto). Os modelos e requisitos dos documentos (carteira e cartão) foram definidos pelo Regulamento Geral (arts. 32 a 36), os quais podem ser emitidos de forma digital (Res. n. 1/2020, do CFOAB). O uso do cartão dispensa o da carteira. O cartão de identidade profissional digital do advogado pode ser utilizado para todos os fins legais (art. 13 do Estatuto), mas não exclui a obrigatoriedade de expedição do cartão físico (Res. n. 3/2020, do CFOAB).

O cartão físico ou digital deve conter o tipo de inscrição, o número da inscrição, o nome ou nome social do advogado, a filiação, a naturalidade, a data de nascimento, a data da expedição, podendo ser acrescentados os dados de RG, CPF, título eleitoral. Para os fins da Lei n. 9.434/97, pode o advogado requerer que seja feito o registro das expressões "doador de órgãos ou tecidos" e "não doador de órgãos e tecidos" nas páginas destinadas a anotações, na Carteira de Identidade do Advogado, ou no espaço destinado a "observações e impedimentos", no verso do Cartão de Identidade do Advogado (CFOAB, Proc. 4.256/97/CP).

Na Carteira de Identidade não pode constar anotação de penalidade imposta a seu titular, ainda que após o trânsito em julgado da decisão, pois tal registro é feito no prontuário do advogado existente nos arquivos do Conselho Seccional.

O cartão de identidade pode ser gravado com escrito em sistema Braille, para as pessoas com deficiência visual (Res. n. 25/2020, do CFOAB).

O documento de identidade emitido pela OAB tem validade nacional e produz efeitos de identificação pessoal para todos os fins legais e não apenas para a atividade profissional. Em virtude da difusão do processo judicial eletrônico, o Regulamento Geral estabeleceu que o suporte material do cartão de identidade é resistente, devendo conter dispositivo para armazenamento de certificado digital.

O Estatuto obriga aos seus inscritos o uso permanente da identificação profissional, devendo esta sempre ser apresentada quando aqueles exercerem suas atividades.

Para que possa produzir seus efeitos, o documento de identidade depende da regularidade da inscrição do advogado na OAB. Nesse sentido, respondendo a consulta, o Órgão Especial do CFOAB enunciou que (Ementa 181/2013/OEP) o advogado que não realiza o recadastramento perante a Ordem dos Advogados do Brasil está impedido de exercer a advocacia.

Nenhum documento, papel, correspondência, assinado pelo advogado enquanto tal, pode ser encaminhado sem o número de sua inscrição ou do registro da sociedade de advogados de que faça parte. A falta constitui infração disciplinar, punível com a sanção de censura (art. 36, III, do Estatuto).

A obrigatoriedade do número de inscrição estende-se aos meios de divulgação da atividade de advocacia, inclusive às placas indicativas do escritório.

O art. 2º do Decreto n. 9.723/2019 dispensa a indicação do número de inscrição em conselho de fiscalização de profissão regulamentada – o que inclui a OAB –, bastando o número de inscrição no CPF, para fins de acesso a informações e serviços, ou de exercício de direitos de obtenções de benefícios perante órgãos e entidades da administração pública federal.

SOCIEDADE DE ADVOGADOS

Capítulo IV
DA SOCIEDADE DE ADVOGADOS

Art. 15. Os advogados podem reunir-se em sociedade simples de prestação de serviço de advocacia ou constituir sociedade unipessoal de advocacia, na forma disciplinada nesta lei e no Regulamento Geral.

§ 1º A sociedade de advogados e a sociedade unipessoal de advocacia adquirem personalidade jurídica com o registro aprovado dos seus atos constitutivos no Conselho Seccional da OAB em cuja base territorial tiver sede.

§ 2º Aplica-se à sociedade de advogados e a sociedade unipessoal de advocacia o Código de Ética e Disciplina, no que couber.

§ 3º As procurações devem ser outorgadas individualmente aos advogados e indicar a sociedade de que façam parte.

§ 4º Nenhum advogado pode integrar mais de uma sociedade de advogados, constituir mais de uma sociedade unipessoal de advocacia, ou integrar, simultaneamente, uma sociedade de advogados e uma sociedade unipessoal de advocacia, com sede ou filial na mesma área territorial do respectivo Conselho Seccional.

§ 5º O ato de constituição de filial deve ser averbado no registro da sociedade e arquivado no Conselho Seccional onde se instalar, ficando os sócios, inclusive o titular da sociedade unipessoal de advocacia, obrigados à inscrição suplementar.

§ 6º Os advogados sócios de uma mesma sociedade profissional não podem representar em juízo clientes de interesses opostos.

- *Caput e §§ 1º, 2º, 4º e 5º com redação dada pela Lei n. 13.247/2016.*

§ 7º A sociedade unipessoal de advocacia pode resultar da concentração por um advogado das quotas de uma sociedade de advogados, independentemente das razões que motivaram tal concentração.

- *§ 7º acrescentado pela Lei n. 13.247/2016.*

§ 8º Nas sociedades de advogados, a escolha do sócio-administrador poderá recair sobre advogado que atue como servidor da administração direta, indireta e fundacional, desde que não esteja sujeito ao regime de dedicação exclusiva, não lhe sendo aplicável o disposto no inciso X do *caput* do art. 117 da Lei n. 8.112, de 11 de dezembro de 1990, no que se refere à sociedade de advogados.

- *§ 8º acrescentado pela Lei n. 14.365/2022.*

§ 9º A sociedade de advogados e a sociedade unipessoal de advocacia deverão recolher seus tributos sobre a parcela da receita que efetivamente lhes couber, com a exclusão da receita que for transferida a outros advogados ou a sociedades que atuem em forma de parceria para o atendimento do cliente.

- *§ 9º acrescentado pela Lei n. 14.365/2022.*

§ 10. Cabem ao Conselho Federal da OAB a fiscalização, o acompanhamento e a definição de parâmetros e de diretrizes da relação jurídica mantida entre advogados e sociedades de advogados ou entre escritório de advogados sócios e advogado associado, inclusive no que se refere ao cumprimento dos requisitos norteadores da associação sem vínculo empregatício autorizada expressamente neste artigo.

- *§ 10 acrescentado pela Lei n. 14.365/2022.*

§ 11. Não será admitida a averbação do contrato de associação que contenha, em conjunto, os elementos caracterizadores de relação de emprego previstos na Consolidação das Leis do Trabalho (CLT), aprovada pelo Decreto-Lei n. 5.452, de 1º de maio de 1943.

- *§ 11 acrescentado pela Lei n. 14.365/2022.*

§ 12. A sociedade de advogados e a sociedade unipessoal de advocacia podem ter como sede, filial ou local de trabalho espaço de uso individual ou compartilhado com outros escritórios de advocacia ou empresas, desde que respeitadas as hipóteses de sigilo previstas nesta Lei e no Código de Ética e Disciplina." (NR)

- *§ 12 acrescentado pela Lei n. 14.365/2022.*

Art. 16. Não são admitidas a registro, nem podem funcionar todas as espécies de sociedades de advogados que apresentem forma ou características de sociedade empresária, que adotem denominação de fantasia, que realizem atividades estranhas à advocacia, que incluam como sócio ou titular de sociedade unipessoal de advocacia pessoa não inscrita como advogado ou totalmente proibida de advogar.

- *Art. 16 com redação dada pela Lei n. 13.247/2016.*

§ 1º A razão social deve ter, obrigatoriamente, o nome de, pelo menos, um advogado responsável pela sociedade, podendo permanecer o de sócio falecido, desde que prevista tal possibilidade no ato constitutivo.

§ 2º O impedimento ou a incompatibilidade em caráter temporário do advogado não o exclui da sociedade de advogados à qual pertença e deve ser averbado no registro da sociedade, observado o disposto nos arts. 27, 28, 29 e 30 desta Lei e proibida, em qualquer hipótese, a exploração de seu nome e de sua imagem em favor da sociedade.

- *§ 2º com a redação da Lei n. 14.365/2022.*

§ 3º É proibido o registro, nos cartórios de registro civil de pessoas jurídicas e nas juntas comerciais, de sociedade que inclua, entre outras finalidades, a atividade de advocacia.

§ 4º A denominação da sociedade unipessoal de advocacia deve ser obrigatoriamente formada pelo nome do seu titular, completo ou parcial, com a expressão "Sociedade Individual de Advocacia".

- *§ 4º acrescentado pela Lei n. 13.247/2016.*

Art. 17. Além da sociedade, o sócio e o titular da sociedade individual de advocacia respondem subsidiária e ilimitadamente pelos danos causados aos clientes por ação ou omissão no exercício da advocacia, sem prejuízo da responsabilidade disciplinar em que possam incorrer.

- *Art. 17 com redação dada pela Lei n. 13.247/2016.*

Art. 17-A. O advogado poderá associar-se a uma ou mais sociedades de advogados ou sociedades unipessoais de advocacia, sem que estejam presentes os requisitos legais de vínculo empregatício, para prestação de serviços e participação nos resultados, na forma do Regulamento Geral e de Provimentos do Conselho Federal da OAB.

- *Art. 17-A acrescentado pela Lei n. 14.365/2022.*

Art. 17-B. A associação de que trata o art. 17-A desta Lei dar-se-á por meio de pactuação de contrato próprio, que poderá ser de caráter geral ou restringir-se a determinada causa ou trabalho e que deverá ser registrado no Conselho Seccional da OAB em cuja base territorial tiver sede a sociedade de advogados que dele tomar parte.

Parágrafo único. No contrato de associação, o advogado sócio ou associado e a sociedade pactuarão as condições para o desempenho da atividade advocatícia e estipularão livremente os critérios para a partilha dos resultados dela decorrentes, devendo o contrato conter, no mínimo:

I – qualificação das partes, com referência expressa à inscrição no Conselho Seccional da OAB competente;

II – especificação e delimitação do serviço a ser prestado;

III – forma de repartição dos riscos e das receitas entre as partes, vedada a atribuição da totalidade dos riscos ou das receitas exclusivamente a uma delas;

IV – responsabilidade pelo fornecimento de condições materiais e pelo custeio das despesas necessárias à execução dos serviços;

V – prazo de duração do contrato.

- *Art. 17-B acrescentado pela Lei n. 14.365/2022.*

COMENTÁRIOS

NATUREZA E CARACTERÍSTICAS DA SOCIEDADE DE ADVOGADOS

O Estatuto manteve a natureza da sociedade de advogados como sociedade exclusivamente de pessoas e de finalidades profissionais. É uma sociedade profissional *sui generis*, que não se confunde com as sociedades previstas no Código Civil. A Lei n. 13.247/2016, que introduziu no sistema do Estatuto a sociedade individual de advocacia, modificou a expressão "sociedade civil" para "sociedade simples", relativamente à sociedade coletiva de advogados, mas não remeteu esta ao regime do direito de empresa do Código Civil, incluindo sua espécie sociedade simples (arts. 997 a 1.038). Assim é porque tanto a sociedade (coletiva) de advogados quanto a sociedade individual de advogados são exclusivamente regidas pelo Estatuto, cujo art. 15, na redação atual, explicita textualmente: "na forma disciplinada nesta Lei e no regulamento geral". Assim, os preceitos do Código Civil sobre direito de empresa não são aplicáveis, ainda que supletivamente. Do mesmo modo, o art. 16 estabelece que ambas as sociedades de advocacia não podem apresentar forma ou características de sociedade empresária.

O 1º Estudo Demográfico da Advocacia Brasileira lançado pelo Conselho Federal da OAB em 2024, em pesquisa por amostragem, informou que menos de um terço dos advogados trabalhavam em sociedades de advogados ou em empresas. Os demais atuavam como autônomos.

O Estatuto atual, seguindo os Estatutos da Advocacia anteriores, rejeita o modelo empresarial existente em vários países, para que não se desfigure a atividade de advocacia, que no Brasil é serviço público, ainda que em ministério privado, integrante da administração da justiça. O capital essencial das sociedades de advogados é a produção intelectual dos advogados que a integram e não as coisas ou valores financeiros.

A sociedade de advogados (coletiva ou individual) desenvolve atividade-meio e não atividade-fim da advocacia. Em suma, é organização de meios comuns aos advogados que a constituem. Por essa razão, determina o Regulamento Geral que a sociedade de advogados pode praticar qualquer ato indispensável às suas finalidades, com uso da razão social, que não seja privativo de advogado.

Tendo em conta a natureza de atividade-meio da sociedade de advogados, decidiu o STF que "o simples fato de o subscritor do recurso integrar sociedade civil de advocacia composta, também, pelos advogados credenciados nos autos, não revela a regularidade da representação" (RE 161.650-AgR).

É entidade coletiva de organização, meios e racionalização para permitir a atividade associativa de profissionais, que distribuem e compartilham tarefas, receitas e despesas, quando atingem um nível de complexidade que ultrapassa a atuação individual. Ou, como estabelece o regimento interno da Ordem dos Advogados de Paris, constitui "estruturas de meios" que têm por finalidade exclusiva "facilitar ou desenvolver a atividade profissional de seus membros", tendo um caráter auxiliar em razão dessa atividade.

Diferentemente das demais sociedades de serviços, a finalidade das sociedades de advogados, como lembram Haddock Lobo e Costa Neto (1978, p. 168), é a de regular e disciplinar relações recíprocas entre advogados, no que pertine fundamentalmente à vida administrativa e financeira do grupo, ou, como disse Orlando Gomes por eles citado, "a remuneração dos resultados obtidos com a remuneração do trabalho dos advogados e disciplina do expediente do escritório".

Característica marcante dessas sociedades é sua finalidade exclusiva. Seus fins únicos são as atividades de advocacia, não podendo incluir qualquer outra atividade, lucrativa ou não (exemplos: administração ou venda de imóveis, contabilidade, consultoria econômica ou financeira, religião, política).

Por essa razão peculiar, tais sociedades não podem adotar qualquer dos tipos de sociedade simples ou de sociedade empresária. Pelas mesmas razões, não podem adotar a forma de cooperativa, porque esta, ainda que não tenha finalidade lucrativa, é entidade empresária.

Apenas advogados regularmente inscritos podem integrar a sociedade. Bacharéis em direito não inscritos ou incompatíveis, estagiários e leigos estão excluídos. Quanto aos estagiários, sua associação, antes permitida, passou a ser proibida com o advento da Lei n. 8.906/94 (CFOAB, Proc. 2.066/2000/TCA).

Na mesma área territorial do Conselho Seccional não pode o advogado integrar mais de uma sociedade. Da mesma forma, não pode constituir nova sociedade, enquanto não for dissolvida regularmente a primeira, com o respectivo cancelamento do registro, pouco importando que esteja de fato desativada, ou quando dela desligar-se, após o registro da alteração do contrato social no Conselho Seccional. A lei procura evitar que a sociedade seja instrumentalizada para fins diversos do exclusivo exercício profissional. Essa regra, que preserva a unicidade da sede principal da advocacia, alcança também o impedimento de atividade simultânea em sociedade de advogados e em escritório de advocacia, no mesmo domicílio profissional. Não alcança, no entanto, o advogado empregado, porque não integra, como sócio, a sociedade. Não há impedimento legal nem ético, todavia, ao advogado sócio de exercer, também, a profissão individualmente.

A lei brasileira optou por rejeitar o modelo anglo-americano das *law firms*, que não se distinguem das demais empresas mercantis, pois destas absorveram a ética dos negócios e dos resultados lucrativos. Desde quando as sociedades de advogados passaram a adotar o modelo empresarial, cresceu entre os juristas americanos a reação aos seus nefastos desdobramentos com relação à ética profissional, pois as *law firms* "converteram-se virtualmente em anexos de grupos financeiros, especuladores e industriais; tais empresas, que passaram a dominar a profissão, pouco contribuem para o pensamento e a filosofia da atividade advocatícia e nada em relação a responsabilidade ou idealismo" (Marks, 1972, p. 37). Permanece forte a rejeição, entre os advogados britânicos, ao *Legal Act* 2007, no ponto em que admite que sociedades de advogados possam ter, como titulares ou controladores, empresas ou profissionais não advogados.

Pouco importa o tamanho da sociedade de advogado ou a complexidade de sua organização: não se revestirá de qualquer forma de sociedade empresária. O modelo brasileiro desconsidera o "elemento de empresa", ou seja, uma organização estável, duradoura, de fim econômico e despersonalizada quanto ao bem ofertado em mercados.

Ante tais razões, o Provimento n. 187/2018 estabelece que as Sociedades de Advogados, no exercício de suas atividades, somente podem praticar os atos indispensáveis às suas finalidades, assim compreendidos, entre outros, os de sua administração regular, a celebração de contratos em geral para representação, consultoria, resolução extrajudicial de conflitos, assessoria e defesa de clientes por intermédio de seus sócios, associados e advogados empregados, ou serviços de advocacia por elas contratados.

Quaisquer conflitos relativamente à execução do contrato social da sociedade devem ser dirimidos em juízo, com garantia do contraditório, não tendo a OAB competência para tal, salvo o da regularidade do registro (aspectos formais e extrínsecos).

As questões econômicas, ou relativas a divisões dos resultados e das perdas, os direitos de sucessão, inclusive por morte do sócio, a dissolução da sociedade escapam às atribuições administrativas da OAB.

A 1ª Seção do STJ decidiu, sob o rito de recursos repetitivos, que os Conselhos Seccionais da OAB não podem instituir e cobrar anuidade das sociedades de advogados, por entender que a competência da OAB é para registro e atribuição e personalidade jurídica dessas sociedades, não se confundindo com inscrição dos advogados que os habilita à prática da advocacia (REsp 2.014.023 e 2.015.612).

Em 2019, decidiu o STF (RE 940.769) que é inconstitucional lei municipal que fixa critérios de ISS para escritórios ou sociedade de advogados. Lei municipal tinha estabelecido que, em vez de pagarem alíquota fixa, estariam submetidos a percentuais sobre os preços dos serviços.

CONSTITUIÇÃO DA SOCIEDADE E SEU REGISTRO

O ato constitutivo perfaz-se mediante contrato social, que deve conter os seguintes requisitos: denominação, finalidade, sede, duração, administração, representação (*rectius* presentação) judicial e extrajudicial, valor do capital social e sua distribuição entre os sócios, responsabilidade solidária e subsidiária dos sócios, extinção, qualificação dos fundadores e da diretoria provisória.

O Provimento n. 112/2006 exige, ainda, que o ato constitutivo especifique o critério de distribuição dos resultados e dos prejuízos verificados nos períodos que indicar e a forma de cálculo e o modo de pagamento dos haveres e de eventuais honorários pendentes, devidos ao sócio falecido. Não pode ser registrado ato constitutivo que suprima o direito de voto de qualquer sócio, que deve ser igual, independentemente da quota de participação, que pode ser diferenciada.

Publicado o ato constitutivo, será levado a registro, para que adquira personalidade jurídica e sejam arquivadas suas alterações contratuais. O órgão registral competente é o Conselho Seccional da OAB com exclusão de qualquer outro. É prerrogativa insuperável da OAB, derrogatória do direito registrário comum e da competência do Registro Público de Empresas Mercantis ou do Registro Civil das Pessoas Jurídicas. Esses órgãos não podem proceder ao registro das sociedades de advogados, sendo nulo o que se efetivar. Como se trata de nulidade (total) e não de anulabilidade, qualquer pessoa ou a OAB pode suscitá-la.

A existência da sociedade de advogados depende da aprovação de seu ato constitutivo e do registro, ambos pelo Conselho Seccional. O registro se realiza em livro próprio da OAB, recebendo numeração sucessiva. Qualquer alteração do ato constitutivo deverá ser averbada no respectivo registro, após aprovação pelo Conselho Seccional. A constituição de sociedade de advogados sem registro no Conselho Seccional importa infração ao art. 34, II, do Estatuto, sendo cabível a pena de censura aos advogados que a integrem.

Para fins de registro, a sociedade de advogados apenas pode conter como finalidade a atividade de advocacia. Nada mais. Será negado o registro quando, sendo pouco explícitas suas finalidades, infira-se do ato constitutivo característica empresarial. Não são permitidas a registro sociedades de advogados que revistam formas de sociedades empresárias ou de cooperativas.

Como o registro é único – e no Conselho Seccional competente – e a atividade de advocacia é exclusiva (não pode estar associada a qualquer outra, remunerada ou não), o registro civil das pessoas jurídicas e o registro público de empresas mercantis estão proibidos de proceder ao registro de qualquer sociedade que inclua a atividade de advocacia entre suas finalidades, mesmo que esta seja secundária ou residual. O antigo Tribunal Federal de Recursos, ao caracterizar a OAB como órgão destinado ao registro peculiar das sociedades de advogados, decidiu que "o registro de Sociedade de Advogados no Cadastro Geral de Contribuintes independe de inscrição no Registro Civil de Pessoas Jurídicas" (REO 90.337).

O advento do Código Civil de 2002 não alterou a competência exclusiva da OAB para registro das sociedades de advogados, porque o Estatuto é lei especial que prevalece sobre lei geral. Assim, não se aplicam às sociedades de advogados as regras do Código Civil acerca das sociedades simples.

Ante o alcance específico do registro das sociedades de advogados, não pode ser averbada a qualidade de microempresa, para os fins da Lei Complementar n. 123/2006, pois configuraria o indevido reconhecimento da natureza empresarial.

Não é admissível o registro de sociedade de advogados que apresente como sócios advogados que não sejam regularmente inscritos, sendo também vedados os estagiários. O estágio tem disciplina própria, não contemplando a participação em sociedades de advogados.

Na forma do Provimento n. 159/2013, os requerimentos de registro serão instruídos com as certidões de quitação das obrigações legais junto à OAB, ficando dispensados de comprovação da quitação de tributos e contribuições sociais federais.

A Emenda Constitucional n. 45/2004 instituiu a quarentena de três anos ao magistrado que se aposentar ou se exonerar, o qual fica impedido de advogar perante o juízo ou tribunal do qual se afastou. A quarentena contamina a sociedade de advogados à qual se integrar como sócio? Pela contaminação entendeu o CFOAB (Ementa 018/2013/COP). Parece-nos, todavia, que restrição de direito não pode ser estendida a terceiro, além do que a sociedade de advogados apenas exerce atividade de meios. Nessa direção que sustentamos, decidiu o STF (ADPF 310) pela inconstitucionalidade da orientação emanada da ementa 018/2013/COP, em julgamento encerrado em 18 de outubro de 2019, por afronta ao conteúdo e à reserva legal qualificada no texto constitucional.

De acordo com o Provimento n. 175/2016, é facultada às Seccionais a digitalização de atos e documentos de registro e suas alterações das sociedades de advogados, podendo, os documentos originais, após digitalização, a critério da Seccional, ser entregues aos respectivos titulares, mediante assinatura de termo de responsabilidade, ficando estes obrigados pela sua guarda e preservação.

Faculta o § 8º do art. 15 do Estatuto, introduzido pela Lei n. 14.365/2022, que o advogado sócio possa ser gestor ou administrador da sociedade ainda que cumulando a qualidade de servidor público, derrogando-se a proibição existente na Lei do Regime Jurídico dos Servidores Públicos Civis da União (Lei n. 8.112/90) para todos os servidores públicos de exercer gerência ou administração de sociedade privada, podendo ser apenas sócio.

A Lei n. 14.365/2022 também permite que a sede da sociedade de advogados ou da sociedade unipessoal de advocacia, inclusive de suas eventuais filiais, possa ser a de imóvel de uso compartilhado de espaço com outras sociedades ou empresas (*coworking*), desde que preservadas suas características próprias, inclusive de natureza ética.

DENOMINAÇÃO DA SOCIEDADE

Não há liberdade na composição do nome da sociedade de advogados. O nome deve expressar com clareza sua finalidade, não sendo admitidos nome de fantasia, símbolos ou acréscimos comuns nas atividades mercantis. A denominação da sociedade (dita "razão social") deve ser constituída pelo nome completo, ou sobrenome, dos sócios, ou pelo menos de um deles, responsáveis pela administração.

O Provimento n. 112/2006 admite que se utilize o símbolo "&", mas o Provimento n. 147/2012 estabeleceu, expressamente, que da razão social não poderá constar sigla ou expressão de fantasia ou das características mercantis, devendo vir acompanhada de expressão que indique tratar-se de Sociedade de Advogados, vedada referência a "Sociedade Civil" ou "S.C."

A denominação social deverá conter explicitamente uma das seguintes expressões, na forma do Provimento n. 187/2018: "Sociedade de Advogados", "Sociedades de Advogadas e Advogados", "Advogados", "Advocacia" ou "Advogados Associados", permitindo-se, em qualquer dos casos antecedentes, o emprego da palavra "Advogados" no gênero feminino.

É possível que uma Sociedade Individual de Advocacia ou Sociedade de Advogados utilize a expressão "assessoria jurídica", em sua publicidade, a exemplo de placas, cartões de visita, papel timbrado ou, ainda, nas redes sociais, conforme o Provimento n. 205/2021, que, ao tratar da publicidade e da informação na advocacia, não estabelece qualquer limitação quanto ao uso dessa referência. Assim decidiu o CFOAB (Ementa 006/2025/OEP), em resposta a consulta.

Na hipótese de sociedade unipessoal, obrigatoriamente deverá constar da denominação a expressão "Sociedade Individual de Advocacia". Segundo o CFOAB (Ementa 007/2025/OEP), não é autorizado que uma Sociedade Individual de Advocacia utilize em sua denominação a expressão "Advogados Associados", para a correta identificação da natureza jurídica dessa sociedade específica.

Nem mesmo o nome de grande luminar do direito pode compor a denominação, como, por exemplo, "Escritório Jurídico Teixeira de Freitas", e isso porque o Estatuto exige, com razão, que a denominação tenha, obrigatoriamente e ao menos, o nome de um advogado responsável pela sociedade.

O nome pode apenas ser composto da seguinte forma:

a) nomes de todos os advogados sócios, antecedidos ou acrescidos da qualificação social inconfundível: "sociedade de advogados", "advocacia", "advogados associados", "escritório de advocacia" etc.;

b) nome completo ou sobrenome de um advogado sócio (ou mais de um) e mais a qualificação referida na alínea *a*.

Entende-se por nome do advogado seu nome completo (prenome e sobrenome), seu nome resumido ou apenas seu sobrenome. O CFOAB, antes do Estatuto, já decidira que a sociedade de advogados podia ser identificada ou pelo nome completo de um de seus advogados ou pelo sobrenome, pelo menos, de qualquer deles (Rec. 1.519/TC/90).

Reafirmando essa orientação, e após o atual Estatuto, a Terceira Câmara do CFOAB decidiu que a razão social pode ser composta com o nome abreviado dos sócios, com prenomes, com sobrenomes ou com apenas o nome de um deles (Proc. 2.016/99/TCA). É vedada a utilização do título de "professor" ou de "doutor", porque não integram o nome do advogado.

O Regulamento Geral admite que permaneça o nome do sócio falecido se essa possibilidade tiver sido prevista no ato constitutivo da sociedade ou de sua modificação.

Também não se altera o nome da sociedade se o sócio passar a exercer atividade incompatível de natureza temporária ou geradora de impedimento. Bastará apenas anotação no registro da sociedade. Enquanto perdurar o impedimento ou a incompatibilidade do sócio, a sociedade não poderá utilizar o nome ou imagem deste em benefício dela, de acordo com § 2º do art. 16 do Estatuto, com a redação da Lei n. 14.365/2022. O exercício de atividade incompatível permanente (exemplo, magistratura) importará a necessária modificação não só do nome, mas da composição societária.

O ato constitutivo da sociedade deverá conter previsão da alteração da razão social, ou de sua manutenção, na hipótese de falecimento ou de afastamento permanente de sócio que lhe tenha dado o nome (Provimento n. 187/2018). Porém, segundo entendimento do Órgão Especial do CFOAB (Ementa 032/2020/OEP), o afastamento permanente do advogado que tenha dado o nome à sociedade, total ou parcialmente, pode permanecer, desde que, ao integrar nova sociedade, não haja coincidência de razão social.

Mesmo nos Estados Unidos, que admitem o modelo empresarial de sociedade de advogados, há forte recomendação do Código de Responsabilidade Profissional da *American Bar Association* (EC 2-11) no sentido da utilização dos nomes dos advogados associados, porque o uso de nome comercial "pode desorientar os leigos acerca da identidade, responsabilidade e *status* dos advogados que a integram".

FILIAL

O Estatuto permite que as sociedades de advogado criem filiais, as quais, no entanto, só podem ser instaladas na área territorial de outro Conselho Seccional, de cujos limites não podem ultrapassar.

A filial não tem personalidade jurídica própria; é parte autônoma de uma mesma pessoa jurídica. Não pode ter sócios ou denominação distintos desta.

Seu ato de constituição, inclusive para finalidades tributárias, é formalizado por documento emitido pela sociedade de advogados, que deve conter o resumo dos elementos necessários do contrato social e de seu registro, a que se reporta, a forma de sua gestão, o prazo de sua existência (determinado ou indeterminado) e a sua área territorial de atuação.

O ato de constituição da filial é averbado no registro da sociedade e é arquivado no Conselho Seccional de sua atuação, mediante requerimento, o qual deve ser acompanhado de certidão do registro e de regularidade fornecida pelo Conselho onde esteja registrada a sociedade. Também se exige o registro do contrato social da sociedade perante o Conselho Seccional em cujo território funcionar a filial (Provimento n.

126/2008). Esse registro tem efeitos meramente declaratórios, para fins de facilitar a fiscalização por parte do Conselho Seccional de acolhimento.

Todos os sócios da sociedade deverão requerer, simultaneamente, suas inscrições suplementares, de cujo deferimento depende a filial para iniciar suas atividades na respectiva base territorial.

RELAÇÃO DA SOCIEDADE COM SEUS SÓCIOS. RESPONSABILIDADES

Ao contrário da sociedade *intuitu pecuniae*, na de advogados só quantitativamente se admitem diferenças entre os sócios, uma vez que o qualificativo é idêntico. As pretensões de seus sócios não são em dinheiro, mas na especificação dos serviços de cada um (Sodré, 1975:35).

Por essa razão, a sociedade jamais substitui os advogados na atividade privativa de advocacia. Esta somente pode ser desenvolvida diretamente pelo advogado sócio ou empregado.

O CPC conferiu especial relevo às sociedades de advogados, que passaram a ter legitimidade conjunta com os advogados que dele participem, para ser indicadas na petição inicial (art. 105), receber intimações judiciais (art. 106), receber outorga em procuração (art. 105), receber o pagamento dos honorários (art. 85), credenciar preposto para retirada dos autos (art. 272). Contrariando o entendimento ético-jurídico anterior fundado no Estatuto, inclusive dos tribunais superiores, o CPC estabeleceu em norma cogente que as procurações devem conter também o nome e o número de registro na OAB da sociedade de advogados.

O CPC (art. 85, § 15) admite que o advogado possa requerer que o pagamento dos honorários seja efetuado em favor da sociedade de advogados que integra na condição de sócio. Essa regra legal abrange tanto os honorários convencionados quanto os honorários de sucumbência. Todavia, segundo entendimento do STJ (AgInt no AgREsp 1.122.473), a sociedade de advogados, por ser pessoa jurídica com personalidade distinta dos sócios que a integram, deve ser representada em juízo por advogado, devidamente constituído por procuração nos autos, não se tratando, pois, de hipótese de postulação em causa própria.

A Quarta Turma do STJ aplicou o entendimento de que os créditos resultantes de honorários advocatícios, mesmo os de sucumbência e ainda que sejam titularizados por pessoa jurídica (sociedade de advogados), equiparam-se aos trabalhistas para efeito de habilitação em falência ou recuperação judicial (REsp 1.785.467).

A responsabilidade civil dos sócios pelos danos que a sociedade coletivamente, ou cada sócio ou advogado empregado individualmente, causar, por ação ou omissão no exercício da advocacia, é solidária, subsidiária e ilimitada, independentemente do capital individual integralizado. Os bens individuais de cada sócio respondem pela totalidade dessas obrigações. É nula a cláusula do contrato social que estabelecer qualquer tipo de limitação à responsabilidade dos sócios para tal fim. Por essa razão, determina o Provimento n. 147/2012 que o contrato social deve conter cláusula com a previsão expressa de que, além da sociedade, o sócio ou associado responderá subsidiária e ilimitadamente pelos danos causados aos clientes, por ação ou omissão, no exercício da advocacia.

A responsabilidade civil independe da responsabilidade disciplinar, a cuja consequência sujeitar-se o sócio pelo mesmo fato. Sobre a natureza e alcance da responsabilidade civil do advogado remetemos o leitor aos comentários ao art. 32.

O mesmo advogado não pode integrar mais de uma sociedade de advogados no âmbito de jurisdição do mesmo Conselho Seccional.

O STJ, julgando caso de partilha de quotas de sociedade de advogados, em demanda promovida pela ex-cônjuge do advogado sócio, decidiu (EAREsp 1.255.986) por seu cabimento, quanto a seus aspectos econômicos, excluindo os bens incorpóreos correlatos, como a clientela, dada a natureza personalíssima desse tipo de sociedade, e obstando-se a atribuição de qualidade de sócio a terceiros. Para o Tribunal, inexistindo, todavia, outro modo de se proceder à quitação do débito ou de implementar o direito à meação ou à sucessão, o direito destes terceiros (credor pessoal do sócio, ex-cônjuge e herdeiros) são efetivados por meio de mecanismos legais (dissolução da sociedade, participação nos lucros etc.) a fim de amealhar o valor correspondente à participação societária.

Uma sociedade tem o direito de definir a distribuição de lucros da forma que quiser e os valores não estão atrelados à participação societária. Com esse entendimento, a 2ª Seção de Julgamento do Conselho Administrativo de Recursos Fiscais (Carf) anulou autuação da Receita Federal contra uma sociedade de advogados (Proc. 18088.720004/2016-26).

Quanto aos encargos tributários, o § 9º do art. 15 do Estatuto, introduzido pela Lei n. 14.365/2022, prevê que a sociedade de advogados é responsável apenas pela receita própria, excluída a que for transferida aos sócios, aos advogados associados e a outras sociedades de advogados parceiras.

ASPECTOS ÉTICO-DISCIPLINARES

A sociedade de advogados é punida nas pessoas de todos os seus sócios. É este o sentido da norma que manda a ela aplicar o Código de Ética e Disciplina. Como a pessoa jurídica não pode cometer infração ético-disciplinar, esta é tida como praticada pelo advogado responsável pela sociedade, que, quando menos, responde pelo fato de não ter zelado para que a sociedade não se transviasse dos deveres morais (Sodré, 1975:14).

Mas não é só com relação à publicidade que se aplicam as normas deontológicas, porque o Estatuto é abrangente e não reproduziu semelhante restrição contida na Lei n. 4.215/63.

Há forte inspiração ética na determinação legal de impedimento à representação profissional de clientes de interesses entre si opostos. A regra, por sua etiologia, também abrange os advogados empregados da sociedade. Esse dever ético encontra-se presente nos mais importantes códigos deontológicos. O art. 12 do Código Internacional de Deontologia Forense da *International Bar Association* estabelece que os membros da sociedade de advogados nunca devem representar interesses opostos.

O CFOAB já decidiu (Proc. CP 2.339/80) que as sociedades de advogado não podem ter como objeto social o exercício do *lobbying*, podendo, entretanto, prestar serviços jurídicos para esse fim. E, ainda (*ibidem*), que não extravasa dos limites do mero exercício profissional a prestação de serviços de *lobbying* quando ligada à atividade específica do advogado e respeitados os princípios legais e éticos aplicáveis em cada caso.

PLANOS DE ASSISTÊNCIA JURÍDICA

Concebida como organização de meios, a sociedade de advogados não pode realizar as atividades privativas de advogado. Assim, não pode oferecer serviços de consultoria ao público por meios de comunicação como telefonia e Internet. Se profissionais ou sociedades não registradas na OAB o fizerem, incorrerão em exercício ilegal da profissão. Nesse sentido, decidiu o CFOAB, respondendo à consulta relativamente a serviços de consultoria jurídica por telefone "disk-direito" (Consulta 147/97/OEP).

Podem, porém, as sociedades de advogado oferecer serviços de advocacia consultiva ou contenciosa, em forma de planos de assistência jurídica, desde que utilizem publicidade não mercantil, dentro dos limites do Estatuto e do Código de Ética e Disciplina. Tais planos não podem ser prestados por empresas e entidades, mesmo com auxílio de advogados. As empresas que o fizerem devem ser notificadas pelo Conselho Seccional, sob pena de responsabilidade criminal dos responsáveis por exercício ilegal da profissão e instauração de processo ético-disciplinar contra os advogados que atuarem profissionalmente em tais planos.

ADVOGADO ASSOCIADO. CONTRATO DE ASSOCIAÇÃO

O Regulamento Geral (art. 39) introduziu a disciplina de um tipo intermediário entre o sócio da sociedade e o advogado empregado. É o advogado associado, muito comum nos costumes dos escritórios de advocacia brasileiros.

O advogado associado não estabelece qualquer vínculo de subordinação ou de relação de emprego com a sociedade ou com os sócios dela. Associa-se em causas de patrocínio comum, atuando em parceria e auferindo o percentual ajustado nos resultados ou honorários percebidos. Pode utilizar as instalações da sociedade, mas não assume qualquer responsabilidade social.

O Regulamento Geral impôs a regularização dessas situações mediante contratos que especifiquem tal finalidade, devendo ser estes averbados no registro da sociedade de advogados. Essa providência pressupõe que haja certa continuidade dos serviços, não podendo abranger a associação episódica, por exemplo, em apenas uma causa. Por sua vez, o Provimento n. 112/2006 estabelece que os "contratos de associação" com advogados sem vínculo empregatício devem ser apresentados ao Conselho Seccional para averbação no registro da sociedade de advogados, em três vias.

A Lei n. 14.365/2022 introduziu os §§ 10 e 11 ao art. 15 do Estatuto que estabelecem a competência privativa do Conselho Federal para fiscalização, acompanhamento e definição dos parâmetros da relação jurídica entre a sociedade de advogados e o advogado associado, não permitindo a averbação do contrato de associação quando encobre relação de emprego.

O advogado associado é, portanto, um tipo legal distinto de outros tipos previstos no Estatuto, a saber, o advogado individual, o advogado empregado, o advogado sócio de sociedade de advogados e o advogado público. Distingue-se dos demais tipos pela singularidade de vincular-se a causas ou trabalhos profissionais extrajudiciais determinados. Não gera vínculo de emprego com a sociedade de advogados porque não há qualquer relação de dependência ou subordinação jurídica ou hierárquica. Tampouco se confunde com a figura do sócio.

O eventual impedimento do advogado associado, exatamente por não integrar direta ou indiretamente a sociedade de advogados, a esta não contamina.

O advogado associado pode celebrar contratos de associação com mais de uma sociedade de advogados ou sociedade unipessoal de advocacia, pois tal vedação ocorre apenas em relação ao advogado sócio. Tal faculdade ficou explicitada nos arts. 17-A e 17-B do Estatuto, introduzidos pela Lei n. 14.365/2022, que não a limitou à mesma base territorial de sua inscrição originária, mas que não dispensa a inscrição suplementar para tal fim. Os contratos múltiplos de associação são obrigatórios e devem ser registrados no Conselho Seccional ou nos conselhos seccionais onde tiverem sede as respectivas sociedades contratantes, devendo conter os requisitos mínimos previstos no art. 17-B, inclusive os critérios de partilha dos resultados. Cada contrato de associação pode ser de caráter geral, abrangendo todas as causas da sociedade contratante, ou de caráter específico relativo a determinadas causas.

O contrato de advogado associado não pode mascarar uma relação de emprego que se revela pela existência de dedicação exclusiva, como decidiu o TST (AIRR 20529-07.2015.5.04.0025). Porém, na Reclamação (RCL) 55.769 o STF, aplicando o Tema 725 de repercussão geral (licitude de outras formas de organização e de pactuação da força de trabalho além do regime da CLT), cassou decisão de TRT que havia reconhecido vínculo de emprego com um escritório de advocacia com fundamento na Súmula 331 do TST, que distingue a terceirização na atividade-meio e na atividade-fim. De acordo com os autos, a advogada havia firmado contrato de associação, averbado pela seccional da OAB, sem prova de coação ou fraude para sua celebração.

O Órgão Especial do CFOAB firmou o entendimento (Ementa 053/2025/OEP) de que não é lícito condicionar a prestação de serviços às sociedades de advogados regularmente registradas à quitação de débitos de advogados associados, que não integram o quadro societário nem respondem administrativa ou patrimonialmente pela sociedade. Eventuais limitações só podem atingir a própria sociedade inadimplente ou, excepcionalmente, seus sócios, quando comprovada repercussão direta entre sua inadimplência e a atuação da pessoa jurídica.

SOCIEDADE UNIPESSOAL DE ADVOCACIA

Durante muito tempo, o direito brasileiro relutou em admitir a pessoa jurídica unipessoal, em razão da dificuldade da separação patrimonial e da responsabilidade pelas obrigações da mesma pessoa física. A empresa individual era e é equiparada à pessoa jurídica, para determinados fins (inclusive tributários), mas não constituindo, porém, espécie de pessoa jurídica, como assim se mantém no Código Civil de 2002 (arts. 966 e s.), o qual dispõe que se o empresário individual admitir sócios terá de solicitar a transformação de seu registro em sociedade empresária.

A Lei n. 13.247/2016 admitiu a constituição de sociedade unipessoal de advocacia, cujo titular é um advogado inscrito na OAB, detentor da totalidade do capital social. Parece estranho que haja sociedade de apenas um sócio. Mas essa era uma tendência observada na evolução do direito brasileiro, que já a tinha admitido em situações temporárias, em virtude do desaparecimento, da saída ou exclusão de sócio, ficando apenas um remanescente.

A sociedade unipessoal de advocacia é, pois, espécie do gênero sociedade de advocacia, ou de prestação de serviços de advocacia. Assim há duas espécies dessa peculiar sociedade: a sociedade coletiva de advocacia e a sociedade unipessoal de advocacia.

Os direitos e deveres de ambas são iguais, guardadas suas especificidades. As regras legais sobre a natureza de prestação de serviços exclusivos de advocacia, o exercício dos atos privativos de advogado, as limitações como sociedade de meios, o registro no Conselho Seccional do local de sua sede, a abertura de filial, a responsabilidade solidária e subsidiária da pessoa física do advogado titular, a submissão às regras deontológicas do Código de Ética e Disciplina, o pagamento de anuidade, a eventual participação de advogado associado são as mesmas para as duas espécies de sociedades de advocacia. Pode haver acordos de associação de atividades entre a sociedade individual e outra sociedade congênere ou coletiva de advocacia, mas sem poder de controle de uma sobre outra.

A alusão que a Lei n. 13.247/2016 faz à "sociedade unipessoal de advocacia" diz respeito à sua qualificação e especificidade, ou seja, de sociedade apenas constituída de um sócio. Contudo, a denominação a ser utilizada, obrigatoriamente, é a de "sociedade individual de advocacia", que seguirá ao nome do titular. Esse nome pode ser o mesmo da pessoa física do advogado, ou de sua abreviação, ou redução.

Para fins de inscrição na OAB, segundo o Provimento n. 170/2016, o ato constitutivo deve conter: a) a razão social formada pelo nome do titular, completo ou parcial, seguido da expressão "sociedade individual de advocacia", vedando-se siglas ou nomes de fantasia; b) o objeto social, indicando apenas a prestação de serviços de advocacia e, opcionalmente, o ramo do direito; c) o valor do capital social; d) a declaração da responsabilidade subsidiária e ilimitada do titular pelos danos que causar aos clientes.

A procuração deve ser outorgada ao advogado e não à pessoa jurídica assim composta, pois a função desta é prover-lhe os meios para o exercício e a organização de sua atividade profissional, em face de terceiros, incluindo o fisco e os empregados.

O titular da sociedade unipessoal de advocacia não pode constituir outra sociedade congênere, nem participar como sócio de sociedade coletiva de advocacia. Tal exercício simultâneo frauda a finalidade da lei. Tampouco pode abrir filial na mesma base territorial do respectivo Conselho Seccional.

Pode o titular, no entanto, valer-se do instituto da concentração, quando todas as quotas da sociedade coletiva de advogados forem concentradas em seu domínio, por quaisquer meios de aquisição, convertendo a sociedade coletiva de advocacia em sociedade individual de advocacia, mediante requerimento ao Conselho Secional competente. A conversão implica a constituição de nova pessoa jurídica, sucessora da anterior.

A lei institui uma faculdade. Se o advogado não quiser constituir sociedade unipessoal, continuará exercendo sua profissão em caráter individual, continuando a longa tradição de sua atividade.

A receita federal reconheceu que a sociedade unipessoal de advocacia deve ter o mesmo tratamento tributário de pessoa jurídica (Solução de Consulta 88 – Cosit), inclusive para os fins do Supersimples.

Extingue-se a sociedade unipessoal de advocacia pelo falecimento do titular, ou por sua exclusão dos quadros da OAB, ou se passar a exercer cargo ou função considerados incompatíveis com o exercício da advocacia.

A associação de duas ou mais sociedades de advogados para fins de propósitos comuns, inclusive sociedades unipessoais de advocacia, não pode adotar o modelo de Sociedade de Propósito Específico – SPE, regulada pelo art. 56 da Lei Complementar n. 123, de 2006. Isso porque o referido artigo indica características mercantis, sob a forma de sociedade de responsabilidade limitada registrada em junta comercial. Neste sentido, responde o Órgão Especial do CFOAB à consulta (Ementa 088/2024/OEP).

Capítulo V
DO ADVOGADO EMPREGADO

Art. 18. A relação de emprego, na qualidade de advogado, não retira a isenção técnica nem reduz a independência profissional inerentes à advocacia.

§ 1º O advogado empregado não está obrigado à prestação de serviços profissionais de interesse pessoal dos empregadores, fora da relação de emprego.

- *§ 1º com a redação da Lei n. 14.365/2022.*

§ 2º As atividades do advogado empregado poderão ser realizadas, a critério do empregador, em qualquer um dos seguintes regimes:

I – exclusivamente presencial: modalidade na qual o advogado empregado, desde o início da contratação, realizará o trabalho nas dependências ou locais indicados pelo empregado;

II – não presencial, teletrabalho ou trabalho a distância: modalidade na qual, desde o início da contratação, o trabalho será preponderantemente realizado fora das dependências do empregador, observado que o comparecimento nas dependências de forma não permanente, variável ou para participação em reuniões ou em eventos presenciais não descaracterizará o regime não presencial;

III – misto: modalidade na qual as atividades do advogado poderão ser presenciais, no estabelecimento do contratante ou onde este indicar, ou não presenciais, conforme as condições definidas pelo empregador em seu regulamento empresarial, independentemente de preponderância ou não.

- *§ 2º com a redação da Lei n. 14.365/2022.*

§ 3º Na vigência da relação de emprego, as partes poderão pactuar, por acordo individual simples, a alteração de um regime para outro.

- *§ 3º com a redação da Lei n. 14.365/2022.*

Art. 19. O salário mínimo profissional do advogado será fixado em sentença normativa, salvo se ajustado em acordo ou convenção coletiva de trabalho.

Art. 20. A jornada de trabalho do advogado empregado, quando prestar serviço para empresas, não poderá exceder a duração diária de 8 (oito) horas contínuas e a de 40 (quarenta) horas semanais.

- *Art. 20,* caput, *com a redação da Lei n. 14.365/2022.*

§ 1º Para efeitos deste artigo, considera-se como período de trabalho o tempo em que o advogado estiver à disposição do empregador, aguardando ou executando ordens, no seu escritório ou em atividades externas, sendo-lhe reembolsadas as despesas feitas com transporte, hospedagem e alimentação.

§ 2º As horas trabalhadas que excederem a jornada normal são remuneradas por um adicional não inferior a cem por cento sobre o valor da hora normal, mesmo havendo contrato escrito.

§ 3º As horas trabalhadas no período das vinte horas de um dia até as cinco horas do dia seguinte são remuneradas como noturnas, acrescidas do adicional de vinte e cinco por cento.

Art. 21. Nas causas em que for parte o empregador, ou pessoa por este representada, os honorários de sucumbência são devidos aos advogados empregados.

Parágrafo único. Os honorários de sucumbência, percebidos por advogado empregado de sociedade de advogados, são partilhados entre ele e a empregadora, na forma estabelecida em acordo.

- *O STF, na ADI 1.194-4, deu interpretação conforme à Constituição ao art. 21 e seu parágrafo único sem redução do texto.*

COMENTÁRIOS

ADVOGADO EMPREGADO. INDEPENDÊNCIA PROFISSIONAL

O Estatuto dedica um capítulo específico ao advogado empregado, ou seja, ao profissional assalariado. É o reconhecimento legal a um fenômeno que se tornou predominante na advocacia brasileira. O anterior Estatuto tomava como paradigma o advogado liberal, que não se subordinava, por laços de emprego, a seus clientes.

Em algumas legislações estrangeiras, a advocacia é incompatível com a relação de emprego. Na União Europeia, o advogado empregado passou a ser admitido em todos os Estados-membros (Diretiva n. 98/5/CE). No Brasil, é grande o número de profissionais que se subordinam a algum vínculo empregatício, não podendo esse enorme contingente ficar à margem da tutela legal.

A legislação trabalhista comum é supletiva do Estatuto, porque esta é lei especial que derroga necessariamente a lei geral.

A relação de emprego configura-se com os mesmos pressupostos do direito trabalhista comum. Nela não se incluem os contratos de prestação de serviços advocatícios específicos, que não ultrapassem o prazo de quatro anos de acordo com a legislação civil. Na dúvida prevalece a legislação trabalhista, até porque o trabalho do advogado independe da presença física no local da empresa.

A chamada *advocacia de partido* típica não se inclui na relação de emprego, em princípio, por não configurar trabalho subordinado. Entende-se como tal a remuneração predeterminada e periódica, independentemente do montante de serviços profissionais prestados pelo advogado no respectivo período. A remuneração é também devida quando nenhum serviço tenha sido executado. Salvo a remuneração, nenhum outro pressuposto da relação de emprego se apresenta. Da mesma forma que a prestação de serviços, a advocacia de partido pode converter-se em relação de emprego, bastando para isso que se realizem os elementos nucleares de seu suporte fático, que o direito prevê.

Entende-se por isenção técnica do advogado empregado a total autonomia quanto à correta aplicação dos atos, meios e prazos processuais, sem interferência do empregador. O advogado empregado não pode prosseguir orientação tecnicamente incorreta, mesmo quando ditada pelo empregador. Na atuação técnica o advogado deve observar apenas sua consciência profissional e ética. Nessa área estritamente profissional, a relação de emprego não o alcança.

Sem independência profissional não há advocacia. Desde suas mais remotas origens, a advocacia só pode ser exercida com absoluta independência em face do poder político e do próprio cliente. A subordinação hierárquica, própria da relação de emprego, é limitada pela independência profissional do advogado, que não pode ser maculada. A isenção técnica e a independência profissional são requisitos indisponíveis e interdependentes do exercício da advocacia. A decisão de ajuizar alguma ação ou de encetar algum negócio jurídico é do empregador, mas a realização é ato profissional exclusivo do advogado.

O Código de Ética e Disciplina (art. 4º) estabelece que o advogado empregado deve zelar por sua independência e liberdade profissional, sendo legítima a recusa do patrocínio de causa cujas consequências lhe sejam aplicáveis (de modo favorável ou desfavorável) ou de qualquer pretensão do empregador que contrarie orientação sua manifestada anteriormente.

Não consulta a independência do advogado empregado aquele que comparece à audiência, no foro trabalhista, portando carta de preposto. A prática condenável em unir o advogado sua condição profissional à de preposto constitui infração ética. O Código de Ética e Disciplina (art. 25) estabelece ser defeso ao advogado funcionar no mesmo processo, simultaneamente, como patrono e preposto do empregador ou cliente.

INAPLICABILIDADE AO ADVOGADO PÚBLICO

As normas protetivas do advogado empregado não vinculam os advogados públicos (da administração pública direta, autárquica e fundacional da União, dos Estados-membros e dos Municípios) por força da Lei n. 9.527/97, cujo art. 4º estabelece que as "disposições constantes do Capítulo V, Título I, da Lei n. 8.906, de 4 de julho de 1994, não se aplicam à Administração Pública direta da União, dos Estados, do Distrito Federal e dos Municípios, bem como às autarquias, às fundações instituídas pelo Poder Público, às empresas públicas e às sociedades de economia mista". Na ADI 3.396, o STF deu interpretação conforme ao art. 4º da Lei n. 9.527/97, para excluir de seu alcance os advogados empregados públicos de empresa pública, sociedade de economia mista e suas subsidiárias não monopolísticas.

Na ADI 1.552, em decisão liminar, o STF entendeu que as empresas públicas e as sociedades de economia mista que explorem atividade econômica em sentido estrito, sem monopólio, estão sujeitas ao regime próprio das empresas privadas, inclusive quanto às obrigações trabalhistas, sendo-lhes, portanto, aplicáveis os arts. 18 a 21 do Estatuto quanto a seus advogados empregados. "Tem-se, portanto, na Lei n. 8.906, de

1994, a disciplina da relação de emprego do advogado. É dizer, a Lei n. 8.906, de 1994, constitui, nos pontos referidos no Cap. V, Tít. I, arts. 18 a 21, a legislação trabalhista dos advogados empregados. Indaga-se: essa legislação poderia ser excepcionada em relação aos advogados empregados das empresas públicas e sociedades de economia mista que exploram atividade econômica sem monopólio? Penso que não, tendo em linha de conta a disposição inscrita no § 1º do art. 173 da Constituição Federal" (Voto do Min. Relator Carlos Velloso). A ADI veio a ser julgada prejudicada, por perda superveniente de objeto.

INTERESSES PESSOAIS DO EMPREGADOR

O Estatuto estabelece norma de limitação da atividade do advogado empregado em face do empregador. Seus serviços profissionais estão adstritos aos atos que decorram necessariamente da relação de emprego.

Essa norma é cogente e não pode ser afastada por convenção individual ou coletiva. Parece dizer o óbvio, mas julgou-se imprescindível sua explicitação no texto legal, diante dos abusos frequentes de certos empregadores.

Quando o empregador necessitar de serviços de advocacia relacionados a seus interesses pessoais ou familiares e estranhos à atividade empresarial, terá de remunerar o eventual advogado empregado mediante honorários, não incluídos no salário ordinário, nas mesmas condições que suportaria se contratasse advogado independente.

SALÁRIO MÍNIMO PROFISSIONAL

Esta é uma das mais tormentosas questões que envolvem o advogado empregado e de solução difícil.

A Constituição veda a utilização do salário mínimo como referência. A fixação em moeda corrente é irreal em economia inflacionária e os indexadores são variáveis. O anteprojeto do Estatuto atribuíra ao CFOAB competência para fixar o salário mínimo profissional do advogado se não houvesse acordo ou decisão coletiva. No entanto, o Congresso Nacional optou pela sentença normativa da justiça do trabalho, criando um sistema difuso que, certamente, não tutela os interesses dos advogados empregados, especialmente dos que não se encontram organizados em entidades sindicais nas várias regiões do país.

Da forma como resultou no Estatuto, existe a seguinte gradação de competências para fixação do salário mínimo do advogado, aplicando-se a posterior na falta da anterior:

I – convenção coletiva do trabalho, envolvendo as representações das categorias dos empregadores e dos advogados empregados (suas associações ou sindicatos); no sistema jurídico brasileiro, a convenção coletiva obriga não apenas os signatários, mas todos os integrantes das respectivas categorias; assim, não pode ser afastada pelo acordo individual;

II – na falta de convenção coletiva ou acordo coletivo, prevalece o acordo individual, celebrado entre o empregador e o advogado empregado, fixando o salário mínimo correspondente, e que não pode ser alterado para menor por ato unilateral;

III – sentença normativa da justiça do trabalho em decorrência de dissídio instaurado entre o empregador e seus advogados empregados.

O Regulamento Geral atribui ao sindicato de advogados e, na sua falta, à federação ou confederação de advogados, a representação destes nas convenções coletivas, nos acordos coletivos e nos dissídios coletivos. Não pode órgão da OAB substituí-los em qualquer circunstância.

Como se vê, não há um salário mínimo padrão ou nacional para os advogados empregados, salvo no caso de convenção coletiva celebrada com entidades sindicais de caráter nacional.

Além do salário mínimo profissional, quando houver, inclui-se no salário do advogado empregado o adicional de produtividade e aumentos reais que sejam estipulados em lei, convenção coletiva ou sentença normativa. Esses valores não podem ser deduzidos do salário mínimo ou do salário já percebido pelo advogado.

JORNADA DE TRABALHO

O Estatuto (art. 20) estabelece como limite máximo da jornada de trabalho do advogado a duração diária de oito horas contínuas e a de quarenta horas semanais, devendo ser considerada a semana de cinco dias. Essa norma limitadora, com a redação introduzida pela Lei n. 14.365/2022, no entanto, restringiu sua incidência à hipótese do trabalho prestado "para empresas". A jornada de trabalho do advogado empregado em sociedade de advogados recebe, consequentemente, a incidência subsidiária da legislação trabalhista.

O acordo ou a convenção coletiva e até mesmo (§ 3º do art. 18 do Estatuto) acordo individual entre empregadora e advogado podem determinar um regime de trabalho diferenciado ou alterar um regime por outro (quarenta horas semanais para vinte horas semanais e duração diária de quatro horas).

Na jurisprudência trabalhista há entendimento de que somente faz jus à jornada de trabalho reduzida aquele profissional que percebe o piso salarial. O TST (RR 955/2002-002-02-00.3) rejeitou recurso apresentado por advogado integrante de serviço jurídico de banco que pretendia o reconhecimento do direito à jornada de trabalho de quatro horas diárias e o pagamento das demais horas como horas extras; o Tribunal manteve o entendimento do tribunal recorrido, pois o fato de o advogado trabalhar oito horas por dia, por si só, caracterizaria o regime de dedicação exclusiva, com fundamento no princípio da primazia da realidade. Em outro julgamento, o TST entendeu ser indevida a jornada de bancário de seis horas a advogado empregado de banco, cujo contrato de trabalho fixe jornada de oito horas, considerada como dedicação exclusiva (E-ED-RR 69600-92.2007.5.03.0022).

O regime de dedicação exclusiva, assim expressado no contrato de trabalho, importa necessária elevação ao limite máximo. O Regulamento Geral considera dedicação exclusiva o regime de trabalho do advogado empregado "que for expressamente previsto em contrato individual de trabalho", o que significa abdicação de regulamentação geral. A jornada pode ser alterada, de modo heterônomo, havendo acordo coletivo ou convenção coletiva, ou mediante acordo entre advogado e empregador. Esse regime não segue o modelo da Administração Pública, que impede o exercício de qualquer outra atividade remunerada em caráter permanente; não há impedimento legal para que o advogado, fora de sua jornada, possa exercer outras atividades remuneradas.

Em relação ao advogado empregado, tem-se um sentido próprio de dedicação exclusiva, distinto do modelo do direito administrativo, pois o advogado empregado pode exercer outra atividade remunerada fora de sua jornada de trabalho. Não existe apenas um modelo de dedicação exclusiva, podendo ser definido outro, sem quebra da legalidade.

Pode o empregador optar pela dedicação exclusiva, mediante normas internas da empresa, contratando advogados empregados nesse regime, por meio de contratos individuais de trabalho. A lei não estabeleceu um único regime de trabalho (o básico, de vinte horas semanais). O acordo coletivo (entre a empresa e seus empregados) ou a convenção coletiva (entre entidades representantes das categorias patronais e dos trabalhadores), ou o acordo individual podem estabelecer jornada diferenciada, inclusive a de dedicação exclusiva. Mas esta pode já estar definida pelo empregador antes da admissão ao emprego do advogado.

Quanto à jornada de trabalho de advogados ocupantes de cargos de confiança de serviços jurídicos da empresa, esclareça-se que é da natureza de tais cargos o exercício em tempo integral, salvo se o regulamento da empresa fixar menor jornada.

O trabalho do advogado encerra peculiaridades que repercutem na jornada de trabalho, especialmente quando atuar no contencioso judicial. As horas despendidas com o deslocamento e permanência nos órgãos judiciários são computadas como de efetiva jornada, até porque dificilmente podem ser mensuradas com antecedência: os atos judiciais, especialmente sessões e audiências, desenvolvem-se em tempos flutuantes.

Quando o deslocamento importar despesas para o advogado, especialmente se utilizar veículos próprios ou se viajar para outras comarcas, fará jus ao reembolso correspondente, não sendo considerado como remuneração.

Em qualquer hipótese, inclusive quando o advogado empregado estiver à disposição do empregador, aguardando ou executando ordens, em sua casa ou escritório, estará cumprindo a jornada de trabalho.

Com a difusão da tecnologia das informações e comunicações, o trabalho do advogado empregado pode ser desempenhado fora do local da empresa ou da sociedade de advogados, porque sua produtividade independe da presença física diante da empregadora. Nem por isso desaparecem os elementos nucleares da relação de emprego. Dispõe o § 2º do art. 18 do Estatuto, acrescentado pela Lei n. 14.365/2022, que as atividades do advogado empregado podem ser realizadas "a critério do empregador" em regime presencial, não presencial (teletrabalho ou à distância) ou misto.

Presume-se cumprimento à jornada de trabalho quando houver habitual tolerância do empregador aos serviços prestados pelo advogado em seu escritório, mesmo em horários flexíveis, desde quando execute e aguarde ordens daquele.

As horas extraordinárias que excederem a jornada legal ou convencional devem ser remuneradas por um adicional não inferior a cem por cento da hora normal, além do adicional de vinte e cinco por cento por hora no horário noturno.

O Estatuto não tratou da matéria relativa às férias do advogado empregado. A legislação trabalhista geral, consequentemente, é supletiva do Estatuto, nesta e nas demais matérias que este não disciplinou.

HONORÁRIOS DE SUCUMBÊNCIA DO ADVOGADO EMPREGADO

O Estatuto encerrou a controvérsia reinante, inclusive, na jurisprudência de nossos tribunais sobre a natureza e o destino dos honorários de sucumbência quando o advogado da causa for empregado do vencedor.

Entendia-se que seriam devidos ao empregador, porque o advogado estava assegurado com seu salário, não se sujeitando aos riscos da demanda, e porque compensariam as despesas efetuadas pelo empregador.

Invertendo-se a perspectiva, do empregador para o advogado, contrapõe-se com o argumento, que restou prevalecente na lei, de que honorários constituem exclusivamente remuneração de trabalho do advogado, seja qual for sua origem. O fato de serem pagos pela parte contrária, no âmbito da condenação, não altera essa natureza. Assim decidiu o STF, em 2011 (RE 407.908), em caso no qual se discutia a legitimidade do recebimento de honorários de sucumbência por advogado empregado de sociedade de economia mista, concluindo que tais honorários cabem ao profissional e não ao vencedor da demanda.

O Estatuto não estabelece critérios para a partilha dos honorários de sucumbência entre os advogados empregados do mesmo empregador. Em qualquer hipótese, todavia, a regra a ser seguida é a do acordo havido entre eles. Em sua falta, participarão os que houverem atuado no processo na proporção do desempenho de cada um. Essa solução nem sempre poderá ser adotada, porque o processo judicial pode ter sido antecedido de trabalhos preventivos ou extrajudiciais a ele relacionados, realizados por outros colegas.

Em qualquer circunstância, os honorários de sucumbência dos advogados empregados constituem fundo comum, cuja destinação é decidida pelos profissionais integrantes do serviço jurídico da empresa ou por seus representantes, conforme determina o parágrafo único do art. 14 do Regulamento Geral. Nada obsta que, "existindo uma associação regularmente criada para representar os interesses dos advogados empregados de determinado empregador, possa essa entidade associativa, mediante autorização estatutária, ser legitimada a executar os honorários sucumbenciais pertencentes aos 'advogados empregados', seus associados, o que apenas facilita a formação, administração e rateio dos recursos do fundo único comum, destinado à divisão proporcional entre todos os associados" (STJ, REsp 634.096).

Quando se cuidar de sociedade de advogados, há regra legal expressa: os honorários de sucumbência serão partilhados na forma do acordo estabelecido entre ela e seus advogados empregados. E se não tiver havido acordo? Nesse caso, e considerando que o princípio legal é o da partilha entre sociedade e advogados, os honorários de sucumbência deverão ser divididos em partes iguais, uma para a sociedade e outra para os advogados empregados. Essa solução pressupõe a atuação efetiva dos advogados beneficiários na condução do processo judicial respectivo.

O STF, na ADI 1.194-4, deu interpretação conforme à proposição "os honorários de sucumbência são devidos aos advogados empregados", contida no art. 21 do Estatuto, "visto que é disposição supletiva da vontade das partes, podendo haver estipulação em contrário, por ser direito disponível para limitar a aplicação dessa regra nos casos em que não haja estipulação contratual em contrário", ou seja, o contrato celebrado entre o empregador e o advogado empregado pode estabelecer que este não participe dos honorários de sucumbência, fazendo jus apenas a seu salário.

Pela sua própria natureza, os honorários de sucumbência não integram a composição do salário dos advogados empregados, não podendo ser considerados para efeitos trabalhistas ou previdenciários; di-lo o Regulamento Geral no art. 14.

HONORÁRIOS ADVOCATÍCIOS

Capítulo VI
DOS HONORÁRIOS ADVOCATÍCIOS

Art. 22. A prestação de serviço profissional assegura aos inscritos na OAB o direito aos honorários convencionados, aos fixados por arbitramento judicial e aos de sucumbência.

§ 1º O advogado, quando indicado para patrocinar causa de juridicamente necessitado, no caso de impossibilidade da Defensoria Pública no local da prestação de serviço, tem direito aos honorários fixados pelo juiz, segundo tabela organizada pelo Conselho Seccional da OAB, e pagos pelo Estado.

§ 2º Na falta de estipulação ou de acordo, os honorários são fixados por arbitramento judicial, em remuneração compatível com o trabalho e o valor econômico da questão, observado obrigatoriamente o disposto nos §§ 2º, 3º, 4º, 5º, 6º, 6º-A, 8º, 8º-A, 9º e 10 do art. 85 da Lei n. 13.105, de 16 de março de 2015 (Código de Processo Civil).

- *§ 2º com a redação da Lei n. 14.365/2022.*

§ 3º Salvo estipulação em contrário, um terço dos honorários é devido no início do serviço, outro terço até a decisão de primeira instância e o restante no final.

§ 4º Se o advogado fizer juntar aos autos o seu contrato de honorários antes de expedir-se o mandado de levantamento ou precatório, o juiz deve determinar que lhe sejam pagos diretamente, por dedução da quantia a ser recebida pelo constituinte, salvo se este provar que já os pagou.

§ 5º O disposto neste artigo não se aplica quando se tratar de mandato outorgado por advogado para defesa em processo oriundo de ato ou omissão praticada no exercício da profissão.

§ 6º O disposto neste artigo aplica-se aos honorários assistenciais, compreendidos como os fixados em ações coletivas propostas por entidades de classe em substituição processual, sem prejuízo aos honorários convencionais.

- *§ 6º acrescentado pela Lei n. 13.725/2018.*

§ 7º Os honorários convencionados com entidades de classe para atuação em substituição processual poderão prever a faculdade de indicar os beneficiários que, ao optarem por adquirir os direitos, assumirão as obrigações decorrentes do con-

trato originário a partir do momento em que este foi celebrado, sem a necessidade de mais formalidades.

- *§ 7º acrescentado pela Lei n. 13.725/2018.*

§ 8º Consideram-se também honorários convencionados aqueles decorrentes da indicação de cliente entre advogados ou sociedade de advogados, aplicada a regra prevista no § 9º do art. 15 desta Lei.

- *§ 8º acrescentado pela Lei n. 14.365/2022.*

Art. 22-A. Fica permitida a dedução de honorários advocatícios contratuais dos valores acrescidos, a título de juros de mora, ao montante repassado aos Estados e aos Municípios na forma de precatórios, como complementação de fundos constitucionais.

Parágrafo único. A dedução a que se refere o *caput* deste artigo não será permitida aos advogados nas causas que decorram da execução de título judicial constituído em ação civil pública ajuizada pelo Ministério Público Federal.

- *Art. 22-A acrescentado pela Lei n. 14.365/2022.*

Art. 23. Os honorários incluídos na condenação, por arbitramento ou sucumbência, pertencem ao advogado, tendo este direito autônomo para executar a sentença nesta parte, podendo requerer que o precatório, quando necessário, seja expedido em seu favor.

Art. 24. A decisão judicial que fixar ou arbitrar honorários e o contrato escrito que os estipular são títulos executivos e constituem crédito privilegiado na falência, concordata, concurso de credores, insolvência civil e liquidação extrajudicial.

§ 1º A execução dos honorários pode ser promovida nos mesmos autos da ação em que tenha atuado o advogado, se assim lhe convier.

§ 2º Na hipótese de falecimento ou incapacidade civil do advogado, os honorários de sucumbência, proporcionais ao trabalho realizado, são recebidos por seus sucessores ou representantes legais.

~~§ 3º É nula qualquer disposição, cláusula, regulamento ou convenção individual ou coletiva que retire do advogado o direito ao recebimento dos honorários de sucumbência.~~

- *O STF, na ADI 1.194-4, declarou inconstitucional o § 3º do art. 24.*

§ 3º-A. Nos casos judiciais e administrativos, as disposições, as cláusulas, os regulamentos ou as convenções individuais ou coletivas que retirem do sócio o direito ao recebimento dos honorários de sucumbência serão válidos somente após o protocolo de petição que revogue os poderes que lhe foram outorgados ou que noticie a renúncia a eles, e os honorários serão devidos proporcionalmente ao trabalho realizado nos processos.

- *§ 3º-A acrescentado pela Lei n. 14.365/2022.*

§ 4º O acordo feito pelo cliente do advogado e a parte contrária, salvo aquiescência do profissional, não lhe prejudica os honorários, quer os convencionados, quer os concedidos por sentença.

§ 5º Salvo renúncia expressa do advogado aos honorários pactuados na hipótese de encerramento da relação contratual com o cliente, o advogado mantém o direito aos honorários proporcionais ao trabalho realizado nos processos judiciais e administrativos em que tenha atuado, nos exatos termos do contrato celebrado, inclusive em relação aos eventos de sucesso que porventura venham a ocorrer após o encerramento da relação contratual.

- *§ 5º acrescentado pela Lei n. 14.365/2022.*

§ 6º O distrato e a rescisão do contrato de prestação de serviços advocatícios, mesmo que formalmente celebrados, não configuram renúncia expressa aos honorários pactuados.

- *§ 6º acrescentado pela Lei n. 14.365/2022.*

§ 7º Na ausência do contrato referido no § 6º deste artigo, os honorários advocatícios serão arbitrados conforme o disposto no art. 22 desta Lei.

- *§ 7º acrescentado pela Lei n. 14.365/2022.*

Art. 24-A. No caso de bloqueio universal do patrimônio do cliente por decisão judicial, garantir-se-á ao advogado a liberação de até 20% (vinte por cento) dos bens bloqueados para fins de recebimento de honorários e reembolso de gastos com a defesa, ressalvadas as causas relacionadas aos crimes previstos na Lei n. 11.343, de 23 de agosto de 2006 (Lei de Drogas), e observado o disposto no parágrafo único do art. 243 da Constituição Federal.

§ 1º O pedido de desbloqueio de bens será feito em autos apartados, que permanecerão em sigilo, mediante a apresentação do respectivo contrato.

§ 2º O desbloqueio de bens observará, preferencialmente, a ordem estabelecida no art. 835 da Lei n. 13.105, de 16 de março de 2015 (Código de Processo Civil).

§ 3º Quando se tratar de dinheiro em espécie, de depósito ou de aplicação em instituição financeira, os valores serão transferidos diretamente para a conta do advogado ou do escritório de advocacia responsável pela defesa.

§ 4º Nos demais casos, o advogado poderá optar pela adjudicação do próprio bem ou por sua venda em hasta pública para satisfação dos honorários devidos, nos termos do art. 879 e seguintes da Lei n. 13.105, de 16 de março de 2015 (Código de Processo Civil).

§ 5º O valor excedente deverá ser depositado em conta vinculada ao processo judicial.

- *Art. 24-A acrescentado pela Lei n. 14.365/2022.*

Art. 25. Prescreve em cinco anos a ação de cobrança de honorários de advogado, contado o prazo:

I – do vencimento do contrato, se houver;

II – do trânsito em julgado da decisão que os fixar;

III – da ultimação do serviço extrajudicial;

IV – da desistência ou transação;

V – da renúncia ou revogação de mandato.

Art. 25-A. Prescreve em cinco anos a ação de prestação de contas pelas quantias recebidas pelo advogado de seu cliente, ou de terceiros por conta dele (art. 34, XXI).

- *Art. 25-A acrescentado pela Lei n. 11.902/2009.*

Art. 26. O advogado substabelecido, com reserva de poderes, não pode cobrar honorários sem a intervenção daquele que lhe conferiu o substabelecimento.

Parágrafo único. O disposto no *caput* deste artigo não se aplica na hipótese de o advogado substabelecido, com reservas de poderes, possuir contrato celebrado com o cliente.

- *Parágrafo único acrescentado pela Lei n. 14.365/2022.*

COMENTÁRIOS

DIREITO AOS HONORÁRIOS

A remuneração do advogado, que não decorra de relação de emprego, continua sendo denominada *honorários*, em homenagem a uma longa tradição. Contudo, rigorosamente, o pagamento dos serviços profissionais do advogado nada tem em comum com o sentido de honorários que se empregava, por exemplo, em Roma. A advocacia incluía-se nas atividades não especulativas consideradas *operea liberales*, percebendo o advogado *honoraria* ou *munera*, com sentido de compromisso social, em vez de salário. Para os romanos, cuja sociedade fundava-se no trabalho escravo, quem trabalhava por salário assimilava-se aos escravos. A vinculação da atividade intelectual de um cidadão a outro cidadão foi tida como *honor*; daí *honorários*, forma de remuneração voluntária e espontânea de tais serviços.

Mas até mesmo em Roma, apesar de a Lei Cíntia (205 a.C.) vedar as doações remuneratórias, é duvidosa a afirmação de que o ministério privado do advogado era gratuito, sendo enganoso o termo *honorarium*, como ressalta a doutrina. Diz Alexandre Augusto de Castro Corrêa (1986-1987, p. 22), seguro em Méhesz e Grellet-Dumazeau, que "em nenhum tempo, ao contrário da opinião comum, o ministério do advogado foi puramente gratuito, pois, nos primeiros tempos de Roma, a assistência do patrono representou compensação, aliás insuficiente, dos serviços prestados pelo cliente; a Lei Cíntia, pretendendo exigir do advogado completa renúncia dos mais legítimos interesses, cortando-lhe, por assim dizer, as mãos, fora promulgada por ignorância dos verdadeiros caracteres do antigo patronato, do qual restavam então exíguos vestígios; ela nunca foi, aliás, executada rigorosamente como também não o foram os atos legislativos posteriores, tentando revigorar a lei, sem adaptações". Acrescente-se, em abono desta tese, que há vários fragmentos do Digesto (*Corpus juris civilis*) referindo-se a limitações máximas de honorários: até cem moedas de ouro por questão tratada; nulidade de pagamento antes da defesa; arbitramento pelo magistrado, na falta de convenção etc.

Na atualidade, o advogado é um profissional que exerce uma atividade necessariamente remunerada, mediante o pagamento do preço do serviço, por ele estipulado, observadas as diretrizes que a entidade fiscalizadora (OAB) determina, inclusive na tabela de honorários (sobre a tabela, ver comentários ao art. 58, V). Após orientação consolidada nos tribunais, inclusive com a Súmula Vinculante 47 do STF, a lei (CPC, art. 85, § 14) também assegura a natureza alimentar dos honorários, com os mesmos privilégios dos créditos oriundos da legislação do trabalho.

Cabe primacialmente ao profissional fixar o valor de seus serviços, não podendo o Poder Judiciário promover sua revisão, salvo se ultrapassar os limites máximos fixados na legislação processual e na tabela de honorários, quando houver ou quando se caracterizar a lesão. Dá-se a lesão quando o advogado se aproveitar indevidamente da inexperiência do cliente ou de seu estado de necessidade, cobrando valores desproporcionais e acima da média dos praticados em situações assemelhadas. A legislação civil comina com sanção de anulabilidade o excedente configurador da lesão (art. 157 do Código Civil).

Não há critérios definitivos que possam delimitar a fixação dos honorários advocatícios, porque flutuam em função de vários fatores, alguns de forte densidade subjetiva, tais como o prestígio profissional, a qualificação, a reputação na comunidade, o tempo de experiência, a titulação acadêmica, a dificuldade da matéria, os recursos do cliente, o valor da questão etc. A solução jurídica de uma causa ou questão pode exigir menos tempo de um profissional competente e experiente do que de um iniciante. Os serviços de um escritório bem organizado, ou de sociedade de advogados com estrutura custosa refletem tais variáveis. No entanto, impõe-se sempre a moderação, o padrão médio em situações assemelhadas, porque o advogado é *advocatus, non latro*, como dizia um antigo aforismo.

Os honorários profissionais devem ser fixados com moderação, atendidos os elementos seguintes, dentre outros: a) a relevância, o vulto, a complexidade e a dificuldade das questões versadas; b) o trabalho e o tempo necessários; c) a possibilidade de ficar o advogado impedido de intervir em outros casos, ou de se desavir com outros clientes ou terceiros; d) o valor da causa, a condição econômica do cliente e o proveito para ele resultante do serviço profissional; e) o caráter da intervenção, conforme se trate de serviço a cliente avulso, habitual ou permanente; f) o lugar da prestação dos serviços, fora ou não do domicílio do advogado; g) a competência e o renome do profissional; h) a praxe do foro sobre trabalhos análogos. São elementos exemplificativos que servem de diretrizes deontológicas para o advogado, ao fixar seus honorários, e como frenagem à tentação da ganância.

O CPC (art. 85), salvo as hipóteses especiais que ele prevê, estabelece uma proporção variável de dez a vinte por cento sobre o valor da condenação, ou seja, na hipótese de honorários por sucumbência, determinando ao juiz que observe os critérios nele estabelecidos. O § 2º do art. 22 do Estatuto, com a redação da Lei n. 14.365/2022, faz expressa remissão ao art. 85 do CPC, unificando nessa norma os critérios observáveis para o arbitramento judicial dos honorários que o vencido deve pagar ao advogado do vencedor. A referida Lei n. 14.365/2022 suprimiu a determinação havida na redação original de observância da tabela organizada pelo Conselho Seccional como limite mínimo para o arbitramento judicial.

O direito aos honorários contratados não é ilimitado. Há limites postos pela ética e pela razoabilidade que não podem ser ultrapassados. Os Conselhos Seccionais da OAB podem indicar, sob fundamento ético, os limites máximos, embora seja muito difícil a previsão de todas as hipóteses. Um critério, muito utilizado e seguro, é o padrão médio de honorários praticado no meio profissional. Em qualquer circunstância, o advogado deve estar advertido contra a tentação aética de se transformar em sócio, sucessor ou herdeiro do cliente. Sempre que possível deve evitar o pagamento *in natura*.

O STJ consolidou na Súmula 201 o impedimento de fixação dos honorários em salários mínimos, assim enunciada: "Os honorários advocatícios não podem ser fixados em salários mínimos". Sua Segunda Seção também decidiu que o juízo de equidade, na fixação dos honorários advocatícios, somente pode ser utilizado de forma subsidiária, quando não presente qualquer hipótese prevista no § 2º do art. 85 do CPC (REsp 1.746.072). Por sua vez, a Corte Especial do STJ (Tema 1.086 de recursos repetitivos) fixou tese de inviabilidade de fixação de honorários por equidade em causas de grande valor, sendo obrigatória a observância dos percentuais previstos no art. 85 do CPC.

O Código de Ética e Disciplina (art. 53) passou a admitir que o advogado possa receber os honorários mediante cartão de crédito, tido como meio de pagamento corrente, mediante credenciamento junto à operadora do ramo.

O Estatuto silencia quanto ao pacto de *quota litis* (participação proporcional no resultado ou ganho obtido na demanda) que o direito romano e as Ordenações Filipinas (Livro 1, Título XLVIII, 11) condenavam. Sempre que possível deve ser evitado, porque não contribui para o reconhecimento social da advocacia. O advogado é remunerado em função de seus serviços profissionais, não podendo ser associado ao cliente. Será imoral, infringindo a ética profissional, se não guardar relação com o trabalho prestado ou importar vantagem excessiva, considerando-se o que ordinariamente seja cobrado, para idêntico serviço, e ainda se houver proveito do estado de necessidade ou de inexperiência do cliente.

O Código de Ética e Disciplina (art. 50), repetindo disposição do anterior de 1995, ao contrário da maioria dos códigos deontológicos (o Código de Deontologia dos advogados da União Europeia, aprovado em 1988, proíbe o pacto de *quota litis*), admite em princípio o pacto de *quota litis*, observados os seguintes limites: a) a quota do advogado deve ser constituída de pecúnia, sendo proibida a participação em bens do cliente, salvo quando este não dispuser de condições pecuniárias e tenha havido contratação por escrito nesse sentido; b) quando houver honorários de sucumbência, a quota do advogado não pode ser superior às vantagens advindas ao cliente. Apesar desses cuidados, entendemos que a opção do Código não foi boa e deixa margens a abusos frequentes.

Considerando sua iterativa jurisprudência, no sentido de não se aplicar a legislação de proteção ao consumidor aos serviços de advocacia, o STJ tem recorrido ao instituto da lesão, previsto no art. 157 do Código Civil, quando o pacto de *quota litis* gera desproporção entre as prestações do contrato, com aproveitamento indevido em razão da situação de inferioridade do cliente. Em caso de *quota litis* com percentual de 50%, o STJ reduziu para 30% sobre a condenação obtida, sob o fundamento de ocorrência de lesão (REsp 1.155.200); em outro caso, considerou ausência de razoabilidade a proporção almejada pelos advogados, "superior ao benefício gerado pela causa ao cliente" e que, com fundamento no Código de Ética e Disciplina da OAB, a *quota litis* deve ser calculada com base na quantia efetivamente recebida pelo cliente, em razão da cessão de seu crédito a terceiro, e não pelo valor apurado na liquidação da sentença (REsp 1.354.338).

O Estatuto prevê uma única hipótese de gratuidade no exercício da advocacia: quando o advogado receber mandato de um colega para defendê-lo em processo oriundo de ato ou omissão praticado profissionalmente. Presume-se, nesse caso, que os direitos e garantias do advogado, em geral, estejam em discussão e há interesse transubjetivo da classe. O patrocínio é voluntário, não pode ser imposto. O defensor dativo no processo disciplinar, por exemplo, não recebe mandato, mas sim delegação da própria OAB para realizar essa nobilitante função.

As tabelas de honorários estabelecidas pelos Conselhos Seccionais são "simples referenciais nas relações entre cliente e advogado", (CFOAB, Proc. 200/97/OEP), sendo apenas vinculante para o advogado que os cobrar do Estado quando prestar assistência jurídica aos necessitados. Por não constituir tabelamento, entendeu o CADE – Conselho Administrativo de Defesa Econômica, do Governo Federal, que na tabela de honorários da OAB-SP não havia indícios de infração à ordem econômica (Repr. 116/92, Parecer n. 238/97).

O limite legal para a cobrança de honorários contratuais com os clientes atendidos no sindicato é o previsto nas tabelas de honorários aprovadas pelos Conselhos Seccionais da Ordem dos Advogados do Brasil, prevalecendo a do Conselho Seccional na área da prestação de serviços, de acordo com as peculiaridades locais e observadas as limitações impostas pelo Código de Ética e Disciplina da OAB (Ementa 15/2019/OEP).

Admite-se, legalmente (CPC, art. 85, § 15), que o advogado possa requerer que o pagamento dos honorários que lhe caibam seja efetuado em favor da sociedade de advogados que integra como sócio, sem prejuízo da natureza alimentar.

Como dividir ou distribuir os honorários recebidos entre os advogados que constem da procuração judicial, relativamente aos que atuaram efetivamente e aos demais? Respondeu o Órgão Especial do CFOAB (Ementa 101/2024/OEP) que as formas de distribuição de honorários são estabelecidas no contrato de sociedade, assembleia de sócios ou acordo de sócios, na hipótese de sociedade de advogados, e nos contratos firmados entre advogados ou sociedade de advogados, nas hipóteses de associação ou parceria. Os critérios de distribuição não estão restritos a assinatura de peças processuais, podendo ser convencionados da melhor forma que atender aos interesses dos advogados e sociedades de advogados.

HONORÁRIOS EM ASSISTÊNCIA JURÍDICA E ADVOCACIA *PRO BONO*

A legislação anterior considerava dever ético do advogado a prestação gratuita de seus serviços em assistência judiciária. É resquício da antiga concepção do pagamento ao profissional como uma remuneração *honorária* e não como uma real e efetiva contraprestação pecuniária pelo trabalho realizado. Modernamente, no Estado Social (*welfare State*), a assistência jurídica encarta-se nos meios de realização da cidadania, como direito subjetivo público em face do próprio Estado, para o efetivo acesso à justiça.

A assistência jurídica não se resume às questões ajuizadas, mas inclui o trabalho profissional extrajudicial realizado no interesse do necessitado.

Após a Constituição de 1988 atribuiu-se ao Estado, definitiva e completamente, o encargo da assistência jurídica gratuita, mediante a obrigação, dirigida à União e aos Estados-membros, de instituir e manter a Defensoria Pública (art. 134 da CF; LC n. 80/94; LC n. 132/2009).

Sendo dever do Estado a assistência jurídica, cabe a este o pagamento dos honorários ao advogado que patrocinar causa de necessitado, quando houver impossibilidade da Defensoria Pública de realizá-la no local da prestação dos serviços. A parte pode escolher, nessa situação de excepcionalidade, o advogado que funcionará na assistência jurídica. Não promovendo, a parte, a escolha, caberá à OAB a indicação, na forma da Lei n. 1.060/50, e de suas alterações ulteriores.

Em qualquer hipótese, haverá pagamento de honorários pelo Estado, fixados pelo juiz, mas segundo tabela organizada pela OAB. Contudo, em 4 de novembro de 2019, a Terceira Seção do STJ, sob rito de recursos repetitivos, decidiu que a tabela de honorários deve servir apenas como referencial, não tendo efeito vinculativo na remuneração dos defensores dativos (REsp 1.656.322 e REsp 1.665.033), podendo o juiz da causa considerar desproporcional a tabela em relação aos esforços despendidos pelo defensor dativo e arbitrar outro valor.

O termo *Estado*, referido no § 1º do art. 22, é gênero do qual são espécies a União, o Distrito Federal e os Estados-membros (art. 134 da Constituição). Ao conceder a assistência jurídica nessa modalidade subsidiária, deverá o juiz declarar a impossibilidade da Defensoria Pública. Tal impossibilidade não é absoluta, ou seja, não se confunde com a inexistência. Basta ocorrer circunstância que efetivamente impeça realização da Defensoria Pública no local da prestação do serviço. Decidiu o STJ (REsp 239.205) que se a assistência jurídica for prestada pelo Estado, provisoriamente, utilizando advogados contratados, não podem esses profissionais postular a diferença entre o valor contratado e o valor correspondente dos honorários fixados na tabela da OAB, porque "renunciaram à aplicação do disposto no art. 22 da Lei n. 8.906/94, por força do *pacta sunt servanda*".

O pagamento dos honorários, além de universalizar o princípio da remuneração a qualquer trabalho humano, não caritativo ou filantrópico, serve como sanção pecuniária ao descumprimento pelo Estado do dever constitucional de garantir a Defensoria Pública aos necessitados.

Não haverá pagamento de honorários pelo Estado na hipótese de advocacia *pro bono*, admitida e regulamentada pelo Código de Ética e Disciplina (art. 30), tendo em vista sua natureza de voluntariado, salvo se houver condenação de honorários de sucumbência contra a parte adversa. A advocacia *pro bono* não se confunde com a assistência jurídica pública, prestada pela Defensoria Pública. O Provimento n. 166/2015 ressalta a natureza exclusivamente gratuita, eventual e de voluntariado da advocacia *pro bono*, que somente pode ser exercida quando os beneficiários "não dispuserem de recursos para, sem prejuízo do próprio sustento, contratar advogado", além da proibição de ser condicionada à contração futura de serviços remunerados.

Respondendo à consulta, o Órgão Especial do CFOAB (Ementa 096/2024/OEP) deliberou que não há vedação à criação de associação sem fins lucrativos, para prestação de serviços jurídicos, em formato *pro bono*, por advogado inscrito na OAB, não podendo essa entidade atuar como captadora de causas para o advogado ou terceiros.

TIPOS DE HONORÁRIOS

São três os tipos de honorários:

I – convencionados;

II – arbitrados judicialmente;

III – de sucumbência.

É dever ético do advogado, para reduzir o potencial de risco e desgaste com o cliente que repercute mal na profissão, contratar seus honorários por escrito. Dessa forma, os honorários convencionados tornam-se inquestionáveis e permitem, em situação extrema, a execução judicial. Devem ser utilizados parâmetros seguros, tais como: valor fixo na moeda de curso legal e forçado; atualização mediante indexador determinado, quando for o caso; percentual sobre valor da causa, desde já determinado.

Também são considerados convencionados os honorários ajustados verbalmente, em presença de testemunhas. Essa hipótese depende de arbitramento, para que os honorários possam ser executados.

Os honorários serão fixados por arbitramento judicial, quando não forem convencionados previamente. O arbitramento não se confunde com arbitrariedade do juiz, que deverá observar parâmetros que a lei fixou, sendo aplicáveis igualmente, para os honorários não convencionados do advogado do cliente, os que o CPC estabeleceu para pagamento ao advogado da parte vencida. Há dois outros parâmetros, que não são os únicos, a ser levados em conta pelo juiz:

I – A compatibilidade com o trabalho realizado, dentro ou fora do processo judicial, incluindo: o tempo, a proficiência, a quantidade e qualidade das peças produzidas, a média da remuneração praticada pelos profissionais em casos semelhantes, a participação de mais de um profissional, as despesas e deslocamentos realizados pelo advogado.

II – O valor econômico da questão, relativo ao qual se estipule uma percentagem, segundo a média praticada no meio profissional.

O § 8º do art. 22 do Estatuto, introduzido pela Lei n. 14.365/2022, também considera como honorários convencionados os decorrentes de indicação de cliente entre advogados ou entre sociedades de advogados. Trata-se de presunção legal.

Os honorários convencionais são devidos até o distrato contratual entre advogado e cliente, proporcionais aos serviços efetivamente prestados, incluindo os eventuais e posteriores "eventos de sucesso", relacionados aos serviços antes efetuados. O distrato não presume renúncia aos honorários. Se não houver contrato escrito, os honorários serão objeto de arbitramento judicial.

HONORÁRIOS DE SUCUMBÊNCIA

A legislação anterior estabelecia que os honorários fixados na condenação contra a parte vencida ou sucumbente, na ação, pertenciam à parte vencedora. O Estatuto inverteu radicalmente a titularidade desses específicos honorários, a saber, da parte vencedora para seu advogado. Com efeito, mudou o fundamento e a natureza dessa condenação, deixando de ser indenização das despesas despendidas pela parte vencedora para consistir em parte da remuneração de seu advogado, cujo ônus é imputado à parte vencida.

Os honorários de sucumbência podem ser acumulados com os honorários contratados. Previa o Código de Ética e Disciplina de 1995 que deveriam ser levados em conta no acerto final com o cliente, o que significa relativa compensação entre eles, de modo a evitar que a soma se converta em vantagem exagerada e desproporcional aos serviços contratados. Ainda que o Código de 2015 seja omisso a respeito, essa regra deontológica deve ser observada.

O CPC dispõe que os honorários de sucumbência cabem "ao advogado do vencedor", encerrando qualquer dúvida que ainda remanescia, absorvendo o reconhecimento de seu caráter alimentar e da possibilidade de fixação em favor da sociedade de advogados.

Para o STF a condenação em honorários de sucumbência deve ser analisada pelo Juízo de origem (AI 737.610-AgR). "É legítima a execução de honorários sucumbenciais proporcional à respectiva fração de cada um dos substituídos processuais em ação coletiva contra a Fazenda Pública" (STF, RE 919.269-AgR).

Pondo fim às decisões divergentes da jurisprudência dos tribunais, o Plenário do STF (ARE 1.503.603, em 2025) afastou a fixação de honorários de sucumbência por apreciação equitativa em processos que não envolvem a Fazenda Pública. Consequentemente, a definição dos honorários em ações desse tipo deve seguir os parâmetros definidos no CPC.

O direito ao recebimento dos honorários de sucumbência é indisponível, não podendo ser objeto de negociação em contrário, invertendo-se o entendimento jurisprudencial anterior. A lei comina com a consequência da nulidade qualquer disposição negocial que o afaste, inclusive quando se tratar de convenção coletiva entre representantes de trabalhadores e do empregador. Todavia, o preceito contido no § 3º do art. 24 do Estatuto foi declarado inconstitucional pelo STF na ADI 1.194-4. Porém, essa decisão não mais prevalece em face do que dispõe o CPC, art. 85, *caput* e de seu § 14, que estabelece claramente: "Os honorários constituem direito do advogado".

Tangenciando a declaração de inconstitucionalidade do § 3º pelo STF, a Lei n. 14.365/2022 acrescentou o § 3º-A para estabelecer que decisões, regulamentos ou convenções que retirem o direito ao recebimento dos honorários de sucumbência apenas são válidos a partir da data da declaração de renúncia dos poderes outorgados, devendo ser pagos proporcionalmente. Essa norma alude a "sócio", em evidente erronia, pois o art. 24, em que está inserida, e todo o capítulo VI abrangem honorários advocatícios em geral.

O § 14 do art. 85 do CPC expressamente estabelece a natureza alimentar dos honorários, inclusive os de sucumbência. Todavia, a Corte Especial do STJ decidiu, em 2024 (REsp 1.954.380), que os honorários de sucumbência, a despeito de sua natureza alimentar, não se enquadram na exceção prevista no § 2º do art. 833 do CPC e, portanto, não pode haver penhora de verba remuneratória (como salários, aposentadorias e pensões) ou de saldo de caderneta de poupança até 40 salários-mínimos para o seu pagamento. Também decidiu o STJ, no REsp 1.913.811, que o FGTS não pode ser penhorado para pagamento de honorários advocatícios.

Segundo a Súmula 306 do STJ, quando houver sucumbência recíproca, os honorários devem ser compensados, assegurando ao advogado o direito autônomo à execução do saldo sem excluir a legitimidade da própria parte. Já o CPC (art. 86) estabelece que, "se cada litigante for, em parte, vencedor e vencido, serão proporcionalmente distribuídas entre eles as despesas", que incluem os honorários de sucumbência.

A Súmula 453 do STJ enuncia que: "Os honorários sucumbenciais, quando omitidos em decisão transitada em julgado, não podem ser cobrados em execução ou em ação própria".

Dúvidas há quanto aos honorários de sucumbência em procedimentos arbitrais, tendo em vista que o art. 27 da Lei n. 9.307/96 autoriza a sentença arbitral a disciplinar a responsabilidade das partes quanto ao ressarcimento das despesas efetuadas a esse título. Tem sido entendido que "tal ressarcimento dar-se-á mediante a apresentação, pela parte vencedora, de eventual comprovante de despesas com advogados – normalmente, o contrato de honorários – ou em quantia, a ser arbitrada pelo Tribunal Arbitral, que corresponda ao que a parte razoavelmente gastou com sua defesa no procedimento arbitral", no caso das arbitragens domésticas, pois nas arbitragens internacionais é estranho o conceito de sucumbência (Tepedino, 2008).

Advogado pode ser contratado apenas pelos honorários de sucumbência, pois não há dispositivo legal que vede esse tipo de remuneração. Assim decidiu o STJ (AgInt no AResp 1.560.257) que, nos contratos de serviços advocatícios com cláusula de remuneração exclusivamente por sucumbência, a rescisão unilateral pelo cliente justifica o arbitramento judicial de honorários pelo trabalho do causídico até o momento da rescisão contratual.

A orientação predominante no TST (Súmula 329) era de que os honorários de sucumbência não eram devidos no processo trabalhista, não podendo a parte vencida ser neles condenada. Essa orientação foi afastada pela Lei n. 13.467/2017, que introduziu o art. 791-A na CLT para permiti-los expressamente, tal como ocorre nos processos civis, devendo ser fixados "entre o mínimo de 5% (cinco por cento) e o máximo de 15% (quinze por cento) sobre o valor que resultar da liquidação da sentença, do proveito econômico obtido ou, não sendo possível mensurá-lo, sobre o valor atualizado da causa".

No mesmo sentido, a Lei n. 13.725/2018 regulou os honorários devidos aos advogados que atuarem em ações coletivas promovidas por entidades de classe ("honorários assistenciais"), para assegurar-lhes a cumulação dos honorários convencionais com os honorários de sucumbência. Os "honorários assistenciais", no âmbito trabalhista, são espécies do gênero honorários de sucumbência. A Lei também previu que os honorários advocatícios convencionados com entidades de classe, para atuação em substituição processual, podem ser assumidos diretamente pelos beneficiários, sem necessidade de convenção explícita destes a respeito, com nítido propósito de afastar o entendimento jurisprudencial anterior. Em 2024, na AO 2.417, o STF decidiu pela possibilidade de cumular honorários assistenciais e contratuais incidentes sobre demandas coletivas trabalhistas.

Em 2021 o STF, no RE 1.309.081, fixou tese no sentido de que os honorários de sucumbência em ações coletivas devem ser considerados em sua totalidade, sendo crédito único do advogado e não passíveis de fracionamento ou execução individual.

O STF também fixou tese (Tema 858, 2021) quanto aos honorários de sucumbência em ação de desapropriação, que só serão devidos caso haja pagamento da indenização aos expropriados.

Na casuística do STJ há entendimentos no sentido de que:

a) nos contratos de prestação de serviços advocatícios com cláusula de remuneração exclusivamente por verbas sucumbenciais, a revogação unilateral do mandato pelo mandante acarreta a remuneração do advogado pelo trabalho desempenhado até o momento da rescisão contratual (REsp 1.337.749);

b) quando houver sentença homologatória de transação firmada entre as partes e esta não dispuser sobre os honorários sucumbenciais, a decisão inicial que arbitra os honorários advocatícios em execução de título extrajudicial pode ser considerada título executivo (REsp 1.819.956);

c) os honorários de sucumbência, por constituírem direito autônomo do advogado, podem ser objeto de cessão de crédito, admitindo-se a habilitação do cessionário em processo judicial para recebê-los (EREsp 1.127.228);

d) todos os advogados que atuarem numa mesma causa, de forma sucessiva e não concomitante, têm direito à parcela do crédito referente aos honorários de sucumbência, para que todos sejam beneficiados, na medida de suas atuações (REsp 1.222.194);

e) a base de cálculo dos honorários devidos em embargos à execução, cujo pedido foi julgado procedente, incide sobre o excesso de execução apurado e não sobre o total da execução (AgInt nos EDcl nos EAREsp 218245);

f) o advogado tem legitimidade e interesse recursal para interpor recurso para reverter em seu favor os honorários de sucumbência arbitrados em prol do patrono da outra parte, com fundamento no art. 23 do Estatuto da OAB (STJ Notícias 16/8/2023 – segredo judicial).

No que concerne aos critérios de arbitramento dos honorários de sucumbência, a Segunda Seção do STJ (REsp 1.746.072) entendeu que "o CPC/2015 tornou mais objetivo o processo de determinação da verba sucumbencial, introduzindo, na conjugação dos §§ 2º e 8º do art. 85, ordem decrescente de preferência de critérios (ordem de vocação) para fixação da base de cálculo dos honorários, na qual a subsunção do caso concreto a uma das hipóteses legais prévias impede o avanço para outra categoria. Tem-se, então, a seguinte ordem de preferência: (I) primeiro, quando houver condenação, devem ser fixados entre 10% e 20% sobre o montante desta (art. 85, § 2º); (II) segundo, não havendo condenação, serão também fixados entre 10% e 20%, das seguintes bases de cálculo: (II.a) sobre o proveito econômico obtido pelo vencedor (art. 85, § 2º); ou (II.b) não sendo possível mensurar o proveito econômico obtido, sobre o valor atualizado da causa (art. 85, § 2º); por fim, (III) havendo ou não condenação, nas causas em que for inestimável ou irrisório o proveito econômico ou em que o valor da causa for muito baixo, deverão, só então, ser fixados por apreciação equitativa (art. 85, § 8º)".

Leis federais, especialmente de natureza tributária, que dispensem o pagamento de honorários de sucumbência fixados em sentença judicial ou que estipulem que cada parte arcará com eles, foram consideradas inconstitucionais pelo STF, na ADI 5405, em 2025.

MODOS DE PAGAMENTO E COMPROVAÇÃO DOS SERVIÇOS DE ADVOCACIA

Os modos de pagamento dos honorários convencionados são livremente pactuados por advogado e cliente. Não há um critério rígido fixado em lei.

Na falta de convenção será observada a norma supletiva do Estatuto, que prevê a divisão do pagamento dos honorários em três momentos, em partes iguais, quando se tratar de processo judicial: um terço no início do serviço, um terço após a decisão de primeira instância e um terço no final do processo. A mesma proporção deve ser adotada no caso de serviços extrajudiciais.

No que respeita aos honorários de sucumbência, se as partes vencidas forem diversas, respondem proporcionalmente pelos honorários, de acordo com a distribuição fixada na sentença (CPC, art. 87).

A Lei n. 14.365/2022 instituiu regra específica (art. 24-A do Estatuto) para a hipótese do bloqueio universal do patrimônio do cliente por decisão judicial, assegurando ao advogado a liberação de até 20% desse patrimônio para pagamento de seus honorários convencionados.

O Provimento n. 204/2021, que regulamentou as formas de comprovação, por quaisquer meios legalmente admitidos, dos serviços de advocacia, estipula que estes podem ser convencionados por escrito ou oralmente, podendo o pagamento dos honorários ser feito por terceiros, se assim for pactuado entre o advogado ou escritório de advocacia e o cliente. O Provimento regulamenta a prática de atuação conjunta de advogados ou escritórios de advocacia distintos em uma mesma causa ou serviço de advocacia. Na falta de contrato escrito de prestação serviços de consultoria, a comprovação poderá ser feita por declaração do advogado ou sociedade de advogados com os dados que a identifiquem. O recebimento de pagamentos em espécie deve observar as instruções da Receita Federal do Brasil.

COBRANÇA DOS HONORÁRIOS

Os honorários são cobrados mediante processo de execução. São títulos executivos:

I – extrajudicial: o contrato escrito de honorários que preencha os requisitos dos arts. 221, 593 e seguintes do Código Civil e que deve ser o padrão adotado pelo advogado;

II – judicial: a decisão judicial que os fixar na sucumbência ou os arbitrar, no caso de ausência de contrato escrito.

Os honorários constituem crédito privilegiado, no mesmo nível dos créditos trabalhistas, em virtude de resultarem da mesma natureza, ou seja, do trabalho humano, em qualquer hipótese em que haja concurso de créditos: falência, concordata, concurso de credores, insolvência civil e liquidação extrajudicial. O privilégio refere-se a honorários de qualquer tipo ou origem, desde que o pagamento seja imputável ao devedor.

O STF equiparou honorários a créditos trabalhistas para habilitação em falências, na ADI 4.071. O STF também decidiu que honorários advocatícios, inclusive os contratuais, têm preferência sobre créditos tributários (RE 1.326.559).

Não há necessidade de a execução ser promovida em processo distinto. Nos mesmos autos onde tenha atuado o advogado pode ser pedida a execução, sem distribuição ou pagamento de taxas ou custas prévias, determinando o juiz a expedição do mandado de citação e penhora, seguindo as regras próprias do processo de execução, previsto na legislação processual civil. A lei faculta ao advogado um procedimento mais simplificado. Pode, no entanto, optar pela execução em processo próprio, segundo suas conveniências.

Quando se tratar de precatório, este deve ser expedido diretamente em nome do advogado, pois o direito é autônomo e em seu nome terá sido processada a execução. O STJ (REsp 244.802), interpretando o art. 23 do Estatuto decidiu que "o detentor do direito de percepção dos honorários será sempre o advogado constituído pela parte", concluindo que não pode pleitear a revisão, em recurso, em nome do cliente. A Corte Especial do STJ, ao apreciar o REsp 1.102.473, assentou que o fato de o precatório ter sido expedido em nome da parte não repercute na disponibilidade do crédito referente à mencionada verba advocatícia, tendo o advogado o direito de executá-lo ou cedê-lo a terceiro. Sendo assim, comprovada a validade do ato de cessão dos honorários advocatícios sucumbenciais realizado por escritura pública, bem como discriminado no precatório o valor devido a título da respectiva verba advocatícia, deve-se reconhecer a legitimidade do cessionário para se habilitar no crédito consignado no precatório. A Corte Especial/STJ pacificou entendimento no sentido da ilegitimidade da sociedade de advogados de receber diretamente o precatório "se a procuração deixar de indicar o nome da sociedade de que o profissional faz parte", pois, nessa hipótese, "presume-se que a causa tenha sido aceita em nome próprio, e nesse caso o precatório deve ser extraído em benefício do advogado, individualmente" (AgRg no Proc. 769). *A contrario sensu*, se a sociedade que o advogado integra é indicada no instrumento de mandato, reconhece-se a sua legitimidade para fins de recebimento do precatório (STJ, AgRg nos EDcl no REsp 1.354.565).

Os honorários advocatícios têm natureza autônoma e podem ser executados e levantados separadamente em precatórios, inclusive via Requisição de Pequeno Valor (RPV). Assim decidiu o STF (RE 564.132). Em outra decisão (RE 1.038.035 AgR), a Segunda Turma do STF deu provimento a agravo em recurso extraordinário, no qual se arguiu a impossibilidade de fracionamento de honorários advocatícios, em face do art. 100, § 8º, da Constituição; o colegiado ressaltou que, apesar de a possibilidade de execução autônoma dos honorários ser ponto pacífico, eles não se confundem com o crédito dos patrocinados.

O direito a honorários integra o patrimônio civil da pessoa do advogado. Em caso de morte, transmite-se a seus sucessores legítimos. Em caso de incapacidade civil superveniente e depois de declarada sua interdição, legitima-se seu curador a receber os honorários. A lei apenas refere-se aos honorários de sucumbência e à proporcionalidade pelo trabalho realizado. Essa referência não pode ser entendida como restrição, mas como especificação de hipótese que não invalida as demais, ou seja, as dos honorários convencionados e as dos arbitrados. A interpretação restritiva levaria a resultado iníquo: os honorários que não fossem oriundos de sucumbência tornar-se-iam inexigíveis, conduzindo ao enriquecimento sem causa do devedor.

Os honorários, contratados ou fixados em sentença judicial, são devidos ainda que o cliente realize acordo com a parte contrária. Pode, no entanto, o advogado concordar em reduzi-los proporcionalmente, por liberalidade sua. Não há dever ético para tal, porque havia uma legítima expectativa em recebê-los, como previsão de receita de seu escritório, e é razoável supor que, no planejamento de sua atividade, tenha recusado o patrocínio de outras causas em virtude daquela.

O advogado que receber substabelecimento com reserva de poderes não pode cobrar os honorários diretamente do cliente nem estabelecer com este qualquer tipo de acordo de recebimento. Exige-se a intervenção necessária do colega que substabeleceu, porque o substabelecimento se deu em caráter de confiança, mantendo-se aquele no patrocínio e direção principal da causa ou questão. É regra de natureza ética, cuja infração está sujeita a pena disciplinar. Consequentemente, o advogado que recebeu o substabelecimento não pode executar isoladamente os honorários, devendo fazê-lo sempre em conjunto com o outro. A Lei n. 14.365/2022 abriu exceção a essa regra na hipótese de o advogado substabelecido celebrar contrato com o cliente, o que pressupõe o dever ético de informação ao colega que substabeleceu em confiança.

A Súmula 14 do STJ estabelece que "arbitrados os honorários advocatícios em percentual sobre o valor da causa, a correção monetária incide a partir do respectivo ajuizamento".

Ao julgar o Tema 973 dos recursos repetitivos, a Corte Especial do STJ definiu a seguinte tese: "O artigo 85, parágrafo 7º, do CPC/2015 não afasta a aplicação do entendimento consolidado na Súmula 345 do STJ, de modo que são devidos honorários advocatícios nos procedimentos individuais de cumprimento de sentença decorrente de ação coletiva, ainda que não impugnados e promovidos em litisconsórcio" (REsp 1.648.238).

A Segunda Seção do STJ, encerrando divergência de julgados do próprio tribunal, decidiu, em 2012, por maioria, ser da Justiça do Trabalho a competência para processar e julgar ação de cobrança de honorários advocatícios contratuais em razão dos serviços prestados em ação trabalhista. No caso, advogados prestaram serviços para sindicato, sendo que a entidade figurou no polo ativo na qualidade de substituto dos seus filiados (CC 112.748-PE).

De acordo com a Lei n. 15.109/2025, que alterou o § 3º do art. 82 do CPC, nas ações de cobrança de honorários, de qualquer espécie, o advogado é dispensado de adiantar as custas do processo judicial, que serão pagas ao final pelo réu, se for condenado.

PRESCRIÇÃO

O Estatuto estabelece regra de prescrição especial, derrogatória da legislação comum sobre a matéria, relativa à pretensão de cobrança dos honorários de advogado.

O prazo fixado é o de cinco anos. A Lei, incorretamente, refere-se à ação, repetindo um erro muito comum em nossa legislação, porque não é a ação que é atingida pela prescrição, mas, antes dela, a pretensão. O art. 206, § 5º, II, do Código Civil manteve idêntico prazo prescricional para "a pretensão dos profissionais liberais em geral, procuradores judiciais", contado a partir da conclusão dos serviços, da cessação dos respectivos contratos ou mandato. Para o Estatuto, o termo inicial é o do dia útil seguinte a uma das seguintes hipóteses:

I – Do termo final do contrato escrito. Esta deverá ser a regra. No entanto, o Estatuto utiliza a locução "vencimento do contrato", que deverá ser entendido como termo final do prazo de prestação pecuniária devida pelo cliente. Havendo mais de uma prestação pecuniária, o "vencimento do contrato" será correspondente ao da última.

II – Do trânsito em julgado da decisão judicial que fixar os honorários de sucumbência ou por arbitramento.

III – Do encerramento comprovado e efetivo dos serviços profissionais extrajudiciais contratados. Nesse caso, se não houver contrato escrito, os honorários serão arbitrados judicialmente, reabrindo-se novo prazo prescricional, com fundamento no item anterior.

IV – Da desistência da ação, considerada a data do trânsito em julgado da decisão que decretar a extinção da ação.

V – Da transação amigável ou judicial entre o cliente e a parte contrária. Na primeira hipótese, a partir da data do contrato de transação, e na segunda, a partir da decisão que a homologar.

VI – Da renúncia do mandato, por ato do advogado, a partir do encerramento do prazo de dez dias seguintes à notificação expressa que fizer ao cliente, salvo se for substituído antes do término desse prazo (cf. art. 5º, § 3º, da Lei n. 8.906/94). "A contagem do prazo quinquenal a que alude o art. 25, inciso V, do Estatuto se inicia da data em que o mandante é cientificado da renúncia" (STJ, REsp 864.803).

VII – Da revogação do mandato, considerando-se a data da notificação do cliente recebida pelo advogado, ou da comunicação do cliente da nomeação de outro mandatário.

O Estatuto não prevê causas especiais interruptivas ou suspensivas da prescrição, prevalecendo as que o Código Civil fixar.

A jurisprudência do CFOAB passou a admitir a aplicação subsidiária do Código Penal em relação à redução dos prazos prescricionais à metade, considerando a idade do(a) advogado(a) na data do julgamento da representação (mais de setenta anos), nos termos do art. 115 do Código Penal (p. ex.: Ementa 029/2025/SCA-PTU).

A Lei n. 11.902/2009 introduziu nesse capítulo do Estatuto modalidade de prescrição, estranha aos honorários advocatícios. Cuida de prescrição de pretensão de outra matéria, ou seja, de prestação de contas, cuja falta enseja infração disciplinar, tipificada no inciso XXI do art. 34, para o qual remetemos o leitor.

INCOMPATIBILIDADES E IMPEDIMENTOS

CAPÍTULO VII
DAS INCOMPATIBILIDADES E IMPEDIMENTOS

Art. 27. A incompatibilidade determina a proibição total, e o impedimento, a proibição parcial do exercício da advocacia.

Art. 28. A advocacia é incompatível, mesmo em causa própria, com as seguintes atividades:

I – chefe do Poder Executivo e membros da Mesa do Poder Legislativo e seus substitutos legais;

II – membros de órgãos do Poder Judiciário, do Ministério Público, dos tribunais e conselhos de contas, dos juizados especiais, da justiça de paz, juízes classistas, bem como todos os que exerçam função de julgamento em órgãos de deliberação coletiva da administração pública direta ou indireta;

III – ocupantes de cargos ou funções de direção em órgãos da Administração Pública direta ou indireta, em suas fundações e em suas empresas controladas ou concessionárias de serviço público;

IV – ocupantes de cargos ou funções vinculados direta ou indiretamente a qualquer órgão do Poder Judiciário e os que exercem serviços notariais e de registro;

V – ocupantes de cargos ou funções vinculados direta ou indiretamente a atividade policial de qualquer natureza;

VI – militares de qualquer natureza, na ativa;

VII – ocupantes de cargos ou funções que tenham competência de lançamento, arrecadação ou fiscalização de tributos e contribuições parafiscais;

VIII – ocupantes de funções de direção e gerência em instituições financeiras, inclusive privadas.

§ 1º A incompatibilidade permanece mesmo que o ocupante do cargo ou função deixe de exercê-lo temporariamente.

§ 2º Não se incluem nas hipóteses do inciso III os que não detenham poder de decisão relevante sobre interesses de terceiro, a juízo do Conselho competente da OAB, bem como a administração acadêmica diretamente relacionada ao magistério jurídico.

~~**§ 3º As causas de incompatibilidade previstas nas hipóteses dos incisos V e VI do *caput* deste artigo não se aplicam ao exercício da advocacia em causa própria,**~~

~~estritamente para fins de defesa e tutela de direitos pessoais, desde que mediante inscrição especial na OAB, vedada a participação em sociedade de advogados.~~

- *§ 3º acrescentado pela Lei n. 14.365/2022 e declarado inconstitucional pelo STF na ADI 7.227.*

~~§ 4º A inscrição especial a que se refere o § 3º deste artigo deverá constar do documento profissional de registro na OAB e não isenta o profissional do pagamento da contribuição anual, de multas e de preços de serviços devidos à OAB, na forma por ela estabelecida, vedada cobrança em valor superior ao exigido para os demais membros inscritos.~~

- *§ 4º acrescentado pela Lei n. 14.365/2022 e declarado inconstitucional pelo STF na ADI 7.227.*

Art. 29. Os Procuradores Gerais, Advogados Gerais, Defensores Gerais e dirigentes de órgãos jurídicos da Administração Pública direta, indireta e fundacional são exclusivamente legitimados para o exercício da advocacia vinculada à função que exerçam, durante o período da investidura.

Art. 30. São impedidos de exercer a advocacia:

I – os servidores da administração direta, indireta e fundacional, contra a Fazenda Pública que os remunere ou à qual seja vinculada a entidade empregadora;

II – os membros do Poder Legislativo, em seus diferentes níveis, contra ou a favor das pessoas jurídicas de direito público, empresas públicas, sociedades de economia mista, fundações públicas, entidades paraestatais ou empresas concessionárias ou permissionárias de serviço público.

Parágrafo único. Não se incluem nas hipóteses do inciso I os docentes dos cursos jurídicos.

COMENTÁRIOS

NATUREZA E ALCANCE DOS IMPEDIMENTOS E INCOMPATIBILIDADES

O Estatuto introduziu um sistema distinto de incompatibilidades e impedimentos, quanto à natureza e a seu alcance, com relação ao Estatuto anterior. Neste, havia uma lista de causas específicas de incompatibilidades e outra de impedimentos, acrescidas de normas genéricas que adotavam conceitos indeterminados de *captação de clientela e redução de independência*. A jurisprudência da OAB flutuou constantemente, em face das duas correntes que disputavam a primazia da interpretação legal: uma, afirmava que as listas configuravam enunciações exemplificativas, devendo ser analisado cada caso concreto, segundo os parâmetros genéricos referidos; outra, sustentava que as listas constituíam *numerus clausus*, apenas acrescido de outras hipóteses quando previamente fixadas em Provimento da OAB, uma vez que diziam com restrições de direito.

O atual Estatuto optou por uma enumeração taxativa, sem qualquer referência a conceitos genéricos e indeterminados nem possibilidade de acréscimos mediante Provimento. As hipóteses são as referidas na lei, e apenas estas. O CFOAB, acertadamente, considerou ilegal resolução de Conselho Seccional que, sob pretexto de interpretar o Código de Ética e Disciplina, criou incompatibilidade temporária para magistrados, promotores e delegados de polícia (Proc. 4.454/99/COP). Sobre a natureza restritiva da interpretação dos impedimentos e incompatibilidades, assim decidiu o STF, no RE 92.237: "Por outro lado, os impedimentos constituem exceção à regra geral da possibilidade integral do exercício da profissão de advogado, de modo que os dispositivos da lei que os estabelecem devem ser interpretados restritivamente".

O paradigma que o Estatuto tem presente não é o da advocacia com dedicação exclusiva, segundo o modelo tradicional francês, a saber, o advogado que não pode exercer qualquer outra atividade, pública ou privada, nem pode ser assalariado. A experiência e a realidade brasileiras, como já salientamos, demonstraram que o perfil predominante do advogado é o do assalariado ou o do que acrescenta outras fontes de renda à sua atividade profissional. Em muitas regiões do País o Poder Público é o principal empregador dos profissionais do direito.

Destarte, mantiveram-se as hipóteses clássicas ou tradicionais relacionadas a cargos e funções que, por sua natureza, são incompatíveis com o exercício da advocacia, não só por insuperável conflito de interesses, mas também por fortes motivações éticas, quando é afetado o princípio da igualdade de oportunidades profissionais.

Os impedimentos e incompatibilidades existem em todas as legislações do mundo sobre a advocacia, desde quando o Imperador Justino, de Constantinopla, no século VI, estruturou legalmente a profissão.

A proibição de exercício de atividade privada determinada pela Administração Pública (notadamente quando o advogado é servidor público em regime de tempo integral) não gera a incompatibilidade prevista no Estatuto da Advocacia, porque são situações distintas. A incompatibilidade para o exercício da advocacia tem fundamento ético e visa a evitar conflitos de interesses, que repercutem negativamente na reputação profissional, enquanto na primeira situação prevalece o interesse da Administração Pública. Assim, decidiu o CFOAB (Ementa 16/2007/OEP) que a exigência da Administração, de que seus servidores interrompam o exercício da advocacia privada em razão de estarem submetidos ao regime de dedicação exclusiva, não invade a esfera de competência da OAB, uma vez que não implica estabelecimento de nova hipótese de incompatibilidade ou impedimento, que se limita à relação de patrocínio, mas simples aplicação de norma que regula o vínculo contratual e/ou estatutário estabelecido entre as partes.

AS INCOMPATIBILIDADES SOB A ÓTICA CONSTITUCIONAL

A Constituição, no art. 5º, XIII, estabelece que "é livre o exercício de qualquer trabalho, ofício ou profissão, atendidas as qualificações profissionais que a lei estabelecer". As hipóteses de incompatibilidades e impedimentos incluem-se no conteúdo conceptual abrangente de "qualificações profissionais", que não são apenas as de escolarização, mas as de caráter técnico, ético, de fiscalização, seleção etc. A Constituição anterior de 1967/1969 referia-se a "condições de capacidade", de alcance mais restrito, havendo o STF entendido que nelas estaria incluído o sistema de impedimentos e incompatibilidades previsto em lei.

De qualquer forma, a Constituição, no art. 22, XVI, estabelece que a União tem competência para legislar sobre "condições para o exercício das profissões", que se harmonizam com a cláusula final do inciso XIII do art. 5º, relativamente às "qualificações profissionais que a lei estabelecer".

A questão constitucional foi enfrentada pelo STF, no RE 199.088-1, quando se arguiu que a norma infraconstitucional que estabelece hipóteses de incompatibilidades ofenderia o princípio da liberdade de exercício profissional. Tratava-se de exercício de cargo de assessor de desembargador, enquadrável na hipótese do art. 28, IV, do Estatuto. Entendeu o STF que o art. 5º, XIII (liberdade de profissão), "deve ser interpretado em consonância com o art. 22, XVI, da Constituição Federal, e com o princípio da moralidade administrativa imposto à Administração Pública".

INCOMPATIBILIDADES COM A ADVOCACIA: ALCANCE E TIPOS

A incompatibilidade implica a proibição total de advogar ao bacharel em Direito que passar a exercer cargos ou funções que o Estatuto expressamente indica. A proibição pode ser permanente (p. ex.: magistratura) ou temporária (p. ex.: secretário de Estado), dependendo do exercício ou natureza do cargo ou função.

A incompatibilidade é sempre total e absoluta, assim para a postulação em juízo como para a advocacia extrajudicial.

A incompatibilidade permanente acarreta o cancelamento definitivo da inscrição (ver comentários ao art. 11, IV), que, cancelada, jamais se restaura e extingue todos os efeitos dela decorrentes, inclusive dos membros honorários vitalícios (antigos membros natos). No caso de incompatibilidade de membro honorário vitalício, o CFOAB já decidiu que ex-presidente do Conselho Federal, ao assumir o cargo de procurador-geral do Estado, não só estava incompatibilizado para a advocacia, como, enquanto o exercesse, não poderia ter assento no Conselho, considerando o licenciamento compulsório (Rec. 3.095/83/PC).

É importante ressaltar que a incompatibilidade é referida ao cargo, sendo irrelevante que seu titular esteja desempenhando atividades de outro cargo, ou desviado de função. Apenas cessa a incompatibilidade quando deixar o cargo por motivo de aposentadoria, morte, renúncia ou exoneração.

Se o titular do cargo público, considerado incompatível, for posto em disponibilidade remunerada, permanece a incompatibilidade. Assim decidiu o Órgão Especial do CFOAB no caso de magistrado em disponibilidade (OE 3/95). Não gera direito adquirido nem faz coisa julgada a decisão sobre incompatibilidade ou impedimento, pois a superveniência de situação nova altera a decisão anterior e impõe ao advogado o dever de comunicação.

No que respeita aos advogados públicos (art. 3º, § 1º, do Estatuto), o impedimento à advocacia privada, existente no âmbito da União, não caracteriza incompatibilidade. É tipo específico de impedimento.

São oito as hipóteses de incompatibilidade:

Titulares de entes políticos

A primeira refere-se aos cargos de presidente da República, governador de Estado e prefeito municipal, e seus respectivos vices, e aos membros das Mesas do Congresso Nacional, Senado Federal, Câmara dos Deputados, Assembleias Legislativas, Câmaras Municipais. Quanto aos substitutos legais dos titulares (alcançando os vices ou suplentes), independe de que estejam no efetivo exercício, em substituição, dos cargos. A lei não se dirige ao exercício, bastando a virtualidade da substituição.

Os parlamentares que não integrem as mesas das respectivas casas legislativas são apenas impedidos, na forma do art. 30, I, do Estatuto. Assim respondeu o Órgão Especial do CFOAB à consulta, no sentido de reconhecer que os vereadores que não integrem a mesa da casa legislativa estão impedidos de advogar apenas contra a Fazenda Pública que os remunere (Consulta 2010.27.00576-02), reafirmando essa orientação conforme Ementa 131/2018/OEP.

A regra observa o princípio da isonomia, porque estabelece tratamento igual a todos os que se encontrem na mesma situação, ou seja, os titulares de órgãos máximos dos Poderes constituídos dos entes federativos.

"A vedação do exercício da atividade de advocacia por aqueles que sejam integrantes da Mesa Diretora do Poder Legislativo, prevista no art. 28, inciso I, da Lei n. 8.906/94, não impôs nenhuma distinção qualificativa entre a atividade legislativa e a advocacia. Cada qual presta serviços imensamente relevantes no âmbito social, havendo, inclusive, previsão expressa na Carta Magna a respeito dessas atividades. O que pretendeu o legislador foi estabelecer cláusula de incompatibilidade de exercício simultâneo das referidas atividades, por entendê-lo prejudicial às relevantes funções que em ambas se desempenham" (STF, RE 923.394-AgR).

Funções de julgamento

A segunda alcança todos os que tenham função de julgamento, não apenas os magistrados e os membros do Ministério Público.

No sistema jurídico brasileiro, o magistrado é espécie do gênero juiz, ao contrário de outros sistemas em que o magistrado é gênero que inclui o membro do Ministério Público. Nem todos os juízes são magistrados (no sentido estrito moderno do termo, que se afasta do abrangente sentido romano). São juízes, mas não juízes-magistrados: o juiz-árbitro, o jurado, o juiz de paz, o juiz eleitoral em sua jurisdição específica, o juiz da justiça desportiva.

Não basta, para distinguir o magistrado do juiz, o exercício do poder de julgar ou da autoridade jurisdicional ou a forma de investidura. O parâmetro disjuntor é a inerência das garantias típicas da vitaliciedade, inamovibilidade e irredutibilidade (art. 95 da Constituição). Se falta qualquer uma delas, especialmente a vitaliciedade, não se preenche o tipo magistrado, para os fins da lei. A vitaliciedade há de ser considerada em ato e potência, sendo abrangente dos que ainda estejam em estágio probatório.

O anterior Estatuto ressalvava a possibilidade de advogar aos juízes não magistrados, fora de suas jurisdições específicas, notadamente aos juízes eleitorais e aos juízes classistas da justiça trabalhista. No atual Estatuto a referência é aos "membros de órgãos do Poder Judiciário", remetendo-se necessariamente à Constituição, que estabelece:

"Art. 92. São órgãos do Poder Judiciário:

I – o Supremo Tribunal Federal;

I-A – o Conselho Nacional de Justiça;

II – o Superior Tribunal de Justiça;

II-A – o Tribunal Superior do Trabalho;

III – os Tribunais Regionais Federais e Juízes Federais;

IV – os Tribunais e Juízes do Trabalho;

V – os Tribunais e Juízes Eleitorais;

VI – os Tribunais e Juízes Militares;

VII – os Tribunais e Juízes dos Estados e do Distrito Federal e dos Territórios".

O STF afirmou entendimento, sem redução do texto, na ADI 1.127, para excluir da interpretação do inciso II do art. 28 os membros da Justiça Eleitoral e os respectivos juízes suplentes não remunerados. Entendeu o Órgão Especial do CFOAB que os dirigentes dos órgãos da OAB, inclusive o Presidente, não estão impedidos de exercer essa função.

Com relação aos advogados que atuam como membros de tribunais eleitorais, decidiu o Conselho Nacional de Justiça (PP 2007.10.00.001485-1) que: a) não podem atuar perante o próprio Tribunal que integram; b) não podem atuar perante outros juízos ou tribunais eleitorais; c) podem advogar perante os demais órgãos do Poder Judiciário da União; d) podem atuar como advogados nos feitos criminais; e) não podem patrocinar causas perante a Fazenda Pública que os remunera (Estados ou União); f) podem exercer a advocacia pública; g) devem se submeter à regra de quarentena prevista no art. 95, parágrafo único, da Constituição, perante o tribunal onde atuou.

O Regulamento Geral foi mais longe, ao admitir que a incompatibilidade mencionada não se aplica aos advogados que participem dos órgãos de deliberação coletiva que não integrem o Poder Judiciário, representando a classe dos advogados, ficando apenas impedidos perante esses mesmos órgãos enquanto durar a investidura. Considera-se representante da classe dos advogados aqueles que sejam indicados pela OAB, quando a representação for explicitamente destinada na composição do órgão. Assim é porque a OAB, por força do Estatuto, é a única entidade com poder de representação coletiva dos advogados.

Os juízes leigos dos juizados especiais também foram excepcionados dessa espécie de incompatibilidade, por força de expresso mandamento legal, contido no art. 7º da Lei n. 9.099/95, estando apenas impedidos perante os juizados especiais. Essa orientação prevaleceu no Conselho Pleno do CFOAB (Ementa 07/99/COP), modificando entendimento anterior que os incompatibilizava. Os advogados que exerçam tais misteres estão apenas impedidos perante os juizados especiais em que estejam desempenhando suas funções. O juiz leigo não é titular de vara ou juizado nem detém competência sobre os serventuários dos cartórios.

Os advogados que atuem como conciliadores e mediadores, de acordo com a Súmula 16/2023/OEP do Conselho Federal da OAB, estão apenas impedidos de exercer a advocacia nos juízos em que desempenhem as suas funções. Enquanto exercerem essas funções, deve permanecer a anotação de impedimento em seus assentamentos (Ementa 034/2025/OEP).

A função de perito auxiliar do juízo, sem vinculação ao Poder Judiciário, não resulta em incompatibilidade com o exercício da advocacia quando o advogado não exerce cargo público, nem é remunerado pelos cofres públicos, não se incluindo no rol taxativo do art. 28 do EAOAB (CFOAB, Ementa 107/2018/OEP).

Incluem-se na incompatibilidade os membros dos tribunais e Conselhos de Contas, assim entendidos os Ministros e Conselheiros. Os demais agentes e servidores, salvo quando substituírem aqueles, incluem-se no impedimento geral de exercício da advocacia contra a Fazenda Pública que os remunere (Estatuto, art. 30, I), mas não se qualificam como "membros" desses órgãos de controle.

Os funcionários públicos federais, em geral, estão impedidos de exercer a advocacia junto ao Tribunal de Contas da União quando a Fazenda Pública da União tiver interesse direto nas decisões tomadas por aquele Tribunal (Ementa 183/2018/OEP).

O Estatuto pretendeu cindir nitidamente a função de julgar da função de postular, que na atualidade não se relacionam apenas aos órgãos do Poder Judiciário. Por essa razão, envolveu na incompatibilidade com a advocacia os que integrem órgãos de deliberação coletiva da Administração Pública direta ou indireta (nesta incluindo-se as autarquias, as fundações públicas, as empresas de economia mista e as empresas públicas). Entendem-se como tais os conselhos ou assemelhados, de nível mais elevado de cada entidade ou unidade federativa, a exemplo das juntas comerciais, conselho de contribuintes, conselho de administração nas empresas, salvo no caso de membro nato em virtude de cargo que só possa ser exercido por advogado.

A *mens legis* é sempre a de considerar o exercício de poder decisório relevante. Por isso, os órgãos de deliberação coletiva primários ou intermediários, cujas decisões estão sujeitas a recurso a outros órgãos de deliberação coletiva do mesmo órgão ou entidade, não são atingidos pela incompatibilidade.

Não se incluem nas incompatibilidades os Conselhos e órgãos julgadores da OAB, porque esta não integra a Administração Pública direta ou indireta (art. 44, § 1º, do Estatuto).

Também não gera incompatibilidade, de acordo com o Órgão Especial do CFOAB (Ementa 36/2025/OEP), o cargo de analista jurídico da Defensoria Pública, pois esta não está incluída entre os órgãos e as funções referidas nos incisos II e IV do art. 28 do Estatuto.

Quanto aos membros do Ministério Público, o Estatuto, no art. 83, das disposições gerais e transitórias, excepciona os que ingressaram na carreira e se inscreveram na OAB até 5 de outubro de 1988, fazendo opção ao regime anterior que permitia a acumulação de atividades.

Consideram-se membros do Ministério Público os que integram a respectiva carreira (promotores e procuradores). "Os membros do Ministério Público estão impedidos de exercer advocacia, mesmo em causa própria. São atividades incompatíveis (Lei n. 8.906/94, art. 28). Nulidade decretada" (STF, HC 76.671).

Os servidores que atuam no Ministério Público não estão alcançados pela incompatibilidade e sim pelo impedimento do art. 30, I, da Lei n. 8.906/94, porque não se consideram membros, mas sim meros auxiliares, sem as prerrogativas e os deveres dos cargos dos integrantes da carreira do Ministério Público. Todavia, predominou o sentido restritivo, tendo o Conselho Nacional do Ministério Público aprovado Resolução determinando que os servidores efetivos, comissionados ou postos à disposição dos Ministérios Públicos estaduais e da União, ou por estes requisitados, são proibidos de exercer a advocacia. Em relação à União, estabeleceu o art. 21 da Lei n. 11.415/2006 que "aos servidores efetivos, requisitados e sem vínculos do Ministério Público da União é vedado o exercício da advocacia e consultoria técnica". Essa norma foi considerada constitucional pelo STF em 2021, na ADI 5.235. Em consulta respondida, o Órgão Especial do CFOAB (Ementa 044/2025/OEP) entendeu que a incompatibilidade também alcança servidores terceirizados ou sem vínculo formal que prestem serviço ao Ministério Público.

Quanto à quarentena de três anos, introduzida pela Emenda Constitucional n. 45/2004, para que o magistrado possa exercer a advocacia, após a aposentadoria ou a exoneração do cargo, entende-se aplicável à jurisdição na qual tenha prestado o concurso público para ingresso, ou à correspondente ao tribunal em que tenha ingressado por nomeação do Poder Executivo. Não há impedimento legal para que advogue em jurisdições distintas. Assim, se ele integrava a justiça estadual, a quarentena abrange todos os órgãos judiciários dessa jurisdição, mas não os do âmbito federal. A hipótese é de impedimento temporário e espacial, que deve ser anotada na inscrição como advogado, quando a requerer. Nesse sentido deliberou o Órgão Especial do CFOAB, invocando prevenção da concorrência desleal e o tráfico de influência dos advogados que mantêm a função pública, mas não a jurisdição (Ementa 019/2013/COP).

O Conselho Nacional de Justiça decidiu (PP 200910000010374) que ao juiz de direito é vedado exercer a advocacia na comarca da qual se afastou, antes de decorridos três anos do afastamento do cargo, por aposentadoria ou exoneração. Ao juiz federal ou juiz do trabalho é vedado exercer a advocacia na seção, onde não houver subdivisão judiciária, subseção ou foro do qual se afastou. Essa orientação mais liberal diz respeito ao âmbito do controle disciplinar, inclusive em relação ao magistrado aposentado, não prevalecendo em relação à adotada pela própria OAB, quanto ao exercício da advocacia, por sua competência privativa nessa matéria.

Funções de direção

A terceira hipótese é a de cargos e funções de direção em órgãos ou entidades vinculados à Administração Pública. A legislação anterior incompatibilizava todos os cargos de chefia e assessoramento a partir do nível de serviço, minudenciando tipos que não se enquadravam mais na organização atual das entidades e órgãos públicos.

Interessa ao Estatuto muito menos os tipos ou denominações dos cargos e mais a função de direção "que detenha poder de decisão relevante sobre interesses de terceiro". Portanto, não é qualquer cargo, mesmo quando seu titular seja denominado *diretor*, que concretiza a hipótese. O cargo pode ser de direção, assessoramento superior, coordenação, superintendência, gerência, administração, mas haverá de deter poder de decisão relevante que afete direitos e obrigações de terceiros, ou seja, dos que não integram a respectiva entidade. Não se incluem no tipo os ocupantes de cargos que, apesar da denominação, apenas assessoram mas não decidem, pouco importando o grau de influência que ostentem, ou aqueles cujas atribuições se sujeitem ao controle de superior hierárquico no mesmo estabelecimento ou órgão da entidade.

Respondendo a consulta, o Órgão Especial do CFOAB fixou entendimento no sentido de que há incompatibilidade com a advocacia de quem exerce cargo de Direção e Assessoramento Superior (DAS), se a função desempenhada pelo interessado em exercer a profissão, na seara privada, se enquadra nas hipóteses de incompatibilidade, pouco importando a nomenclatura do cargo preenchido na Administração Pública Federal (Ementa 103/2019/OEP).

Em suma, é o da autoridade do órgão ou da entidade que emitirá o ato decisório final, esperado pelo terceiro, mesmo que contra tal ato caiba recurso a autoridade superior. Dada a multiplicidade e variedade desses cargos e funções, caberá ao Conselho competente da OAB analisar caso a caso. Contudo, a apreciação da OAB não é discricionária, mas vinculada aos pressupostos dantes mencionados.

São excluídos da hipótese legal os cargos ou funções diretivos de natureza burocrática ou interna, ou que assessorem, informem ou instruam processos para decisão de autoridade superior. Considera-se não a natureza do provimento do cargo, se efetivo ou em comissão, mas o alcance de seu poder de decisão. O cargo de provimento em comissão ou a função de confiança, por si sós, não geram incompatibilidade, se não constituírem função de direção com poder decisório, que possa repercutir em interesses de terceiros.

Também estão excluídas dessa espécie de incompatibilidade as funções afetas à administração acadêmica diretamente relacionada ao magistério jurídico, ou seja, coordenadores de cursos jurídicos, chefes de departamentos de direito, diretores de centros de ciências jurídicas ou de faculdades de direito de universidades, e, ainda, de faculdades de direito isoladas, quando essas instituições de ensino sejam vinculadas à Administração Pública (federal, estadual ou municipal). Para que possa desfrutar do benefício legal, o cargo não pode envolver a direção de outros cursos ou atividades, estranhos ao curso jurídico. O Estatuto derrogou o art. 63 da Lei n. 4.881-A/65, que admitia a compatibilidade de qualquer cargo de magistério superior com a advocacia existente na instituição de ensino, aí incluídos até mesmo os reitores de universidades.

Essa hipótese de incompatibilidade também atinge empresas que não se integram classicamente nos tipos de entidades da Administração Pública indireta, mas que são por ela controladas. Ocorre tal situação quando a Administração passa a deter o controle acionário ou do capital com direito a voto de empresas privadas, caracterizado pela possibilidade de escolher seus administradores, mesmo quando não assumem a forma de sociedade de economia mista ou de empresa pública. A Constituição, no art. 173, ao disciplinar a atividade econômica do Estado, inclui "outras entidades" que a explorem, sujeitas a sua tutela.

Também estão incompatibilizados os dirigentes de empresas concessionárias de serviço público, tais como as de fornecimento de água, luz, telefonia, gás, transportes. Serviços concedidos, para os efeitos do Estatuto, são aqueles próprios do Poder Público que se delegam mediante contrato administrativo de concessão (ou de permissão), remunerados por tarifa controlada ou fiscalizada. Tais serviços continuam sendo públicos porque a Administração nunca se despoja do poder de explorá-los diretamente, estando sempre sujeitos à regulamentação e controle do poder concedente. A Constituição incluiu a concessão ou a permissão dos serviços públicos na disciplina da atividade econômica (art. 175), dependente de prévia licitação, de contrato administrativo, de fiscalização e de política tarifária.

Enquadram-se nesse tipo de incompatibilidade os dirigentes de entidades cujos atos estejam sujeitos a mandado de segurança quando exercerem função delegada do Poder Público.

O STF já decidiu ser constitucional que determinada lei federal vede aos servidores ocupantes das carreiras e cargos nela referidos de exercer advocacia fora das atribuições institucionais, pois "não tem o servidor público direito adquirido a um determinado regime jurídico, podendo, por lei, ser submetido a outro, ditado pelos interesses da Administração Pública" (ADI 1.754).

Auxiliares e serventuários da justiça

A quarta hipótese incompatibiliza os titulares de serviços auxiliares da justiça. Envolve qualquer serventuário da justiça, pouco importando a forma de provimento ou o órgão do Poder Judiciário, aí incluídas a justiça eleitoral e a trabalhista, por força do art. 92 da Constituição.

O Estatuto, nesse ponto, não se restringe apenas ao cargo nominal, porque alcança a vinculação indireta do serviço prestado em qualquer órgão do Poder Judiciário. Assim, qualquer função pública ou privada que se vincule, mesmo indiretamente, a atividade regular de órgão do Poder Judiciário, inclusive quando posto à disposição deste, torna seu ocupante incompatibilizado com a advocacia. Assim, decidiu o CFOAB que é incompatível a função de dentista exercida no Poder Judiciário (Proc. 4.571/94/PC) e de membro do Conselho Tutelar municipal (Ementa 126/2018/OEP). A atividade de leiloeiro também é incompatível com a advocacia (Ementa 078/2014/OEP).

Esse aparente excesso de rigor é necessário para garantir a independência do advogado e a dignidade da profissão, sobretudo em face da população, para o que é imprescindível que a atividade da advocacia não seja exercida por quem esteja atuando dentro dos órgãos judiciários ou em ofícios controlados por estes, o que inevitavelmente presume conflito de interesses.

A regra é extensiva àqueles serviços auxiliares cujos titulares não se consideram "serventuários da justiça", ou seja, os titulares e seus empregados dos serviços notariais e de registro público. O termo "registro" referido no dispositivo refere-se a registro público como tal determinado em lei e cuja atividade esteja sob controle do Poder Judiciário. Assim, não se incluem os que atuam em registro na Junta Comercial, OAB, INPI, Biblioteca Nacional e outros órgãos públicos similares que ostentem competência registrária.

Com relação à atividade notarial e de registro público, a Lei n. 8.935/94, que regulamenta o art. 236 da Constituição e dispõe sobre esses serviços, ratificou a imposição da incompatibilidade com a advocacia expressamente em seu art. 25.

Não há qualquer exceção a essa regra, mesmo em se tratando de funções modestas. O mais simples serventuário pode exercer perigoso tráfico de influência na tramitação e resultado de processos judiciais, tendo em vista seu convívio diuturno com juízes, promotores e auxiliares de justiça. O exercício da advocacia, nessas circunstâncias, representa enorme risco à dignidade e à independência da profissão.

Atividade policial

A quinta hipótese diz com a incompatibilidade dos ocupantes de cargos vinculados direta ou indiretamente a atividade policial de qualquer natureza, em caráter transitório ou permanente, sob regime estatutário ou celetista. Aqui também são atingidos os que prestam serviços tanto nas atividades-fim quanto nas atividades-meio ou de apoio, inclusive quando postos à disposição, sejam ou não policiais.

A razão de ser dessa incompatibilidade é que os policiais e equiparados encontram-se próximos aos autores e réus de processos, dos litígios jurídicos, o que poderia propiciar captação de clientela, influência indevida, privilégios de acesso, entre outras vantagens, segundo parecer do Procurador-Geral da República, na ADI 3.541, mediante a qual a Confederação Brasileira de Trabalhadores Policiais Civis pretendeu impugnar o inciso V do art. 28. O STF julgou improcedente a ação (2014), constando de seu acórdão que "a vedação do exercício da atividade de advocacia por aqueles que desempenham, direta ou indiretamente, serviço de caráter policial, prevista no art. 28, inciso V, do Estatuto, não se presta para fazer qualquer distinção qualificativa entre a atividade policial e a advocacia". No interesse da população, devem os policiais exercer com exclusividade a incumbência de segurança pública.

A Lei n. 13.675/2018, que regulamenta o art. 144 da CF (com os acréscimos da Lei Orgânica Nacional das Polícias Militares e dos Corpos de Bombeiros Militares dos Estados, do Distrito Federal e dos Territórios – Lei n. 14.751/2023), disciplina a organização dos órgãos de segurança pública e considera como integrantes operacionais do Sistema Único de Segurança Pública (art. 9º, § 2º): (1) polícia federal; (2) – polícia rodoviária federal; (3) polícias civis; (4) polícias militares; (5) corpos de bombeiros militares; (6) guardas municipais; (7) órgãos do sistema penitenciário; (8) institutos oficiais de criminalística, medicina legal e identificação; (9) Secretaria Nacional de Segurança Pública; (10) secretarias estaduais de segurança pública ou congêneres; (11) Secretaria Nacional de Proteção e Defesa Civil; (12) Secretaria Nacional de Política sobre Drogas; (13) agentes de trânsito; (14) guarda portuária. Os titulares dessas funções e os que atuam nesses órgãos exercem "atividade policial", para os fins do art. 28, V, do Estatuto.

Em virtude da crescente terceirização, a vedação envolve igualmente os que prestam serviços às atividades policiais diretas ou indiretas, mesmo que terceirizados ou empregados de empresas privadas. O fim social e ético da lei (Estatuto) é evitar os conflitos de interesses dos advogados que representam seus clientes perante os órgãos de segurança pública.

Quanto aos agentes de trânsito a Súmula 14/2022 do Órgão Especial do CFOAB esclarece que são assim qualificados os que detenham cargos ou funções públicas com poderes de fiscalização de trânsito, estejam ou não no efetivo exercício da atividade fiscalizatória.

Entende-se como de natureza não policial a atividade de despachantes autônomos junto aos Detrans, não havendo incompatibilidade dela com o exercício da advocacia. O órgão de trânsito exerce poder de polícia, que é próprio da administração pública em geral, mas que não se confunde com "atividade policial" referida no Estatuto, além de não estar incluído expressamente entre os órgãos de segurança pública na Lei n. 13.675/2018, salvo os agentes de trânsito.

Não se enquadram no conceito de atividade policial as atividades de polícia administrativa, desenvolvidas por agentes públicos, sem vínculo com órgãos que integrem as polícias civis e militares. De modo geral, salvo nas hipóteses de atribuições com poder de decisão relevante sobre interesses de terceiros (Estatuto, art. 27, III), as atividades de fiscalização da administração pública (por exemplo, ambiental, sanitária e de serviços públicos concedidos, permitidos ou autorizados) não podem ser tidas como de natureza estritamente policial para os fins de incompatibilidade com o exercício da advocacia.

"Poder de polícia administrativa" em geral é expressão típica do direito administrativo que não se confunde com "atividade policial", referida no art. 28, V, do Estatuto, que é circunscrita à organização policial em sentido estrito, voltada à segurança pública e cujas espécies estão definidas no art. 144 da CF e na Lei n. 13.675/2018. Poder de polícia é gênero do qual é espécie a atividade policial, não podendo haver interpretação extensiva desta, inadmissível em situações de restrição de direito. Entidades que não integram o Poder Público podem, por força de lei, exercer poder de polícia administrativa, como ocorre com a OAB, sem se enquadrar na espécie "atividade policial".

Militares

A sexta hipótese é a dos militares de qualquer natureza, desde que estejam na ativa. As variadas formas de policiais militares já se encontram abrangidas pelo item anterior. Restam os integrantes das Forças Armadas: Exército, Marinha, Aeronáutica. O militar da ativa constitui o paradigma de serviço público que impede a independência profissional, porque sujeito à estrutura hierarquizada rígida e subordinado à disciplina e à realização de tarefas submetidas a ordens de comando, que não podem ser contrastadas.

Ao contrário da atividade policial, os servidores civis que prestem serviços às Forças Armadas não estão alcançados pela incompatibilidade, que é exclusiva para os militares enquanto tais, salvo as hipóteses de impedimento. No entanto, os militares da ativa, quando em serviço burocrático, continuam incompatíveis.

O militar em atividade não pode, assim, exercer atividades de consultoria, assessoria e direção jurídica, uma vez que tais atividades são privativas da advocacia (Ementa 016/2019/OEP/CFOAB).

Atividades tributárias e de controle

A sétima hipótese envolve os cargos e funções relacionados com a receita pública. Se fossem admitidos a advogar, a tentação rondaria cada passo desses importantes agentes públicos, que devem dedicar-se às suas tarefas com total exclusividade, por exercerem típicas funções de Estado. Os exemplos clássicos são os fiscais de rendas, auditores fiscais, agentes tributários, fiscais de receitas previdenciárias.

No entanto, todos os servidores que tiverem competência para lançamento ou arrecadação ou fiscalização, independentemente da denominação do cargo que ocupem, estarão incompatibilizados com a advocacia. Aqui interessa muito mais as atribuições legais do que o nome do cargo, que devem ser analisadas caso a caso. Destarte, não incompatibiliza o vínculo indireto com as atividades fiscais, como sucede com os cargos burocráticos e de atividade-meio exercidos nos respectivos órgãos; há de ter competência para a atividade-fim. Nesse sentido decidiu o antigo TFR, quanto ao oficial da Fazenda, porque suas atribuições não tipificavam atividade de caráter fiscalizador de tributos (AMS 96.831). Do mesmo modo decidiu o CFOAB, na vigência do novo Estatuto, no caso de servidor de Secretaria da Fazenda que não exercia atribuições legais de lançamento, fiscalização ou arrecadação de tributo (Proc. 4.590/94/PC). Mas gera incompatibilidade o exercício de cargo de auditor fiscal que dá pareceres a assistente técnico da Fazenda Pública (Rec. 0143/2003/PCA), bem como qualquer agente de tributos estaduais, pouco importando a variação de atribuições locais (Proc. 5.616/2001/PCA).

Tributos são impostos, taxas e contribuições de melhoria (art. 145 da Constituição). Também se sujeitam aos princípios do sistema tributário nacional os empréstimos compulsórios (art. 148 da Constituição), as contribuições parafiscais e todas as fontes compulsórias de receita de entidades da Administração Pública, não enquadráveis como tributos em sentido estrito.

Assim, decidiu o CFOAB que são incompatíveis com o exercício da advocacia: a) os servidores do sistema previdenciário que executem atividades ligadas a arrecadação e lançamento de contribuições parafiscais (PCA/018/2007); b) o inspetor do Ministério do Trabalho, porque tem atribuição de fiscalizar a cobrança do imposto sindical (Rec. 3.605/91/CP); c) o auditor de tributos municipais (Ementa 078/2024/OEP).

Não se incluem nesse tipo de incompatibilidade os servidores dos tribunais e conselhos de contas, porque esses órgãos não têm finalidade de lançamento, fiscalização e arrecadação de tributos. A fiscalização das contas e do correto emprego das receitas públicas são de natureza distinta. Na primeira hipótese (a do tipo de incompatibilidade) tem-se a formação e constituição da receita pública; na segunda, a aplicação da receita pública já foi constituída. Apenas os membros, ou seja, os Ministros, Conselheiros e os auditores que os substituam estão incompatibilizados com a advocacia, em razão de sua específica magistratura.

Ainda com relação aos servidores dos Tribunais de Contas, o órgão Especial do CFOAB, após anos entendendo pela incompatibilidade, retomou a orientação que sempre adotamos de constituírem apenas hipóteses de impedimento (art. 30, I, do Estatuto), inclusive os auditores de controle externo. Assim decidiu em 2019, respondendo a Consulta 49.0000.2013.011065-5/OEP, que quando a lei se refere a "membros" de órgãos dos tribunais e conselhos de contas, a norma está se referindo aos Conselheiros e Ministros dos Tribunais de Contas, não aos seus servidores.

Também não se incluem no tipo: a) o fiscal de preços e abastecimento da SUNAB, porque a função não tem natureza tributária nem é a ela equiparada (CFOAB, Proc. 4.531/94/PC); b) o fiscal municipal de obras (agente fiscal de urbanismo) (Rec. 113/96/OE); c) o fiscal de serviços públicos de município, salvo se ocupar cargo ou função de direção e assessoramento, neste caso por força do art. 28, III, do Estatuto (Rec. 0396/2002/PCA-SC); d) o fiscal de limpeza urbana (Ementa 153/2014/OEP).

Igualmente, não se inclui neste tipo de incompatibilidade o técnico previdenciário, que exerce funções administrativas e técnicas relacionadas à análise de processos previdenciários e cálculos de compensação, sem competência para fiscalização, lançamento e arrecadação de receita pública e sem poder decisório. Assim decidiu o TRF-1 no processo 1012293-22.2020.4.01.3200.

Todavia, o técnico do Tesouro Nacional exerce cargo incompatível (Proc. 5.474/2000/PCA). O fiscal do trabalho está incompatibilizado com a advocacia, pois exerce atribuição de fiscalização de contribuições parafiscais (Proc. 5.403/99/PCA).

Instituições financeiras

A oitava e última hipótese impõe-se pela experiência da aplicação do anterior Estatuto: é a dos dirigentes e gerentes de instituições financeiras públicas ou privadas, que desfrutam de um enorme potencial de captação de clientela, mercê de um poder decisório que pode influir profundamente na economia das pessoas.

A Constituição dedicou especial atenção às instituições financeiras (art. 192), constituindo atividade diretamente regulada e fiscalizada pelo Poder Público.

O Estatuto dirige-se apenas aos dirigentes e gerentes que detenham poder decisório relevante sobre interesses de terceiros, nomeadamente o de conceder empréstimos ou aprovar projetos financeiros, como os gerentes de contas de banco. Dirigentes e gerentes de atividades-meio dessas instituições não estarão incompatibilizados. Como decidiu a CFOAB (Rec. 0066/2003/PCA), "a simples denominação de gerente bancário não induz, por si, incompatibilidade com a advocacia", por não deter o advogado poder de decisão relevante sobre interesses de terceiros, que propicie captação de clientela. Por igual, apenas com impedimento, o superintendente adjunto de recursos humanos de banco governamental, por exercer poderes que se esgotam no interior da instituição (Rec. 0114/2003/PCA).

Respondendo a consulta, manifestou-se o CFOAB no sentido de que os critérios determinantes para a configuração de "funções de direção e gerência em instituições financeiras, inclusive privadas", são: (i) o envolvimento em atividade de natureza bancária, (ii) o poder decisório para autorizar e efetuar operações financeiras e (iii) a interferência sobre direitos de terceiros.

IMPEDIMENTOS: TIPOS E ALCANCE

O sistema de impedimentos foi profundamente simplificado no atual Estatuto. Eliminou-se o casuísmo não muito claro do anterior Estatuto, optando-se por uma regra geral que retoma a solução do antigo Regulamento da OAB (1931) que o antecedeu, ou seja, o impedimento limita-se à Fazenda Pública que remunera o servidor, também advogado.

O advogado que mantenha vínculo funcional com qualquer entidade da Administração Pública direta ou indireta fica impedido de advogar *contra* não apenas o órgão ou entidade, mas contra a respectiva Fazenda Pública, porque esta é comum. Por Fazenda Pública entende-se ou a União, ou o Estado-membro ou o Município, incluídas as respectivas entidades de Administração direta e indireta, empresas públicas e sociedades de economia mista. Se, por exemplo, o advogado for empregado de uma fundação pública de determinado Estado-membro, o impedimento alcançará todas as entidades da Administração direta ou indireta dessa unidade federativa. Do mesmo modo, se for advogado ou procurador do Município não poderá advogar contra qualquer entidade pública ou privada vinculada a esse ente político.

Respondendo a consulta, entendeu o Órgão Especial do CFOAB que: 1) O servidor público ocupante de cargo de provimento efetivo em órgão público federal pertencente à estrutura de qualquer dos Poderes (Administração Pública Federal Direta) está impedido de atuar contra as entidades da Administração Pública Federal Indireta (autarquias, fundações, sociedades de economia mista e empresas públicas) (Ementa 017/2019/OEP); 2) que o impedimento contra a fazenda pública que remunere alcança, igualmente, sua atuação como advogado em causa própria em processo administrativo (Ementa 019/2018/OEP). Entendemos, todavia, que o impedimento não alcança seu direito de petição, na condição de servidor, à própria entidade, pois é garantia constitucional; 3) no âmbito do Tribunal de Contas da União, o impedimento ao exercício da advocacia de que trata o art. 30, I, do Estatuto da Advocacia, somente se aplica aos servidores públicos federais quando a União figurar expressamente como parte no processo, o que deve ser aferido caso a caso (Ementa n. 045/2019/OEP); 4) os empregados da empresa pública Caixa Econômica Federal são apenas impedidos de advogar contra esse ente da administração pública indireta e contra a União Federal (Ementa 004/2025/OEP).

Os Conselhos de Fiscalização de profissões regulamentadas têm natureza jurídica de autarquias de regime especial, salvo a Ordem dos Advogados do Brasil, conforme decisão proferida pelo STF na ADI 3.026. Aos servidores dos Conselhos de Fiscalização aplica-se o impedimento previsto no art. 30, I, do Estatuto (Ementa 177/2013/OEP).

A lei refere-se a "servidores" e Fazenda Pública que os remunere. Em virtude da fundamentação ética essencial ao sistema de incompatibilidades e impedimentos, essas expressões devem ser entendidas como abrangentes dos servidores aposentados, pois estes não se desvinculam inteiramente da Administração Pública, que permanece remunerando seus proventos. Esses servidores, ao se aposentarem, levam consigo *inside information*, que os demais advogados não detêm, voltando-se contra a Fazenda Pública a que serviram, explorando suas fragilidades e acesso a dados e informações cuja reserva, no interesse público, devem manter.

Essa peculiar situação dos servidores aposentados foi salientada pelo STF na ADI 1.441/DF, cujo relator Min. Octavio Gallotti concluiu: "Ao contrário dos trabalhadores na iniciativa privada, que nenhum liame conservam com os seus empregadores após a rescisão do contrato de trabalho pela aposentadoria, preservam os servidores aposentados um remarcado vínculo de índole financeira com a pessoa jurídica de direito público para a qual hajam trabalhado".

Note-se que o interesse patrocinado terá de ser contrário ao da Fazenda do ente político, ou seja, que possa haver consequência condenatória de caráter financeiro, não se atingindo as questões não contenciosas ou em que haja interesse público genérico. A título de exemplo, no processo crime o interesse público é manifesto, mas não necessariamente o da Fazenda Pública (salvo nos crimes contra a Administração Pública).

Respondendo a consulta, manifestou-se o CFOAB (Ementa 120/2018/OEP) no sentido de que o conceito de "servidor público", seja na jurisprudência da OAB ou na dos Tribunais, para fins de limitação ética do exercício de seus misteres (inclusive cumulação de cargos), é considerado em seu sentido lato, englobando os empregados de empresas públicas e sociedades de economia mista, e das fundações públicas, ainda que sob regime celetista, com impedimento da advocacia não apenas em relação à empresa empregadora, mas também em relação à Fazenda Pública à qual esteja vinculada. Exclui-se de tal restrição ao exercício da advocacia a empresa cujo ente público mantenha mera participação acionária sem papel de gestão ou controle.

O advogado que presta serviço ao Poder Público, contratado em virtude de processo licitatório, não está sujeito ao impedimento do art. 30, I. Servidor público, referido no inciso I, é aquele nomeado mediante concurso público ou em provimento em comissão, não podendo regra restritiva de direito ser interpretada extensivamente, para equiparar situações jurídicas distintas.

O impedimento de advogado integrante de sociedade de advogado não atinge os demais sócios. O advogado impedido não poderá participar do rateio dos honorários recebidos pela sociedade (Ementa 059/2013/OEP).

Advogado de Conselho de classe pode advogar judicial ou extrajudicialmente a favor dos interesses do Conselho ao qual está vinculado contra a administração direta, autarquias, empresas públicas e sociedades de economia mista, por não ser remunerado com recursos da fazenda pública (Ementa 005/2017/OEP).

Impedimentos dos parlamentares

O Congresso Nacional introduziu no anteprojeto do Estatuto elaborado pela OAB uma hipótese de impedimento dirigida especificamente aos parlamentares de qualquer nível, talvez pelo impacto das denúncias da CPI da corrupção.

Os parlamentares municipais, estaduais ou federais, que não sejam membros ou suplentes das mesas diretoras, estão impedidos de advogar contra ou *a favor* de qualquer entidade de Administração Pública direta ou indireta municipal, estadual ou federal, não apenas contra a respectiva Fazenda Pública, enquanto perdurarem seus mandatos. Incluem-se na proibição as entidades paraestatais, concessionárias ou permissionárias de serviço público.

Nesse sentido, decidiu o STJ (EAREsp 519.194) que o desempenho de mandato eletivo no Poder Legislativo impede o exercício da advocacia a favor ou contra pessoa jurídica de direito público pertencente a qualquer das esferas de governo – municipal, estadual ou federal.

Procuradores-gerais e diretores jurídicos

Por fim, em tema de proibições, há de referir-se a um tipo específico, que se localiza em zona limítrofe entre a incompatibilidade e o impedimento: os procuradores-gerais, os advogados-gerais, os defensores-gerais e os dirigentes máximos dos órgãos jurídicos da Administração Pública direta ou indireta federal, estadual ou municipal e seus substitutos imediatos. Sempre houve dúvida, durante a vigência do anterior Estatuto, sobre a legitimidade para exercer a atividade de advocacia, especialmente a postulação em juízo desses dirigentes da advocacia pública. Todavia, o exercício da advocacia é exatamente a finalidade do órgão e, *a fortiori*, de seus cargos.

Como harmonizá-los com o sistema das proibições, que também os alcançam? O Estatuto resolveu a controvérsia admitindo o exercício da advocacia exclusivamente no âmbito de suas atribuições institucionais, vedando qualquer outro, mesmo em causa própria, ou seja, instituindo um peculiar tipo de impedimento. Nesse sentido, o Órgão Especial do CFOAB, respondendo a consulta: O Procurador-Geral de município só está legitimado a advogar em favor do ente municipal que representa (Ementa 180/2013/OEP).

Os dirigentes da advocacia pública exercem atividade variada e complexa de advocacia que não se resume apenas a pareceres jurídicos, pois podem representar judicialmente o ente federativo, autárquico ou fundacional, dirigir os serviços jurídicos, prestar assessoramento jurídico e consultoria jurídica. Em conclusão, exercem atividades de consultoria, assessoria e direção jurídicas (inciso II do art. 1º do Estatuto), e, quando for o caso, de postulação a órgão do Poder Judiciário (inciso I do art. 1º).

Respondendo à consulta que lhe foi formulada, o Órgão Especial do CFOAB esclareceu que na atribuição fixada por lei ou regulamento para o substituto, mesmo eventual, de outro cargo é aplicável a regra de incompatibilidade ou impedimento a que estiver sujeito o titular (Proc. 260/99/OEP).

Quanto aos diretores, superintendentes ou chefes de órgãos jurídicos de autarquias, fundações públicas, empresas públicas e empresas de economia mista federais, estaduais ou municipais, incluem-se apenas o dirigente máximo do órgão jurídico e seu substituto imediato, equivalentes aos procuradores-gerais e subprocuradores-gerais, excluindo-se as chefias subalternas, de caráter local ou regional, cujos titulares ficam sujeitos apenas aos impedimentos em face da Fazenda Pública a que se vincule a respectiva entidade.

Tipos especiais de impedimentos

Tendo em vista a interpretação dada pelo STF ao inciso II do art. 28 do Estatuto, os juízes eleitorais e seus suplentes, oriundos da classe dos advogados, estão impedidos de advogar contra a Fazenda Pública federal e perante a própria justiça eleitoral.

Por força do Regulamento Geral, os advogados que atuem como membros de órgãos públicos de deliberação coletiva, com função de julgamento, como representantes da classe dos advogados e indicados pela OAB, estão apenas impedidos diante de tais órgãos.

Os juízes leigos e conciliadores nos juizados especiais estão apenas impedidos de advogar perante tais juizados, mercê do que dispõe o art. 7º da Lei n. 9.099/95. A referência expressa no parágrafo único aos juízes leigos não exclui os conciliadores, mencionados no *caput*, por imperativo do princípio de razoabilidade. Nesse sentido e modificando seu entendimento anterior, acompanhando a orientação que antes sustentamos, o Órgão Especial do CFOAB deliberou, em resposta a consulta, que os juízes leigos, escolhidos dentre advogados, ficam apenas impedidos de exercer a advocacia nos Juizados Especiais, na forma prevista nas Leis n. 9.099/95 e 12.153/2009 e no art. 30, I, do Estatuto.

Os conciliadores e mediadores judiciais cadastrados, na forma dos arts. 165 e seguintes do CPC, estão impedidos de exercer a advocacia apenas nos juízos em que desempenhem suas funções e enquanto a exercerem. Em modalidade especial de quarentena, ficam, igualmente, impedidos pelo prazo de um ano (CPC, art. 172), contado da última audiência em que atuaram, de assessorar, representar ou patrocinar qualquer das partes.

Ante as divergências de interpretação dos limites territoriais de "juízos", para atuação dos conciliadores, respondendo a consulta, assim se manifestou o Órgão Especial do CFOAB (Ementa n. 006/2021/OEP): 1 - Quando o(a) advogado(a) exerce o cargo de conciliador no "juízo único" da Comarca, o impedimento para o exercício da advocacia se estende a todos os processos em todos os ritos e competências que ali tramitem, conforme organização judiciária local; 2 - Quando o(a) advogado(a) exerce o cargo de conciliador em juizado especial que, conforme a organização judiciária local, seja adjunto ou estruturalmente componente do juízo único da comarca, o impedimento para o exercício da advocacia se estende a todos os processos em todos os ritos e competências que ali tramitem, conforme organização judiciária local; 3 - Não é plausível permitir que os conciliadores/mediadores atuem como advogados nas Comarcas de juízo único, ainda que haja formalmente instituído um juizado especial, se houver cumulação de funções ou compartilhamento da estrutura da secretaria da vara, prevalecendo o impedimento previsto art. 167, § 5º, do CPC.

Tipos especiais de impedimentos são os de certas carreiras jurídicas públicas que desempenham atividade de advocacia, embora restrita ao âmbito de suas atribuições institucionais, como os advogados públicos. Para exercer essa peculiar atividade de advocacia, exige-se a inscrição nos quadros da OAB, que é deferida com tal observação de impedimento: "impedido de exercer a advocacia fora de suas atribuições institucionais".

Não impedimento dos docentes dos cursos jurídicos

Os docentes dos cursos jurídicos, mesmo que vinculados a instituições públicas de ensino, quando no exercício da docência, não sofrem qualquer incompatibilidade ou impedimento para advogar. Essa explicitação deve-se ao fato de que é importante, para a formação dos futuros advogados, o magistério de profissionais qualificados que doutra forma estariam impedidos de advogar, inclusive totalmente, se sua especialidade fosse o direito público.

EFEITOS NO PROCESSO JUDICIAL

O STF manifesta entendimento em considerar que o ato praticado por advogado, em causa própria, sujeito a impedimento, é passível de *anulabilidade*, sanável por ratificação (RE 90.139). Dessa forma, as hipóteses de incompatibilidade causariam nulidade insanável dos atos praticados pelo profissional, enquanto as de impedimento seriam sanáveis.

Do mesmo modo, se não constar da inscrição na OAB o impedimento do advogado, não pode a parte ser prejudicada com sua participação (STF, RE 92.237). Como decidiu o STJ (REsp 579.515), a extinção do processo por vício de representação está condicionada a prazo razoável para ser sanado o defeito, ficando sanados os atos praticados pelo advogado impedido, desde que retificados a tempo, sobretudo quando o patrocinado não sabia do impedimento (no caso, não houve registro na carteira profissional do patrono).

Sendo assim, a nulidade referida no art. 4º, parágrafo único, do Estatuto (que repete preceito semelhante ao do art. 76 da Lei n. 4.215/63) seria gênero das invalidades (nulidade, propriamente dita, e anulabilidade).

Diz Pontes de Miranda (1974, v. 1, p. 444) que a representação em juízo por pessoa não inscrita na OAB produz nulidade dos atos processuais. Da mesma forma, se o procurador judicial inscrito for proibido de advogar (incompatibilidade), há nulidade insanável.

ÉTICA DO ADVOGADO

CAPÍTULO VIII
DA ÉTICA DO ADVOGADO

Art. 31. O advogado deve proceder de forma que o torne merecedor de respeito e que contribua para o prestígio da classe e da advocacia.

§ 1º O advogado, no exercício da profissão, deve manter independência em qualquer circunstância.

§ 2º Nenhum receio de desagradar a magistrado ou a qualquer autoridade, nem de incorrer em impopularidade, deve deter o advogado no exercício da profissão.

Art. 32. O advogado é responsável pelos atos que, no exercício profissional, praticar com dolo ou culpa.

Parágrafo único. Em caso de lide temerária, o advogado será solidariamente responsável com seu cliente, desde que coligado com este para lesar a parte contrária, o que será apurado em ação própria.

Art. 33. O advogado obriga-se a cumprir rigorosamente os deveres consignados no Código de Ética e Disciplina.

Parágrafo único. O Código de Ética e Disciplina regula os deveres do advogado para com a comunidade, o cliente, o outro profissional e, ainda, a publicidade, a recusa do patrocínio, o dever de assistência jurídica, o dever geral de urbanidade e os respectivos procedimentos disciplinares.

COMENTÁRIOS

ÉTICA PROFISSIONAL

A ética profissional é parte da ética geral, entendida como ciência da conduta. Nosso campo de atenção é o da objetivação da ética profissional, que se denomina *deontologia* jurídica, ou estudo dos deveres dos profissionais do direito, especialmente dos advogados, porque de todas as profissões jurídicas a advocacia é talvez a única que nasceu rigidamente presa a deveres éticos.

Quando pretendemos que nossos juízos morais tenham aplicabilidade universal, ou aos outros, passamos do pessoal para o impessoal, da moral corrente para a teoria moral ou ética. Em razão disso, os códigos deontológicos são códigos de ética profissional e não de moral.

A deontologia, termo criado por Jeremias Bentham (1748-1832), com sentido utilitarista, ao lado da diceologia (estudo dos direitos profissionais), integra o todo da ética. Para Jacques Hamelin e André Damien (1975, p. 1), o termo teria aparecido pela primeira vez em 1874, em artigo de Janet, ao menos na França. A etimologia da palavra esclarece seu sentido: *deontos* significa o dever de fazer; *logos* significa discurso sobre essa matéria.

A ética profissional não parte de valores absolutos ou atemporais, mas consagra aqueles que são extraídos do senso comum profissional, como modelares para a reta conduta do advogado. Diz Goffredo Telles Junior (1988, p. 236) que "uma ordem ética é sempre expressão de um processo histórico. Ela é, em verdade, uma construção do mundo da cultura. Em concreto, cada ordem ética é a atualização objetiva e a vivência daquilo que a comunidade, por convicção generalizada, resolveu qualificar de ético e de normal". São tópicos ou *topoi* na expressão aristotélica (Viehweg, 1979, p. 23), ou seja, lugares-comuns que se captam objetivamente nas condutas qualificadas como corretas, adequadas ou exemplares; não se confundem com juízos subjetivos de valor.

Quando a ética profissional passa a ser objeto de regulamentação legal, os *topoi* convertem-se em normas jurídicas definidas, obrigando a todos os profissionais.

No caso da advocacia brasileira, a ética profissional foi objeto de detalhada normatização, destinada aos deveres dos advogados, no Estatuto anterior e no Código de Ética Profissional, este datado de 25 de junho de 1934. O Estatuto de 1994 preferiu concentrar toda a matéria no Código de Ética e Disciplina, editado pelo CFOAB em 1995 e revisto em 2015.

No capítulo da Ética do Advogado, o Estatuto enuncia princípios gerais, balizando a regulamentação contida no Código de Ética e Disciplina.

A ética profissional impõe-se ao advogado em todas as circunstâncias e vicissitudes de sua vida profissional e pessoal que possam repercutir no conceito público e na dignidade da advocacia. Os deveres éticos consignados no Código não são recomendações de bom comportamento, mas sim normas jurídicas dotadas de obrigatoriedade que devem ser cumpridas com rigor, sob pena de cometimento de infração disciplinar punível com a sanção de censura (art. 36 do Estatuto) se outra mais grave não for aplicável.

Portanto, as regras deontológicas são regras providas de força normativa; a lei (o Estatuto), o Regulamento Geral, o Código de Ética e Disciplina e os provimentos são suas fontes positivas, às quais se agregam, como fontes secundárias, a tradição, a interpretação jurisprudencial e administrativa, a doutrina, os costumes profissionais.

A aplicação da deontologia profissional deve levar em conta a superação da exclusividade da oposição cliente-adversário por uma lógica que inclua o papel crescente do advogado em atuação preventiva e extrajudicial, como conselheiro, assessor e formulador de atos, projetos e programas de natureza jurídica. Ao advogado que elabora um ato jurídico ou orienta empresa ou consumidor em relação de consumo, por exemplo, não se aplicam as regras deontológicas tradicionais de duelo pretoriano, sendo muito mais adequados os deveres de rigorosa lealdade, de sigilo, de qualidade do trabalho, de ética da responsabilidade, de independência técnica.

O primeiro comando do Estatuto dirige-se à conduta pessoal do advogado. Onde quer que resida e se relacione, deve proceder de forma a merecer o respeito de todos, porque seu comportamento contribui para o prestígio ou desprestígio da classe. Não é demais lembrar as virtudes éticas que Aristóteles sintetizou na *Ética a Nicômaco*, a saber, a coragem, a temperança, a liberalidade, a magnanimidade, a mansidão, a franqueza, enfim, a justiça, que é a maior de todas. Ou então os famosos preceitos de Ulpiano: *honeste vivere, alterum non laedere, suum cuique tribuere.*

Mas, certamente, a que mais fortalece o prestígio da profissão é a intransigente probidade, ou honestidade (*honeste vivere*), como bastião indômito às tentações que passam todos os dias e todas as horas em frente ao advogado (Couture, 1990, p. 17).

A honestidade é o valor magno da ética da advocacia; sem ela, a conduta profissional resta profundamente comprometida. O advogado lida frequentemente, em razão de seu ofício, com interesses econômicos de seus clientes, que nele depositam sua confiança, e, por seus conhecimentos técnicos, acha-se em condição de superioridade em relação à pessoa que solicita seus serviços.

Na advocacia, o resultado perseguido, em cada causa, não pode justificar a adoção de quaisquer meios, pois ela não é balcão de negócios ou arena de tráfico de influência ou corrupção, incorrendo em violação do dever de honestidade todo aquele que assim procede. Invertendo-se antigo aforismo, o advogado não apenas deve parecer honesto, mas ser honesto, como imperativo interior de conduta.

No dizer de Manuel Santaella López, "um profissional, destinado ao serviço dos demais, há de ser, antes de tudo, uma pessoa honesta. A probidade vem a constituir, desta forma, um compêndio das principais virtudes morais. Supõe uma consciência moral bem formada e informada dos princípios éticos e da normativa especificamente deontológica" (1995, p. 19). Nessa mesma linha de grandeza ética, Adolfo Parry adverte que "o talento sem a probidade é o mais funesto presente da natureza e a probidade sem o talento não basta porque, mesmo com a melhor intenção, cometem-se frequentemente males irreparáveis" (Langaro, 1992, p. 42).

O Código de Responsabilidade Profissional da ordem dos advogados dos Estados Unidos (*American Bar Association Model Code of Professional Responsability*) enuncia em seu preâmbulo que todo advogado deve descobrir em sua consciência os *standards* mínimos de conduta, mas, em última análise, é o desejo pelo respeito e confiança dos membros de sua profissão e da sociedade a que ele serve que deve provê-lo do incentivo para o máximo grau possível de conduta ética.

Os deveres de decoro, urbanidade e polidez são obrigatórios para o advogado, inclusive nas referências processuais à parte adversa; competitividade não é sinônimo de agressão. Viola o dever de urbanidade o advogado que imputa à parte contrária conduta criminosa, não sendo admissível a exceção da verdade. Porém, não viola o dever de urbanidade o advogado que faz críticas pessoais a colega, em mensagem eletrônica, durante disputa eleitoral na OAB, pois o requisito indispensável é a relação com o exercício da profissão (CFOAB, Rec. 2010.08.02389-05/SCA – TTU).

Por fim, o dever de permanente qualificação, para bem cumprir seu compromisso social. A incompetência, infelizmente, pode causar tantos prejuízos sociais e individuais quanto a própria desonestidade, sendo alguns irrecuperáveis.

O advogado não dispõe do poder do juiz e dos meios de coação da polícia. Sua força deve residir na palavra e na autoridade moral que ostente, nunca no poder econômico seu ou de seu cliente ou na alimentação da venalidade humana.

De acordo com o art. 3º-A do Código de Ética e Disciplina, o advogado e a advogada devem atuar com perspectiva de gênero e etnia em todas as etapas dos procedimentos judicial, administrativo e disciplinar, afastando estereótipos, preconceitos e problemas estruturais que possam causar indevido desequilíbrio na relação entre as pessoas. Essa norma ética profissional também se aplica, por força do art. 55-A do CED e do Provimento n. 228/2024 que o regulamentou, aos procedimentos que tramitam nos órgãos da OAB, quando da interpretação das normas e apreciação dos fatos e das informações, de modo a se identificar e afastar eventuais desigualdades e assimetrias de gênero. As pessoas afetadas incluem todos os figurantes dos processos e procedimentos, inclusive depoentes.

Além dos deveres ético-profissionais, a legislação processual impõe deveres próprios aos advogados que participem do processo judicial. Assim, estabelece o art. 77 do CPC que os advogados devem expor os fatos em juízo conforme a verdade, não devem expor pretensões e defesas sem fundamento, não devem produzir provas ou praticar atos desnecessários à declaração ou à defesa do direito, devem contribuir para a efetivação das decisões judiciais, devem indicar o endereço profissional onde receberão as intimações do juízo, não devem praticar inovação ilegal no estado de fato do bem ou direito litigioso. Para o descumprimento de qualquer desses deveres o juiz poderá advertir que punirá como ato atentatório à justiça e representar à OAB para apuração da pena disciplinar cabível.

INDEPENDÊNCIA DO ADVOGADO

A independência é um dos mais caros pressupostos da advocacia. Sem ela não há rigorosamente advocacia. Qualquer pessoa apenas confiará na justiça se contar com a assistência de um defensor independente. A independência do advogado não se limita a sua atividade judicial; é também essencial à atividade extrajudicial de consultoria e assessoria, assim como importante fator de preservação do Estado de Direito, do governo submetido a leis, da contenção do abuso da autoridade e da limitação do poder econômico, porque foi instituída no interesse de todos os cidadãos, da sociedade e do próprio Estado. Uma antiga decisão da Suprema Corte norte-americana, que afastou a equiparação do advogado a funcionário público, proclamou: "O público tem quase tanto interesse na independência dos advogados quanto na dos juízes" (Cheatham, 1965, p. 66).

A independência do advogado está estreitamente ligada à independência da Ordem, que não se vincula nem se subordina a qualquer poder estatal, econômico ou político (ver comentários ao art. 44, § 1º). É grande e permanente a luta dos advogados, em todo o mundo, para preservar sua independência diante das arremetidas autoritárias frequentes dos donos do poder. O XXV Congresso da União Internacional dos Advogados, reunido em Madrid, em 1973, foi dedicado à independência do advogado, e suas conclusões continuam presentes quando afirmam "que não existe Justiça digna desse nome sem o concurso de advogados independentes; que a independência do advogado condiciona sua liberdade imprescritível, e que o dever fundamental dos povos é mantê-la em sua plenitude". O art. 3º do Código Internacional de Deontologia Forense da *International Bar Association* estabelece que o advogado "deverá conservar sua independência no cumprimento de seu dever profissional", evitando qualquer negócio ou ocupação que possam afetar sua independência.

A independência do advogado é condição necessária para o regular funcionamento do Estado de Direito. Por tais razões, é uma decorrência natural que os advogados tenham estado sempre na linha de frente das lutas emancipatórias e libertárias da humanidade e do Estado Democrático de Direito. Não é por acaso que os advogados sempre sofreram a intolerância dos déspotas de todos os matizes. É simbólica a reação irada de Napoleão Bonaparte, referida por Rui Barbosa (s.d., p. 63), quando lhe apresentaram o decreto de constituição da Ordem dos Advogados (que terminou por assinar em 1811) anos após as perseguições sofridas pelos profissionais com o golpe que o entronizou no poder: "Os advogados são facciosos, artífices de crimes e traições. Enquanto eu tiver uma espada à cinta, não firmarei nunca tal decreto. Quero que se possa cortar a língua ao advogado, se dela usar contra o Governo".

Na defesa dos interesses sob seu patrocínio, o advogado nunca deve fazer concessões que afetem sua independência, inclusive em face do próprio cliente. Na escolha dos meios jurídicos e na condução de seu trabalho profissional, o advogado nunca deve permitir que haja tutela direta ou indireta do cliente, de terceiro ou do magistrado. É sua, inteira e indelegável, a responsabilidade pela direção técnica da causa ou da questão.

Além da independência técnica, o advogado deve preservar sua independência política e de consciência, jamais permitindo que os interesses do cliente se confundam com os seus. O advogado não é e nunca pode ser o substituto da parte; é o patrono. Por outro lado, em momento algum deve ele deixar-se levar pelas emoções, sentimentos e impulsos do cliente, que deverão ser retidos à porta de seu escritório.

A ética do advogado é a ética da parcialidade, ao contrário da ética do juiz, que é a da isenção. Contudo, não pode o advogado cobrir com o manto ético qualquer interesse do cliente, cabendo-lhe recusar o patrocínio que viole sua independência ou a ética profissional. Não há justificativa ética, salvo no campo da defesa criminal, para a cegueira dos valores diante da defesa de interesses sabidamente aéticos ou de origem ilícita. A recusa, nesses casos, é um imperativo que engrandece o advogado.

Disse Couture (1990, p. 37) que o dia de prova para o advogado é aquele em que se lhe propõe um caso injusto, economicamente vantajoso, e que bastará a promoção para alarmar o demandado e resultar em lucrativa transação. Nenhum advogado é plenamente tal se não souber rechaçar esse caso, sem aparato ou alardes.

O Código de Ética e Disciplina (art. 22) estabelece que o advogado deve abster-se de patrocinar causa contrária à validade de ato jurídico em que tenha colaborado ou intervindo de qualquer maneira e, ainda, quando tenha sido convidado pela parte contrária que lhe revelou segredos.

Quanto à defesa criminal, a tradição da advocacia é de nunca recusá-la. O Código de Ética e Disciplina (art. 23) determina de forma incisiva que é direito e dever do advogado assumir a defesa criminal, sem considerar sua própria opinião sobre a culpa do acusado.

Disse Rui Barbosa, em famoso trecho de sua carta-resposta a Evaristo de Morais (1994, p. 48): "tratando-se de um acusado em matéria criminal, não há causa em absoluto *indigna de defesa*. Ainda quando o crime seja de todos o mais nefando, resta verificar a prova: e ainda quando a prova inicial seja decisiva, falta, não só apurá-la no cadinho dos debates judiciais, senão também vigiar pela regularidade estrita do processo nas suas mínimas formas. Cada uma delas constitui uma garantia, maior ou menor, da liquidação da verdade, cujo interesse em todas deve acatar rigorosamente".

Guarda idêntica etiologia a regra estatutária que determina ao advogado que não prejudique o exercício da profissão, por receio de desagradar magistrado ou qualquer autoridade ou de incorrer em impopularidade. O magistrado não é seu superior. Amesquinha a profissão, infringindo a ética, o advogado que se comporta com temor reverencial perante magistrado ou outra autoridade, porque não representa interesses próprios, mas sim do cliente. Também não se admite que aja com petulância, impertinência ou prepotência. No patrocínio da causa deve portar-se com altivez e dignidade, porém com serenidade, equilíbrio e urbanidade.

A opinião pública nem sempre está do lado da verdade; comumente deixa-se levar por impulsos irrefletidos e pelas comoções do momento ou pela manipulação das informações. A impopularidade pode ser o preço a pagar pelo advogado na defesa do cliente, quando está convencido de que é merecedor de justiça. A história da advocacia está cheia desses exemplos grandiosos, como a do advogado francês Labori, que perdeu quase toda sua clientela ao promover a defesa de Dreyfus (militar acusado de traição contra a França), previamente condenado pelo povo e cuja inocência mais adiante se provou. Durante o julgamento do ditador iraquiano Saddam Hussein, em 2005, assim respondeu Khamees Hamid Al-Ubaidi, um dos advogados que o defenderam, após o assassinato de outro colega, que integrava a equipe de defesa, sobre se deixaria o caso, ante o risco de ser também morto: "Eu o deixo na mão de Deus. Meu trabalho exige que eu defenda qualquer acusado, razão por que não posso recuar" (*Time*, 7 nov. 2005, p. 17).

RESPONSABILIDADE CIVIL DO ADVOGADO

Além da responsabilidade disciplinar, o advogado responde civilmente pelos danos causados em virtude de sua atividade, nas hipóteses legais.

As Ordenações Filipinas, Livro 1, Título XLVIII, 10, já determinavam que "se as partes por negligência, culpa, ou ignorância de seus Procuradores receberem em seus feitos alguma perda, lhes seja satisfeito pelos bens deles". Lembra Yves Avril (1981, p. 213) que a responsabilidade é a contrapartida da liberdade e da independência do advogado.

No direito positivo brasileiro são as seguintes as normas gerais de regência da responsabilidade civil do advogado:

a) Art. 133 da Constituição Federal, que estabelece a inviolabilidade do advogado por seus atos e manifestações no exercício da profissão. É norma de exoneração de responsabilidade, não podendo os danos daí decorrentes ser indenizados, salvo no caso de calúnia ou desacato. Essa peculiar imunidade é imprescindível ao exercício da profissão, que lida com a contradição de interesses e os conflitos humanos.

b) Art. 186 do Código Civil, regra básica da responsabilidade civil subjetiva, aplicável aos profissionais liberais.

c) Art. 32 do Estatuto da Advocacia, que responsabiliza o advogado pelos atos que, no exercício profissional, praticar com dolo ou culpa.

Tendo em vista o desenvolvimento da teoria da responsabilidade civil nos últimos anos, a responsabilidade civil do advogado assenta-se nos seguintes elementos:

a) o ato (ou omissão) de atividade profissional;

b) o dano material, moral, estético ou existencial;

c) o nexo de causalidade entre o ato e o dano;

d) a culpa ou dolo do advogado;

e) a imputação da responsabilidade civil ao advogado.

O advogado exerce atividade, entendida como complexo de atos teleologicamente ordenados, com caráter de permanência. A atividade obriga e qualifica como culposa a responsabilidade pelo dano decorrente de qualquer de seus atos de exercício.

A imputação da responsabilidade é direta ao advogado que praticou o ato de sua atividade causador do dano, não podendo ser estendida à sociedade de advogados de que participe.

Cabe ao advogado provar, além das hipóteses comuns de exclusão de responsabilidade, que não agiu com culpa (em sentido amplo, inclui o dolo). Se o profissional liberal provar que não se houve com imprudência, negligência, imperícia ou dolo, a responsabilidade não lhe poderá ser imputada.

O advogado tem obrigação de prudência (*obligation de prudence*). Incorre em responsabilidade civil o advogado que, imprudentemente, não segue as recomendações do seu cliente nem lhe pede instruções para segui-las. Na hipótese de consulta jurídica, de acordo com Moitinho de Almeida, o conselho insuficiente deve ser equiparado à ausência de conselho, sendo também imputável ao advogado a responsabilidade civil (1985, p. 18). É exceção à regra de não cabimento de responsabilidade civil em razão de exercício de consultoria jurídica, consagrada no STF: "O parecer meramente consultivo não possui caráter vinculante e não justifica, portanto, a responsabilização do advogado que o assina" (MS 30.892).

Sobre opinião jurídica emitida em processo de licitação, o CFOAB editou a Súmula 05/2012/COP, enunciando que não pode ser responsabilizado, civil ou criminalmente, o advogado que, no regular exercício do seu mister, emite parecer técnico opinando sobre dispensa ou inexigibilidade de licitação para contratação pelo Poder Público.

Essa orientação é respaldada pelo STF, em caso no qual o TCU pretendeu responsabilizar advogado de empresa estatal por ter opinado por determinada contratação, sem licitação: "O advogado somente será civilmente responsável pelos danos causados a seus clientes ou a terceiros, se decorrentes de erro grave, inescusável, ou de ato ou omissão praticado com culpa, em sentido largo: Cód. Civil, art. 159; Lei n. 8.906/94, art. 32" (MS 24.073).

Também deliberou o CFOAB (Ementa 032/2014/COP) em autorizar sua Diretoria para que intervenha como assistente de todo advogado que venha a responder processo administrativo ou judicial por força de sua atuação como parecerista, de modo a evitar a criminalização da atividade de advocacia pública.

A perda da ação, por decisão judicial, não implica responsabilidade civil do advogado, salvo se a ele possa ser imputado dolo ou culpa. Mas a perda negligente de prazo gera responsabilidade civil por danos morais e materiais, em virtude da teoria da perda de chance (STJ, REsp 1.079.185). Em outro julgado (AgInt no AREsp 2.214.851), o STJ decidiu que a demanda fundada na teoria da perda de chance deve ser solucionada "a partir de detida análise acerca das reais possibilidades de êxito do postulante, eventualmente perdidas em razão da desídia do causídico".

Tem-se decidido que o advogado que age com comprovada imperícia, impedindo que seu cliente consiga uma posição mais vantajosa no processo, pode ser responsabilizado com base na teoria da perda de uma chance.

Considera-se nula a cláusula de irresponsabilidade no contrato de prestação de serviços de advocacia. Não se pode excluir responsabilidade por atos próprios.

No âmbito tributário, o STF, acolhendo proposição da OAB Nacional, decidiu em 2020 pela inconstitucionalidade de lei estadual que determinava a responsabilidade solidária do advogado por infrações tributárias, quando o sujeito passivo omitisse ou prestasse informações falsas (ADI 4.845).

RESPONSABILIDADE PELO USO DE DADOS PESSOAIS DO CLIENTE E DE INTELIGÊNICA ARTIFICIAL

A Lei n. 13.709/2018 (Lei Geral de Proteção dos Dados Pessoais - LGPD), art. 42, estabelece a responsabilidade de quem realizar atividade de tratamento de dados pessoais, pela reparação dos danos patrimoniais ou morais que causar. A lei inclui, no conceito de tratamento, a recepção, arquivamento, comunicação e informação dos dados pessoais, inteiramente aplicáveis à atividade da advocacia.

A LGPD (art. 1º) expressa o objetivo explícito de "proteger os direitos fundamentais de liberdade e de privacidade e o livre desenvolvimento da personalidade da pessoa natural", em decorrência do tratamento de dados pessoais, inclusive, mas não apenas, nos "meios digitais". Dado pessoal, para a lei, é qualquer informação relacionada à pessoa física determinada. Considera controladora ou operadora toda pessoa física ou jurídica que utilize em sua atividade dados pessoais. Nesse conceito enquadra-se o advogado, em relação a seu cliente que seja pessoa física (ou "natural", como denomina a Lei).

Esse tema correlaciona-se com o direito/dever de sigilo profissional – cuja violação implica infração disciplinar prevista no art. 34, VII, do Estatuto –, uma vez que é inevitável para o exercício da atividade da advocacia o tratamento em sentido amplo dos dados pessoais do cliente. Além do dever de sigilo profissional, o advogado deve observar os deveres que a LGPD estabelece para o que considera de tratamento dos dados, como os de finalidade, adequação, necessidade e segurança. A proteção dos dados pessoais qualifica-se como direito fundamental, assim reconhecido pela CF, art. 5º, LXXIX (EC n. 115/2022).

Por outro lado, a advocacia é uma atividade profissional que progressivamente passou a se utilizar do meio eletrônico para seu mister. Porém, tal fator não é determinante para a incidência da LGPD, que alcança todo tratamento de dados pessoais em qualquer meio, eletrônico ou não.

Para a doutrina, o regime adotado pela LGPD, em seu art. 42, é o da responsabilidade civil subjetiva do advogado (Konder; Lima, 2020, p. 423), até porque a este não se aplicam as normas de relação de consumo, como se pacificou na jurisprudência.

Para exclusão de responsabilidade civil, o tratamento dos dados pessoais pelo advogado exige prévio consentimento por escrito do cliente, inclusive para fins judiciais ou extrajudiciais. O consentimento de criança ou adolescente deverá ser realizado no seu melhor interesse e será dado por pelo menos um dos pais ou responsável legal. O consentimento é dispensável se os dados forem tornados públicos pelo próprio titular (cliente).

O uso da denominada inteligência artificial (IA) pelo advogado deve ser considerado como meio e não como fim da atividade profissional. O advogado pode utilizá-la para facilitar a obtenção de dados e de informações úteis a seu mister, mas não pode substituir-se por ela, principalmente pela IA generativa. Se o fizer, incorre em infração ética, sujeitando-se a responsabilidade disciplinar e a responsabilidade civil pelos danos que causar ao cliente ou a terceiro, inclusive por quebra do sigilo profissional.

O uso de IA para copiar conteúdos alheios, parcial ou integralmente, ou até mesmo resumidos, sem referência à autoria ou à criação originárias, configura contrafação de direitos autorais, de acordo com a Lei n. 9.610/98, e infração disciplinar, pois constitui falseamento deliberado e dissimulado das fontes utilizadas (CED, art. 6º).

O uso incorreto da IA pelo advogado para produzir atos privativos de advocacia (p. ex.: petições iniciais, contestações, recursos, pareceres), atribuindo a si o que por aquela foi feito, o faz incorrer em infração disciplinar prevista no art. 34, V, do Estatuto (assinar qualquer escrito que não tenha feito).

O uso correto da IA pelo advogado deve, pois, ater-se às atividades-meio, no sentido de facilitar a obtenção mais rápida de fontes legais, ou de jurisprudência, ou de doutrina, sem assumir como seus os núcleos argumentativos dessas fontes, inclusive mediante estratégias de paráfrases, ou resumos, ou reformulações dos textos. As fontes têm de ser sempre referidas ou citadas claramente.

O Conselho Federal da OAB e seu Observatório Nacional de Cibersegurança, Inteligência Artificial e Proteção de Dados editaram a Rec. 001/2024 para orientação o uso da IA na atividade profissional, considerando a Recomendação sobre a Ética da IA da Unesco e a primeira resolução global sobre IA aprovada pela Assembleia Geral da Organização das Nações Unidas – ONU em março de 2024, advertindo sobre os riscos associados à sua utilização para a prática jurídica e garantia do acesso à justiça, notadamente quanto ao falseamento e ao compartilhamento indevido de informações, legislações, jurisprudências e fatos apresentados em juízo. Adverte que a utilização de assistentes virtuais de atendimento (*chatbots*) não deve incluir a realização de atividades privativas da advocacia e deve ser informado de forma transparente ao interlocutor que se trata de uma máquina. Os advogados devem observar o uso ético da tecnologia, de modo que o julgamento profissional não seja realizado por meio de sistemas de IA generativa sem supervisão humana, não sendo delegada nenhuma atividade privativa da advocacia aos sistemas. A dependência excessiva de ferramentas de IA é inconsistente com a prática da advocacia e não pode substituir a análise realizada pelo advogado.

LIDE TEMERÁRIA

Ocorre a lide temerária quando o advogado coligar-se com o cliente para lesar a parte contrária, sendo solidariamente responsável pelos danos que causar. A lide temerária funciona como meio indevido de pressão e intimidação, estando destituída de qualquer fundamentação legal, consistindo em instrumentalização abusiva do acesso à justiça, para fins impróprios ou ilícitos.

A lide temerária, no entanto, não se presume, nem pode a condenação decorrente ser decretada pelo juiz na mesma ação. Tampouco basta a prova da temeridade, que pode ser resultado da inexperiência ou da simples culpa do advogado. Para responsabilizar o advogado é imprescindível a prova do dolo. Caracterizando-se a lide temerária, pode a parte prejudicada ingressar em juízo com ação própria de responsabilidade civil contra o advogado que, coligado com o cliente, causou-lhe danos materiais ou morais, ante a evidência do dolo. A competência para a ação própria de responsabilidade civil é da justiça comum, ainda que a lide temerária tenha outra origem, como a Justiça do Trabalho.

O dolo, entendido como intenção maliciosa de causar prejuízo a outrem, é espécie do gênero culpa, no campo da responsabilidade civil. Aproxima-se da culpa grave. O dolo é qualificado em caso de lide temerária. É gravíssima infração à ética profissional. Ao contrário da culpa, onde o dano terá de ser indenizado na dimensão exata do prejuízo causado pelo advogado, o dolo em lide temerária acarreta um *plus* ao advogado, porque é obrigado solidário juntamente com o cliente, inclusive naquilo que apenas a este aproveitou indevidamente.

CÓDIGO DE ÉTICA E DISCIPLINA

A necessidade em se regulamentar a ética profissional, mediante códigos de conduta rigorosos, vem de longa data. Como toda atividade humana, a advocacia conheceu e conhece seus momentos de indignidade cometidos pelos maus profissionais. A lei Cíntia (de 204 a.C.), em Roma, puniu os advogados com impedimento para receber remuneração em virtude do procedimento reprovável de muitos práticos. Ordenanças dos reis espanhóis, em 1495, foram editadas para "evitar a malícia e tirania dos advogados que usam mal de seus ofícios".

O Estatuto evitou a duplicidade de tratamento legal dos deveres éticos, remetendo-os inteiramente ao Código de Ética e Disciplina, editado pelo CFOAB. A duplicidade de tratamento dos deveres éticos, havida entre o anterior Estatuto e o Código, foi a principal razão para o quase desconhecimento do antigo Código de Ética Profissional no seio dos advogados, com parca aplicação pela própria OAB.

As regras deontológicas do Código de Ética e Disciplina dizem respeito à retidão de conduta pessoal e profissional, às relações com o cliente, com o colega, com os agentes políticos, as autoridades, os servidores públicos e os terceiros; ao sigilo profissional; à publicidade; aos honorários profissionais; ao dever de urbanidade; à advocacia *pro bono*; ao exercício de cargos e funções na OAB e na representação da classe. Ao longo desses comentários ao Estatuto incluímos as referências ao Código nas matérias pertinentes, notadamente quanto ao sigilo profissional, à independência, aos honorários, à divulgação de atividade de advocacia, à renúncia ao mandato judicial, à imunidade profissional, aos símbolos privativos, à idoneidade moral, à atividade de estagiário, ao domicílio profissional, às sociedades de advogados, ao advogado empregado. Cada caso é um caso, na modulação razoável dos deveres de conduta profissional.

As regras de deontologia devem estar internalizadas no cotidiano profissional dos advogados. Por essa razão, exige-se seu estudo na formação prática do estudante de direito, especialmente no estágio, e para o conteúdo do Exame de Ordem. Em última instância, ao profissional inspirado nos princípios éticos, especialmente os da probidade, da dignidade e do decoro, o Código de Ética resulta desnecessário; mas é grande sua importância na orientação da conduta a ser seguida.

De maneira geral, os códigos de deontologia profissional apelam à consciência dos profissionais para fazerem de seus enunciados as diretrizes voluntárias de suas condutas. Não é catálogo de más condutas. É orientação de boas condutas ou boas práticas profissionais. Tem natureza de autorregulamentação, confiada pelo legislador à prudência da categoria profissional. Assim é, por exemplo, o Código Internacional de Deontologia Forense da *International Bar Association*. O Código de Ética e Disciplina brasileiro não apenas cumpre esse papel tradicional como assume a natureza de autênticas normas jurídicas, cuja infração acarreta a aplicação da sanção disciplinar de censura (art. 36, II, do Estatuto).

É regra geral deontológica a vedação de oferecimento de serviços profissionais que impliquem, direta ou indiretamente, inculcação ou captação de clientela. Impõe-se ao advogado o emprego de linguagem escorreita e polida, sendo-lhe vedado o uso de expressões intimidatórias que possam constranger e ameaçar o destinatário, especialmente em serviço de cobrança.

O Código tem funções abrangentes, porque, além de absorver o conjunto dos deveres éticos, cuida dos procedimentos disciplinares necessários para sua plena efetividade. As normas gerais sobre o processo disciplinar, em virtude de serem entendidas como de reserva legal, foram previstas no Estatuto. Os ritos e procedimentos, no entanto, foram destinados ao Código de Ética e Disciplina para permitir sua adaptação às mudanças que se façam necessárias.

Seu guardião é o Tribunal de Ética e Disciplina – TED, instalado em todos os Conselhos Seccionais, com atribuições ampliadas. Cabiam-lhe, pelo anterior Estatuto, objetivos mais modestos de promoção da ética profissional e de órgão de consulta, nesta matéria, do Conselho Seccional. Na vigência da Lei n. 8.906/94 é órgão indispensável do Conselho, porque atribuído de competência para julgar todos os processos disciplinares contra os inscritos na OAB. Além do TED, o CFOAB aprovou regimento próprio da Corregedoria-Geral do Processo Disciplinar (Res. n. 03/2010).

O Código de Ética e Disciplina alcança o advogado no foro, na rua, em seu escritório, enfim, em todos os espaços públicos onde seu comportamento possa repercutir no prestígio ou desprestígio da advocacia.

O Código de Ética e Disciplina também alcança a conduta do advogado como membro de órgão da OAB ou como representante da classe em órgãos colegiados, como o CNJ e o CNMP. Considera-se utilização de influência indevida, vedada pelo Código, a atuação de diretores e conselheiros da OAB, de dirigentes da Caixa de Assistência e de membros do TED, perante órgãos da OAB, na defesa de partes interessadas em processos ou no oferecimento de pareceres em seu favor, exceto se for em causa própria.

O art. 32 do CED, com a redação da Res. n. 04/2016, estabelece que o advogado que exercer cargos ou funções na OAB ou representar a classe em qualquer instituição não poderá firmar contrato oneroso de prestação de serviços ou fornecimento de produto com tais entidades, nem adquirir móveis ou imóveis de quaisquer órgãos da OAB, ou a estes alienar o que seja titular de posse ou direito real.

Na aplicação do Código devem ser observados os limites estabelecidos pelas garantias constitucionais dos direitos da personalidade, especialmente a intimidade e a vida privada, para que não se converta em instrumento abusivo de conduta.

PUBLICIDADE DA ADVOCACIA

O Código de Ética e Disciplina (Capítulo VIII do Título I) define os limites da publicidade, que deve primar pela discrição e sobriedade, com finalidade exclusivamente informativa, estando vedada a utilização de meios promocionais típicos de atividade mercantil. As normas do CED estão complementadas pelo Provimento n. 205/2021.

É vedada a veiculação por rádio e televisão ou espaços públicos, podendo ser utilizados os demais meios de imprensa, ou aqueles cujo acesso depende do próprio interessado, como ocorre com a Internet, inclusive mediante sítio eletrônico próprio, em qualquer hipótese observados os limites de conteúdo, que deve ser exclusivamente informativo.

Na publicidade profissional, nos cartões e material de escritório podem estar contidos o nome do advogado ou o da sociedade de advogados, seu número de inscrição, seus títulos acadêmicos regularmente obtidos em instituições de ensino superior (especialista, mestre, doutor, por exemplo), seus títulos honoríficos, suas especialidades desenvolvidas na área jurídica, sua condição de membro de entidades científicas e culturais, seus endereços profissionais e horários de expediente, seus números de telefone e demais meios de comunicação, como *e-mail*, página eletrônica, endereços dos *sites*, das redes sociais e os aplicativos de mensagens instantâneas, além dos idiomas em que o cliente pode ser atendido, podendo constar o logotipo, desde que em caráter informativo. Todavia é vedada a menção a cargos, empregos ou funções ocupados pelo advogado ou que tenha ocupado.

No que concerne à especialidade jurídica a que se dedicar o advogado não há exigência de prévia certificação. Diferentemente, nos EUA os advogados somente podem divulgar especialidade em alguma área do direito, inclusive em seus cartões, se forem certificados por uma instituição universitária ou não credenciada pela American Bar Association – ABA. O advogado pode obter certificação em mais de uma área. Os programas de certificação e as respectivas organizações são credenciadas pela ABA federal e, nos Estados, por suas seccionais ou pelo tribunal superior local.

Na publicidade profissional, o advogado travesti ou transexual pode utilizar seu nome social, tal como fez constar de sua inscrição, de acordo com o art. 44 do CED (com a redação da Res. n. 07/2016).

O Código avança no sentido de admitir a publicidade como direito do advogado, o que interessa especialmente aos mais novos. Porém a publicidade tem o escopo de ilustrar, educar e informar, não podendo ser usada para a autopromoção. A publicidade há de ser ostensiva, veraz e clara, não se admitindo a utilização de expedientes que configurem formas subliminares de *merchandising*, como a publicação de artigos jurídicos sem finalidade científica e com intuito não assumido de promoção profissional, ou a inserção de referências ao advogado ou a seu escritório em reportagens, notas sociais ou mensagens nos meios de comunicação.

A publicidade não pode adotar a ética empresarial, amplamente aceita nos Estados Unidos, contrariamente ao modelo europeu, que se adota no Brasil, desde o primeiro Estatuto da Advocacia. Esse conflito de modelos de publicidade profissional tem repercutido em nosso meio.

Até mesmo nos Estados Unidos, o conflito é patente entre os mandamentos deontológicos da American Bar Association e a Suprema Corte, que, em decisão de 1977, entendeu que a publicidade dos profissionais está constitucionalmente protegida pela Primeira Emenda. Para os deontólogos americanos a publicidade é vista como a manifestação de mercantilismo, estranha à quieta dignidade da profissão (Seron, 1993, p. 403).

No Brasil, assume contornos próprios mais adequados a uma profissão que deseja preservar-se em dignidade e respeito popular. O serviço profissional não é uma mercadoria que se ofereça à aquisição dos consumidores. No Brasil, a advocacia é serviço público, ainda quando exercido de modo privado, por força da Constituição e do Estatuto.

É vedado ao advogado utilizar-se dos meios comuns de publicidade empresarial e a regra de ouro é discrição e moderação, divulgando apenas as informações necessárias de sua identificação, podendo fazer referência a títulos acadêmicos conferidos por instituições universitárias, a associações culturais e científicas, aos ramos do direito em que atua, aos horários de atendimento e aos meios de comunicação. Estes são os dados que pode conter a publicidade, conforme enuncia o Código de Ética e Disciplina.

O Código Internacional de Ética do Advogado, da *International Bar Association*, estabelece regra muito rigorosa a respeito (regra 8): "É contrário à dignidade do advogado recorrer a anúncio". O anúncio não pode conter fotografias, ilustrações, cores, figuras ou desenhos incompatíveis com a sobriedade da advocacia. Proíbem-se igualmente referências a valores de serviços, tabelas, formas de pagamentos e estrutura da sede profissional, ou o uso do brasão da República, ou do nome e símbolos da OAB.

No que concerne à utilização de imagem e cargo, bem como brasão oficial da OAB, respondendo a consulta, o Órgão Especial do CFOAB, firmou os seguintes entendimentos: 1) o profissional dirigente da OAB deve ter uma conduta responsável e ética no que diz respeito ao exercício de suas funções na instituição, não podendo usá-la em proveito pessoal ou de terceiros; 2) ao advogado no exercício do magistério, e integrando os quadros das instituições de ensino, é licito utilizar sua imagem ou de seu *curriculum* para que a instituição empregadora possa divulgar em seus quadros de professores, desde que não haja exploração desarrazoada de sua condição de dirigente da OAB, com exploração comercial; 3) ao advogado individualmente ou em grupo é vedada a utilização da marca da OAB salvo com autorização expressa da entidade como estabelece o Provimento n. 135/2009 (Ementa 211/2018/OEP).

O anúncio do escritório ou da sociedade de advogados poderá ser veiculado em jornais, revistas, catálogos telefônicos, *folders* de eventos jurídicos ou outras publicações do gênero, bem como em sítios da internet, sendo vedado fazê-lo por meio de mensagens dirigidas a telefones celulares, publicidade na televisão ou no cinema, nem podendo ser a mensagem publicitária transmitida por outro veículo próprio da publicidade empresarial.

Formas indiretas, tais como programas de consulta em rádios e televisão, artigos pagos na imprensa, veiculação frequente de sua imagem e nome nos meios de comunicação social, *marketing* não jurídico ou *merchandising* são atitudes que ferem a ética profissional. É proibida a publicidade sob forma de opinião sobre matérias jurídicas, salvo quando afirmada de modo geral ou em tese ou como trabalho doutrinário, e em nenhuma hipótese quando esteja patrocinando interesse concreto a respeito. A participação do advogado na imprensa, para que não incida em sanção disciplinar, deve ater-se exclusivamente a objetivos instrutivos, educacionais e doutrinários, sem qualquer intuito de promoção pessoal.

Incide em infração ético-disciplinar o advogado que responde com habitualidade na mídia impressa, televisiva ou digital a consultas sobre matéria jurídica, por caracterizar promoção indireta e excessiva de sua atividade profissional.

O Provimento n. 205/2021 permite o que denominou "*marketing* jurídico", assim entendido aquele que é destinado aos profissionais da área jurídica, com uso de estratégias planejadas voltadas ao exercício de advocacia. Também permite a divulgação de conteúdos jurídicos para fins de informação ao público em geral, podendo ser utilizados os meios de comunicação disponíveis, inclusive com impulsionamento em redes sociais, *lives*, *webinars*. Os conteúdos jurídicos que poderão ser impulsionados não poderão conter oferta de serviços, induzir mercantilização ou captação de clientela. O impulsionamento consiste no pagamento para que uma publicação seja vista por um público mais amplo. As possibilidades da publicidade da advocacia foram ampliadas, porém delimitadas ao que dispõe o Código de Ética e Disciplina e desde que observem discrição e sobriedade e não visem de modo dissimulado à captação de clientela. Não são permitidas informações sobre a estrutura física do escritório e a promessa de resultados. O *marketing* jurídico pode ser empregado em eventos ou em vendas de bens voltados ao público jurídico, desde que não tenha objetivo de promover, premiar ou destacar profissionais do direito. Nos *sites* de escritórios, os *chatbots* poderão ser usados para responder dúvidas iniciais. Já os grupos de plataformas de mensagens instantâneas podem ser usados desde que com pessoas com quem o advogado ou o escritório tenha relacionamento.

O Provimento n. 205/2021 veda expressamente: I – referência, direta ou indireta, a valores de honorários, forma de pagamento, gratuidade ou descontos e reduções de preços como forma de captação de clientes; II – divulgação de informações que possam induzir a erro ou causar dano a clientes, a outros advogados ou à sociedade; III – anúncio de especialidades para as quais não possua título certificado ou notória especialização, nos termos do parágrafo único do art. 3º-A do Estatuto da Advocacia; IV – utilização de orações ou expressões persuasivas de autoengrandecimento ou de comparação; V – distribuição de brindes, cartões de visita, material impresso e digital, apresentações dos serviços ou afins de maneira indiscriminada em locais públicos presenciais ou virtuais, salvo em eventos de interesse jurídico. Como órgão de consulta, cabe ao Comitê Regulador de Marketing Jurídico propor atualização das normas éticas a respeito.

O Código de Ética e Disciplina, ao lado dos códigos deontológicos de outros países, procurou encontrar o ponto de equilíbrio entre a participação episódica do advogado nos meios de comunicação em matérias de cunho jurídico, sem intuito promocional e visando ao interesse geral, e aquela habitual, em que se presume a promoção indevida, vedando a habitualidade de respostas a consultas, o debate sobre causas sob o patrocínio de outro colega, o comprometimento da dignidade da profissão, a divulgação da lista de clientes e de demandas, a insinuação para reportagens e declarações públicas sobre questões jurídicas, neste caso com intuito de captação de clientela, o debate sensacionalista.

Como consequência, o advogado que se manifestar sobre determinado tema jurídico nos meios de comunicação social, incluindo as mídias eletrônicas, fica impedido eticamente de patrocinar novas causas a ele relacionadas. Nas causas sob seu patrocínio deve limitar-se a se referir em tese a aspectos que não violem o sigilo profissional.

Questão controvertida é a que se refere à mala direta. Ou se admite ou se proíbe ou se limita. Depois de longos debates havidos no CFOAB, optou-se pela terceira alternativa, ou seja, a mala direta é admissível apenas para comunicar a clientes e colegas a instalação do escritório ou mudança de endereço. O Código de Ética e Disciplina de 2015 (art. 46) foi mais longe, ao admitir que a publicidade pela internet ou outros meios eletrônicos e pela telefonia pode ser utilizada para envio de mensagens, desde que para destinatários certos e que não impliquem oferecimento de serviços ou importem captação de clientela, direta ou indireta.

A Internet, a *web* e outros meios eletrônicos de comunicação social favorecem violações das regras deontológicas sobre publicidade da advocacia, nas quais se enquadram as seguintes condutas vedadas: a) envio habitual de boletins informativos, que encobrem o intuito de divulgação do escritório ou sociedade de advogados; b) oferta de patrocínio ou assessoria jurídica em página da Internet; c) estampa de relações de clientes; d) utilização de *e-mail* ou página da Internet ou de rede social para envio de mensagem eletrônica voltada à captação de clientela; e) divulgação de páginas da Internet com artigos jurídicos e opiniões virtuais, com intuito de captação de clientela, salvo em revistas jurídicas eletrônicas; f) prestação de consultas a clientes eventuais, mediante pagamento, inclusive com cartão de crédito.

Tendo em vista a proibição ética de divulgação conjunta da advocacia com outra atividade remunerada, o Provimento n. 205/2021 esclarece que essa proibição não abrange a indicação dos locais de prestação de serviços compartilhados (*coworking*), onde o advogado receba seus clientes, mas os outros serviços não podem ser aludidos na publicidade da advocacia.

O Código de Ética e Disciplina, no art. 58-A, admite a celebração de termo de ajustamento de conduta (TAC) para fazer cessar a publicidade irregular praticada por advogados ou estagiários. O TAC está regulamentado pelo Provimento n. 200/2020 do CFOAB.

INFRAÇÕES E SANÇÕES DISCIPLINARES

Capítulo IX
DAS INFRAÇÕES E SANÇÕES DISCIPLINARES

Art. 34. Constitui infração disciplinar:

I - exercer a profissão, quando impedido de fazê-lo, ou facilitar, por qualquer meio, o seu exercício aos não inscritos, proibidos ou impedidos;

II - manter sociedade profissional fora das normas e preceitos estabelecidos nesta lei;

III - valer-se de agenciador de causas, mediante participação nos honorários a receber;

IV - angariar ou captar causas, com ou sem a intervenção de terceiros;

V - assinar qualquer escrito destinado a processo judicial ou para fim extrajudicial que não tenha feito, ou em que não tenha colaborado;

VI - advogar contra literal disposição de lei, presumindo-se a boa-fé quando fundamentado na inconstitucionalidade, na injustiça da lei ou em pronunciamento judicial anterior;

VII - violar, sem justa causa, sigilo profissional;

VIII - estabelecer entendimento com a parte adversa sem autorização do cliente ou ciência do advogado contrário;

IX - prejudicar, por culpa grave, interesse confiado ao seu patrocínio;

X - acarretar, conscientemente, por ato próprio, a anulação ou a nulidade do processo em que funcione;

XI - abandonar a causa sem justo motivo ou antes de decorridos dez dias da comunicação da renúncia;

XII - recusar-se a prestar, sem justo motivo, assistência jurídica, quando nomeado em virtude de impossibilidade da Defensoria Pública;

XIII - fazer publicar na imprensa, desnecessária e habitualmente, alegações forenses ou relativas a causas pendentes;

XIV - deturpar o teor de dispositivo de lei, de citação doutrinária ou de julgado, bem como de depoimentos, documentos e alegações da parte contrária, para confundir o adversário ou iludir o juiz da causa;

XV - fazer, em nome do constituinte, sem autorização escrita deste, imputação a terceiro de fato definido como crime;

XVI – deixar de cumprir, no prazo estabelecido, determinação emanada do órgão ou autoridade da Ordem, em matéria da competência desta, depois de regularmente notificado;

XVII – prestar concurso a clientes ou a terceiros para realização de ato contrário à lei ou destinado a fraudá-la;

XVIII – solicitar ou receber de constituinte qualquer importância para aplicação ilícita ou desonesta;

XIX – receber valores, da parte contrária ou de terceiro, relacionados com o objeto do mandato, sem expressa autorização do constituinte;

XX – locupletar-se, por qualquer forma, à custa do cliente ou da parte adversa, por si ou interposta pessoa;

XXI – recusar-se, injustificadamente, a prestar contas ao cliente de quantias recebidas dele ou de terceiros por conta dele;

XXII – reter, abusivamente, ou extraviar autos recebidos com vista ou em confiança;

~~XXIII – deixar de pagar as contribuições, multas e preços de serviços devidos à OAB, depois de regularmente notificado a fazê-lo;~~

- *O inciso XXIII foi declarado inconstitucional pelo STF no RE 647.885.*

XXIV – incidir em erros reiterados que evidenciem inépcia profissional;

XXV – manter conduta incompatível com a advocacia;

XXVI – fazer falsa prova de qualquer dos requisitos para inscrição na OAB;

XXVII – tornar-se moralmente inidôneo para o exercício da advocacia;

XXVIII – praticar crime infamante;

XXIX – praticar, o estagiário, ato excedente de sua habilitação;

XXX – praticar assédio moral, assédio sexual ou discriminação.

- *Inciso XXX incluído pela Lei n. 14.612/2023.*

§ 1º Inclui-se na conduta incompatível:

***a*) prática reiterada de jogo de azar, não autorizado por lei;**

***b*) incontinência pública e escandalosa;**

***c*) embriaguez ou toxicomania habituais.**

§ 2º Para os fins desta Lei, considera-se:

I – assédio moral: a conduta praticada no exercício profissional ou em razão dele, por meio da repetição deliberada de gestos, palavras faladas ou escritas ou comportamentos que exponham o estagiário, o advogado ou qualquer outro profissional que esteja prestando seus serviços a situações humilhantes e constrangedoras, capazes de lhes causar ofensa à personalidade, à dignidade e à integridade psíquica ou física, com o objetivo de excluí-los das suas funções ou de desestabilizá-los emocionalmente, deteriorando o ambiente profissional;

II – assédio sexual: a conduta de conotação sexual praticada no exercício profissional ou em razão dele, manifestada fisicamente ou por palavras, gestos ou outros meios, proposta ou imposta à pessoa contra sua vontade, causando-lhe constrangimento e violando a sua liberdade sexual;

III – discriminação: a conduta comissiva ou omissiva que dispense tratamento constrangedor ou humilhante a pessoa ou grupo de pessoas, em razão de sua deficiência, pertença a determinada raça, cor ou sexo, procedência nacional ou regional, origem étnica, condição de gestante, lactante ou nutriz, faixa etária, religião ou outro fator.

- *§ 2º incluído pela Lei n. 14.612/2023.*

Art. 35. As sanções disciplinares consistem em:

I – censura;

II – suspensão;

III – exclusão;

IV – multa.

Parágrafo único. As sanções devem constar dos assentamentos do inscrito, após o trânsito em julgado da decisão, não podendo ser objeto de publicidade a de censura.

Art. 36. A censura é aplicável nos casos de:

I – infrações definidas nos incisos I a XVI e XXIX do art. 34;

II – violação a preceito do Código de Ética e Disciplina;

III – violação a preceito desta lei, quando para a infração não se tenha estabelecido sanção mais grave.

Parágrafo único. A censura pode ser convertida em advertência, em ofício reservado, sem registro nos assentamentos do inscrito, quando presente circunstância atenuante.

Art. 37. A suspensão é aplicável nos casos de:

I – infrações definidas nos incisos XVII a XXV e XXX do *caput* do art. 34;

- *Inciso I com a redação da Lei n. 14.612/2023.*
- *O STF, na ADI 7.020, excluiu da incidência do art. 37 a hipótese do art. 34, XXIII.*

II – reincidência em infração disciplinar.

§ 1º A suspensão acarreta ao infrator a interdição do exercício profissional, em todo o território nacional, pelo prazo de trinta dias a doze meses, de acordo com os critérios de individualização previstos neste capítulo.

~~**§ 2º Nas hipóteses dos incisos XXI e XXIII do art. 34, a suspensão perdura até que satisfaça integralmente a dívida, inclusive com correção monetária.**~~

- *O § 2º foi declarado inconstitucional pelo STF no RE 647.885.*

§ 3º Na hipótese do inciso XXIV do art. 34, a suspensão perdura até que preste novas provas de habilitação.

Art. 38. A exclusão é aplicável nos casos de:

I – aplicação, por três vezes, de suspensão;

II – infrações definidas nos incisos XXVI a XXVIII do art. 34.

Parágrafo único. Para a aplicação da sanção disciplinar de exclusão é necessária a manifestação favorável de dois terços dos membros do Conselho Seccional competente.

Art. 39. A multa, variável entre o mínimo correspondente ao valor de uma anuidade e o máximo de seu décuplo, é aplicável cumulativamente com a censura ou suspensão, em havendo circunstâncias agravantes.

Art. 40. Na aplicação das sanções disciplinares são consideradas, para fins de atenuação, as seguintes circunstâncias, entre outras:

I – falta cometida na defesa de prerrogativa profissional;

II – ausência de punição disciplinar anterior;

III – exercício assíduo e proficiente de mandato ou cargo em qualquer órgão da OAB;

IV – prestação de relevantes serviços à advocacia ou à causa pública.

Parágrafo único. Os antecedentes profissionais do inscrito, as atenuantes, o grau de culpa por ele revelada, as circunstâncias e as consequências da infração são considerados para o fim de decidir:

***a*) sobre a conveniência da aplicação cumulativa da multa e de outra sanção disciplinar;**

***b*) sobre o tempo de suspensão e o valor da multa aplicáveis.**

Art. 41. É permitido ao que tenha sofrido qualquer sanção disciplinar requerer, um ano após seu cumprimento, a reabilitação, em face de provas efetivas de bom comportamento.

Parágrafo único. Quando a sanção disciplinar resultar da prática de crime, o pedido de reabilitação depende também da correspondente reabilitação criminal.

Art. 42. Fica impedido de exercer o mandato o profissional a quem forem aplicadas as sanções disciplinares de suspensão ou exclusão.

Art. 43. A pretensão à punibilidade das infrações disciplinares prescreve em cinco anos, contados da data da constatação oficial do fato.

§ 1º Aplica-se a prescrição a todo processo disciplinar paralisado por mais de três anos, pendente de despacho ou julgamento, devendo ser arquivado de ofício, ou a requerimento da parte interessada, sem prejuízo de serem apuradas as responsabilidades pela paralisação.

§ 2º A prescrição interrompe-se:

I – pela instauração de processo disciplinar ou pela notificação válida feita diretamente ao representado;

II – pela decisão condenatória recorrível de qualquer órgão julgador da OAB.

COMENTÁRIOS

INFRAÇÕES DISCIPLINARES

Diferentemente dos deveres éticos, que configuram conduta positiva ou comportamento desejado, encartados no Código de Ética e Disciplina, as infrações disciplinares caracterizam-se pela conduta negativa, pelo comportamento indesejado, que devem ser reprimidos. Sob a perspectiva da tradicional classificação das normas, são imperativas as que cuidam dos deveres, e proibitivas as que tratam das infrações disciplinares.

As infrações disciplinares, por constituírem restrições de direito, devem ser taxativamente indicadas em lei, não podendo ser remetidas ao Código de Ética e Disciplina que as regulamentasse. Com efeito, a garantia de que as infrações estejam previamente tipificadas em normas sancionadoras integra o devido processo legal da atividade sancionatória do Estado (art. 5º, LIV, da Constituição), "visto que sem a tipificação do comportamento proibido resulta violada a segurança jurídica da pessoa humana ou jurídica, que se expõe ao risco de proibições arbitrárias e dissonantes dos comandos legais" (Osório, 2005, p. 265).

As infrações disciplinares são apenas as indicadas no Estatuto, estando vedadas as interpretações extensivas ou analógicas.

Os conceitos indeterminados, nesta sede, são escassos e apenas os considerados imprescindíveis, dada a própria dinâmica da evolução dos comportamentos profissionais e a adaptação às mudanças. É o caso de conduta incompatível, cujas hipóteses são exemplificativas. No entanto, não há margem para os juízos subjetivos de valor. O conceito se concretiza mediante a apropriação objetiva dos *standards* de conduta, reconhecidos como valiosos em cada época pela consciência nacional dos advogados, matizados pelo sentimento de justiça.

As infrações disciplinares estão agrupadas em um artigo único, em número de vinte e nove tipos, podendo ser divididas em três partes, segundo o nível de gravidade que ostentam e de acordo com as sanções a que estão sujeitas: censura (eventualmente, reduzida a simples advertência), suspensão e exclusão.

As infrações disciplinares devem constar dos assentamentos do inscrito após o trânsito em julgado da decisão. Todavia, não pode ser objeto de qualquer publicidade a sanção de censura, devendo sua execução dar-se por meio de notificação enviada ao advogado, de acordo com o art. 137-D do Regulamento Geral. Porém, o Órgão Especial do CFOAB decidiu (Ementa 010/2018/OEP) que "as certidões expedidas pelos Conselhos Seccionais devem mencionar a existência de condenação disciplinar com o trânsito em julgado, na qual fora imposta ao advogado a sanção disciplinar de censura, inclusive devendo a condenação ser registrada nos assentamentos do inscrito – salvo quando convertida em advertência – e no Cadastro Nacional de Sanções Disciplinares (CNSD)".

A multa é uma sanção disciplinar acessória que se acumula em outra sanção em caso de circunstância agravante. Não pode ser aplicada de modo isolado nem se refere especificamente a qualquer infração disciplinar.

Cometem infrações disciplinares os que estão inscritos na OAB. Para os não inscritos, aplica-se a legislação penal comum, por se tratar de exercício ilegal da profissão. No entanto, o mesmo fato punível disciplinarmente pode também repercutir no campo penal, não dependendo uma jurisdição da outra (independência das instâncias).

A jurisprudência dos Tribunais – inclusive aquela emanada do STF – tem assinalado, tratando-se de exercício ilegal da advocacia, que a norma inscrita no art. 47 da Lei das Contravenções Penais aplica-se tanto ao profissional não inscrito nos quadros da OAB quanto ao profissional, que, embora inscrito, encontra-se suspenso ou impedido, estendendo-se, ainda, essa mesma cláusula de tipificação penal, ao profissional com inscrição já cancelada (STF, HC 74.471).

A punibilidade não se extingue se o advogado passar a exercer função incompatível com a advocacia, devendo a punição ser registrada para ser cumprida quando for requerida e deferida nova inscrição.

Para análise do conjunto das infrações disciplinares, passaremos a agrupá-las segundo as sanções a que se vinculam na ordem dos incisos do art. 34 do Estatuto.

O Código de Ética e Disciplina, no art. 58-A, prevê a celebração de termo de ajustamento de conduta (TAC) nos casos de infração disciplinar punível com censura, se o fato apurado não tiver gerado repercussão negativa à advocacia, ou seja, quando não tiver ultrapassado a dimensão interpessoal direta e alcançado o espaço público, incluindo divulgação nos meios de comunicação, com potencial de dano à reputação da advocacia em geral. O TAC é firmado perante o Conselho Federal ou Conselho Seccional, no âmbito de suas competências. O TAC somente é cabível se o advogado ou estagiário não tiver antecedente de infração disciplinar, ou se lhes for imputada a prática de mais de uma infração disciplinar. Com a celebração do TAC, o processo administrativo disciplinar ficará suspenso por três anos, após o que será arquivado.

INFRAÇÕES DISCIPLINARES PUNÍVEIS COM CENSURA

Exercício da profissão por impedidos ou incompatibilizados

A primeira espécie proíbe o exercício da profissão aos que estejam impedidos de fazê-lo. Já salientamos que a falta ou falsidade de inscrição é caso de punição segundo a legislação penal comum (exercício ilegal da profissão), mas não propriamente de infração disciplinar. O impedimento referido tanto envolve a incompatibilidade (impedimento total) quanto o impedimento parcial, nesse caso no âmbito do impedimento (por exemplo, advogar contra a Fazenda Pública que o remunere).

Comete a mesma infração quem permite ou facilita que outrem não inscrito na OAB ou impedido exerça irregularmente a profissão. Nesse caso, a culpa do advogado terá de ser manifesta, por ação ou omissão.

O advogado frequentemente delega tarefas a escriturários, a secretários, a estagiários e a outros leigos. Essa delegação é admissível apenas enquanto ele mantiver tais pessoas sob seu estrito controle e responsabilidade e desde que a eles não atribua a prática de atos privativos de advocacia.

Participação em sociedade irregular

A segunda espécie proíbe a participação do advogado em sociedade de advogados fora do modelo estabelecido no Estatuto. Como exemplos: sociedade que tem por finalidade advocacia associada com outra atividade (contabilidade, projetos econômicos etc.); sociedade que tem finalidade de atividade de advocacia e não está registrada na OAB, mas em outro registro público; sociedade de advogados que adota modelo empresarial.

Não se inclui nesse tipo de infração a manutenção comum do escritório por mais de um advogado ou a parceria em atividades profissionais ou o patrocínio conjunto de causas, desde que fiquem caracterizadas a atuação e a responsabilidade individual de cada advogado.

Utilização de agenciador de causas

A terceira espécie veda a utilização de agenciador de causas. Esta é uma infração frequente, promovida de forma sutil, especialmente nas ações plúrimas, que danifica o prestígio da advocacia. O agenciador atua de modo organizado, cobrando participação nos honorários, amesquinhando o trabalho do profissional.

Angariar ou captar causas

A quarta espécie complementa a anterior, porque veda quaisquer formas que sejam utilizadas para angariar ou captar causas, com ou sem ajuda de terceiros. O advogado não pode oferecer seus serviços ao cliente potencial como se fosse uma mercadoria. A publicidade deve ser realizada de modo genérico e com moderação, sem promessa de resultados a causas determinadas.

Para o Estatuto, nenhuma forma de captação de clientela é admissível; o advogado deve ser procurado pelo cliente, nunca procurar. A inculcação dá-se sempre de modo prejudicial à dignidade da profissão, seja quando o advogado se oferece diretamente ao cliente em ambientes sociais, autopromovendo-se, seja quando critica o desempenho de colega que esteja com o patrocínio de alguma causa, seja, ainda, quando se utiliza dos meios de comunicação social para manifestações habituais sobre assuntos jurídicos.

O uso de mala direta, por exemplo, apenas é admissível para comunicar a instalação do escritório ou mudanças de endereço.

Incorre nessa infração o advogado que presta serviço, como autônomo, à empresa imobiliária que administra locação de imóveis, advogando concomitantemente para os pretendentes a locatários indicados pela empresa.

Segundo o Órgão Especial do CFOAB, incorre nessa infração quem promove o exercício da advocacia mediante planos assistenciais (Proc. 215/98/OEP). Porém, não incorre nessa infração o advogado de associação civil, quando se limita a promover o apoio profissional aos associados ou à própria associação, tanto em modo remunerado quanto *pro bono*, salvo se a associação atuar como captadora de causas para o advogado (Ementa n. 008/2021/OEP).

Autoria falsa de atos

A quinta espécie proíbe que o advogado assuma a autoria de atos de advocacia que ele não praticou nem com eles colaborou. Essa regra tem como principal alvo a deplorável conduta de advogados que, a troco de alguns dinheiros, dão cobertura de legalidade ao exercício ilegal da profissão de rábulas ou assemelhados. O plágio total ou parcial de peça elaborada por outro colega também configura a infração. Quem age assim rebaixa-se em dignidade profissional e pessoal e desprestigia a classe.

O uso incorreto da inteligência artificial (IA) pelo advogado para produzir atos privativos de advocacia (p. ex.: petições iniciais, contestações, recursos, pareceres), atribuindo a si o que por aquela foi feito, o faz incorrer em infração disciplinar prevista no art. 34, V, do Estatuto (assinar qualquer escrito que não tenha feito).

Advogar contra literal disposição de lei. Lei injusta

A sexta espécie envolve a proibição de advogar contra literal disposição de lei. Esta é regra genérica de proteção da Administração da Justiça e do cliente, mas tem como pressupostos a intenção, a vontade consciente e a má-fé do advogado. A finalidade desse tipo de sanção é evitar que o advogado, com evidente intuito de obter proveito indevido do cliente ou de terceiros, postule ou recomende solução jurídica que sabe ser proibida ou que não pode ser tutelada pela lei. Nele se enquadra a postulação contra orientação pacífica dos tribunais sobre determinada matéria, sem advertir o cliente do seguro insucesso, mas recebendo honorários. É dever ético do advogado aconselhar seu cliente a não ingressar em aventura judicial, e, como determina o Código de Ética e Disciplina (art. 9º), informar-lhe dos riscos de sua pretensão e das consequências que advirão.

A origem dessa regra, em nosso direito, pode ser encontrada na Lei da Boa Razão (de 1769, § 7º), que impunha severas sanções aos advogados que aconselhassem contra as Ordenações e o direito expresso, "porquanto a experiência tem mostrado que as sobreditas interpretações dos advogados consistem ordinariamente em raciocínios frívolos, e ordenados mais a implicar com sofismas as verdadeiras disposições das leis".

O erro involuntário é escusável, sobretudo em face da inflação legislativa incontrolável, que caracteriza nossa época. Nesse caso, cabe ao advogado prová-lo. Na dúvida deve ser presumido.

"Para configurar infração ao art. 34, VI, do EAOAB pressupõe a intenção, a vontade consciente e a má fé do advogado, pois a este cabe a inteira e indelegável responsabilidade pela direção técnica da causa ou da questão" (Ementa 056/2007/SCA).

Mais interessantes nessa hipótese são as exceções, que engrandecem a atuação construtiva dos advogados na dimensão pluralista do direito e da justiça. São presunções de boa-fé, e até mesmo diretrizes que recomendam o afastamento da literalidade da lei ou de reação a ela, quando o advogado estiver convencido de sua inconstitucionalidade, de sua inerente injustiça ou quando a jurisprudência impregnar de sentidos diferentes. O combate à lei inconstitucional ou injusta não é apenas um direito do advogado; é um dever.

A lei é injusta quando fere os parâmetros admitidos pela consciência jurídica da justiça comutativa, ou da justiça distributiva ou da justiça social e os direitos humanos.

A justiça social (que tem que ver com a superação das desigualdades sociais e regionais) foi elevada a princípio estruturante do Estado Democrático de Direito, da sociedade e da atividade econômica pela Constituição brasileira (arts. 3º e 170). É conhecida a fórmula de Gustav Radbruch, que o conhecido jusfilósofo alemão desenvolveu em 1946, após a Segunda Guerra Mundial, para o enfrentamento dos crimes de genocídio cometidos pelos nazistas, em face do princípio *nulla poena sine lege*: a) a lei tem preferência sobre o sentimento de justiça; porém, b) a justiça prefere à lei quando esta for extremamente injusta.

Vêm a propósito as palavras de Antonio de Luna (1954): "Quando o direito do demandante ou a oposição do demandado se baseiam em uma lei injusta, o advogado não deve aceitar tal causa, já que ao aceitá-la tornar-se-ia corresponsável pelos efeitos dela".

Como se vê, o advogado não é escravo da lei, no sentido de lei estatal; contra ela pode (e deve) opor-se quando em si mesma (e não apenas por sua aplicação) é injusta ou incompatível com a Constituição. Mais que a lei, é a justiça a finalidade do sistema jurídico brasileiro.

O Código de Ética e Disciplina (art. 22) inclui a abstenção do advogado ao patrocínio de causas contrárias à validade de ato jurídico em que tenha colaborado. Nessa terceira hipótese é flagrante o comportamento aético, pois importa negar validade jurídica ao ato que ele próprio elaborou quando passou a advogar os interesses da parte contrária.

A Constituição brasileira adotou o sistema misto de controle da constitucionalidade (concentrado, mediante ação direta proposta pelas entidades legitimadas; difuso, mediante arguição incidental suscitada por qualquer advogado em causas concretas). Dessa forma, o advogado contribui com a construção do Estado Democrático de Direito para a retirada do sistema jurídico de lei que viola as normas e princípios constitucionais que nos regem.

Quebra de sigilo profissional

A sétima situação impede que o advogado viole sigilo profissional. Admite, no entanto, a justa causa. O sigilo profissional é apanágio da cidadania e da inviolabilidade da advocacia, como acima discorremos (ver comentários ao art. 7º sobre inviolabilidade).

A justa causa apenas ocorre quando o cliente autoriza o advogado a quebrar o sigilo ou, quando não autorizado, tem por fito proteger interesse relevante. Em virtude da gravidade do dever, a autorização há de ser expressa, e apenas podem ser utilizadas nos limites da necessidade da defesa dos interesses do cliente.

O Código de Ética e Disciplina (art. 37) considera relevantes os seguintes interesses, que justificam a quebra:

a) grave ameaça ao direito à vida. Tal ocorre, por exemplo, quando o cliente revela sua intenção (ou participação) em assassinar alguém;

b) grave ameaça à honra ao próprio advogado ou a terceiro, como, por exemplo, a revelação de fatos tipificados como crime de calúnia;

c) quando o advogado se vê afrontado pelo próprio cliente e, em defesa própria, tem de revelar o segredo, mas sempre dentro dos limites necessários à defesa.

O dever de sigilo inclui a recusa de depoimento judicial sobre ele, nesse caso mesmo que autorizado ou solicitado pelo constituinte, quando o advogado entender que deva preservá-lo.

É inadmissível a prova proveniente de acordo de colaboração premiada firmado pelo advogado investigado criminalmente, com quebra do sigilo profissional, contra a empresa e seus gestores para a qual o advogado trabalha. Assim decidiu o STJ no RHC 179.805-PR. Para o relator do caso, "esse é ônus do advogado que não pode ser superado mesmo quando investigado, sob pena de se colocar em fragilidade o amplo direito de defesa".

Um peculiar tipo de sigilo profissional, que não pode ser quebrado, é o das informações reservadas do ex-empregador, quando o advogado, patrocinando interesse de terceiro, contra ele se voltar e postular. É dever do advogado resguardar o segredo profissional e as informações que lhe tenham sido confiadas pelo ex-empregador ou ex-cliente (*inside information*).

Entendimento com a parte contrária

A oitava espécie veda o entendimento do advogado com a parte contrária. O sentido de entendimento não é apenas de transação, mas de qualquer tentativa de negociação ou sondagem. Para tanto o advogado deve receber autorização prévia do cliente e cientificar o outro colega. A lei não exige que haja instrumento escrito de autorização, mas deve o advogado acautelar-se quanto à necessidade de prová-la.

No direito romano, como se vê no Digesto (D, 47, 15, 1), considerava-se prevaricador quem, fingindo interessar-se por um, "trai, entretanto, sua causa, ajudando o adversário".

O Código de Ética e Disciplina (art. 2º, parágrafo único, *d*) prevê idêntica regra deontológica, impondo o dever de abstenção ao advogado de "entender-se diretamente com a parte adversa que tenha patrono constituído, sem o assentimento deste".

Prejuízo causado à parte

A nona espécie também considera como infração disciplinar o dano ou prejuízo que o advogado causa ao cliente, além da responsabilidade civil a que se sujeita. Contudo, para a responsabilidade ético-disciplinar o Estatuto exige a culpa grave (*lata culpa, magna negligentia*), assim entendida uma negligência extraordinária, superior à média da diligência comum, ou seja, não usar a atenção mais vulgar, não entender o que entendem todos. A culpa grave aproxima-se do dolo (*dolus malus*), mas com ele não se confunde porque falta a intenção de prejudicar. A culpa grave é aquela inescusável na atividade do advogado. Resulta da falta que o profissional mais desleixado ou medíocre não poderia cometer. A perda do prazo para contestar, por exemplo, após receber o mandado judicial, concretiza o tipo.

A não interposição de recurso, em tese cabível, importa prejuízo ao cliente (CFOAB, Rec. 0070/2002/SCA). Igualmente, quando o advogado prejudica interesse confiado ao seu patrocínio e deixa de ingressar com a ação judicial para a qual foi contratado, acarretando a incidência da prescrição da pretensão de seu cliente (CFOAB, Proc. 2.304/2001/SCA).

No que concerne à não interposição de recurso pelo advogado nem sempre caracteriza infração, porque o advogado pode estar convencido do descabimento do recurso ou da inutilidade de sua interposição, estando tutelado pelo princípio da independência técnica.

Em outros julgados, entendeu o CFOAB que o advogado que deixa de comparecer à sessão de julgamento do tribunal do júri por não ter recebido a integralidade de seus honorários profissionais e pelo insuficiente material probatório colhido na instrução não comete a infração disciplinar. Levou em conta a ausência de prejuízo para o réu (Proc. 1.673/95/SC); ou que inexiste a infração disciplinar quando o "advogado contratado milita e tem domicílio em cidade distante mais de 300 km do local onde pretende ajuizar a ação, não pode o cliente alegar a ocorrência de prejuízo por falta grave por razoável tempo despendido entre a contratação e a propositura da ação, máxime quando também contribuiu para o retardamento, não fornecendo o rol de testemunha" (Ementa 064/2007/SCA).

Nulidade processual culposa

A décima espécie pune o advogado que acarreta a nulidade ou anulação do processo em que funcione. Dois pressupostos devem ocorrer: a) que a invalidação do processo seja imputável a ato ou omissão voluntária do advogado; b) que tenha causado prejuízo ao regular andamento do processo. Ocorre, inclusive, quando o cliente não tenha sido prejudicado definitiva ou financeiramente; basta o prejuízo do tempo perdido.

Abandono da causa

A décima primeira espécie pune o injustificado abandono da causa. O abandono justificado da causa deverá ser sempre precedido da renúncia ao mandato, aguardando-se os dez dias que o Estatuto prevê, após a efetiva comunicação ao cliente, salvo se este o substituir antes, conforme nossos comentários ao art. 5º.

O Código de Ética e Disciplina (art. 15) determina que o advogado não deve deixar ao abandono ou ao desamparo as causas sob seu patrocínio, sendo recomendável que, em face de dificuldades insuperáveis ou inércia do cliente quanto a providências solicitadas, renuncie ao mandato. Desamparo é menos que abandono, porque envolve descaso e falta de diligência regular. A consequência é a mesma: sanção de censura. Havendo motivo justo e relevante (por exemplo, doença temporariamente incapacitante), mesmo em falta de ciência ao constituinte, não ocorre a infração disciplinar.

Na ADI 4.398, a maioria do STF decidiu pela constitucionalidade e aplicabilidade do art. 265 do CPP, o qual previa a multa de dez a cem salários mínimos ao defensor que abandonar o processo penal, "sem motivo imperioso". Todavia, a Lei n. 14.752/2023 alterou essa norma, para adaptá-la ao modelo do Estatuto da Advocacia, suprimindo o poder de o juiz aplicar a multa; na hipótese de abandono da causa "sem justo motivo" pelo defensor essa infração disciplinar deverá ser comunicada e submetida ao "órgão correcional competente", ou seja, a OAB. Cabe ao juiz intimar o acusado para constituir novo defensor ou ser nomeado defensor público.

Recusa da assistência jurídica

A décima segunda espécie volta-se à recusa da assistência jurídica. É antigo esse dever ético com os necessitados, constante de todos os códigos deontológicos. Um dos grandes objetivos do movimento mundial de acesso à justiça é a universalização dos serviços públicos ou sociais de assistência jurídica gratuita. A Constituição brasileira determina que é dever do Estado provê-los. Permanece o dever ético do advogado, supletivamente, no caso de impossibilidade total ou parcial de atendimento da Defensoria Pública, quando designado pela OAB.

No sistema estabelecido pelo Estatuto não será gratuita a assistência jurídica, salvo na hipótese de advocacia *pro bono* como prevista no Código de Ética e Disciplina (art. 30) e pelo Provimento n. 166/2015, competindo ao Estado pagar ao advogado que a prestar os honorários fixados segundo tabela aprovada pela OAB.

O que caracteriza a infração disciplinar é a recusa imotivada do advogado à designação pela OAB para prestar a assistência. Considera-se recusa motivada a justificação relevante, a critério da OAB. Como prevê o Código de Responsabilidade Profissional da ABA (EC 2-29), não se admite como justificativas relevantes a repugnância da matéria objeto do processo, a identidade ou a posição da pessoa envolvida no caso, a crença pessoal do advogado da culpa criminal do réu, ou a dúvida do advogado sobre os méritos do caso civil.

Publicidade de trabalho pela imprensa

A décima terceira espécie considera publicidade proibida a divulgação pela imprensa de trabalhos do advogado relativos a questões sob seu patrocínio. Este é um tema delicado, porque, às vezes, o advogado presta relevantes serviços de orientação pública, notadamente no caso de interesses de grupos e comunidades. Trata-se de especificação de modos aéticos de captação de clientela, conforme o inciso IV, acima.

Por essa razão, a hipótese somente se concretiza quando houver habitualidade (mais de uma vez, notadamente nos mesmos órgãos de imprensa) ou quando não se configurar o interesse público. A Ordem tem apreciado representações disciplinares, infelizmente frequentes, de advogados que agenciam e remuneram jornalistas para, segundo o jargão jornalístico, "plantarem", em notícias ou reportagens, referências e relatos de seus trabalhos profissionais. Essa é uma forma de *merchandising* aético, que danifica a imagem pública da advocacia.

Sobre publicidade de advocacia, ver acima os comentários a ela dedicados.

Manipulação fraudulenta de citações

A décima quarta espécie é a adulteração ou manipulação fraudulenta de citações. As citações de textos de leis, de doutrina, de jurisprudência ou de depoimentos são comuns, e até necessárias, nas peças produzidas pelo advogado. Ocorre a infração disciplinar quando, cumulativamente: a) o texto é deturpado; b) há intenção de fazê-lo; c) visa a confundir o adversário ou o julgador.

Há deturpação em virtude de interpolações, omissões ou alterações de palavras ou períodos. A mudança ou omissão de uma letra pode alterar totalmente o sentido de um texto, como ocorre quando a lei, referindo-se a "dos incisos x a y", é transcrita como sendo "dos incisos x *e* y". Também há deturpação quando são suprimidas partes do texto, que não interessam ao infrator, resultando em sentido diferente do contexto.

Imputação de fato criminoso

A décima quinta espécie pune a imputação desautorizada de fato definido como crime. Não se trata propriamente de calúnia, porque esta é a imputação *falsa* de fato que a lei tenha qualificado como crime. Para concretizar a infração disciplinar basta a imputação a terceiro, mesmo que o fato definido como crime seja verdadeiro.

Caracteriza-se a infração disciplinar quando presentes os seguintes requisitos: a) imputação de fato a terceiro, aí incluída a parte contrária; b) qualificação legal do fato como crime; c) fazê-lo em nome do cliente; d) falta de autorização expressa do cliente para fazê-lo. É certo que há presunção de fazê-lo em nome do cliente, mesmo quando não afirmado expressamente, se a imputação ocorrer em razão do patrocínio da causa ou questão.

Advertem Haddock Lobo e Costa Neto (1978, p. 328) que essa regra precisa ser temperada com a da imunidade profissional por ofensas irrogadas no exercício da advocacia (ver comentários ao art. 7º, II).

A imputação, em petição inicial, de conduta criminosa à parte contrária constitui a infração disciplinar, que não é afastada com o protesto da exceção da verdade. Também configura a infração disciplinar (CFOAB, Ementa n. 204/2012/SCA-TTU) a acusação feita a oficial de justiça da prática de advocacia administrativa cuja conduta é punível com censura.

Descumprimento a determinação da OAB

A décima sexta hipótese pune a falta de cumprimento de determinação emanada da OAB. A determinação deverá estar contida em notificação de caráter mandamental para obrigação de fazer, prevista em norma legal. São estes seus requisitos: a) determinação de órgão ou autoridade da OAB; b) obrigação legal imputável ao advogado; c) notificação no prazo legal, que é sempre de quinze dias para cumprimento, contados do último dia útil imediato ao da ciência (notificação do recebimento do ofício ou publicação no Diário Eletrônico da OAB).

Configura o tipo a recusa de entrega da carteira profissional pelo advogado que haja sido suspenso.

Prática irregular de ato pelo estagiário

Também se inclui nos tipos infracionais, puníveis com a sanção de censura, a hipótese de prática pelo estagiário de ato excedente de sua habilitação (inciso XXIX do art. 34 do Estatuto). Como já anotamos acima, o Estatuto, ao contrário da legislação anterior que permitia a prática de atos não privativos de advogado, apenas admite que o estagiário atue em conjunto e necessariamente com advogado, exceto nas hipóteses previstas no art. 29 do Regulamento Geral. Assim, a prática de qualquer ato atribuível à atividade de advocacia, pelo estagiário isoladamente, provoca a incidência do tipo; é ato excedente de sua habilitação.

Violação ao Código de Ética e Disciplina

Além dos tipos referidos nos incisos I a XVI e XXIX do art. 34 do Estatuto, a sanção de censura é aplicável em caso de qualquer violação aos preceitos e deveres éticos previstos no Código de Ética e Disciplina, salvo se o Estatuto cominar-lhe sanção mais severa (suspensão ou exclusão).

Considera-se violação do Código de Ética e Disciplina a atuação de membros da OAB na defesa de partes interessadas em processos em tramitação em órgãos da OAB, inclusive mediante pareceres, salvo em causa própria. É conduta inadmissível, também enquadrável como advocacia administrativa. Também viola o Código de Ética e Disciplina o advogado que representar a classe junto a quaisquer instituições, órgãos e comissões e firmar contrato oneroso de prestação de serviços a essas entidades.

É admissível a celebração de acordo de não persecução disciplinar, quando for hipótese de violação a norma do próprio Código, punível com censura, de grau menor e sem reincidência, orientado pelo equilíbrio entre o controle ético e a preservação da atuação profissional do advogado envolvido.

Violação de preceito do Estatuto

A censura é sempre a sanção aplicável, se não houver expressa cominação de outra sanção, em caso de violação de qualquer preceito do Estatuto, mesmo que estranho aos tipos de infrações disciplinares do art. 34 do Estatuto e do Código de Ética e Disciplina. Ou seja, o descumprimento pelo advogado das normas cogentes do Estatuto, que os obrigam, configura o tipo abrangente e determinável (pela violação) de infração disciplinar punível com censura.

INFRAÇÕES DISCIPLINARES PUNÍVEIS COM SUSPENSÃO

Ato ilícito ou fraudulento

A décima sétima espécie é a colaboração do advogado em ato ilícito ou fraudulento. Não há necessidade, para caracterizar a infração disciplinar, que a participação do advogado, nesse evento, decorra de seu exercício profissional. Basta a colaboração; não se exige que pratique ou assuma a autoria do ato. São pressupostos do tipo: a) ato contrário ou em fraude à lei de natureza cogente (proibitiva ou imperativa); b) concurso do advogado para que o cliente ou terceiro o pratique; c) intencionalidade do advogado; d) benefício indevido do cliente ou terceiro.

Não pode o advogado utilizar qualquer meio para defender seu cliente. Apenas pode empregar todos os meios lícitos e que não infrinjam a ética profissional. O Código de Ética e Disciplina (art. 2º, parágrafo único, *c*) estabelece que o advogado deve abster-se de emprestar concurso aos que atentem contra a ética, a moral, a honestidade e a dignidade da pessoa humana. O advogado defende o criminoso, mas não pode ser instrumento do crime.

Encartam-se nessa hipótese os seguintes casos julgados pelo CFOAB: a falta do advogado que se utiliza de alvará de soltura ostensivamente falso para libertar constituintes seus (Rec. 1.064/90/SC); o advogado que recebe dinheiro em sua conta corrente e tem ciência da origem ilícita do numerário, utilizando-se de parte da quantia, até o momento da apreensão pela autoridade que preside inquérito criminal a respeito do caso (Rec. 0427/2002/SCA); o advogado que presta concurso ao cliente para fraudar documento público (Rec. 0161/2004/SCA).

Aplicação ilícita de valores recebidos de cliente

A décima oitava espécie pune o advogado que recebe de cliente importâncias para aplicação em objetivos ilícitos ou desonestos. É suficiente para concretização do tipo que tenha havido solicitação nesse sentido, embora sem recebê-las.

O objetivo é ilícito quando viola expressa proibição da lei ou os bons costumes. O objetivo é desonesto quando viola os princípios éticos de probidade e retidão de conduta que se impõem a todo homem decente e digno. Não se entenda que o Estatuto seja complacente com o advogado que recebe importâncias do cliente para aplicá-las mesmo em objetivos lícitos. Advogado não é corretor de valores.

Recebimento de valores da parte contrária

A décima nona espécie pune o advogado que recebe valores da parte contrária sem autorização de seu cliente. Esse comportamento do advogado reveste-se de grave violação à ética profissional, afrontando a confiança que lhe depositou o cliente. A infração disciplinar existe mesmo que o advogado não tenha intenção de prejudicar seu cliente, ou que aja com intuito de beneficiá-lo.

É um *plus* à vedação de entendimento não autorizado com a parte contrária, que por si só já constitui infração ética.

Locupletamento à custa do cliente

A vigésima espécie pune o locupletamento à custa do cliente ou da parte adversa. Infelizmente, esta é uma infração frequentemente cometida por maus advogados, como se observa nas decisões da OAB nessa matéria.

Locupletamento é o benefício ou enriquecimento indevido do advogado. Dá-se, exemplificadamente, nos seguintes casos julgados pelo CFOAB: a) quando obtém proveito desproporcional com os serviços prestados; b) quando cobra honorários abusivos, colocando o cliente em desvantagem exagerada; c) quando participa vantajosamente no resultado financeiro ou patrimonial do caso; d) quando obtém vantagens excedentes do contrato de honorários nele não previstas; e) quando se apropria ou transfere para si, abusando do mandato, bens ou valores que seriam do cliente ou a ele destinados; e também de acordo com julgamentos do CFOAB; f) quando promove o levantamento de dinheiro depositado em nome do cliente, com a agravante de postular benefício de justiça gratuita para o cliente com quem celebrou contrato de honorários; quando recebe honorários do cliente para intentar a ação e não a promove, sem lhe dar explicações; quando recebe do cliente quantia destinada à propositura da ação trabalhista e se recusa a devolvê-la quando, no dia seguinte, o cliente lhe comunica que desistiu de ajuizá-la; quando recebe, em penhor do constituinte, veículo de propriedade deste e o vende, a pretexto de pagar-se pelos serviços profissionais; quando entrega o valor ao cliente mediante cheque sem fundos; quando recebe procuração e adiantamento do cliente e não ajuíza a ação; quando cobra honorários em percentual exorbitante (no caso, 30% sobre o valor da condenação sem contrato escrito e concordância do cliente); quando fixa em contrato escrito honorários equivalentes a 50% do valor do seguro a receber mediante alvará; quando cobra 40% para condução de processo de inventário e recebimento de pensão previdenciária; quando compra créditos trabalhistas, em qualquer fase processual.

A devolução do valor indevidamente apropriado pelo advogado dá-se pela atualização monetária. A infração não desaparece se houver a devolução após a instauração do processo disciplinar. Conforme decidiu a Segunda Câmara do CFOAB (Ementa 119/2024/SCA-PTU), ainda que tenha havido posterior realização de acordo judicial, a infração disciplinar é configurada no momento em que o advogado recebeu valores devidos em nome do cliente e se apropriou indevidamente.

Recusa injustificada de prestação de contas

A vigésima primeira espécie pune a recusa injustificada de prestação de contas. O advogado é obrigado a prestar contas dos valores recebidos do cliente ou em favor deste. Tal prestação importa a comprovação das despesas efetivamente realizadas e a devolução do valor líquido não utilizado.

Da mesma forma impõe-se incontinenti a prestação de contas quando o advogado receber quaisquer importâncias, bens ou valores, de terceiros ou provenientes de ordem judicial, no exercício de poderes de receber e dar quitação. Esses poderes são sempre muito perigosos para o advogado, que os deve exercer com moderação e máxima probidade.

O dever de prestação de contas não pode ser escusado sob alegação de compensação com os honorários devidos pelo cliente. A infração disciplinar tem fundamento ético e não se afasta em virtude do direito genérico de compensação previsto na legislação civil. Há iterativa jurisprudência do CFOAB no sentido de que eventual crédito do advogado decorrente de contrato de honorários não deve nem pode servir de justificativa para não prestação das contas devidas (Rec. 0256/2002/SCA).

Em caso de dificuldades ou recusa do cliente, cabe ao advogado promover a prestação de contas, em juízo, não consistindo em excludentes de seu dever. Com muito mais razão, não exclui o dever a alegação de não ter sido procurado pelo cliente, porque a prestação de contas judicial pode valer-se de citação por edital. A inércia em prestar contas ao cliente equivale à recusa. A responsabilidade de prestar contas é do advogado que foi contratado e que atuou na causa, não sendo justificativa escusável a alegação de que outra pessoa do escritório teria se apropriado do numerário (Rec. 0193/2003/SCA).

Configura a infração disciplinar a retenção de quantia destinada à consignação judicial, sem prestar contas ao cliente quando solicitado. A ausência de antecedentes justifica a redução da pena, mas não descaracteriza a infração. Tampouco afasta a incidência da sanção, o ajuizamento da ação de cobrança de honorários de advogado e o posterior pedido de desistência da representação, feito pelo cliente, ou a cobrança de valores não pactuados quando da prestação de contas a este.

A prestação de contas envolve dívida de valor e não de dinheiro, motivo pelo qual, em havendo demora injustificada, deve ser monetariamente atualizada. A sanção de suspensão a ela imposta é acrescida da pena supletiva do prazo indeterminado, até que seja integralmente satisfeita a dívida, até o limite de cinco anos, quando prescreverá a pretensão do cliente para a prestação de contas "pelas quantias recebidas pelo advogado de seu cliente, ou de terceiros por conta dele" (Lei n. 11.902/2009).

Após instaurada a representação contra o advogado, a prestação de contas por este realizada não afasta a ocorrência da infração disciplinar nem a aplicação da pena correspondente. O dever ético foi infringido e não pode a punição disciplinar ser obstada por ato posterior do advogado infrator. A desistência da representação pelo cliente não impede sua continuidade e decisão. A prestação de contas tardia, após a representação disciplinar, faz desaparecer o débito, mas não a falta disciplinar, cujo tipo foi suficientemente concretizado. Essa orientação tem sido reiteradamente mantida pelo CFOAB (Rec. 0023/2002/OEP e Rec. 0450/2003/SCA). Do mesmo modo, a composição superveniente com o cliente não afasta a pena, podendo influir em sua dosagem. Todavia, o princípio da razoabilidade, a primariedade, as circunstâncias do fato e a tendência universal para minoração ou abolição das penas, que não devem ser entendidas apenas como castigo, devem ser levados em conta no parecer preliminar do relator do processo disciplinar ou pelo Tribunal de Ética e Disciplina, que pode optar pelo arquivamento ou pela sanção de censura ou advertência. A alegação de penúria, pelo advogado, não configura atenuante ou excludente da pena.

A absolvição no âmbito penal reconhecendo o não cometimento do crime de apropriação indébita não tem repercussão absoluta na esfera administrativa a ensejar a desconstituição da decisão que julgou procedente a representação disciplinar por recusa injustificada da prestação de contas (Ementa 005/2014/SCA).

Extravio ou retenção abusiva de autos

A vigésima segunda espécie pune disciplinarmente a retenção abusiva ou extravio de autos de processo. Tem sido longa e penosa a luta da advocacia para garantir o acesso livre e franco do advogado aos autos de processos judiciais ou administrativos, que inclui o direito de levá-los para melhor desempenho de seu múnus público. A contrapartida é a pronta devolução ao término do prazo que lhe é assinado.

No plano criminal, para a configuração do delito, não basta que o advogado haja retido os autos além do prazo legal. Decidiu o STF que o crime somente se consuma pelo não atendimento de intimação do juiz para restituir os autos (RE 53.934).

O excesso de prazo, seja ele qual for, considera-se retenção abusiva, salvo caso fortuito ou força maior ou impossibilidade superveniente. Às partes prejudicadas pela retenção abusiva, além dos remédios processuais previstos (CPC, art. 234), cabe a pretensão à responsabilidade civil por danos. As consequências éticas, no entanto, interessam à OAB, pelas repercussões danosas ao prestígio da classe.

Duas são as hipóteses que tipificam a infração disciplinar:

I – a retenção abusiva de autos recebidos com vista ou em confiança;

II – o extravio de autos também recebidos com vista ou em confiança.

A retenção de autos, sujeita à sanção disciplinar, exige o requisito da abusividade, que, por sua vez, envolve má-fé ou a intenção de tirar proveito indevido ou de prejudicar e a prova do prejuízo; não se presume. Mesmo para os que entendem que o abuso do direito se distanciou da concepção romana da intencionalidade, esvaziando-se do elemento psicológico, a prova do desvio do direito é indispensável, máxime quando se tratar de sanção disciplinar, que ostenta natureza punitiva.

O Conselho Federal da OAB editou a Súmula 15/2023/OEP, de seguinte teor: "A infração disciplinar de retenção abusiva de autos por advogado somente se caracteriza quando se verificar, além do descumprimento da intimação para devolução, prejuízo às partes ou ao regular andamento do processo".

O abuso não se confunde com ilicitude, porque supõe o exercício (abusivo) de direito. Na hipótese de ilicitude, não há exercício de um direito subjetivo, porque inexiste direito. A ilicitude infere-se por simples processo de subsunção do fato à hipótese normativa, que não pode ser aplicável ao abuso ou mau uso do direito, sempre dependente de prova.

Prevê o CPC (art. 234) que, não devolvendo o advogado os autos no prazo de três dias após intimado, o juiz comunicará o fato à OAB para procedimento disciplinar "e imposição de multa". A multa, cumulada com a sanção de suspensão, depende da verificação de circunstâncias agravantes (art. 39 do Estatuto). Independentemente da multa imposta pelo juiz (metade do salário-mínimo), a multa disciplinar é variável entre o mínimo correspondente ao valor de uma anuidade e o máximo de seu décuplo.

Ante o advento do CPC, constatando-se a coexistência de dois tipos legais de retenção de autos (Estatuto e CPC), entendeu o Órgão Especial do CFOAB, respondendo a consulta, que deve ser instaurado procedimento para apurar, desde logo, a possível prática de ambos os tipos (§ 2º do art. 234 do CPC ou EAOAB, art. 34, XXII). Apurada a ocorrência de retenção simples, a única pena aplicável é a de multa de meio salário-mínimo; apurada a ocorrência de retenção em sua modalidade abusiva (que, aliás, pode vir a se configurar como tal durante o curso do procedimento ético-disciplinar), aplicam-se tão somente as penas estatuídas no EAOAB para o respectivo tipo. A multa tipificada nos §§ 2º e 3º do art. 234 do CPC é, para todos os fins, pena ético-disciplinar aplicada pela OAB e, portanto, seu recolhimento e destinação não se distinguem de qualquer modo do recolhimento e da destinação das multas previstas no EAOAB (Ementa 096/2016/OEP).

A segunda hipótese é a do extravio dos autos. Aqui também a marca da intencionalidade se impõe, acrescida de culpabilidade. No plano punitivo, não basta o fato objetivo do extravio dos autos, pois a intenção de fazê-lo há de estar provada ou inferida inquestionavelmente das circunstâncias. Outras são as consequências no plano da responsabilidade civil ou do direito processual. A responsabilidade imputável ao profissional é sempre a responsabilidade com culpa.

A intenção se presume ante as circunstâncias que a evidenciam, como no caso julgado pelo CFOAB (Proc. 1.583/94/SC), em que o advogado foi condenado criminalmente, com ouvidos moucos às intimações para a devolução do processo, após o decurso de quatro anos destas.

Cuide-se, agora, das excludentes de punibilidade. Em nosso direito, tornou-se inútil a distinção que alguns procuravam fazer entre caso fortuito e força maior. São tipos interpenetrantes que têm em comum a inevitabilidade, a exclusão de culpa e a inimputabilidade. Receberam ampla construção conceitual no direito privado, com idêntica configuração no direito administrativo (*a fortiori* no direito administrativo sancionador). Não importa que o acontecimento tenha sido previsível ou não; importa a inevitabilidade dos efeitos, a teor do art. 393 do Código Civil (regra comum).

De ordinário, é de acontecimento natural que se trata, "mas pode dar-se que seja ato de terceiro, pelo qual não responde o devedor, ou ato sem qualquer culpa do próprio devedor. Não há conceito de caso fortuito que seja absoluto; o mesmo fato pode ser fortuito para A, e não para B", como diz Pontes de Miranda (1974, v. 2, § 179).

Constitui ato ou fato de terceiro o transporte dos autos de processos, por engano dos encarregados da mudança dos objetos pertencentes ao advogado que os tinha em sua sala, que desse modo se extraviaram temporariamente.

No plano penal, a retenção abusiva pode converter-se no tipo sonegação de autos, incorrendo no crime previsto no Código Penal. Todavia, para sua configuração é necessário que o advogado haja retido os autos além do prazo legal e que não tenha atendido à intimação judicial (STF, *RTJ*, *76*:456).

Inadimplemento para com a OAB

A vigésima terceira situação é a do inadimplemento às obrigações pecuniárias devidas à OAB. Dir-se-á que é punição disciplinar discutível, porque seria forma compulsiva de cobrança, atingindo a liberdade de exercício da profissão. Essa discussão abriu-se durante a elaboração do anteprojeto do Estatuto, mas prevaleceu a tese de sua absoluta compatibilidade com a Constituição, que teria recepcionado regra semelhante da legislação anterior.

Com efeito, essa regra guarda similitude com a hipótese do inciso XVI, mas é muito mais grave, porque a OAB não é entidade qualquer de associação voluntária. É a corporação dos advogados que recebeu delegação legal para selecioná-los, fiscalizá-los e sancioná-los no interesse coletivo. Se ela é mantida com as contribuições obrigatórias de seus inscritos, a falta de pagamento pode inviabilizar o cumprimento de suas finalidades públicas.

O STF decidiu pela inconstitucionalidade dos arts. 34, XXIII, e 37, § 2º, do Estatuto, por entender que a suspensão pelo inadimplemento consiste em sanção política em matéria tributária (RE 647.885), tendo sido fixada a seguinte tese de julgamento para efeitos de repercussão geral: "É inconstitucional a suspensão realizada por conselho de fiscalização profissional do exercício laboral de seus inscritos por inadimplência de anuidades, pois a medida consiste em sanção política em matéria tributária".

Inépcia profissional

A vigésima quarta espécie volta-se à inépcia profissional. Trata-se de situação em que o advogado demonstra falta de conhecimento mediano de atuação profissional ou do idioma pátrio. A proliferação de cursos jurídicos, no Brasil, sem requisitos mínimos de qualidade, inclusive de seu corpo docente – acrescida da anterior limitação legal para a OAB selecionar seus inscritos, em face da facultatividade do Exame de Ordem –, contribuiu para a queda assustadora do padrão mínimo de qualificação dos profissionais de direito que chegam ao mercado de trabalho.

São assombrosos os exemplos de advogados que cometem erros grosseiros sucessivos de linguagem, nas peças que redigem. O discurso é desarticulado, além de agressão às regras rudimentares de regência ou concordância. É inadmissível que um profissional que lida com a linguagem, para exercer seu mister, não a maneje bem. Não se exige proficiência ou erudição, mas regularidade e correção.

A condescendência com a inépcia profissional expõe a sociedade em geral a prejuízos, além de comprometer o conceito público e a dignidade da advocacia.

Dá-se o tipo quando: a) há erros grosseiros de técnica jurídica ou de linguagem; b) há reiteração. Erros isolados não concretizam o tipo. No entanto, a reiteração pode emergir de uma única peça profissional, quando os erros se acumulem de forma evidente, embora seja recomendável o cotejo com mais de uma.

A suspensão perdura até que o advogado seja aprovado em exames de habilitação aplicados pela OAB, envolvendo técnica jurídica e linguagem. O suspenso fica interditado ao exercício profissional, em todo o território nacional; se descumprir a punição, contra ele será instaurado processo por violação do art. 47 da Lei de Contravenções, por exercício ilegal da profissão. Nesse sentido decidiu o STF, negando *habeas corpus*, por inexistência de coação ilegal, no RHC 61.081.

Conduta incompatível

A vigésima quinta hipótese pune a conduta incompatível com a advocacia. O Estatuto não a define, utilizando-se de conceito indeterminado, cujo conteúdo será concretizado, caso a caso. De maneira geral, a conduta incompatível é toda aquela que se reflete prejudicialmente na reputação e na dignidade da advocacia.

O conceito indeterminado não se compadece com juízos subjetivos de valor. Toda conduta é aferível objetivamente, porque se remete a *standards* de comportamento padrão ou médio, considerados valiosos pela comunidade profissional, em determinada época.

O Estatuto enuncia alguns exemplos, que não esgotam as espécies, incluindo na conduta incompatível a prática reiterada de jogos de azar, a incontinência pública e escandalosa e a embriaguez ou toxicomania habituais. Emerge dessas espécies o pressuposto da habitualidade, não podendo ser considerado o evento episódico.

No caso de embriaguez ou toxicomania não há necessidade de se comprovar a contumácia, mas sua repetição.

Respondendo a consulta, o Órgão Especial do CFOAB fixou interpretação sobre conduta incompatível do advogado, para fins disciplinares, entendida como: "1. [...] qualquer ato omissivo ou comissivo, que não se coadune com a postura exigida para o exercício da advocacia. Não se escusa o advogado, sob o argumento de que tenha adotado esta ou aquela conduta na qualidade de cidadão comum, e não no efetivo exercício da profissão, porquanto é impossível separar estas duas situações, no que respeita a advocacia. 2. Um advogado deverá, em todo momento, manter a honra e a dignidade de sua profissão. Deverá, tanto em sua atividade profissional como na sua vida privada, abster-se de ter conduta que possa redundar em descrédito da profissão a que pertence. 3. Espera-se do advogado atitudes condizentes com a sua função social, não sendo aceitável ambiguidades entre o exercício da profissão e sua vida pessoal, vez que devem atender aos preceitos éticos inerentes à advocacia, que não venham a denegrir e/ou manchar a dignidade da profissão" (Ementa 041/2020/OEP).

Inclui-se na conduta incompatível do advogado a denominada litigância abusiva, entendida, segundo a Rec. 159/2024 do CNJ, como o desvio ou manifesto excesso do direito de acesso ao Poder Judiciário, incluindo as condutas ou demandas sem lastro, temerárias, artificiais, procrastinatórias, frívolas, fraudulentas, desnecessariamente fracionadas, configuradoras de assédio processual ou violadoras do dever de mitigação de prejuízos, entre outras, as quais, conforme sua extensão e impactos, podem constituir litigância predatória.

Assédio moral, assédio sexual ou discriminação

A Lei n. 14.612/2023 introduziu como tipos específicos de infração disciplinar, puníveis com suspensão o advogado ou estagiário que praticar assédio moral, assédio sexual ou discriminação, assim qualificados no § 2º do art. 34 do Estatuto.

O requisito legal para configuração da infração disciplinar, em qualquer dos três tipos, é que a ofensa ou prática tenha ocorrido no exercício da profissão ou em razão dele. O ofendido pode ser outro ou outra colega, ou qualquer pessoa que tenha sido assim atingida pela conduta do advogado ou estagiário, dentro ou fora do ambiente de trabalho ou do sistema geral de administração de justiça.

A conduta omissiva ou comissiva qualificada como discriminação é mais ampla e pode ofender grupos sociais amplos (nacionais, religiosos, racial, de gênero, etarismo etc.), não obstando a sanção disciplinar o argumento de exercício de liberdade de expressão.

O Órgão Especial do CFOAB decidiu (Ementa 052/2025/OEP) que o tipo legal do inciso XXX do art. 34 do Estatuto, em conjunto com outros tipos de infrações nesse artigo, também compreende o assédio processual, entendido como condutas que representem desvio doloso do direito de acesso à Justiça, com o objetivo de tumultuar o regular andamento processual.

Reincidência

Além dos incisos XVII a XXV e XXX do art. 34, a suspensão é aplicável a um tipo genérico de infração: a reincidência, que, para efeito do Estatuto, é a ocorrência de qualquer outra infração disciplinar, ambas puníveis com censura ou quando a suspensão for seguida de infração punível com censura. Não há necessidade de identidade dos tipos.

Não necessitando de ser de mesmo tipo, podem ser combinadas infrações sujeitas a outras sanções (por exemplo, advertência com suspensão), desde que a primeira já tenha transitado em julgado. A concomitância de várias infrações com julgamentos ainda não concluídos pode caracterizar conduta incompatível com a advocacia, fazendo-se incidir o inciso XXV do art. 37 do Estatuto.

Decidiu o CFOAB que somente se pode cogitar de agravamento da sanção disciplinar com fundamento na reincidência se houver condenação disciplinar anterior transitada em julgado na data em que ocorreram os fatos objeto de apuração do novo processo disciplinar (Ementa n. 102/2022/OEP).

INFRAÇÕES DISCIPLINARES PUNÍVEIS COM EXCLUSÃO

Falsidade dos requisitos de inscrição

A vigésima sexta espécie, cuja gravidade conduz à sanção de exclusão, é a falsa prova dos requisitos para inscrição (capacidade civil, diploma de graduação, título de eleitor, quitação militar, Exame de Ordem, desincompatibilização, idoneidade moral, compromisso). A falsidade tanto pode ser documental quanto ideológica.

Mesmo em caso de evidência da falsidade, a OAB não pode promover o cancelamento de ofício da inscrição. O processo disciplinar é de rigor, mercê da garantia de ampla defesa, mas pode o Tribunal de Ética e Disciplina suspender o inscrito preventivamente, em caso de repercussão prejudicial à advocacia, por força do art. 70 do Estatuto.

Concluindo pela exclusão, ao se confirmar a falsidade, o Conselho, além de aplicar a sanção, cancelará a inscrição, com as cautelas de divulgação que o Estatuto prevê, e, em virtude de o fato constituir crime, comunicá-lo-á às autoridades competentes.

Inidoneidade moral

A vigésima sétima espécie comina com a sanção de exclusão de quem incorrer em inidoneidade moral superveniente à inscrição. A idoneidade moral não é apenas exigível para se obter a inscrição, mas acompanha toda a vida profissional do inscrito. Sobre o seu conceito e alcance remetemos o leitor aos comentários ao art. 8º (inscrição), acima.

A perda de qualquer dos requisitos necessários à inscrição acarreta o cancelamento, sem outra sanção. Contudo, no caso de inidoneidade moral superveniente, por suas repercussões na ética profissional, o cancelamento é agravado com o *plus* da sanção disciplinar de exclusão, aplicada em processo próprio. A declaração de inidoneidade deve ter a manifestação favorável de dois terços dos membros do Conselho Seccional competente (art. 38, parágrafo único, do Estatuto).

O Órgão Especial do CFOAB (Proc. 348/2001/OEP) decidiu que a pena de exclusão pode ser aplicada quando houver fatos notórios, públicos e incontroversos, decorrentes de condenação criminal e recolhimento ao cárcere.

Admite-se a possibilidade de reexame do pedido de inscrição, a qualquer tempo, ante o surgimento de novas provas ou fatos, que demonstrem não mais subsistir a inidoneidade moral para o exercício da profissão, hipótese em que caberá ao Conselho Seccional, em cada caso, reexaminar o pedido (Ementa 164/2018/OEP). Não há, portanto, limite temporal para o reexame do pedido de inscrição.

Exclusão por reincidência de três infrações puníveis com suspensão

Além das hipóteses contidas nos incisos XXVI a XXVIII, a exclusão é aplicável a um tipo genérico de infração: a reincidência, por três vezes, em infrações puníveis com suspensão. Assim, na terceira ocorrência, a sanção a ser aplicada não mais será a de suspensão, mas a de exclusão. A composição das infrações, para efeito de exclusão, pode ser variada, uma vez que a reincidência de infração punível com censura converte-a em suspensão. Será de exclusão a terceira sanção se: a primeira for de censura, convertida em suspensão, e a segunda de suspensão; a primeira for de suspensão e a segunda de censura convertida em suspensão; a primeira e a segunda forem de suspensão.

Decidiu a Segunda Câmara do CF/OAB que "somente após o trânsito em julgado da terceira pena de suspensão é que se instaura um quarto processo disciplinar específico para a aplicação da pena de exclusão, assegurando-se ao Representado, também neste processo, amplo direito de defesa. Este quarto processo, instaurado como consectário das três suspensões aplicadas anteriormente, não comporta discussão sobre o acerto ou não das três decisões transitadas em julgado, pois para isso há remédio jurídico específico, que é a revisão do processo disciplinar (artigo 73, § 5º, da Lei n. 8.906/94)" (Rec. 0337/2003/SCA). Entendemos que o quarto processo constitui exigência que a lei não faz (art. 37, II, da Lei n. 8.906/94), podendo a pena de suspensão ser convertida em exclusão já no terceiro processo, bastando que neste juntem-se certidões do trânsito em julgado das duas primeiras.

Para fim de prescrição da pretensão sancionatória, na hipótese de exclusão do advogado suspenso por três vezes, o marco inicial do prazo prescricional de cinco anos será o trânsito em julgado da última condenação (Ementa 185/2019/SCA-PTU). Decidiu o Órgão Especial do CFOAB (Súmula 21/2024/OEP) pela aplicabilidade supletiva do art. 64, I, do Código Penal, o qual estabelece que, para efeito de reincidência, "não prevalece a condenação anterior, se entre a data do cumprimento ou extinção da pena e a infração posterior tiver decorrido período de tempo superior a 5 (cinco) anos"; assim, a sanção de exclusão depende de não ter transcorrido cinco anos do cumprimento da suspensão anterior e a prática de nova infração punível com suspensão. E, ainda, segundo o mesmo Órgão Especial (Ementa 092/2024/OEP), a análise do mérito, no tocante às condenações anteriores à sanção disciplinar de suspensão, deve ser feita casuisticamente, de modo que ao julgador incumbe valorar se há condenações que se revelem desimportantes ou inexpressivas, no contexto, ou ainda demasiadamente distanciadas no tempo, para fins de imposição da sanção de exclusão, podendo desconsiderar aquelas que não se revelem necessárias à repressão ou prevenção de novas infrações ético-disciplinares pelo(a) advogado(a), devendo ser aplicados os princípios da razoabilidade e da proporcionalidade.

Crime infamante

Outro óbice preexistente à inscrição também acarreta a sanção disciplinar de exclusão quando não declarado ou superveniente àquela: a prática de crime infamante. Durante os debates havidos no Conselho Federal, para aprovação do anteprojeto do Estatuto, optou-se por esse conceito indeterminado, porque as qualificações de crimes, existentes na legislação penal, foram consideradas insuficientes para o alcance ético disciplinar pretendido, inclusive a de crimes hediondos.

Crime infamante entende-se como todo aquele que acarreta para seu autor a desonra, a indignidade e a má fama (daí infame). Essas desvalorizações da conduta criminosa são potencializadas e caracterizadas como infames quando o crime é praticado por profissional do direito, que tem o dever qualificado de defender a ordem jurídica. O furto, cometido por um ladrão comum, não se equipara em grau de infâmia ao praticado por um advogado, que é sempre presumida.

Para efeito do Estatuto, inclusive para inscrição, não se exige que haja condenação criminal transitada em julgado, sendo suficiente a comprovação do fato, a juízo do Conselho competente, em virtude de ser submetido o processo disciplinar a jurisdição administrativa exclusiva, não se aplicando o direito penal supletivamente. O único requisito é o do devido processo legal com a garantia da ampla defesa.

Não é a gravidade do crime que o qualifica como infamante, quando praticado pelo advogado (seja como mandante, seja como executor), mas a repercussão inevitável à dignidade da advocacia. O estelionato (por exemplo, a emissão reiterada de cheques sem fundos) será infamante para o advogado; o crime de homicídio (muito mais grave) poderá não o ser.

Presumem-se infamantes os crimes hediondos legalmente tipificados e os assemelhados. A Constituição (art. 5º, XLIII) considera inafiançáveis e insuscetíveis de graça ou anistia, além dos crimes hediondos, a prática de tortura, o tráfico ilícito de entorpecentes, o terrorismo. A Lei n. 8.072/90, por sua vez, considera crime hediondo, entre outras espécies, o homicídio praticado por grupos de extermínio, o homicídio qualificado, o latrocínio, a extorsão qualificada pela morte, a extorsão mediante sequestro, o estupro, o atentado violento ao pudor, a provocação de epidemia com resultado morte e o genocídio.

TIPOS E CONSEQUÊNCIAS DAS SANÇÕES DISCIPLINARES

O Estatuto simplificou e sistematizou os tipos de sanções disciplinares, concentrando-se basicamente em três: a censura, a suspensão e a exclusão (antes, denominada *eliminação*). A multa é sanção acessória, em caso de agravantes, não podendo ser aplicada autonomamente. A advertência, no entanto, não desapareceu totalmente, podendo substituir a censura em caso de atenuantes.

A lei preferiu a locução *sanção disciplinar*, em lugar de pena, porque a infração disciplinar e sua consequência são regidas pelos princípios do direito administrativo, como paradigma de direito material, não se lhes aplicando o direito penal, nem mesmo subsidiariamente (ver os comentários ao art. 68). Ao processo disciplinar, contudo, o direito processual penal comum é supletivo.

Tradicionalmente, a doutrina brasileira considera as sanções disciplinares substancialmente distintas das sanções penais, tendo em conta o conteúdo finalístico de ambas. Com efeito, as sanções disciplinares são "espécies de sanções administrativas, embora possuam suas peculiaridades, porque o regime jurídico advém do direito administrativo em sua vertente sancionadora ou punitiva" (Osório, 2005, p. 157).

As sanções (salvo se a censura for reduzida a advertência) deverão ser registradas nos assentamentos do inscrito pelo Conselho Seccional a que se vincule seu domicílio profissional (inscrição principal). Qualquer anotação somente poderá ser efetivada após o trânsito em julgado da decisão que aplicar a sanção, tornando-a pública, a fim de assegurar sua execução.

Não são permitidas anotações que indiquem a existência de processos disciplinares ainda não julgados, porque sugerem enganosamente precedência ou prejulgamento, violando a presunção legal de inocência. A anotação da sanção não é perpétua, sendo excluída totalmente dos assentamentos em caso de reabilitação. De acordo com iterativas decisões do CFOAB é inadmissível anotação em carteira de advogado da penalidade sofrida pelo titular, mesmo após o trânsito em julgado da decisão. O registro deve constar exclusivamente nos arquivos da Seccional em que for inscrito.

De qualquer forma, a sanção de censura (e *a fortiori* a de advertência) não pode ser objeto de publicidade ou divulgação. No entanto, não está coberta pelo sigilo absoluto, porque exclui os órgãos da OAB, que dela poderão ser informados, e ainda em atendimento a requisição de autoridade judiciária.

Converte-se a censura em *advertência*, a juízo da OAB, quando o advogado cometer a falta na defesa de prerrogativa profissional, quando for primário ou tiver exercido cargo de conselheiro ou dirigente da OAB. A conversão não é direito subjetivo do punido, mas critério de ponderação do julgamento. O efeito prático da advertência, ao contrário da censura, é que não constará de registro nos assentamentos do punido. A punição se instrumentaliza em ofício reservado.

Decidiu o Conselho Federal da OAB que (Súmula 18/2023/OEP) "não se admite a conversão da censura em advertência caso o agente tenha sido agraciado com o mesmo benefício nos 3 (três) anos anteriores ao cometimento da infração disciplinar apurada". Portanto, a reincidência de infração sujeita à sanção de censura dentro desse prazo caracterizaria reincidência, impediente da conversão à sanção menor.

A advertência é considerada para efeito de antecedente disciplinar? Entendemos que sim, desde que o Conselho mantenha arquivo específico das advertências aplicadas e observe a proibição legal de registro da primeira advertência ao inscrito, caso contrário nunca seria configurada a reincidência, permanecendo o infrator sucessivamente como primário.

A consequência da suspensão é o impedimento total do exercício da atividade profissional e dos mandatos que lhe foram outorgados, em todo o território nacional, durante o período estabelecido para a punição, que varia de um a doze meses. Esse prazo será prorrogado por tempo indeterminado: a) até que o infrator pague integral e atualizadamente o que deve, nos casos de falta de prestação de contas; b) até que seja aprovado em exames de habilitação, no caso de inépcia profissional. O STF, na ADI 7.020, deu interpretação conforme à Constituição ao art. 37 do Estatuto, de modo que a sanção de interdição de exercício profissional não seja aplicável à hipótese de inadimplemento das contribuições obrigatórias com a OAB, porque essa interdição seria meio indireto de coerção para o pagamento.

A suspensão não desobriga o inscrito dos pagamentos das contribuições obrigatórias (Súmula 03/2012/COP), nem o desvincula dos seus deveres éticos e estatutários.

A consequência da exclusão é o impedimento total da advocacia, em caráter permanente ou até quando seja reabilitado pela OAB. Dada a gravidade da sanção, exige-se *quorum* especial de votação de dois terços dos membros do Conselho Seccional competente. Ou seja, há necessidade de dois terços da composição do Conselho votando favoravelmente à sanção, confirmando o julgamento do Tribunal de Ética e Disciplina, que, nesse caso, deve recorrer de ofício, independentemente do recurso voluntário.

CONSEQUÊNCIAS NOS PROCESSOS E ATOS PRATICADOS PELO ADVOGADO

O art. 42 estabelece que as sanções de suspensão e de exclusão acarretam o impedimento do exercício dos mandatos que o punido recebeu de seus clientes, afetando os processos judiciais sob seu patrocínio. Os atos praticados pelo advogado, após o início de execução da penalidade disciplinar, são inválidos. No entanto, não se cuida de invalidade total (nulidade absoluta), mas de anulabilidade sanável, cabendo ao juiz, ou à autoridade competente no caso de processo administrativo, suspender o processo, marcando prazo razoável para que a parte sane o defeito.

Em nenhuma hipótese, salvo se não atender à determinação judicial para substituir o advogado punido disciplinarmente, pode a parte ser prejudicada, porque a punição a ela não se estende, sendo impróprio o argumento de culpa *in eligendo*.

ATENUANTES E AGRAVANTES

Na aplicação de qualquer sanção disciplinar, a OAB levará em conta determinadas circunstâncias atenuantes e agravantes, consideradas três características essenciais:

I - a observância dessas circunstâncias não é discricionária, mas obrigatória;

II - independe de pedido ou provocação do representado;

III - os tipos legais são exemplificativos (não constituem *numerus clausus*).

A discricionariedade está contida no grau de ponderação para reduzir ou ampliar a sanção disciplinar.

O Estatuto opta por tipos abertos, permitindo que o órgão aplicador da sanção valore circunstância nele não prevista, em face de sua relevância e razoabilidade. Essa ductilidade de apreciação não é indiscriminada nem pode conduzir ao arbítrio ou juízos subjetivos de valor, mas a *standards* éticos de comportamento que a comunidade profissional pratica ou defende.

No que pertine às atenuantes, o Estatuto prefixa alguns tipos que reduzem a sanção disciplinar que seria imposta, a saber:

a) Defesa de prerrogativa profissional - Nesse caso, a falta decorreu do excesso ou da exasperação, ferindo a ética profissional. O fim relevante não justifica a impropriedade dos meios empregados. Exemplo muito comum é o da defesa da inviolabilidade, excedendo-se em agressões desmedidas ao magistrado, como na hipótese de calúnia.

b) Primariedade - Aqui inexiste ocorrência de aplicação definitiva de sanção disciplinar anterior, não podendo ser considerada a existência de outro processo disciplinar não concluído com trânsito em julgado da decisão, ou a antecedência de infração apagada pela reabilitação, porque o registro é extinto dos assentamentos do inscrito.

c) Exercício de cargo na OAB, atual ou anterior, para o qual foi eleito o representado, desde que tenha cumprido com regularidade e proficiência o mandato.

d) Prestação de serviços relevantes à advocacia ou à causa pública, mesmo que não tenha exercido cargo formal na OAB. Não se consideram tais a reputação e o prestígio pessoais e profissionais, mas a efetiva participação em eventos, ações e movimentos que contribuam para elevar a advocacia (por exemplo, defesas específicas das prerrogativas funcionais; participação nas lutas institucionais da OAB; produção doutrinária) e efetivar a cidadania (por exemplo, defesa espontânea de interesses sociais e coletivos; atuação política desinteressada; filantropia e ajudas comunitárias).

Na aplicação das atenuantes, a OAB considerará:

a) a redução da sanção disciplinar mais grave para a imediatamente menos grave;

b) a redução do montante do tempo de suspensão;

c) a exclusão da multa;

d) a redução da sanção de censura para a de advertência.

As circunstâncias agravantes são aquelas que necessariamente potencializam os efeitos da infração cometida, não só quanto à violação em si, mas quanto ao dano à ética profissional e à dignidade da advocacia em geral. O Estatuto refere-se a dois tipos, não excludentes de outros: a reincidência em infração disciplinar e a gravidade da culpa.

Mas, se a tipicidade legal das circunstâncias agravantes é aberta, suas consequências encerram-se em *numerus clausus*. Ou seja, quando comprovada a circunstância agravante, as consequências apenas serão:

I – aplicação da sanção imediatamente mais grave, sendo que para a exclusão exige-se dupla reincidência;

II – aplicação cumulativa de multa com outra sanção;

III – gradação do valor da multa, dentro dos limites legais;

IV – gradação do tempo de suspensão, nesse caso variando do tempo médio ao máximo.

A circunstância agravante anula o efeito da circunstância atenuante, prevalecendo sobre esta.

REABILITAÇÃO

O sistema jurídico brasileiro não admite sanção punitiva de caráter perpétuo.

Todas as sanções disciplinares previstas no Estatuto repercutem no exercício profissional do inscrito, não só imediatamente, mas de modo permanente, uma vez que ficam registradas em seus assentos. Os profissionais liberais, como quaisquer prestadores de serviços, notadamente os advogados, dependem da credibilidade que transmitem.

A mais grave das sanções, a exclusão, impede o culpado de exercer total e permanentemente a profissão, vedando-lhe o acesso a esse determinado meio de sobrevivência.

É, pois, legítima a pretensão a que seja reabilitado, imaculando seus assentamentos e permitindo-lhe a plenitude do exercício profissional.

O Estatuto prevê a reabilitação, que será apreciada a pedido do interessado, quando apresentar provas de bom comportamento, após um ano do cumprimento efetivo da sanção, inclusive a exclusão. O pedido é personalíssimo; não pode ser formulado por terceiro.

O processo seguirá trâmites assemelhados ao do processo disciplinar, e as provas de bom comportamento deverão guardar relação com a infração cometida. Como bem decidiu a Segunda Câmara do CFOAB, "a prova de bom comportamento, necessária à reabilitação, não se refere somente ao que consta do cadastro do advogado na OAB. É indispensável que, durante um ano, após o cumprimento da pena o advogado comprove que sua conduta no meio social não tenha motivado nenhum processo, cível ou criminal, ou, ainda, qualquer inquérito policial" (Rec. 0389/2003/SCA).

Se a sanção disciplinar tiver resultado de prática de crime, apenas após a reabilitação criminal decretada pelo Poder Judiciário poderá ser pedida a reabilitação disciplinar. Nesse caso, não haverá necessidade de outras provas de bom comportamento, porque todas já foram apreciadas no processo judicial.

Não faz jus à reabilitação o advogado que, estando suspenso em virtude de sanção disciplinar, continua a exercer a advocacia.

PRESCRIÇÃO DA PRETENSÃO DISCIPLINAR

Seguindo regra comum de nosso sistema jurídico, o Estatuto disciplina a prescrição à pretensão de punibilidade de infração disciplinar, fixada no prazo de cinco anos.

A prescrição é matéria de ordem pública que pode e deve ser declarada, inclusive, de ofício.

O prazo é contado não a partir do conhecimento da falta, mas de sua constatação oficial pela OAB, a qual se dá pela instauração do processo disciplinar, assim determinada. Pela sistemática do art. 43 do Estatuto, a constatação oficial apenas pode dar-se pelo conhecimento da representação ou a instauração desta, de ofício. A constatação não se confunde com julgamento, devendo ser considerado o termo inicial a data do protocolo da representação ou a data das declarações do interessado tomadas por termo perante órgão da OAB, a partir de quando começa a fluir o prazo de cinco (5) anos, o qual será interrompido nas hipóteses dos incisos I e II do § 2º do art. 43 do Estatuto, voltando a correr por inteiro com a ocorrência do fato interruptivo.

Quando a instauração do processo disciplinar se der *ex officio*, o termo inicial coincidirá com a data em que o órgão competente da OAB tomar conhecimento do fato, seja por documento constante dos autos, seja pela sua notoriedade (Súmula 1/2011 do CFOAB). E assim é para que o infrator não seja premiado com termo *a quo* a partir da existência do fato, mas de total desconhecimento da autoridade sancionadora, além de que, nas infrações permanentes, a cessação de seus efeitos depende de sua vontade, em desfavor da sociedade.

A notificação deve ser feita "ao representado" (Estatuto, art. 43, § 2º, I), o que pressupõe existência de processo disciplinar já instaurado mediante representação de terceiro. A outra hipótese desse mesmo inciso relaciona-se ao processo disciplinar instaurado de ofício pela própria OAB, ante a notoriedade do fato. Sem processo instaurado não se pode cogitar da prescrição geral ou da intercorrente.

Na forma do art. 137-D do Regulamento Geral, as notificações no processo disciplinar serão feitas por meio de correspondência, ou por meio de publicação no *Diário Eletrônico da OAB*, devendo, as publicações, observar que o nome e o nome social do representado deverão ser substituídos pelas suas respectivas iniciais, indicando-se o nome completo do seu procurador ou os seus, na condição de advogado, quando postular em causa própria, ou mediante edital, no qual será omitida a referência à matéria disciplinar.

A prescrição, no prazo geral de cinco anos, consuma-se quando não houver qualquer julgamento do órgão competente da OAB, que são o Tribunal de Ética e Disciplina, o Conselho Seccional ou o Conselho Federal, de acordo com a matéria.

Na hipótese de exclusão do advogado suspenso por três vezes, o marco inicial do prazo prescricional de cinco anos será o trânsito em julgado da última condenação (Ementa 185/2019/SCA-PTU).

Tratando-se de infração de caráter continuado, a pretensão punitiva não prescreve enquanto durar a ilicitude. Todavia, a Lei n. 11.902/2009 introduziu o art. 25-A ao Estatuto, fixando o prazo máximo de cinco anos para a prescrição da pretensão de prestação de contas "pelas quantias recebidas pelo advogado de seu cliente, ou de terceiros por conta dele". Ainda que essa lei não refira explicitamente à pretensão punitiva, não há como mantê-la, pois o objetivo da indeterminação do prazo, na redação original do Estatuto, era compelir o advogado infrator à efetiva prestação de contas. Suprimida a pretensão do cliente, pela prescrição, desaparece o efeito suplementar do prazo indeterminado da sanção de suspensão do advogado.

O prazo da prescrição é reduzido para três anos, no caso de paralisação do processo, contado do último ato praticado pela OAB. Nesse caso, o presidente do Conselho Seccional ou da Subseção que promoverem a instrução declarará a prescrição e determinará o arquivamento do processo, de ofício ou a requerimento do interessado. Essa prescrição, de natureza intercorrente, decorre de falta da própria instituição, devendo ser instaurado o processo administrativo para apuração da responsabilidade. Para a prescrição intercorrente, não se admite a soma de períodos intercalados, segundo o CFOAB (Ementa 079/2007/SCA).

A prescrição intercorrente prevista no § 1º do art. 43 do Estatuto cumpre o que determina a Constituição, art. 5º, LXXVIII, que assegura a todos, no âmbito judicial e administrativo, a razoável duração do processo e os meios que garantam a celeridade de sua tramitação. Reverte-se em favor de quem responde a processo administrativo disciplinar a inércia dos incumbidos da celeridade processual, quando ultrapassados três anos sem despacho ou julgamento.

A interrupção da prescrição intercorrente apenas se dá se ocorrer qualquer despacho antes de completados três anos da paralisação processual.

O Estatuto estabelece, igualmente, modos próprios de interrupção da prescrição, que retoma seu curso em seguida, a saber: a) quando a notificação válida ao representado para responder a representação for juntada ao processo disciplinar; b) quando outro processo disciplinar for instaurado, relativo à mesma falta, tendo embora origem diversa; c) quando houver decisão condenatória do Tribunal de Ética e Disciplina, ou, em grau de recurso, do Conselho Seccional ou do Conselho Federal.

Entre as decisões recorríveis do Conselho Federal, para o órgão Especial (Súmula 13/2022) estão incluídas as que inadmitam recursos contra acórdão condenatório, ou que mantenha sua inadmissibilidade, ou quando constatada ausência de violação ao Regulamento Geral, ao Código de Ética e Disciplina e aos Provimentos (Estatuto, art. 75).

Decidiu o Órgão Especial do CFOAB, que a interrupção da prescrição da pretensão à punibilidade das infrações disciplinares ocorre tantas vezes quantas haja a incidência das causas interruptivas previstas no art. 43, § 2º, do Estatuto da Advocacia (Rec. 0015/2004/OEP). Porém, esse mesmo Órgão Especial alterou esse entendimento, em

2019 (Recurso 49.0000.2016.011931-0/OEP), para restringir a interrupção a uma única vez, contada da instauração de ofício do processo disciplinar ou da notificação inicial válida ao advogado. A interrupção da pretensão punitiva apenas uma vez é restrição que a lei (Estatuto) não faz, ainda que seja sedutora por beneficiar o inscrito, sujeito à sanção disciplinar. Qual o fim social da norma do art. 43, § 2º, I, do Estatuto: sancionar a inércia e o não julgamento pelo decurso de certo tempo ou a aplicação efetiva da sanção disciplinar com a garantia do devido processo legal, que inclui a prescrição? Esse tema é inconcluso, porque há sempre embate entre essas duas orientações. Advirta-se que essa segunda orientação se restringe à prescrição geral, mas não à intercorrente, que tem preceito legal próprio (Estatuto, art. 43, § 1º), permitindo-se que esta ocorra mais de uma vez.

Consequentemente, instaurado o processo, interrompe-se o prazo prescricional; notificado o representado, interrompe-se, também, aquele prazo; julgada procedente a representação em decisão recorrível, opera-se nova interrupção; e se no ínterim de um dos quinquênios o processo disciplinar perder o impulso por pender de despacho ou julgamento, intercorre a prescrição trienal. Contudo, despachos de mera redesignação de Relator não têm o condão de interromper o lapso prescricional (Ementa 108/2014/OEP).

Não se aplicam as regras do direito comum, nesta matéria, porque a prescrição, por sua natureza, não admite interpretação analógica e extensiva ou supletividade normativa. Apesar de concordar com esse entendimento, em tese, o Órgão Especial do CFOAB firmou orientação, em resposta a consulta, no sentido da aplicação do § 2º do art. 1º da Lei n. 9.873/99 (prescrição no processo disciplinar na administração pública), quando resulte situação mais vantajosa, em relação ao art. 43 do Estatuto, ao advogado que responde a processo disciplinar, no âmbito da OAB (Ementa 125/2019/OEP).

PARTE II

DA ORDEM DOS ADVOGADOS DO BRASIL

BREVE HISTÓRICO DA OAB

A OAB foi criada legalmente em 18 de novembro de 1930, por força do art. 17 do Decreto n. 19.408 dessa data.

Passaremos em seguida a indicar, em breve cronologia, os momentos marcantes de seus antecedentes e as transformações por que passou. Para um estudo mais aprofundado das origens e vida da OAB, particularmente em suas primeiras décadas, recomendamos a leitura das obras de Nehemias Gueiros (*A advocacia e o seu Estatuto*), João Gualberto de Oliveira (*História dos órgãos de classe dos advogados*) e Alberto Venâncio Filho (*Notícia histórica da Ordem dos Advogados do Brasil*).

Na tradição francesa, a palavra *Ordem*, que foi adotada na denominação da entidade brasileira, vincula-se à organização medieval, como conjunto estatutário que ordena um modo de vida reconhecido pela Igreja, semelhante à *Ordo Clericorum* ou às ordens de cavalaria. O advogado era o cavaleiro em leis, assimilável aos cavaleiros militares que iam ao combate para defender os pobres e humildes (Hamelin; Damien, 1975, p. 17). A Constituição revolucionária e liberal francesa de 1791, em seu preâmbulo, afirmou a extinção de todas as corporações profissionais, de artes e ofícios; porém, a tradição foi mais forte e permaneceu a denominação Ordem, distante de sua função originária. Essa denominação, sem conotação corporativista, influenciou a escolha feita no Brasil.

No dia 11 de agosto de 1827, após decretada pela Assembleia Geral, foi sancionada pelo Imperador D. Pedro I a lei que criou os dois primeiros cursos jurídicos no Brasil, um em São Paulo e outro em Olinda, que poderiam conferir os graus de bacharel e doutor. A lei mandou aplicar os Estatutos do Visconde de Cachoeira e a sua data se popularizou como o dia brasileiro da justiça e das profissões jurídicas em geral. Em 1º de março de 1828 realizou-se a solenidade de inauguração da Faculdade de Direito de São Paulo, em uma sala do Convento de São Francisco. Em 15 de maio de 1828 inaugurou-se solenemente a Faculdade de Direito de Olinda, no Mosteiro de São Bento, transferida para Recife em 10 de agosto de 1854. Os cursos desenvolviam-se em cinco anos e nove cadeiras (art. 1º da Lei de 11 de agosto).

No dia 7 de agosto de 1843, fundou-se o Instituto da Ordem dos Advogados Brasileiros, associação civil com a finalidade de congregar os profissionais da advocacia, com vistas à criação da Ordem dos Advogados. O Estatuto da associação foi aprovado pelo Imperador D. Pedro II, nessa data, por Aviso firmado pelo Ministro de Estado da Justiça, Honório Hermeto Carneiro Leão, estabelecendo seu art. 2º: "O fim do Instituto é organizar a Ordem dos Advogados, em proveito geral da ciência da jurisprudência". Há uma dúvida quanto à denominação; a portaria imperial refere-se a Instituto dos Advogados Brasileiros, mas a ata de instalação diz que ela foi expedida a favor do Instituto da Ordem dos Advogados Brasileiros, tendo prevalecido esse nome nos estatutos da entidade. No dia 7 de setembro desse ano, elegeu-se a primeira diretoria, tendo como presidente Francisco Gê Acaiaba de Montezuma, que exerceu o cargo até 1851.

Ainda no Império, no dia 20 de agosto de 1880, foi apresentado ao Legislativo da Corte o Projeto de Lei n. 95, criando a Ordem dos Advogados do Brasil.

Nos anos de 1911 e 1914, novas tentativas de projetos de lei foram feitas no sentido de separar a Ordem dos Advogados e o Instituto dos Advogados, sem resultado. Em 16 de abril de 1914, o presidente do Instituto, Alfredo Pinto Vieira, que muito trabalhou para a implantação da Ordem, pronunciou discurso em que afirmava preferir criar no Brasil uma instituição distante dos modelos europeus, "toda nossa, sem privilégios hierárquicos, nem subordinações que afetem a nossa independência".

No dia 18 de novembro de 1930, finalmente, deu-se a criação legal da Ordem dos Advogados do Brasil, em virtude da inserção do art. 17 no Decreto n. 19.408 do Governo Provisório, que teve força de lei, assim dispondo: "Art. 17. Fica criada a Ordem dos Advogados Brasileiros, órgão de disciplina e seleção dos advogados, que se regerá pelos estatutos que forem votados pelo Instituto da Ordem dos Advogados Brasileiros, com a colaboração dos Institutos da Ordem dos Estados e aprovados pelo Governo". Destinava-se a ser o órgão de disciplina e seleção da classe dos advogados. O diploma legal não tinha essa finalidade, mas a de reorganização da Corte de Apelação do Distrito Federal.

A inserção deveu-se ao autor do anteprojeto, André de Faria Pereira, com o apoio do Ministro da Justiça Osvaldo Aranha. O instituto desdobrou-se em duas entidades: a Ordem dos Advogados do Brasil e o Instituto dos Advogados Brasileiros, este (e seus filiados) com finalidade de promoção da cultura e ciência do direito entre os advogados. O então Consultor Geral da República, Levi Carneiro, proferiu substancioso parecer de aprovação da iniciativa, salientando que a OAB deveria ser distinta do sistema americano de associação voluntária, optando-se por uma lei orgânica que assegure a *self governing profession*, no interesse público, com poderes de seleção e disciplina da classe.

Em 14 de dezembro de 1931 foi aprovado o Regulamento da Ordem dos Advogados do Brasil, adotando-se este nome pelo Decreto n. 20.784, com vigência diferida pelo Decreto n. 22.266, de 1932, para 31 de março de 1933. O modelo adotado foi o do *Barreau de Paris*, tanto para a organização da entidade como para o paradigma liberal da profissão de advogado.

O Regulamento da OAB foi consolidado pelo Decreto n. 22.478/33. No dia 6 de março de 1933, às 14 horas, na sede do Instituto dos Advogados, o Conselho Federal da OAB foi instalado sob a presidência de Levi Carneiro, que tinha sido escolhido presidente provisório em 18 de janeiro de 1932. O Regulamento passou por várias reformas, por meio de: Decreto n. 24.631/34; Lei n. 510/37; Decretos n. 24.185/40; 2.407/40; 3.036/41; 4.803/42; 5.410/43; 7.359/45; 8.403/45; Leis n. 690/49 e 1.183/50. O Regulamento, com tais modificações, vigeu até a entrada em vigor da Lei n. 4.215/63.

Em 25 de julho de 1934, o CFOAB aprovou o Código de Ética Profissional, entrando em vigor em 15 de novembro do mesmo ano. O cadastro geral dos advogados apontou a existência nesse ano de 8.161 inscritos na OAB, em todo o País.

O Decreto-Lei n. 4.563/42 autorizou a Ordem dos Advogados do Brasil a instituir Caixas de Assistência, em benefício dos profissionais nela inscritos.

A OAB foi referida expressamente na Constituição Federal de 1946, pela primeira vez, determinando sua participação nos concursos públicos para ingresso na Magistratura.

No dia 11 de agosto de 1956, o presidente da República Juscelino Kubitschek de Oliveira assinou, no recinto da Ordem e perante o Conselho Federal, e ao término do mandato do Presidente Miguel Seabra Fagundes, a mensagem ao Congresso Nacional encaminhando sem qualquer alteração o projeto do novo Estatuto da OAB. A comissão que o redigiu foi composta de Nehemias Gueiros, relator, Themistocles Marcondes Ferreira, Alberto Barreto de Melo, C. B. Aragão Bozano, J. M. Mac Dowell da Costa e C. A. Dunshee de Abranches, decorrente do anteprojeto aprovado pelo CFOAB no dia 8 de maio desse ano.

A 1ª Conferência Nacional da OAB foi realizada no período de 4 a 11 de agosto de 1958, na cidade do Rio de Janeiro.

No dia 27 de abril de 1963 foi sancionada a Lei n. 4.215 (o segundo Estatuto) pelo Presidente João Goulart, com um único veto. A lei entrou em vigor no dia 10 de junho desse mesmo ano. A Lei n. 4.215 sofreu várias alterações advindas das Leis n. 5.390/68, 5.681/71, 5.842/72, 5.960/73, 6.743/79, 6.884/80, 6.994/82 e do Decreto-Lei n. 505/69.

Em 1980, comemorou a OAB seu cinquentenário. No dia 27 de agosto de 1980, uma bomba contida em envelope endereçado ao presidente do CFOAB matou a diretora da secretaria, Lyda Monteiro da Silva. Orientada pela defesa dos direitos humanos e pela restauração da democracia no País, a OAB organizou Congressos Pré-Constituintes, em 1985, para elaborar propostas de uma nova Constituição.

Em 1986, o CFOAB transferiu-se definitivamente para Brasília, cumprindo-se a previsão contida no Estatuto de 1963 (art. 157).

HISTÓRICO DO ATUAL ESTATUTO

A história do atual Estatuto (Lei n. 8.906/94) começou em 14 de junho de 1988, com a Portaria n. 41/88 do Presidente Márcio Thomaz Bastos, que designou nove conselheiros e advogados, Newton José de Sisti, Salvador Pompeu de Barros Filho, Celso Medeiros, Milton Augusto de Brito Nobre, Paulo Luiz Netto Lôbo, Reginaldo Santos Furtado, Sérgio Ferraz, Urbano Vitalino de Melo Filho, Sérgio Sérvulo da Cunha para reforma do anterior Estatuto, resultando em anteprojeto preliminar. Esse trabalho foi retomado pelo Presidente Ophir Filgueiras Cavalcante, mediante a Portaria n. 2/91, que designou os ex-presidentes Hermann Assis Baeta e Márcio Thomaz Bastos e o conselheiro federal Paulo Luiz Netto Lôbo, este como relator, para comporem a comissão específica. Nessa ocasião, tramitavam no Congresso Nacional 124 projetos de lei alterando o Estatuto anterior (Lei n. 4.215/63).

No dia 13 de maio de 1991, na primeira sessão ordinária seguinte à posse do Presidente Marcello Lavenère Machado, o Conselho Federal aprovou regimento interno dos trabalhos de elaboração de novo Estatuto, não mais de reforma do anterior, declarando-se em sessão permanente e elegendo uma Comissão de Sistematização, composta dos Conselheiros Federais Paulo Luiz Netto Lôbo (AL, presidente e relator), Júlio Cardella (SP), Eli Alves Forte (GO), Jayme Paz da Silva (RS) e Elide Rigon (MS). A Comissão, após análise de aproximadamente 700 propostas de emendas ao texto por ela sistematizado, submeteu a redação final às sessões do Conselho Federal durante os meses de março e abril de 1992, que o aprovou com alterações em 17 de abril desse ano. O texto aprovado foi submetido à revisão gramatical do filólogo Antônio Houaiss. No dia 28 de maio de 1992, as lideranças dos advogados, de várias regiões do País, juntamente com o CFOAB, sob a Presidência de José Roberto Batochio, acompanharam a entrega do Projeto de Lei n. 2.938/92, pelo Deputado Ulisses Guimarães, que o subscreveu ao lado de aproximadamente setenta deputados. Na Câmara dos Deputados, durante os dois anos de tramitação, foram acolhidas 43 emendas ao texto, aprovando-se em caráter terminativo o Projeto de Lei na Comissão de Constituição e Justiça no dia 10 de março de 1994. O Senado Federal manteve o texto da Câmara, aprovando 12 emendas de redação, em maio de 1994.

Em 4 de julho de 1994, o Presidente da República Itamar Franco sancionou o projeto, sem qualquer veto, convertendo-o na Lei n. 8.906, perante os membros do Conselho Federal, os Presidentes dos Conselhos Seccionais e representações dos advogados de vários estados brasileiros, no Palácio do Planalto. A Lei (o terceiro e atual Estatuto) foi publicada no dia 5 de julho, entrando em vigor nessa data. No dia 16 de novembro foi publicado, no *Diário da Justiça da União*, o Regulamento Geral do Estatuto da Advocacia, aprovado pelo Conselho Federal. E no dia 1º de março de 1995 publicou-se o Código de Ética e Disciplina, aprovado pelo CFOAB e revisto em 2015.

FINS E ORGANIZAÇÃO DA OAB

Título II
DA ORDEM DOS ADVOGADOS DO BRASIL

Capítulo I
DOS FINS E DA ORGANIZAÇÃO

Art. 44. A Ordem dos Advogados do Brasil – OAB, serviço público, dotada de personalidade jurídica e forma federativa, tem por finalidade:

I – defender a Constituição, a ordem jurídica do Estado democrático de direito, os direitos humanos, a justiça social, e pugnar pela boa aplicação das leis, pela rápida administração da justiça e pelo aperfeiçoamento da cultura e das instituições jurídicas;

II – promover, com exclusividade, a representação, a defesa, a seleção e a disciplina dos advogados em toda a República Federativa do Brasil.

§ 1º A OAB não mantém com órgãos da Administração Pública qualquer vínculo funcional ou hierárquico.

§ 2º O uso da sigla *OAB* é privativo da Ordem dos Advogados do Brasil.

Art. 45. São órgãos da OAB:

I – o Conselho Federal;

II – os Conselhos Seccionais;

III – as Subseções;

IV – as Caixas de Assistência dos Advogados.

§ 1º O Conselho Federal, dotado de personalidade jurídica própria, com sede na capital da República, é o órgão supremo da OAB.

§ 2º Os Conselhos Seccionais, dotados de personalidade jurídica própria, têm jurisdição sobre os respectivos territórios dos Estados-membros, do Distrito Federal e dos Territórios.

§ 3º As Subseções são partes autônomas do Conselho Seccional, na forma desta Lei e de seu ato constitutivo.

§ 4º As Caixas de Assistência dos Advogados, dotadas de personalidade jurídica própria, são criadas pelos Conselhos Seccionais, quando estes contarem com mais de mil e quinhentos inscritos.

§ 5º A OAB, por constituir serviço público, goza de imunidade tributária total em relação a seus bens, rendas e serviços.

§ 6º Os atos, as notificações e as decisões dos órgãos da OAB, salvo quando reservados ou de administração interna, serão publicados no Diário Eletrônico da Ordem dos Advogados do Brasil, a ser disponibilizado na internet, podendo ser afixados no fórum local, na íntegra ou em resumo.

- *§ 6º do art. 45 com a redação da Lei n. 13.688/2018.*

Art. 46. Compete à OAB fixar e cobrar, de seus inscritos, contribuições, preços de serviços e multas.

Parágrafo único. Constitui título executivo extrajudicial a certidão passada pela diretoria do Conselho competente, relativa a crédito previsto neste artigo.

Art. 47. O pagamento da contribuição anual à OAB isenta os inscritos nos seus quadros do pagamento obrigatório da contribuição sindical.

Art. 48. O cargo de conselheiro ou de membro de diretoria de órgão da OAB é de exercício gratuito e obrigatório, considerado serviço público relevante, inclusive para fins de disponibilidade e aposentadoria.

Art. 49. Os Presidentes dos Conselhos e das Subseções da OAB têm legitimidade para agir, judicial e extrajudicialmente, contra qualquer pessoa que infringir as disposições ou os fins desta Lei.

Parágrafo único. As autoridades mencionadas no *caput* deste artigo têm, ainda, legitimidade para intervir, inclusive como assistentes, nos inquéritos e processos em que sejam indiciados, acusados ou ofendidos os inscritos na OAB.

Art. 50. Para os fins desta Lei, os Presidentes dos Conselhos da OAB e das Subseções podem requisitar cópias de peças de autos e documentos a qualquer tribunal, magistrado, cartório e órgão da Administração Pública direta, indireta e fundacional.

- *Na ADI 1.127-8, o STF deu interpretação conforme a Constituição à palavra "requisitar" no art. 50, sem redução do texto.*

COMENTÁRIOS

NATUREZA JURÍDICA E INDEPENDÊNCIA DA OAB

O Estatuto estabelece que a OAB é serviço público, sem vínculo funcional ou hierárquico com órgãos da Administração Pública.

Ao Estado põem-se duas alternativas: ou se ocupa diretamente da regulamentação e da tutela da profissão de advogado, como foi no passado, antes da criação da OAB, ou confia aos próprios interessados a seleção, a disciplina e a defesa da sua profissão, delegando-lhes os poderes necessários, como ocorreu a partir do Regulamento de 1931.

Na vigência do Estatuto anterior (Lei n. 4.215/63) reinou a controvérsia sobre o regime jurídico da OAB, especialmente porque a lei não era clara, traduzindo em ambiguidade hermenêutica as dúvidas ou vacilações dos que o elaboraram. O art. 1º considerava a OAB "órgão" indeterminado; o art. 139 dizia que ela constituía "serviço público", não se lhe aplicando as disposições legais referentes às autarquias. De maneira geral, a doutrina atribuía à OAB a qualidade de "autarquia especial" de contornos imprecisos. A maioria dos autores afirmava sua independência em face do Poder Público; outros, contudo, vinculavam-na à Administração Pública.

Quando o Poder Executivo intentou vincular a OAB, na década de 1970, ao Ministério do Trabalho, e o Tribunal de Contas da União pretendeu controlar os recursos financeiros da entidade, houve a manifestação quase uníssona dos juristas brasileiros ressaltando as peculiaridades da OAB e sua necessária independência perante os poderes públicos. Idêntica orientação adotaram os tribunais superiores e a Consultoria-Geral da República (parecer do Consultor-Geral Rafael Mayer, PR-3974/74-011/C/75, aprovado pelo Presidente da República, *DOU*, 14-2-1978).

Deve a OAB prestar contas ao Tribunal de Contas da União (TCU)? Deliberação do TCU qualificou a OAB como autarquia e que as contribuições dos advogados constituiriam tributos, ficando sujeita à sua jurisdição. Esse entendimento contrariou outro do próprio TCU, em 2018, no sentido de que a entidade não era autarquia pública nem precisava prestar-lhe contas. Pacificando esse tema, o STF decidiu, no julgamento da ADI 3.026, que a OAB é instituição que detém natureza jurídica própria, dotada de autonomia e independência, características indispensáveis ao cumprimento de seus deveres. Finalmente, fixou a seguinte tese de repercussão geral (Tema: 1.054, Processo: RE 1.182.189): "O Conselho Federal e os Conselhos Seccionais da Ordem dos Advogados do Brasil não estão obrigados a prestar contas ao Tribunal de Contas da União nem a qualquer outra entidade externa".

O Estatuto prescreve explicitamente que a OAB não mantém qualquer vínculo com a Administração Pública. A OAB possui funções constitucionais próprias, relativamente à legitimidade para ajuizamento de ação de controle da constitucionalidade das leis, à defesa da Constituição, à participação na composição dos tribunais, à participação nos concursos públicos da magistratura.

Qual, no entanto, o sentido de *serviço público* que desempenha? Serviço público não significa necessariamente serviço estatal, este assim entendido como atividade típica exercida pela Administração Pública. Serviço público é gênero do qual o serviço estatal é espécie. A evolução dos conceitos e da experiência jurídica, mercê da transformação do Estado Moderno, fortalece a afirmação corrente de que nem tudo o que é público é estatal.

A defesa da classe dos advogados, dos direitos humanos, da justiça social e do Estado Democrático de Direito, encartada nas finalidades da OAB previstas no art. 44 do Estatuto, supõe o virtual conflito com o Poder Público. Se este impede, dificulta ou viola o exercício da advocacia, ou se malfere ou contraria os valores pelos quais deve ela pugnar, o confronto é inevitável e o conflito de interesses se instala.

Não seria possível que uma "autarquia", um ente concebido como *longa manus* do Estado, pudesse perseguir interesses a ele opostos, estranhos – defesa dos advogados – ou conflituosos.

O Estado Moderno não apenas se vale de entidades dele desmembradas (administração descentralizada e indireta), sob sua tutela ou controle. Também reconhece competência para o exercício de funções públicas a entidades que não o integram, atribuindo-lhes poderes que seriam originalmente seus, como ocorre com o poder da OAB de selecionar, fiscalizar e punir advogados. Não se trata de um novo corporativismo, nos moldes medievais, mas delimitação de autotutela jurídica a entidades organizadas, para exercício de determinados serviços públicos.

As finalidades da OAB são indissociáveis da atividade de advocacia, que se caracteriza pela absoluta independência, inclusive diante dos Poderes Públicos constituídos. Se o advogado é necessário à administração da justiça, então não pode estar subordinado a qualquer poder, inclusive o Judiciário. A OAB ou a advocacia dependentes, vinculadas ou subordinadas, resultam na negação de suas próprias finalidades.

A Constituição prevê várias hipóteses de exercício de serviços públicos por pessoas e entidades privadas, como ocorre com o regime de concessão ou permissão públicas (art. 175) ou de serviços notariais (art. 236). O Estado às vezes comete a pessoas jurídicas de direito privado, a ele vinculadas, atividade típica de polícia administrativa, dispensando o tipo autárquico. Portanto, a execução de serviços públicos não concretiza necessariamente o tipo autarquia, mesmo que especial ou *sui generis*.

Se a OAB apenas exercesse serviço público estatal típico, poder-se-ia cogitar de *jus singulare*, porque seria tutelada por norma posta *contra tenorem rationis*, na peculiar formulação do *Digesto* do direito romano justinianeu. Ou seja, se tivesse natureza ampla de autarquia, seria *sui generis* ou independente, estando desligada ou desvinculada da Administração Pública. Mas não é o caso, porque as finalidades da OAB são muito mais amplas e extraestatais.

A evolução do direito conduz-nos a rejeitar o elastério que se pretendeu atribuir ao conceito de autarquia, que já abrangeu, historicamente, até atividades econômicas. A Constituição brasileira de 1988 cindiu as atividades administrativas estatais descentralizadas, cometendo-as às autarquias e às fundações públicas (estas vêm sendo entendidas como espécies do gênero autarquia, também regidas pelo direito público, a partir do *leading case* do STF – RE 101.126), das atividades econômicas estatais, concentradas nas empresas públicas e de economia mista, regidas pelo direito privado (art. 173).

Deflui do sistema da Constituição que as pessoas jurídicas de direito público são apenas os entes estatais de natureza política (União, Estados-membros, Municípios e Territórios) e os entes autárquicos (autarquias e fundações de direito público). Às demais entidades preferiu-se atribuir a personalidade de direito privado, a exemplo dos partidos políticos (art. 17, § 2º).

A concepção de certos serviços públicos como entidades dotadas de natureza jurídica mista (de direito público e de direito privado) não é novidade no direito, especialmente com relação às corporações profissionais, como a OAB. A doutrina jurídica francesa sublinha esse traço, conforme diz Prosper Weil (1977, p. 53): "Alude-se a certos organismos de natureza jurídica indeterminada, dos quais não se sabe bem se são pessoas públicas ou privadas. O exemplo mais importante – mas não é o único – é o dos organismos de direção da economia e das ordens profissionais, que o Conselho de Estado decidiu (Monpert, 1942; Bouguen, 1943) não serem estabelecimentos públicos – sem com isso se pronunciar a favor de sua natureza privada –, mas estarem submetidos em parte ao direito público e em parte ao direito privado".

No mesmo sentido, Jean Rivero (1981, p. 561) indica precisamente as áreas de regência da grande dicotomia, esclarecendo que o funcionamento interno das ordens profissionais escapa ao direito administrativo, subordinando-se ao direito privado: os seus agentes são assalariados de direito comum, os seus contratos são civis, os seus patrimônios são constituídos de bens privados, o seu regime financeiro escapa à contabilidade pública. Destacamos a seguinte passagem: "Com as ordens encontramos pois o mesmo fenômeno de imbricação do direito público no direito privado que encontramos ao longo deste título; mas, como notou M. de Laubadère, contrariamente ao que se passa com os estabelecimentos públicos comerciais, cuja estrutura depende do direito público e cuja atividade depende do direito privado, aqui o direito privado rege a estrutura da ordem, e o direito público o exercício de sua missão".

Dario de Almeida Magalhães (1975, p. 27-46) afirma ser a OAB entidade jurídica *sui generis*, que não se inclui nem entre as autarquias administrativas nem entre as entidades exclusivamente privadas, por não gerir qualquer parcela do patrimônio público ou se manter com dinheiros públicos. No mesmo sentido manifestou-se Miguel Reale (1975, p. 97-100), para quem a OAB é entidade singular, na qual característicos públicos e privados se coordenam e se complementam.

Com efeito, as receitas da OAB, embora oriundas de contribuições obrigatórias, não são tributos porque não constituem receita pública, nem ingressam no orçamento público, nem se sujeitam a contabilidade pública. O art. 149 da Constituição não se aplica à OAB.

Em suma, a OAB não é nem autarquia nem entidade genuinamente privada, mas *serviço público independente*, categoria *sui generis*, submetida ao direito público, na realização das atividades estatais que lhe foram delegadas, e ao direito privado, no desenvolvimento de suas atividades administrativas e de suas finalidades institucionais e de defesa da profissão, estas últimas oponíveis inclusive ao Estado.

Considerada a natureza de serviço público não estatal, mas serviço público de âmbito federal, os processos judiciais em que a OAB seja interessada sujeitam-se à competência da justiça federal (STF, HC 71.314-9), salvo no caso de cobrança das anuidades (STJ, EREsp 462.273).

FINALIDADES DA OAB

A controvérsia reinante no seio da OAB, sobre suas finalidades e objetivos, confrontando aqueles que postulavam a proeminência, ou quase exclusividade, dos interesses corporativos com os que pugnavam pela prevalência da atuação político-institucional, perde o sentido desde o advento do atual Estatuto. As duas finalidades são previstas explicitamente no art. 44, de modo harmônico, integrado, sem supremacia de uma sobre outra.

A OAB engrandeceu-se, adquirindo confiabilidade e prestígio populares, porque não se ateve apenas aos interesses de economia interna, fugindo à enganosa tentação da paz burocrática de seu microcosmo. Ao mesmo tempo, desempenhou com desenvoltura a tarefa de valorização da advocacia e do ingrato mister de polícia administrativa da profissão, evitando que o Estado fizesse o que ela própria poderia fazer.

O que já era lugar-comum, na sua histórica atuação cotidiana, na incessante busca do equilíbrio entre os dois níveis de interesse (corporativo e institucional), tornou-se norma legal clara no atual Estatuto.

FINALIDADES POLÍTICO-INSTITUCIONAIS

O Estatuto inclui de forma expressa os objetivos político-institucionais entre as finalidades da OAB como um todo, e não apenas do Conselho Federal, como constava anterior Estatuto. Foi decisivo o discurso firme e persuasivo do ex-presidente nacional da OAB, Miguel Seabra Fagundes, que sempre evocou a trajetória da entidade nessa direção de civismo e solidariedade social. Seabra Fagundes influiu positivamente na inclusão de dispositivo semelhante, no projeto da Lei n. 4.215/63, elaborado na época em que foi presidente da OAB, e no anteprojeto da Lei n. 8.906/94.

Lembra Seabra Fagundes, em artigo destinado ao tema (1982, p. *passim*), que a organização inicial da OAB, mediante o Regulamento de 1931/1933, tomou como modelo o da Ordem de Paris, destinando-se a ser apenas o órgão de seleção e disciplina da classe. "Mas, com o correr do tempo, as vicissitudes institucionais por que o país foi passando (da reconstitucionalização em 1934 ao Estado Novo), tantas vezes com reflexo no exercício da atividade do advogado e mesmo no papel cívico imanente na sua condição profissional, fizeram com que o Congresso, sob a inspiração do Conselho Federal, pela elaboração de anteprojeto de reforma da regulamentação de 1931, alçasse a Ordem dos Advogados do Brasil (mediante a Lei n. 4.215/63) ao nível que nenhuma congênere sua assumiu nos países do nosso trato comum, e talvez em qualquer país".

A relação de dependência da profissão com o Poder Público e a ideologia conservadora adquirida no convívio com os grupos dominantes da sociedade, requisitos sociais para o sucesso, distanciam o advogado, enquanto tal, das preocupações político-institucionais. Os advogados liberais que criaram a OAB idealizaram uma entidade de organização estritamente profissional, de caráter corporativo e apolítico. Todavia, as ditaduras do Estado Novo (1937/1945) e do regime militar (1964/1985) levaram os advogados a assumir coletivamente a defesa dos direitos humanos e os princípios do Estado Democrático de Direito, ou seja, um papel político geral. Convenceram-se de que sem as liberdades públicas e a inviolabilidade dos direitos humanos não há liberdade para o exercício independente da advocacia. A Lei n. 4.215/63 já prenunciava essa dimensão, assumida explicitamente pelo art. 44 da Lei n. 8.906/94.

A função da OAB não é indicar opções políticas conjunturais, porque não é o Parlamento do País, mas denunciar os desvirtuamentos dos parâmetros do Estado Democrático de Direito, dos direitos humanos, da justiça social, colaborando para a melhoria das instituições, inclusive com propostas político-legislativas, tendo em mente sempre as linhas estruturais da vida nacional.

As questões político-institucionais, além de figurarem como uma das duas finalidades gerais da OAB (art. 44), estão cometidas expressamente ao Conselho Federal (art. 54, I), ao Conselho Seccional (art. 57) e às Subseções (art. 61, I).

A função política da OAB não inclui nem se confunde com a política partidária, campo próprio dos partidos políticos, ou com a política governamental. As tendências partidárias de cada membro da instituição não podem ultrapassar seus umbrais. O pluralismo político e o apartidarismo são imprescindíveis para sua sobrevivência e respeitabilidade. A OAB não é de alguns, mas de todos os advogados. Sua força reside na sabedoria em traduzir o pensamento médio da classe.

A atuação institucional da OAB apenas é cabível quando em jogo interesses que transcendem as relações individuais. A defesa dos interesses de grupos determinados de pessoas só se pode fazer pela OAB, excepcionalmente, quanto convenha à coletividade como um todo.

Defesa da Constituição

A defesa da Constituição inclui-se entre as finalidades político-institucionais da OAB. Cumpre-a de dois modos:

I – no campo político geral, pela vigilância, denúncia e mobilização públicas, quando entender ameaçados os princípios constitucionais, em virtude da ação ou omissão de pessoas, autoridades ou entidades públicas ou privadas;

II – no campo jurisdicional, pelo ajuizamento de ação direta de constitucionalidade ou de inconstitucionalidade das leis, cuja legitimidade a Constituição lhe atribuiu (art. 103, VII).

Defesa da ordem jurídica

Outra finalidade é a defesa da ordem jurídica. Contudo, não é qualquer ordem jurídica, mas apenas a do Estado Democrático de Direito. Os legisladores do anterior Estatuto não puderam antever que o Brasil, um ano após o início de sua vigência, viveria mais uma fase de autoritarismo com quebra violenta da ordem constitucional e instauração de um Estado autocrático (ainda que de direito). A atuação da Ordem foi de franca rejeição da ordem jurídica que passou a imperar, e não de sua defesa, qualificando politicamente o que estava implícito: o compromisso dos advogados é com o Estado *Democrático* de Direito, com repulsa dos demais.

Defesa dos direitos humanos

O ministério da advocacia é universal em qualquer circunstância em que a liberdade humana e os direitos do homem estejam em causa, concluiu o XXV Congresso da União Internacional dos Advogados, reunidos em Madrid no ano de 1973.

É na tensão dialética entre a lei formal e a concretização dos direitos humanos, pressuposto da dignidade do homem, que a advocacia se realiza como magistratura livre e de consciência.

A luta pelo respeito e efetivação dos direitos humanos foi o ponto alto da atuação político-institucional da OAB em sua história. Tornou-se imperiosa sua inclusão expressa entre as finalidades da entidade no art. 44 do Estatuto. Em 1980 e 1981, a OAB instituiu, em caráter permanente, as Comissões de Direitos Humanos no Conselho Federal e nos Conselhos Seccionais, acatando conclusões aprovadas na VIII Conferência Nacional da OAB de teses dos Conselheiros Victor Nunes Leal e Heráclito Fontoura Sobral Pinto.

A defesa dos direitos humanos não se resume à intervenção em casos de violação consumada, mas de promoção de todos os meios preventivos e de efetivação do exercício pelas pessoas e comunidades. A história dos direitos humanos confunde-se com a do processo civilizatório e da emancipação do homem; foi e é traçada com sangue, suor e lágrimas, contra a intolerância, o abuso do poder, as desigualdades.

Adverte Fabio Konder Comparato que na Declaração Universal dos Direitos Humanos o princípio da liberdade "compreende tanto a dimensão política como a individual. A primeira vem declarada no art. 21, e a segunda, nos arts. 3º e seguintes. Reconhece-se, com isso, que ambas essas dimensões da liberdade são complementares e interdependentes. A liberdade política sem as liberdades individuais não passa de engodo demagógico de Estados autoritários ou totalitários. E as liberdades individuais, sem efetiva participação política do povo no governo, mal escondem a dominação oligárquica dos mais ricos" (1983, p. 33).

Atualmente, os direitos humanos não se contêm na dimensão apenas individual; alcançam também a dimensão coletiva ou comunitária onde se exprimem. Segundo terminologia e classificação largamente utilizadas na doutrina brasileira, aos direitos humanos de primeira geração (direitos e garantias individuais fundamentais), sucederam-se os de segunda geração, de caráter social (direitos sociais, especialmente os direitos dos trabalhadores), os de terceira geração, de caráter transindividual (como os direitos dos consumidores e do meio ambiente), cogitando-se agora dos de quarta geração (integridade genética e biodiversidade). Novos espaços humanos surgem reclamando proteção, quando os anteriores ainda não foram totalmente satisfeitos.

Luta permanente pela justiça social

Em várias Conferências Nacionais, a OAB consolidou seu compromisso com a promoção da justiça social, elevada a uma de suas finalidades institucionais explícitas. A justiça social difere das antigas espécies aristotélicas da justiça comutativa e da justiça distributiva, porque é dotada da função de suprimir ou reduzir as desigualdades sociais ou regionais (pressupostas) e promover a sociedade justa e solidária.

A Constituição de 1988 elevou-a a objetivo fundamental da República (art. 3º) e a princípio reitor da atividade econômica (art. 170). Cabe à OAB e aos advogados brasileiros contribuírem para essa grandiosa tarefa, desafiadoramente inconclusa na medida de suas possibilidades.

A justiça social implica transformação, promoção e mudança, segundo o preciso estalão constitucional: "reduzir as desigualdades sociais" (art. 3º, III, da Constituição). A justiça social está bem definida em decisão da Corte Suprema de Justiça da Nação da Argentina, de 1974, como "a justiça em sua mais alta expressão; consiste em ordenar a atividade intersubjetiva dos membros da comunidade e os recursos com que esta conta, com vistas a permitir que todos e cada um de seus membros participem dos bens materiais e espirituais da civilização; é a justiça por meio da qual se consegue ou se tende a alcançar o bem-estar, isto é, as condições de vida mediante as quais é possível à pessoa humana desenvolver-se conforme sua dignidade".

Boa aplicação das leis e rápida administração da justiça

Outra finalidade político-institucional é a que toca mais proximamente ao exercício profissional da advocacia: a luta pela boa aplicação das leis e pela rápida administração da justiça. A aplicabilidade das leis dá-se por sua observância espontânea pelos destinatários ou por aplicação mediante o Poder Judiciário. Cabe à Ordem promover ambas, com todos os meios disponíveis.

É, portanto, legítima a atuação da OAB na crítica e na busca de soluções para as dificuldades de desempenho do Poder Judiciário e para as demandas crescentes por acesso à justiça. Afinal, o advogado não é apenas indispensável à administração da justiça, mas o mediador necessário entre o cidadão e o Estado-juiz.

Um dos mais graves problemas da administração oficial de justiça é a morosidade, de causas diversas, tendo sido contemplada pela Emenda Constitucional n. 45/2004, que elevou a direito fundamental de cada pessoa "a razoável duração do processo e os meios que garantam a celeridade de sua tramitação" (art. 5º, LXXVIII, da Constituição).

Aperfeiçoamento da cultura e das instituições jurídicas

Finalmente, cumpre à OAB pugnar pelo aperfeiçoamento da cultura e das instituições jurídicas. A OAB é a instituição que mais diretamente sofre com a má formação profissional dos advogados, como reflexo da baixa qualidade da maioria dos cursos jurídicos do País. A exigência do Exame de Ordem constitui um poderoso instrumento para induzir à elevação da qualidade.

O dever da OAB não se resume à formação universitária, porque a qualidade cultural do advogado é exigência que lhe acompanha por toda a vida. O aperfeiçoamento constante, mediante a promoção de eventos e iniciativas de capacitação, é de rigor.

Por outro lado, a colaboração da OAB estende-se ao aperfeiçoamento das instituições nacionais, que articulam a organização do povo. Nesse caso, é imenso e desafiador o espaço de colaboração, porque não se restringe às instituições diretamente ligadas à advocacia.

Essa regra associa-se à do art. 54, XV, do Estatuto, que atribui competência ao CFOAB para colaborar com o aperfeiçoamento dos cursos jurídicos e para manifestar-se previamente nos seus pedidos de autorização e reconhecimento.

Com intuito de fomentar a cultura jurídica dos advogados, o CFOAB instituiu o "Prêmio Evandro Lins e Silva", mediante os Provimentos n. 100/2003 e 108/2005, a ser concedido a advogado vencedor de concurso aberto a todos os inscritos nas Seccionais, consistente na apresentação de trabalhos jurídicos. O prêmio em dinheiro tem periodicidade trianual.

FINALIDADES CORPORATIVAS. SINDICATOS

Cabe à OAB promover com exclusividade a polícia administrativa da advocacia brasileira, aí compreendidos:

I – a seleção dos que pretendem exercê-la, inclusive mediante Exame de Ordem e verificação dos requisitos de inscrição;

II – o controle e fiscalização da atividade profissional;

III – o poder de punir as infrações disciplinares.

O poder de polícia administrativa da advocacia *per se* é exclusivo, indisponível e indelegável. Nenhuma outra autoridade pode exercê-lo, inclusive a judiciária.

A exclusividade alcança também a defesa e a representação dos advogados. Contudo, tal exclusividade não afasta a atuação concorrente dos sindicatos de advogados, porque violaria o princípio da liberdade de associação sindical, previsto na Constituição, art. 8º. Como harmonizar as duas competências?

Compete à OAB a exclusiva representação *geral* dos advogados e a defesa das prerrogativas e direitos da profissão, enquanto tais. Compete ao sindicato a defesa e representação *específicas* dos advogados sindicalizados, no que disser respeito às questões oriundas de relação de emprego a que se vinculem, e somente nessa hipótese. Por exemplo, no acordo ou convenção coletiva para fixar salário mínimo profissional ou jornada de trabalho, é o sindicato, e não a OAB, a entidade que comparece com poderes legais de representação dos advogados sindicalizados. Em contrapartida, se o advogado empregado tem violentada sua inviolabilidade profissional, cabe à OAB defendê-lo.

Embora a OAB exerça essa função (não estatal) de representação e defesa gerais dos advogados, deve estimular que outras entidades surjam, congregando advogados, para finalidades culturais e científicas, assistenciais e sindicais, porque todas contribuem para o fortalecimento da classe.

Como anotamos acima, ao comentarmos o capítulo dedicado ao advogado empregado, o crescente fenômeno da advocacia assalariada impõe a defesa de direitos e interesses que apenas o sindicato da categoria pode, constitucionalmente, desempenhar, sem qualquer subordinação à OAB, a saber, nas relações trabalhistas entre empregadores (inclusive advogados ou sociedades de advogados) e advogados empregados.

NATUREZA E TIPOS DE ÓRGÃOS DA OAB. A QUESTÃO DA PERSONALIDADE JURÍDICA

O Estatuto considera órgãos da OAB o Conselho Federal, os Conselhos Seccionais, as Subseções e as Caixas de Assistência.

A singularidade fica por conta da natureza das Caixas de Assistência, cujos comentários teceremos mais adiante. Com relação ao anterior Estatuto, excluiu-se a Assembleia Geral dos Advogados. Esse órgão formal nunca funcionou na prática, pela impossibilidade física de reunir em um mesmo espaço, com resultados viáveis, todos os advogados inscritos nas Secções médias ou grandes, e até mesmo em muitas Subseções. Imagine-se a inviabilidade fática de reunirem-se dezenas e até centenas de milhares de profissionais para discutirem ou aprovarem contas ou deliberarem sobre matérias excepcionais! Preferiu-se a institucionalização das Conferências nacionais ou estaduais de advogados, cuja experiência resultou animadora. Quanto às eleições, adotou-se o sistema eleitoral comum, com o direito de voto direto assegurado a todos os advogados inscritos, sem necessidade de instalação de assembleia.

A teoria organicista da pessoa jurídica, que forte influência exerceu sobre o direito brasileiro, especialmente pela autoridade das obras de Pontes de Miranda (1974, v. 1:381), concebe os órgãos (segundo o paradigma biológico) como partes integrantes do todo (a pessoa jurídica). Assim, seria inconcebível pessoa jurídica sem órgão ou órgão sem pessoa jurídica. Otto von Gierke, o mais conhecido dos formuladores da teoria, no direito alemão, construiu o conceito de organismo abstraindo-o originariamente do ente vivo, colocando "a existência do organismo total, do qual o homem constitui uma parte, por cima do organismo individual" (s.d., p. 73).

Decorre dessa teoria que a pessoa jurídica se manifesta mediante seus órgãos. Daí estes não representarem, com significado de atuar no lugar e em nome de outra pessoa, mas de presentarem a própria pessoa. Metaforicamente, a mão que assina o ato não representa a pessoa, mas é a própria pessoa. A diretoria que celebra contrato não representa a pessoa, porque é esta que atua mediante o ato daquela. Contudo, até mesmo pelo fato do uso corrente, nunca se chegou a uma univocidade de seu conteúdo. No direito administrativo, por exemplo, os autores sempre utilizaram o termo *órgãos* com variados significados, aí incluindo as pessoas jurídicas. Como exemplo de ambiguidade, note-se que a Constituição considera órgãos do Poder Judiciário (que não é pessoa jurídica) os tribunais federais e estaduais, embora entre eles não haja vínculos de subordinação.

Vê-se que não é nesse sentido estrito (de parte da pessoa jurídica) que o Estatuto define os órgãos da OAB, mas segundo o modelo do federalismo, ou seja, um centro unificador, dividido em partes autônomas dotadas de competências próprias e privativas. Com exceção da Subseção, atribuiu aos demais órgãos capacidade jurídica, ou seja, personalidade jurídica própria, delimitada pelo sistema de vínculos e competências que instituiu.

O que importa, hoje, é muito mais definir se se encontra diante de um plexo de capacidades (direito das pessoas) ou de competências (direito administrativo), e se tal plexo pode constituir um ente com graus de autonomia. O exemplo máximo de autonomia é a pessoa jurídica. Mas não apenas ela é dotada de capacidade; outros entes não personificados a têm, como o condomínio de edifício, a herança jacente, a massa falida.

Dentro de suas competências específicas, o Conselho Federal tem jurisdição em todo o País, os Conselhos Seccionais e as Caixas sobre o território das respectivas unidades federativas, a Subseção (a menor unidade estrutural da OAB) sobre a área territorial a ela delimitada pelo Conselho Seccional (município, parte de município, vários municípios). No âmbito da competência específica, um órgão não pode sofrer interferência do outro, salvo no caso de intervenção parcial ou total. O art. 44 do Estatuto diz que essa peculiar organização é federativa, sendo que as unidades federadas tiveram suas competências privativas repartidas entre o Conselho Seccional e as Caixas de Assistência. O Conselho Seccional, por exemplo, não pode exercer a competência privativa da Caixa de prestar assistência.

Por todas essas razões, sublinhe-se que a referência existente nos arts. 44 e 45 às espécies de personalidade jurídica não deve conduzir à interpretação ilógica de ostentar a OAB dupla personalidade jurídica, a saber, da Instituição em si e de seus conselhos distintamente. O Estatuto modificou a natureza da Instituição, prevista na Lei n. 4.215/63, porque não se refere mais à diretoria da Ordem, e sim à diretoria do Conselho. O Estatuto anterior disciplinava primeiro a "Diretoria da Ordem" (Capítulo II do Título I), seguindo-se o Conselho Federal, em cujo capítulo havia o preceito que ensejava a dúvida: "A Diretoria do Conselho Federal é a mesma da Ordem dos Advogados do Brasil".

Há única diretoria: a do Conselho Federal ou a do Conselho Seccional. Quando o art. 44 do Estatuto diz que a OAB é dotada de personalidade jurídica própria, remete necessariamente à especificação do art. 45. A OAB é a instituição (que não se confunde com pessoa jurídica), cuja personalidade jurídica revela-se nos "órgãos" que a compõem, designados no art. 45. Vê-se, pois, que a referência no *caput* do art. 44 à personalidade jurídica da OAB é uma metonímia. Não existe uma pessoa jurídica OAB, ao lado de outras pessoas jurídicas, mas uma instituição *organizada* em determinadas pessoas jurídicas, que são o Conselho Federal, os Conselhos Seccionais e as Caixas de Assistência.

Segundo o modelo federativo (no caso, o paradigma dos Estados-membros), os Conselhos Seccionais atuam em área territorial delimitada, embora dotados de personalidade jurídica própria. Não são independentes, mas autônomos, porque se vinculam juridicamente ao centro (Conselho Federal).

Autonomia, ao contrário de independência, supõe necessariamente limites. É o autogoverno dentro de um espaço delimitado. Dentro desse espaço há competências privativas que apenas podem ser exercidas pelo Conselho Federal, pelos Conselhos Seccionais e pelas Caixas de Assistência, sem interferência das outras partes autônomas (no sentido do Estatuto, órgãos).

Portanto, os órgãos da OAB são tipificados pela função institucional, pelo sistema de vínculos e pela distribuição de competências, independentemente da personalidade jurídica, não se lhes aplicando o modelo organicista de pessoa jurídica, um sentido estrito.

Dois tipos de órgãos integram e se vinculam aos Conselhos Seccionais; um, com personalidade jurídica própria, a Caixa de Assistência dos Advogados; outros, sem personalidade jurídica própria, mas com competências básicas definidas na lei, a saber, as Subseções, o Tribunal de Ética e Disciplina, a Conferência Estadual e o Colégio de Presidentes (estes dois últimos, com função consultiva). Os segundos se enquadrariam muito mais na concepção clássica de órgão da pessoa jurídica.

Dentro de suas competências específicas, o Conselho Federal tem jurisdição em todo o País, os Conselhos Seccionais e as Caixas sobre o território das respectivas unidades federativas, a Subseção (a menor unidade estrutural da OAB) sobre a área territorial a ela delimitada pelo Conselho Seccional (município, parte de município, vários municípios).

Na hipótese de conflito de competência, em matérias expressamente não previstas, dá-se a solução pelo princípio da supremacia do órgão hierarquicamente superior sobre o inferior. Na situação peculiar das Caixas, por serem dotadas de personalidade jurídica própria, havendo conflito em matérias que os membros do Conselho Seccional, em sua maioria, sejam direta ou indiretamente interessados, transfere-se ao Órgão Especial do Conselho Federal a competência para decidi-lo, conforme prevê o Regulamento Geral.

O art. 97-A do Regulamento Geral da OAB, introduzido pela Res. n. 19/2020, admite que as sessões dos órgãos colegiados da OAB, em todos seus níveis, podem ocorrer em ambiente telepresencial ou de videoconferência, denominado sessão virtual, com notificação das partes, interessados e procuradores pelo *Diário Eletrônico*, podendo ser requerida eletronicamente a sustentação oral.

IMUNIDADE TRIBUTÁRIA E PUBLICIDADE DOS ATOS

O Estatuto atribui imunidade tributária total ao patrimônio e à receita da OAB. Embora a entidade não integre a Administração Pública, como acima salientamos, é serviço público que exerce funções de polícia administrativa por delegação legal. Para esse fim, a lei equipara a OAB a autarquia (note-se: equiparar não é atribuir natureza), estendendo-lhe o benefício da imunidade, previsto no § 2º do art. 150 da Constituição. A hipótese é verdadeiramente de imunidade e não de isenção.

Mudando sua orientação anterior de não incluir as Caixas de Assistência dos Advogados na imunidade recíproca, decidiu o STF em 2018 (RE 405.267) que, considerada a impossibilidade de concessão de regramento tributário diferenciado a órgãos da OAB – de acordo com as finalidades que lhe são atribuídas por lei –, as Caixas de Assistência dos Advogados também se encontram tuteladas pela imunidade recíproca prevista no art. 150, VI, *a*, da CF. Segundo o STF, para a aplicação dessa espécie de imunidade, há de se constatar a presença de três pressupostos: 1) prestação de serviço público delegado; 2) a entidade que exerce o serviço é, em virtude de lei, pública; e 3) o serviço é prestado por ente público que não persegue finalidade econômica. Tais pressupostos são observados em relação às Caixas de Assistência dos Advogados.

A peculiar natureza mista da OAB (entidade privada e pública, nesse caso, para as atividades estatais delegadas) também se reflete na obrigação de publicidade de seus atos, que se dá no Diário Eletrônico da Ordem dos Advogados do Brasil, disponibilizado na internet, podendo ser afixados no fórum local, na íntegra ou em resumo, de acordo com a Lei n. 13.688/2018 e com sua regulamentação estabelecida no Provimento n. 182/2018.

Ao contrário do Estatuto anterior, nem todos os atos necessitam de publicidade; apenas os conclusivos e terminativos que possam repercutir em direitos e obrigações de terceiros. Os de administração interna ou rotineiros são dispensados de publicidade.

CONTRIBUIÇÕES OBRIGATÓRIAS

A OAB não participa de recursos orçamentários públicos. É mantida pelos próprios inscritos, mediante o pagamento de contribuições obrigatórias, multas e preços de serviços.

As contribuições dos inscritos na OAB, apesar de sua obrigatoriedade, não têm natureza tributária, porque assim estabelece sua lei de regência (Estatuto), diferentemente do que ocorre com os conselhos profissionais de outras profissões regulamentadas. O caráter de compulsoriedade das anuidades, dos preços de serviços que são prestados aos advogados e das multas no caso de sanção disciplinar não converte esses pagamentos em tributos, inclusive por não integrarem a receita do Estado.

As contribuições anuais, os preços de serviços e as multas fixados ou cobrados pela OAB não têm, por consequência, a mesma natureza das contribuições sociais previstas no art. 149 da Constituição. Estas estão incluídas entre os instrumentos da União "de sua atuação nas respectivas áreas", tendo sido equiparadas a tributos. Supõe, necessariamente, que componham a receita do Estado, no sentido amplo, mesmo quando haja interesse de categorias profissionais ou econômicas (previdência, Sesc, Senai etc.). Não é o caso da OAB.

Nessa direção decidiu a 2ª Turma do STJ em 2024 (AREsp 2.451.645) que a anuidade cobrada pela OAB não tem natureza jurídica tributária, máxime em virtude do precedente do STF no RE 647.886, o que atrai a competência das varas cíveis comuns e não as especializadas em execuções fiscais.

O Conselho Seccional é autônomo para fixar as anuidades e o modo de seu pagamento, cabendo ao Conselho Federal apenas modificá-las de ofício ou mediante representação quando houver ilegalidade ou abusividade (art. 54, VIII, do Estatuto). O valor e o modo de pagamento das contribuições anuais são fixados pelo Conselho Seccional do inscrito. É a principal receita da OAB, que se destina não só à sua manutenção, mas também se reverte em benefício do próprio inscrito, porque metade da receita líquida deve ser transferida para a Caixa de Assistência dos Advogados.

A Lei n. 12.514/2011 fixou o valor das anuidades devidas pelos profissionais aos "conselhos profissionais", quando "não existir disposição a respeito em lei específica". Essa lei não se aplica à OAB, não só por essa ressalva, mas também pela natureza peculiar da Ordem de constituir serviço público independente, sem natureza de autarquia vinculada à administração pública, diferentemente dos conselhos profissionais, além de o Estatuto ser lei especial, nessa matéria, em face da Lei n. 12.514.

Apesar de reconhecer a natureza jurídica especialíssima da OAB, o REsp 1.814.337 e outros precedentes do STJ fixaram o entendimento de que a cobrança judicial dos seus inscritos se submete ao disposto no art. 8º da Lei n. 12.514/2011 (com a redação da Lei n. 14.195/2021), ou seja, somente é admissível quando se atingir o montante mínimo de cinco anuidades atrasadas. Assim, o atraso de até quatro anuidades não permite sua cobrança judicial, mas não impede a aplicação de outras medidas administrativas, tais como a notificação extrajudicial, a inclusão em cadastros de inadimplentes e o protesto extrajudicial. Poderão não ser cobrados judicialmente os valores considerados irrecuperáveis, de difícil recuperação ou com custo de cobrança superior ao valor devido.

Além das anuidades, as contribuições, as multas e os preços de serviços serão fixados pelo Conselho Seccional, devendo seus valores ser comunicados ao Conselho Federal até o dia 30 de novembro do ano anterior, salvo em ano eleitoral, quando serão determinadas e comunicadas ao Conselho Federal até o dia 31 de janeiro do ano da posse, podendo ser estabelecidos pagamentos em cotas periódicas (art. 55, § 1º, do Regulamento Geral).

O Conselho Seccional pode revogar resolução da gestão anterior que fixou anuidade, devida pelos advogados, para o ano seguinte, ante a necessidade de viabilizar financeiramente a administração da entidade, inexistindo violação a direito adquirido (CFOAB, Proc. 55/95 OE).

As multas decorrem de sanções disciplinares acessórias, em face de circunstâncias agravantes, e são fixadas na decisão condenatória.

Os preços de serviços correspondem à remuneração de serviços prestados pela OAB no interesse pessoal de quem os utiliza, e são fixados previamente para cada tipo, a exemplo do fornecimento de certidões, cursos, reprografias, inscrições para Exame de Ordem.

Ao contrário do que ocorre com a Administração Pública, a OAB não segue o procedimento de formação da dívida ativa. Basta a certidão passada pela Diretoria para constituir título executivo extrajudicial. A certidão não necessita da assinatura de todos os diretores, mas apenas do Tesoureiro, salvo disposição expressa no Regimento Interno do Conselho Seccional.

A cobrança é comum (título executivo extrajudicial), seguindo o rito processual próprio e não o da execução fiscal. Decidiu a Primeira Seção do STJ (EREsp 462.273) que as cobranças das anuidades da OAB devem ser julgadas e processadas pela justiça estadual e não a federal, porque as contribuições obrigatórias na OAB não têm natureza tributária e não se destinam a compor a receita pública, o que afasta a incidência da Lei n. 6.830/80. Em razão da falta de natureza tributária dos créditos da OAB, e de não comporem o Erário, o STJ decidiu que eles independem de efetivo exercício para cobrança (AResp 957.962) e não observam o prazo prescricional quinquenal estabelecido pelo Código Civil (REsp 1.574.642).

Para constituição do crédito da anuidade e viabilização de sua execução judicial, o STJ consolidou entendimento, por meio da Súmula 673, de que a OAB deve comprovar a regular notificação prévia do advogado inadimplente para o pagamento extrajudicial da dívida, além do esgotamento de recursos na instância administrativa nos Conselhos da entidade.

O Estatuto manteve a regra anterior de isenção de pagamento obrigatório da contribuição sindical. Parece-nos inócua, uma vez que a associação sindical é livre (art. 8º da Constituição). Os advogados que livremente se sindicalizarem estão submetidos ao pagamento das contribuições correspondentes aos respectivos sindicatos, além das contribuições obrigatórias à OAB, que têm finalidade diversa.

"A Ordem dos Advogados do Brasil ampara todos os inscritos, não apenas os empregados, como o fazem os sindicatos. Não há como traçar relação de igualdade entre os sindicatos de advogados e os demais. As funções que deveriam, em tese, ser por eles desempenhadas foram atribuídas à Ordem dos Advogados. O texto hostilizado não consubstancia violação da independência sindical, visto não ser expressivo de interferência e/ou intervenção na organização dos sindicatos. Não se sustenta o argumento de que o preceito impugnado retira do sindicato sua fonte essencial de custeio. Deve ser afastada a afronta ao preceito da liberdade de associação. O texto atacado não obsta a liberdade dos advogados. Pedido julgado improcedente" (STF, ADI 2.522).

A prescrição da pretensão de cobrança das contribuições tanto dos advogados quanto das transferências devidas ao Conselho Federal, de acordo com o Conselho Pleno do CFOAB (Proposição n. 0055/2003/COP), relativamente às contribuições obrigatórias dos inscritos, prescreve em cinco anos. Essa, também, é a orientação do STJ (REsp 1.267.721). O prazo deve ser contado da data em que foi lavrada a certidão da dívida passada pelo Conselho Seccional.

O Provimento n. 111/2006 do CFOAB, após flutuações de entendimentos, estabeleceu as hipóteses em que o advogado fica desobrigado do pagamento de anuidades, contribuições, multas e preços de serviços devidos à OAB, ou terá direito à redução de seus valores, a saber:

I – esteja inscrito e tenha contribuído para a OAB durante quarenta e cinco anos ou mais;

II – tenha completado 70 anos de idade e, cumulativamente, trinta anos de contribuição (Provimento n. 137/2009) contínuos ou não;

III – seja portador de necessidades especiais por inexistência de membros superiores ou inferiores, ou absoluta disfunção destes, desde que isso o inabilite para o exercício da profissão;

IV – seja privado de visão em ambos os olhos, desde que isso o inabilite para o exercício da profissão;

V – sofra deficiência mental inabilitadora;

VI – seja mulher advogada, no ano do parto ou da adoção, ou no caso da gestação não levada a termo (Provimento n. 165/2015).

O Órgão Especial do CFOAB acrescentou, para a isenção do pagamento de contribuições, anuidades, multas e preços de serviços devidos à OAB, o requisito de ausência de punição disciplinar nos cinco anos imediatamente anteriores ao pedido (Ementa 083/2018/OEP). Respondendo a consulta, o Órgão Especial firmou entendimento que, fora dos limites previstos no art. 4º do Provimento n. 111/2006, pode haver outro tipo de isenção desde que na ocorrência de situação excepcional, de força maior (Ementa 034/2023/OEP).

O Provimento n. 137/2009 assegurou aos advogados beneficiários, apesar de desobrigados do pagamento das anuidades, o acesso aos serviços prestados pela OAB, pela Caixa de Assistência e pela Escola Superior de Advocacia.

O Regulamento Geral (art. 56) fixou a divisão obrigatória de sessenta por cento das receitas das anuidades arrecadadas pelo Conselho Seccional da seguinte forma:

I – dez por cento para o Conselho Federal;

II – três por cento para o Fundo Cultural, administrado pela Escola Superior de Advocacia do Conselho Seccional, mediante deliberação da Diretoria deste;

III – dois por cento para o Fundo de Integração e Desenvolvimento Assistencial dos Advogados – FIDA, regulamentado em Provimento do Conselho Federal, e administrado por um Conselho Gestor designado pela Diretoria do Conselho Federal;

IV – quarenta e cinco por cento para as despesas administrativas e manutenção do Conselho Seccional e das respectivas Subseções.

Metade dos quarenta por cento restantes da arrecadação das anuidades, e a totalidade das multas, dos preços de serviços e de outras formas de receitas são livremente apropriadas e destinadas pelo Conselho Seccional respectivo. Vinte por cento das anuidades são destinados à Caixa de Assistência dos Advogados vinculada ao Conselho Seccional.

Respondendo a consulta, interpretando o art. 47 da Lei n. 8.904/96, entendeu o Órgão Especial da OAB que a contribuição da OAB tem o caráter de anuidade, não sendo possível a sua cobrança proporcional. No caso em que o advogado é compulsoriamente excluído dos quadros da OAB, os valores recolhidos a título de anuidade não devem ser restituídos, de forma integral ou parcelada (Ementa 079/2017/OEP). Essa orientação serve igualmente para qualquer outra hipótese de desligamento voluntário, temporário (por exemplo, exercício de cargo incompatível) ou definitivo.

CARGOS DOS MEMBROS DE ÓRGÃOS DA OAB

Os cargos de membros de órgãos da OAB são de exercício gratuito e obrigatório. A regra antes estabelecida para os conselheiros da OAB e dirigentes de Subseções expandiu-se para os membros da diretoria das Caixas de Assistência.

A obrigatoriedade é relacionada ao exercício do cargo e não à sua investidura, porque esta depende de eleição e liberdade de candidatura.

O exercício desse múnus desinteressado é considerado pela lei como serviço público relevante. Não é equiparado, contudo, ao de servidor público em sentido estrito, nem se vincula ao respectivo regime jurídico único.

A Lei n. 13.869/2019, que dispõe sobre o abuso de autoridade, cometido por agente público, não se aplica à OAB, porque esta não se enquadra entre as entidades e órgãos públicos referidos no art. 2º dessa lei. Nesse sentido, em resposta a consulta, entendeu o Órgão Especial do CFOAB pela inaplicabilidade do tipo legal de abuso de autoridade aos dirigentes da OAB, inclusive os Presidentes do Tribunal de Ética e Disciplina (TED), pois a instauração de processos ético-disciplinares na OAB não configura persecução penal, civil ou administrativa nos termos da lei.

Se o advogado for também servidor público, o exercício efetivo e proficiente do cargo de diretor ou de conselheiro de órgãos da OAB aproveita para efeito de contagem de tempo de serviço com finalidade de aposentadoria ou disponibilidade, desde que não seja cumulativo.

PRESIDENTE DA OAB. LEGITIMIDADE PARA AGIR

O presidente da OAB é o líder dos advogados. O presidente do Conselho Federal, também denominado presidente nacional da OAB, é um órgão singular, na medida em que o seu titular é apenas um indivíduo. Na tradição francesa, a denominação *bâtonnier* (bastonário, em português), ainda largamente utilizada, apareceu pela primeira vez no século XIV, em virtude de o chefe da Ordem dos Advogados ser o prior da Confraria de São Nicolau (patrono dos advogados), incumbindo-lhe portar o bastão (*bâton*) da confraria nas processões (Hamelin; Damien, 1975, p. 167).

Os presidentes da OAB (do Conselho Federal, dos Conselhos Seccionais e Subseções) têm legitimidade para agir em defesa dos princípios estabelecidos no Estatuto, da advocacia em geral e dos advogados individualmente quando violados seus direitos e prerrogativas profissionais por qualquer pessoa ou autoridade. Essa regra não abrange o presidente da Caixa de Assistência.

A legitimidade *ad causam* é tanto ativa quanto passiva.

Na defesa dos interesses da advocacia podem ingressar com qualquer tipo de ação, na qualidade de presidentes da OAB.

No caso de mandado de segurança coletivo (art. 5º, LXX, da Constituição), em virtude dessa peculiar legitimidade que lhe é outorgada por lei, não há necessidade de autorização expressa dos advogados inscritos.

O presidente pode intervir, a qualquer título, inclusive como assistente, em inquéritos policiais e administrativos ou em processo civil ou penal, quando o advogado seja indiciado, acusado ou ofendido. A intervenção será sempre necessária quando a imputação atribuída a advogado tiver relação com sua atividade profissional.

A legitimidade extrajudicial é expandida para atribuir ao presidente da OAB autoridade pública, com poder de requisição de documentos a qualquer órgão dos Poderes Legislativo, Judiciário e Executivo, e a entidades da Administração indireta (autarquias, empresas públicas e de economia mista), sempre que haja necessidade para defesa dos direitos e prerrogativas da profissão. Na ADI 1.127-8, o STF decidiu pela constitucionalidade do art. 50, mas conferiu interpretação conforme a Constituição no sentido de compreender a expressão "requisitar" como dependente de motivação, compatibilização com as finalidades do Estatuto e atendimento dos custos da requisição, ressalvados os documentos cobertos pelo sigilo.

A matéria também está regulada no Regulamento Geral. Quando o fato imputado a advogado decorrer do exercício da profissão ou em razão desse exercício, o presidente integra a defesa, como assistente, no processo ou no inquérito. Quando o ato configurar abuso de autoridade, inclusive de magistrado, configurando-se atentado à garantia legal de exercício profissional, cabe ao presidente promover a representação contra o responsável.

Capítulo II
DO CONSELHO FEDERAL

Art. 51. O Conselho Federal compõe-se:

I – dos conselheiros federais, integrantes das delegações de cada unidade federativa;

II – dos seus ex-presidentes, na qualidade de membros honorários vitalícios.

§ 1º Cada delegação é formada por três conselheiros federais.

§ 2º Os ex-presidentes têm direito apenas a voz nas sessões.

§ 3º O Instituto dos Advogados Brasileiros e a Federação Nacional dos Institutos dos Advogados do Brasil são membros honorários, somente com direito a voz nas sessões do Conselho Federal.

- *§ 3º acrescentado pela Lei n. 14.365/2022.*

Art. 52. Os presidentes dos Conselhos Seccionais, nas sessões do Conselho Federal, têm lugar reservado junto à delegação respectiva e direito somente a voz.

Art. 53. O Conselho Federal tem sua estrutura e funcionamento definidos no Regulamento Geral da OAB.

§ 1º O Presidente, nas deliberações do Conselho, tem apenas o voto de qualidade.

§ 2º O voto é tomado por delegação, e não pode ser exercido nas matérias de interesse da unidade que represente.

§ 3º Na eleição para a escolha da Diretoria do Conselho Federal, cada membro da delegação terá direito a 1 (um) voto, vedado aos membros honorários vitalícios. (NR)

- *§ 3º acrescentado pelo art. 1º da Lei n. 11.179/2005.*

Art. 54. Compete ao Conselho Federal:

I – dar cumprimento efetivo às finalidades da OAB;

II – representar, em juízo ou fora dele, os interesses coletivos ou individuais dos advogados;

III – velar pela dignidade, independência, prerrogativas e valorização da advocacia;

IV – representar, com exclusividade, os advogados brasileiros nos órgãos e eventos internacionais da advocacia;

V – editar e alterar o Regulamento Geral, o Código de Ética e Disciplina, e os Provimentos que julgar necessários;

VI – adotar medidas para assegurar o regular funcionamento dos Conselhos Seccionais;

VII – intervir nos Conselhos Seccionais, onde e quando constatar grave violação desta Lei ou do Regulamento Geral;

VIII – cassar ou modificar, de ofício ou mediante representação, qualquer ato, de órgão ou autoridade da OAB, contrário a esta Lei, ao Regulamento Geral, ao Código de Ética e Disciplina, e aos Provimentos, ouvida a autoridade ou o órgão em causa;

IX – julgar, em grau de recurso, as questões decididas pelos Conselhos Seccionais, nos casos previstos neste Estatuto e no Regulamento Geral;

X – dispor sobre a identificação dos inscritos na OAB e sobre os respectivos símbolos privativos;

XI – apreciar o relatório anual e deliberar sobre o balanço e as contas de sua diretoria;

XII – homologar ou mandar suprir relatório anual, o balanço e as contas dos Conselhos Seccionais;

XIII – elaborar as listas constitucionalmente previstas, para o preenchimento dos cargos nos tribunais judiciários de âmbito nacional ou interestadual, com advogados que estejam em pleno exercício da profissão, vedada a inclusão de nome de membro do próprio Conselho ou de outro órgão da OAB;

XIV – ajuizar ação direta de inconstitucionalidade de normas legais e atos normativos, ação civil pública, mandado de segurança coletivo, mandado de injunção e demais ações cuja legitimação lhe seja outorgada por lei;

XV – colaborar com o aperfeiçoamento dos cursos jurídicos, e opinar, previamente, nos pedidos apresentados aos órgãos competentes para criação, reconhecimento ou credenciamento desses cursos;

XVI – autorizar, pela maioria absoluta das delegações, a oneração ou alienação de seus bens imóveis;

XVII – participar de concursos públicos, nos casos previstos na Constituição e na lei, em todas as suas fases, quando tiverem abrangência nacional ou interestadual;

XVIII – resolver os casos omissos neste Estatuto.

XIX – fiscalizar, acompanhar e definir parâmetros e diretrizes da relação jurídica mantida entre advogados e sociedades de advogados ou entre escritório de advogados sócios e advogado associado, inclusive no que se refere ao cumprimento dos requisitos norteadores da associação sem vínculo empregatício;

- *Inciso XIX acrescentado pela Lei n. 14.365/2022.*

XX – promover, por intermédio da Câmara de Mediação e Arbitragem, a solução sobre questões atinentes à relação entre advogados sócios ou associados e homologar, caso necessário, quitações de honorários entre advogados e sociedades

de advogados, observado o disposto no inciso XXXV do *caput* do art. 5º da Constituição Federal.

- *Inciso XX acrescentado pela Lei n. 14.365/2022.*

Parágrafo único. A intervenção referida no inciso VII deste artigo depende de prévia aprovação por dois terços das delegações, garantido o amplo direito de defesa do Conselho Seccional respectivo, nomeando-se diretoria provisória para o prazo que se fixar.

Art. 55. A diretoria do Conselho Federal é composta de um Presidente, de um Vice-Presidente, de um Secretário-Geral, de um Secretário-Geral Adjunto e de um Tesoureiro.

§ 1º O Presidente exerce a representação nacional e internacional da OAB, competindo-lhe convocar o Conselho Federal, presidi-lo, representá-lo ativa e passivamente, em juízo ou fora dele, promover-lhe a administração patrimonial e dar execução às suas decisões.

§ 2º O Regulamento Geral define as atribuições dos membros da Diretoria e a ordem de substituição em caso de vacância, licença, falta ou impedimento.

§ 3º Nas deliberações do Conselho Federal, os membros da diretoria votam como membros de suas delegações, cabendo ao Presidente, apenas, o voto de qualidade e o direito de embargar a decisão, se esta não for unânime.

COMENTÁRIOS

COMPOSIÇÃO E ESTRUTURA DO CONSELHO FEDERAL

A composição básica do Conselho Federal corresponde a três vezes o número de unidades federativas (Estados-membros, Distrito Federal e Territórios) e mais o presidente nacional. Após a Constituição de 1988, o Conselho Federal passou a contar com 81 conselheiros, considerando 27 unidades federativas, além do presidente.

A delegação de cada unidade federativa é integrada por três conselheiros federais eleitos diretamente em conjunto com o Conselho Seccional, cumprindo mandato de três anos. Ver os comentários aos arts. 63 a 67. O Estatuto prevê a possibilidade de serem eleitos suplentes de conselheiros federais de cada delegação. Os suplentes têm direito ao exercício do mandato no caso de afastamento, temporário ou definitivo, do titular, observada a precedência definida pelo Conselho Federal, cuja competência é privativa, nessa matéria, ou seja, não pode o Conselho Seccional exercê-la.

Também integram o Conselho Federal seus ex-Presidentes, empossados antes de 4 de julho de 1994, com poder de voto equivalente ao de cada delegação, exceto para eleição dos membros da Diretoria do Conselho Federal, por força da Lei n. 11.767/2008. Também integram o Conselho Federal, com direito a voz, mas sem direito a voto, os ex-Presidentes empossados após 4 de julho de 1994. Todos assumem a qualidade de membros honorários vitalícios, não apenas como homenagem da classe aos seus dirigentes máximos, mas porque a história da OAB demonstrou que é oportuna sua palavra de experiência para tomada de posição da entidade, sobretudo em matéria institucional. A expressão "membro honorário vitalício", contida na lei, indica qualidade e não denominação. Os ex-Presidentes são conselheiros. O Plenário do CFOAB, por maioria de votos, decidiu (Representação 03/2006/COP) que o ex-Presidente, oriundo da magistratura pelo quinto constitucional que retornar à advocacia por motivo de aposentadoria, assume a qualidade de membro honorário vitalício, sem direito a voto.

A Lei n. 14.365/2022 conferiu a qualificação de membros honorários do Conselho Federal aos Presidentes ou seus substitutos do Instituto dos Advogados Brasileiros e da Federação Nacional dos Institutos dos Advogados do Brasil, apenas com direito a voz, quando presentes nas sessões dos órgãos deliberativos do Conselho Federal. Ambas as entidades (art. 85 do Estatuto) têm legitimidade para propor, defender e indicar a quaisquer órgãos da OAB assuntos e matérias do interesse dos advogados em geral ou de seus afiliados.

O direito de voz foi também assegurado aos presidentes dos Conselhos Seccionais, sem a qualificação de membros honorários, quando se fizerem presentes às sessões dos órgãos deliberativos do Conselho Federal, sem a qualidade de Conselheiro e mantido o voto da respectiva delegação. O art. 63 do Regulamento Geral também assegurou direitos de presença às sessões e de voz aos agraciados com a Medalha Rui Barbosa, que é a comenda máxima conferida pelo Conselho Federal – apenas uma vez, no prazo de cada mandato deste – à grande personalidade da advocacia brasileira.

Respondendo a consulta, entendeu o Órgão Especial do CFOAB (Consulta 2007.27.01001-01) que a nomeação para cargo público demissível *ad nutum*, implicando o licenciamento profissional do inscrito, nos termos do art. 12, ou o cancelamento de inscrição, nos termos do art. 11, ambos do Estatuto, tem o condão de fazer extinguir, automaticamente e antes do seu término, o mandato que o nomeado exerça no âmbito da OAB, seja na condição de Conselheiro, seja como dirigente de órgão da OAB.

Ao contrário do anterior, o Estatuto não regulamenta a estrutura e funcionamento do Conselho, ou seja, sua divisão em Câmaras, Comissões, a competência desses órgãos internos, da diretoria em conjunto e dos diretores individualmente. Essa matéria, antes distribuída entre o Estatuto e o Regimento Interno, passou para o Regulamento Geral editado pelo Conselho Federal.

O Regulamento Geral fixou a estrutura do Conselho Federal mediante os seguintes órgãos: Conselho Pleno, Órgão Especial, Primeira, Segunda e Terceira Câmaras, Diretoria e Presidente, definindo suas competências específicas. De modo geral, cabe ao Conselho Pleno, integrado por todos os conselheiros federais, deliberar sobre as matérias de caráter institucional, o ajuizamento de ações coletivas, a fixação de diretrizes para a classe, a tomada de posição em nome dos advogados brasileiros, a aprovação de textos normativos. O Órgão Especial é a última instância recursal e de consulta; suas orientações, quando consolidadas em súmulas, constituem orientação dominante da OAB (Regulamento Geral, art. 86).

No que concerne à consulta sobre o exercício da advocacia, qualquer pessoa pode fazê-la, não necessariamente inscrita na OAB, pois, como esclareceu o Órgão Especial do CFOAB (Ementa 013/2019/OEP), impõe-se o princípio da legalidade e da natureza pública dos serviços prestados pela OAB, desde que não se trate de caso concreto, vedada sua utilização como prejulgamento.

As Câmaras apreciam matérias e recursos de acordo com os assuntos em que foram distribuídos: para a Primeira Câmara, direitos, prerrogativas, seleção, fiscalização; para a Segunda Câmara, ética e disciplina; para a Terceira Câmara, controle financeiro, eleições e demais questões. A Segunda Câmara foi dividida em três turmas. A diretoria, coletivamente, delibera sobre certas matérias executivas e de administração que ultrapassam a competência específica de cada diretor.

As comissões permanentes foram definidas pelo Provimento n. 115/2007 (com alterações ulteriores), competindo-lhes: I – assessorar o Conselho Federal e a Diretoria no encaminhamento das matérias de suas competências; II – elaborar trabalhos escritos e pareceres, promover pesquisas e eventos que estimulem o estudo, a discussão e a defesa de temas afetos às suas áreas de atuação; III – mediante autorização da Diretoria do Conselho Federal, cooperar e promover intercâmbio com organizações de objetivos iguais ou assemelhados, bem como convocar e organizar as reuniões e encontros de presidentes, com a participação das comissões congêneres criadas nos Conselhos Seccionais (com redação do Provimento n. 190/2019); IV – criar e manter atualizado centro de documentação relativo às suas finalidades; V – orientar os trabalhos das comissões congêneres criadas nos Conselhos Seccionais e Subseções; VI – expedir instruções normativas, estabelecendo critérios de ordem técnica, nos limites das suas áreas de atuação, *ad referendum* da Diretoria do Conselho Federal. As Comissões serão compostas por até 30 (trinta) membros efetivos, incluídos o Presidente, o Vice-Presidente, o Secretário e o Secretário-Adjunto. Os efeitos da designação dos membros das Comissões cessarão automaticamente na data do término do mandato do Presidente que as designou (Provimento n. 229/2025). As comissões permanentes e transitórias observam os procedimentos do regimento interno único (Res. n. 27/2022).

Além dos órgãos definidos no Estatuto, o Conselho Federal conta, ainda, com a Escola Superior de Advocacia Nacional, criada pelo Provimento n. 193/2019, que tem por finalidade "fomentar a educação continuada para o exercício da advocacia", ao lado e de natureza complementar à que seja ministrada pelas instituições de ensino superior.

VOTO E *QUORUM*

O voto é por delegação e não individual. Em caso de divergência entre os membros da delegação prevalece o voto da maioria; estando presentes apenas dois membros e havendo divergência, o voto é invalidado.

O Presidente exerce apenas o voto unipessoal de qualidade, porque não integra qualquer delegação; é presidente nacional, desligando-se de sua origem federativa. Os demais diretores (vice-presidente, secretário-geral, secretário-geral adjunto e tesoureiro) votam em conjunto com suas delegações.

Além do voto de qualidade, o presidente é legitimado para um especial recurso: o de embargar a decisão, quando não for unânime, obrigando o Conselho a reapreciar a matéria, em outra sessão. O Presidente do Órgão Especial e o Presidente da Câmara, além de votarem por suas delegações, têm o voto de qualidade, no caso de empate (arts. 84 e 87 do Regulamento Geral, com a redação da Res. n. 1/2019).

O Conselho Federal, em todos os seus órgãos, delibera com a presença da maioria absoluta das delegações (metade mais uma), retomando-se o princípio comum. Não se incluem no cômputo do *quorum* mínimo os ex-Presidentes, com ou sem direito a voto, nem os que têm apenas direito a voz.

O *quorum* especial de dois terços das delegações apenas é exigível pelo Estatuto no caso de intervenção nos Conselhos Seccionais (art. 54, parágrafo único) e de edição ou reforma do Regulamento Geral, do Código de Ética e Disciplina e dos Provimentos (art. 78 do Regulamento Geral). Nessas matérias não podem votar os ex-Presidentes do Conselho Federal, incluindo os que foram empossados antes de 4 de julho de 1994.

COMPETÊNCIAS DO CONSELHO FEDERAL

As competências do Conselho Federal são indicadas em uma enumeração aberta, porque não esgotam todas as hipóteses. Nem todas são privativas, porque algumas os Conselhos Seccionais e até mesmo as Subseções as executam, no âmbito de suas jurisdições e guardadas as devidas adaptações. Os incisos I a III do art. 54 são comuns ao Conselho Federal e aos Conselhos Seccionais e Subseções. Os incisos VI, VII, VIII e IX aplicam-se, no que couberem, aos Conselhos Seccionais, com relação às suas Subseções. O inciso XIV configura competência concorrente dos Conselhos Seccionais. O inciso XVI também se aplica aos Conselhos Seccionais, quanto a seus respectivos bens imóveis.

Ressalta das competências do Conselho Federal que sua função é de harmonização, de coordenação geral, de instância recursal final e, sobretudo, de fixação de diretrizes e políticas gerais, vinculando todos os demais órgãos da OAB. A tarefa executiva, em grande medida, compete aos Conselhos Seccionais e a suas Subseções e às Caixas de Assistência.

A competência concorrente entre o Conselho Federal e os Conselhos Seccionais nem sempre é clara, mas prevalece a do Conselho Federal quando os interesses envolvidos ultrapassem os limites de competência de um Conselho Seccional ou envolvam tribunal com competência sobre mais de uma unidade federativa. Nesse sentido é o Provimento n. 221/2023, que disciplina a atuação dos órgãos da OAB perante o CNJ, o CNMP, o CJF e o CSJT.

Passemos a comentar os tipos de competência do Conselho Federal, mantendo a ordem do art. 54 do Estatuto:

Cumprimento das finalidades da OAB

O primeiro impõe o cumprimento efetivo das finalidades da OAB, tanto as institucionais quanto as corporativas. Remetemos o leitor aos comentários a elas destinados acima.

O dever de cumprimento impede que o Conselho exclua algumas em detrimento de outras.

Representação dos advogados

O segundo explicita o poder genérico de representação dos advogados brasileiros pelo Conselho Federal, em juízo ou fora dele. Essa representação é legal; independe de mandato ou autorização prévios dos representados.

Quando o Conselho Federal se manifesta, em matérias corporativas ou institucionais, manifestam-se os advogados brasileiros, em seu conjunto. Da mesma forma, em suas jurisdições, os Conselhos Seccionais e as Subseções.

As manifestações e representações dos órgãos superiores vinculam os inferiores, não podendo estes contraditar aqueles.

A representação é sempre no interesse da profissão. O Estatuto refere-se à representação individual. Também nesse caso é limitada à defesa do advogado atingido no exercício de sua profissão, mesmo em decorrência de atos pessoais. No caso de representação individual, a ação do Conselho Federal é supletiva dos Conselhos Seccionais e apenas quando houver grave repercussão nacional em prejuízo da advocacia.

Decidiu o STF que "a interpretação conjunta dos art. 45, I e II, §§ 1º e 2º, 54, II, 57 e 49 do Estatuto da O.A.B. (Lei n. 8.906, de 4-7-94) leva à conclusão de que, perante o Supremo Tribunal Federal, em processo de Mandado de Segurança, de sua competência originária, somente o órgão supremo da O.A.B., ou seja, seu Conselho Federal, tem legitimidade para intervir. Não, assim, os Conselhos Seccionais" (MS 23.448-AgR).

Sobre a promoção de ações coletivas veja-se o comentário ao inciso XIV.

Defesa das prerrogativas da profissão

Compete à OAB velar pela dignidade, independência, prerrogativas e valorização da advocacia. Velar é estar vigilante, mas, ao mesmo tempo, é agir em sua defesa. Sobre independência da advocacia, remetemos os leitores aos comentários à atividade de advocacia e à ética do advogado. Sobre prerrogativas, vejam-se os comentários aos direitos do advogado.

A referência à valorização merece um comentário destacado, porque, antes de ser uma atitude de defesa, constitui um mandamento promocional. Cabe à OAB promover a valorização da advocacia, perante a classe e perante a comunidade, em todos os sentidos: ético, técnico, profissional, institucional.

O CFOAB decidiu por unanimidade que não cabe defesa da dignidade da profissão de advogado, quando sua imagem é denegrida e deformada em novelas de televisão, porque a obra de ficção e o direito de crítica estão assegurados na Constituição. Em caso de ofensa individual, o atingido procederá de acordo com a legislação vigente (Proc. 3.559/91/CP).

Representação internacional

A representação dos advogados brasileiros em eventos internacionais ou no exterior é exclusiva do Conselho Federal. Não podem os Conselhos Seccionais ou outras entidades de advogados representar o conjunto dos advogados brasileiros, salvo se forem credenciados pelo Conselho Federal.

A associação da OAB é apenas possível à organização internacional que congregue entidades nacionais de advogados, podendo apenas participar de eventos ou entidades internacionais que abranjam outras profissões jurídicas.

Diversas entidades internacionais congregam advogados. Excluindo-se as que se voltam para determinadas especializações, podem ser referidas: a UIA – União

Internacional dos Advogados (*Union Internationale des Avocats*), com sede em Paris, fundada em 1924, constituída de membros individuais e coletivos, colégios e ordens de advogados, inclusive a OAB; a IBA – *International Bar Association*, fundada em 1947 em Nova York, integrada por advogados, sociedades de advogados e associações de advogados; FIA/IABA – Federação Interamericana de Advogados, com sede em Washington, composta de membros individuais e coletivos, inclusive a OAB.

Legislação regulamentar e complementar do Estatuto

O Estatuto não esgota todas as matérias relativas à OAB e aos advogados. O legislador optou por uma lei concisa, cuidando exclusivamente dos temas contidos no que se considera reserva legal. Tudo o mais que tenha natureza regulamentar, e não envolva criação, modificação ou extinção de direitos e obrigações, foi remetido à complementação normativa do Regulamento Geral, do Código de Ética e Disciplina e dos Provimentos, todos editados pelo Conselho Federal, por força de delegação da lei.

O Regulamento Geral é o diploma abrangente dos procedimentos, estrutura organizacional e atribuições dos órgãos internos, e de todas as matérias que sejam suscetíveis às mudanças do tempo e das necessidades que se impuserem. Os Provimentos cuidam de temas específicos que podem ser destacados do Regulamento Geral. Sobre o Código de Ética e Disciplina remetemos o leitor aos comentários ao capítulo da ética do advogado. Essas normas são cogentes e obrigam a todos os órgãos e inscritos da OAB.

Sobre a legitimidade da OAB em editar o Regulamento Geral, ver os comentários ao art. 78.

Intervenção parcial

O Conselho Federal pode adotar as medidas preventivas e corretivas que julgar necessárias para assegurar o funcionamento dos Conselhos Seccionais. É um modo parcial e localizado de intervenção, sem os rigores da intervenção completa, porque não implica o afastamento de seus dirigentes. Assim, decidiu o CFOAB pela intervenção parcial com fito de tornar ineficaz portaria de Presidência de Conselho Seccional, que nomeava advogada para realização de tarefas adstritas à diretoria de Subseção (Ementa 061/2012/COP).

Se as medidas que adotar forem descumpridas, a intervenção será efetivada integralmente. Essas providências podem ser mínimas e pouco traumáticas, como na hipótese de envio de observadores ou auditores. Cabe aos Conselhos Seccionais prestar toda a colaboração necessária para que possam cumprir suas missões.

Intervenção completa

A intervenção completa dar-se-á nos casos de extrema gravidade, quando ocorrerem claras e flagrantes violações ao Estatuto e à legislação regulamentar, ou quando as determinações do Conselho Federal forem sistematicamente descumpridas ou desafiadas, ou ainda quando a entidade local estiver em situação de grave perigo para a instituição.

A intervenção, por suas consequências traumáticas ao sistema federativo e de autonomia dos Conselhos Seccionais, deve ser decidida mediante *quorum* especial de dois terços das delegações, com fixação de prazo determinado, que pode ser prorrogado. A decisão só poderá ser tomada após ouvido o Conselho Seccional, que poderá apresentar defesa e provas que a afastem.

Decidida a intervenção, o presidente nacional da OAB nomeará diretoria provisória, suspendendo-se o mandato dos dirigentes em exercício.

O procedimento da intervenção é fixado no Regulamento Geral, no art. 81. Prevê-se uma fase inicial de verificação e sindicância promovidas por representantes do Conselho Federal, designados pela diretoria deste, os quais devem apresentar relatório ao Conselho Federal. Essa fase é antecedida da notificação do Conselho Seccional para apresentar defesa prévia que exclua o processo de intervenção. Se o relatório concluir pela intervenção, então o Conselho Seccional é novamente notificado para defesa, quanto ao móvel da intervenção (mérito). Os prazos para a defesa são sempre de quinze dias (art. 69 do Estatuto). Na sessão que apreciar a indicação da intervenção, assegurando-se o direito de sustentação oral ao representante do Conselho Seccional, se ela for decidida, fixar-se-á prazo para intervenção, cabendo à diretoria designar diretoria provisória. Pode ocorrer a intervenção sumária se houver impedimento local ao trabalho da sindicância ou de evidente irreparabilidade e perigo pela demora da decisão, que deve ser motivada.

Em 2011, o Conselho Pleno do CFOAB promoveu a intervenção completa, pelo período de seis meses, na OAB-PA, em virtude de alienação de imóvel de propriedade da OAB, em favor de Conselheiro Estadual, sem regular autorização do Conselho Seccional, por valor abaixo do mercado, em processo sem publicidade adequada, com falsificação de assinatura de um dos membros da Diretoria em procuração pública outorgada em favor de terceiro estranho ao negócio jurídico viciado. Em razão desses fatos, três diretores e vinte e três conselheiros seccionais renunciaram a seus cargos. Houve apuração regular por parte da Polícia Federal, da Corregedoria de Justiça do TJPA e da comissão de sindicância preliminar, com amplo direito de defesa assegurado. Entendeu o CFOAB que "a despeito de não se equipararem a agentes públicos, os dirigentes da OAB não podem se valer dessa condição como forma de imunidade para a prática de condutas aéticas e ímprobas, estando obrigados a agir exemplarmente, inspirados nos mesmos princípios constitucionais orientadores das normas àqueles aplicáveis" (*DOU*, 26-10-2011, p. 238).

Cassação de atos

Quando puder evitar a intervenção e nos casos de menor gravidade, o Conselho Federal promoverá a cassação ou modificação do ato de qualquer autoridade ou órgão da OAB que contrarie o Estatuto e a legislação regulamentar. Nesse caso, não há necessidade de *quorum* especial para a decisão, mas deverá ser ouvida previamente a autoridade em causa, para apresentar defesa.

A cassação pode ocorrer incidentalmente, quando da apreciação de qualquer processo ou em processo autônomo, sempre após ouvida a autoridade responsável.

Recursos

O Conselho Federal é a instância recursal máxima na OAB. Cabe-lhe julgar todos os recursos interpostos contra decisões dos Conselhos Seccionais que não tenham sido unânimes ou, quando unânimes, contrariarem o Estatuto e a legislação complementar (ver os comentários ao art. 75).

Identidade do advogado

Compete exclusivamente ao Conselho Federal dispor sobre identidade do advogado e sobre seus símbolos privativos no Regulamento Geral. A respeito dessa matéria convidamos o leitor aos comentários formulados ao inciso XVIII do art. 7º e ao art. 13. O Regulamento Geral cuidou da matéria nos arts. 32 a 36 e 155.

Relatório e contas

O Conselho Federal também atua como Conselho Fiscal da OAB, apreciando relatório e aprovando as contas de sua diretoria e, ainda, homologando as contas dos Conselhos Seccionais. Se as contas forem rejeitadas por razões formais, as irregularidades poderão ser supridas. Se a rejeição for de mérito, os responsáveis responderão nos âmbitos disciplinar, penal e civil.

O exercício financeiro dos órgãos da OAB encerra-se no dia 31 de dezembro de cada ano.

O Regulamento Geral fixa a obrigatoriedade de aprovação do orçamento anual, que deve servir de regulação das receitas e das despesas. Os Provimentos n. 101/2003 e 121/2007 estabeleceram as rotinas a serem observadas. Cabe à Terceira Câmara do Conselho Federal fixar os modelos e os critérios para os orçamentos, balanços e contas de sua diretoria e dos Conselhos Seccionais. Estes, por sua vez, fixam-nos para as Subseções e as Caixas de Assistência.

Listas sêxtuplas

A elaboração de listas sêxtuplas para composição dos tribunais compete ao Conselho Federal quando a corte tiver abrangência nacional ou interestadual, ou seja, o Superior Tribunal de Justiça, o Tribunal Superior do Trabalho e os tribunais regionais, federais e trabalhistas, quando estes tiverem competência territorial que abranja mais de um estado. Para os tribunais estaduais, a competência é do Conselho Seccional respectivo. A matéria está regulada pelo Provimento n. 102/2004, com a redação dada pelos provimentos ulteriores.

Nos tribunais regionais eleitorais os advogados são indicados pelo Tribunal de Justiça e não pela OAB (STJ, RMS 898-0), razão por que não há lista sêxtupla para composição deles.

De acordo com o Provimento n. 220/2023, que alterou o parágrafo único do art. 5º do Provimento n. 102/2004, para os tribunais superiores o candidato há de contar no mínimo 35 anos e no máximo 70 anos na data da inscrição ao cargo. Para os tribunais federais e os do trabalho, a idade mínima é de 30 anos, enquanto para os demais tribunais não há exigência de idade mínima, apenas da máxima de 70 anos.

Apenas podem concorrer advogados que estejam em efetiva atividade de advocacia (art. 94 da Constituição) há mais de dez anos, anteriores à data da publicação do edital de abertura das inscrições, de acordo com a alteração do Provimento n. 102 em 2025 (antes, a data considerada era a do requerimento), considerando-se dez períodos anuais completos e ininterruptos, comprovando-se em cada ano a atividade de cinco atos substanciais de postulação privativos da advocacia, seja na via contenciosa ou consultiva, sem compensação entre os anos. Há dificuldade em caracterizar tal atividade, mas não basta a regularidade da inscrição na OAB, porque não se confunde com atividade potencial. O objetivo da Constituição é integrar os tribunais com a efetiva experiência profissional do advogado.

Incumbe ao candidato provar com documentos e certidões que exerceu atividades privativas de advocacia nos últimos dez anos, assim consideradas no art. 1º do Estatuto sendo cinco atos privativos por ano, a saber, cinco peças profissionais judiciais, subscritas pelo candidato, ou pareceres por ele proferidos na realização de consultoria jurídica, ou prova de exercício de atividades de assessoria ou de direção jurídicas. Para as duas últimas devem ser provadas a relação de emprego com tais finalidades, ou o contrato de prestação de serviços ou certidão de nomeação e exercício do cargo público equivalente. Para os TJs, os TRTs e os TRFs, o Provimento n. 139/2010 exige ainda a prova de inscrição há mais de cinco anos no Conselho Seccional abrangido pela competência do tribunal. Contra essa exigência do Provimento n. 139, a PGR ajuizou a ADI 6.810, sob argumento de restrição de direito, mas o STF a rejeitou em 2025.

Respondendo à consulta, entendeu o CFOAB (Consulta 2007.27.04512-01) que para a advocacia judicial se exige a atuação em, no mínimo, cinco processos judiciais distintos que versem sobre causas ou questões diferentes. Para a advocacia extrajudicial, exige-se a atuação efetiva anual em, pelo menos, cinco questões ou matérias distintas. Os atos privativos de advogados capazes de comprovar o exercício profissional incluem a postulação a qualquer órgão do Poder Judiciário – inclusive em demandas que não são privativas do advogado, como *habeas corpus*, reclamação trabalhista, atuação no contencioso administrativo, como Tribunais de Contas e Conselho de Contribuintes, e ação no Juizado Especial – e as atividades de consultoria, assessoria e direção jurídicas, desde que demonstrada a participação efetiva na causa ou questão, o que exclui a prática de atos isolados, bem assim as simples petições ou simples opiniões sem fundamentação jurídica.

Não pode ser considerada *efetiva atividade profissional* o período de desempenho de função que gere incompatibilidade temporária, porque há licenciamento compulsório, com suspensão dos efeitos da inscrição (art. 12, II, do Estatuto), computando-se o período anterior ou posterior ao da incompatibilidade temporária, porque a Constituição não exige que sejam imediatamente anteriores ao da elaboração da lista. Mas a ocorrência de impedimento (art. 30, I, do Estatuto) não obsta a participação na lista sêxtupla, conforme decidiu o CFOAB (Proc. 5.604/2001/PCA), no caso de Procurador de Estado.

A comprovação dos requisitos deve ser feita com a inscrição. A satisfação deles na fase recursal atenta contra o princípio da igualdade, porque não é admitida para interessado que não se inscreveu por não comprová-los a tempo (Conselho Federal Pleno, Proc. 0003/2002/COP). Ressalve-se, evidentemente, o que a legislação processual considera prova nova, cabível em recurso. O recurso contra decisão do Conselho Seccional que julgar recurso contra indeferimento de inscrição de candidatos à lista sêxtupla, ou indeferimento de impugnação, terá sempre efeito suspensivo e somente poderá ser interposto mediante instrumento escrito. O recurso interposto imediatamente após o julgamento não interromperá a votação para formação da lista; se cabível, suspenderá a remessa da lista ao tribunal, até decisão final do Conselho Federal; se incabível, não será recebido motivadamente pelo Presidente do Conselho Seccional, devendo remeter a lista ao tribunal.

O Estatuto veda a inclusão de conselheiros ou de membros de qualquer órgão da OAB e seus suplentes (art. 54, XIII). São incompatíveis a função de julgar ou de escolher com o interesse de julgado ou escolhido. A regra tem fundamento ético, no sentido de se evitar o conflito de interesses e o tráfico de influência. O Provimento n. 102/2004 exclui a possibilidade de o membro de órgão da OAB concorrer se renunciar antes à função, como permitia o Provimento n. 80/96. O impedimento é definitivo desde o início do mandato e durante o triênio, ainda que se tenha encerrado antes por renúncia. A regra não se dirige apenas aos membros do Conselho que elabora a lista, mas aos de qualquer outro órgão da OAB, salvo para os membros do TED, da ESA ou das Comissões, desde que não sejam conselheiros.

Os critérios e procedimentos para elaboração das listas, notadamente quanto à inscrição, impugnação dos candidatos, arguição dos candidatos, escolha e indicação são definidos no Provimento n. 102/2004 do Conselho Federal. Os Conselhos Seccionais podem adotar o sistema de eleição direta para os candidatos, experiência que se tem revelado problemática, pela interferência de interesses estranhos à OAB, inclusive de natureza econômica. O Provimento n. 191/2019 passou a admitir a votação secreta nos Conselhos Seccionais, por deliberação destes, enquanto no Conselho Federal a apuração deve ser nominalmente identificada e os votos computados por delegação.

Depois de enviada a lista sêxtupla, a OAB encerra sua atuação e não pode desfazer quaisquer de seus atos que comprometa o processo ulterior de escolha, por ser ato complexo. Assim decidiu o STJ, no AREsp 2.304.110, em caso de deliberação de Seccional da OAB pela revogação de lista sêxtupla enviada ao tribunal, que por sua vez já tinha votado a lista tríplice.

Jus postulandi do Conselho Federal

Uma das mais importantes inovações do Estatuto sobre a competência da OAB, especialmente do Conselho Federal, é a legitimidade para ajuizamento de ações coletivas, além da ação direta de constitucionalidade ou de inconstitucionalidade. São elas, essencialmente: ação civil pública, mandado de segurança coletivo, mandado de injunção e demais ações assemelhadas. Essas ações coletivas podem ser propostas não apenas pelo Conselho Federal, mas pelos Conselhos Seccionais (art. 57 do Estatuto) e Subseções quando contarem com Conselho próprio (art. 61, parágrafo único, do Estatuto).

A legitimidade para a ação direta de inconstitucionalidade está prevista no art. 103, VII, da Constituição Federal. Essa legitimidade não se restringe às matérias ligadas direta ou indiretamente aos advogados, mas a todos os atos normativos federais e estaduais incompatíveis com a Constituição Federal, porque é seu dever a defesa da Constituição em geral (art. 44, I, do Estatuto). Essa legitimidade é menos um poder e muito mais um múnus público que lhe foi cometido pela Constituição como um de seus guardiães.

O STF tem decidido que os demais Conselhos Federais profissionais não têm legitimidade, sendo apenas privativa da OAB (ADI 641-0). Por suposto, o único juízo de admissibilidade que o CFOAB pode exercer é o da incompatibilidade ou não com os princípios e normas constitucionais e jamais o da relevância com os interesses da advocacia. O Regulamento Geral disciplina a matéria no art. 82, que prevê o juízo prévio de admissibilidade para aferição da relevância da defesa dos princípios e normas constitucionais.

A ação civil pública é um avançado instrumento processual introduzido no ordenamento jurídico brasileiro pela Lei n. 7.347/85, para a defesa dos interesses difusos, coletivos e individuais homogêneos (por exemplo, meio ambiente, consumidor, patrimônio turístico, histórico, artístico). Os autores legitimados são sempre entes ou entidades, públicos ou privados, inclusive associação civil existente há mais de um ano e que inclua entre suas finalidades a defesa desses interesses. O elenco de legitimados foi acrescido da OAB, pelo Estatuto, que poderá ingressar com a ação não apenas em prol dos interesses coletivos de seus inscritos, mas também para tutela dos interesses difusos, que não se identificam em classes ou grupos de pessoas vinculadas por uma relação jurídica básica. Sendo de caráter legal a legitimidade coletiva da OAB, não há necessidade de comprovar pertinência temática com suas finalidades, quando ingressar em juízo. Segundo o STJ (REsp 1.351.760), "não é possível limitar a atuação da OAB em razão de pertinência temática, uma vez que a ela corresponde a defesa, inclusive judicial, da Constituição Federal, do Estado de Direito e da justiça social, o que, inexoravelmente, inclui todos os direitos coletivos e difusos". O STF (RE 1.101.937, com repercussão geral) decidiu pela inconstitucionalidade da redação do art. 16 da Lei n. 7.347/85 dada pela Lei n. 9.494/97 – que limitou o efeito da decisão judicial em ação civil pública ao âmbito territorial de competência do órgão prolator –, repristinando a redação original que determina que a sentença civil fará coisa julgada *erga omnes*, sem limitação territorial.

A referência ao mandado de segurança coletivo decorre da legitimação outorgada pela Constituição (art. 5º, LXX) às entidades de classe. Da norma constitucional emerge como limitação a defesa dos interesses dos inscritos na OAB. Em face do que estabelecem o art. 49 e o inciso II do art. 54 do Estatuto, não há necessidade de autorização prévia dos inscritos beneficiários. A "OAB tem legitimidade para impetrar mandado de segurança coletivo, em defesa de direitos individuais de seus filiados, mesmo quando não guardem relação imediata com os interesses profissionais ou de classe dos advogados" (Sundfeld, 1990, p. 114).

Lembre-se que a OAB também é legitimada a impetrar mandado de segurança individual, em seu próprio nome, para a defesa dos interesses coletivos e individuais dos advogados (inciso II).

O mandado de injunção é outro poderoso instrumento de efetividade das garantias individuais e coletivas, especialmente da cidadania, previsto no art. 5º, LXXI, da

Constituição, que a OAB pode utilizar. A tendência, ao contrário da posição anterior do STF, é de prevalecer a orientação no sentido de, constatada a mora legislativa, tutelar-se jurisdicionalmente o direito subjetivo previsto na Constituição e dependente de regulamentação, adotando-se os princípios existentes no próprio sistema jurídico.

Cursos jurídicos. Autorização, reconhecimento e elevação da qualidade

Reconhecendo a legitimidade da OAB para manifestar-se sobre a formação do profissional do direito, porque ela é quem mais sofre as consequências do mau ensino, a lei atribuiu-lhe a competência para opinar previamente nos pedidos de criação, reconhecimento ou credenciamento dos cursos jurídicos. Assim, antes da decisão da autoridade educacional competente (Conselho Nacional e Estadual de Educação, MEC e Secretarias Estaduais de Educação), caberá ao CF da OAB emitir parecer prévio. A matéria está regulamentada pelo Decreto n. 9.235/2017.

A proliferação de cursos jurídicos, sem as mínimas condições de qualidade, tem contribuído para a preocupante queda do nível profissional dos advogados. Em face disso, o CFOAB criou em 1991 a Comissão Nacional de Ensino Jurídico (depois denominada Comissão Nacional de Educação Jurídica), que exerce as atribuições que foram cometidas em lei ao Conselho (art. 83 do Regulamento Geral), mediante estudos, promoção de eventos, pesquisas e apresentação de propostas concretas voltadas à elevação da qualidade do ensino jurídico, ou melhor, da educação jurídica em geral, que envolve a pesquisa e a extensão.

A Comissão também emite pareceres prévios nos pedidos de autorização de novos cursos jurídicos e de seus posteriores reconhecimentos, considerando, especialmente, os seguintes aspectos: a) a verossimilhança do projeto pedagógico do curso em face da realidade local; b) a necessidade social da criação do curso; c) a situação geográfica do município-sede do curso, com indicação de sua população e das condições de desenvolvimento cultural e econômico que apresente, bem como da distância em relação ao município mais próximo onde haja curso jurídico; d) as condições atuais das instalações físicas destinadas ao funcionamento do curso; e) a existência de biblioteca com acervo adequado, a que tenham acesso direto os estudantes. O Conselho Seccional em cuja área de atuação situar-se a instituição de ensino superior interessada será ouvido, preliminarmente.

Para que um curso jurídico possa conferir diplomas a seus graduados, exige-se primeiro que esteja autorizado e, depois, que seja reconhecido, tanto com relação às universidades quanto em relação às demais instituições de educação superior. Os projetos devem demonstrar a necessidade social do curso, os estudos de viabilidade e a qualidade do projeto pedagógico.

Bens imóveis

A alienação ou oneração de bens imóveis depende da aprovação da maioria absoluta (metade mais uma) das delegações. É regra regulamentar, mantida na lei por sua relevância.

Participação em concursos públicos

A Constituição prevê que o concurso público para ingresso na magistratura e no Ministério Público deverá contar com a participação da OAB em todas as suas fases, o que inclui a formulação dos programas e a organização do certame. Para outras carreiras jurídicas (exemplo, Advocacia-Geral da União), as leis específicas têm estabelecido regra idêntica.

O Conselho Nacional de Justiça, interpretando a Constituição, decidiu que a participação da OAB "em todas as suas fases" abrange a fase preparatória da elaboração das instruções e do edital do certame, sob pena de nulidade.

A participação do Conselho Federal é para os concursos que tiverem abrangência nacional ou interestadual. Para os demais, a competência é do Conselho Seccional.

O CFOAB deliberou que a prova oral, quando exigida em concursos públicos para ingresso em carreiras jurídicas, deve ser efetivamente pública, inclusive com gravação das arguições e respostas com possibilidade de recurso. Estes são os requisitos cuja observância deve ser exigida pelo representante da OAB (Proc. 4.040/95/CP).

Outras competências

Além das competências do Conselho Federal da OAB previstas no art. 54 do Estatuto, a Lei n. 14.365/2022 introduziu os parágrafos 14, 15 e 16 ao art. 7º e os incisos XIX e XX do art. 54 do Estatuto, estabelecendo outras competências privativas do Conselho Federal.

A primeira diz respeito a processo disciplinar próprio para fins de analisar e decidir se os serviços prestados pelo advogado determinado têm ou não natureza de atividade de advocacia, em razão da exclusividade desta, quando houver dúvidas fundadas e relevantes, tornando nulos atos e contratos que contrariem essa decisão nesse ponto.

A segunda é relativa à análise e decisão sobre os honorários advocatícios dos serviços jurídicos prestados pelo advogado, quando igualmente houver dúvidas fundadas e relevantes. Essa competência contempla situação concreta e não afasta a competência privativa do Conselho Seccional de fixar a tabela de honorários, válida em todo território estadual ou distrital, em conformidade com o art. 58, V, do Estatuto.

Ambas as competências privativas não afastam o acesso ao Poder Judiciário competente para julgar os atos do Conselho Federal da OAB, assegurado constitucionalmente (CF, art. 5º, XXXV).

A Lei n. 14.365/2022 também atribuiu ao Conselho Federal competência concorrente com os Conselhos Seccionais para fiscalização, acompanhamento e definição de parâmetros sobre a relação jurídica entre sociedade de advogados e advogados associados, sem vínculo empregatício, e competência para promover a mediação ou a arbitragem nos conflitos entre advogados sócios e associados de sociedades de advogados, sem prejuízo do acesso ao Judiciário dos interessados, que as não aceitarem.

Para a efetivação dessa última competência, o Conselho Federal deve instalar câmara de mediação e arbitragem, regulamentando-a e elegendo seus membros. A alusão contida no inciso XX do art. 54 do Estatuto ao inciso XXXV do art. 5º da CF importa em ressaltar a faculdade e aceitação do advogado à mediação ou arbitragem da OAB, podendo rejeitá-las se preferir a decisão judicial. Se concordar com a arbitragem, também se submete à irrecorribilidade da decisão arbitral, por força da Lei n. 9.307/96, pois a intervenção do Judiciário apenas ocorre para declarar sua nulidade ou para executá-la se não cumprida pelo vencido, dada sua natureza de título executivo. O STF (SEC 5.847) decidiu pela constitucionalidade dessas características, que não colidem com a garantia de acesso à justiça.

DIRETORIA DO CONSELHO FEDERAL

A diretoria do Conselho Federal é composta de cinco membros, servindo de parâmetro para todos os órgãos da OAB: presidente (que é ao mesmo tempo presidente nacional da OAB), vice-presidente, secretário-geral, secretário-geral adjunto e tesoureiro.

Com exceção do presidente, os demais diretores têm suas atribuições definidas no Regulamento Geral. O presidente exerce a presentação nacional e internacional, não apenas do Conselho Federal, mas da OAB, constituindo órgão mediante o qual se expressa publicamente.

A Presidência é órgão dúplice, com atribuições afetas ao Conselho e próprias, ou seja, executivas e de administração do Conselho. Ao contrário do anterior, o Estatuto não especifica as atribuições dos membros da diretoria, nem do presidente, exceto quanto aos poderes de presentação. Fê-lo o Regulamento Geral, com disciplina especificada nos arts. 98 a 104.

A diretoria, em seu conjunto, é também órgão deliberativo e executivo, com atribuições fixadas no Regulamento Geral.

O § 4º do art. 98 do Regulamento Geral prevê que a diretoria do Conselho Federal também conta com dois conselheiros federais como representantes institucionais permanentes por ela designados, *ad referendum* do Conselho Pleno, para fins de acompanhamento dos interesses da advocacia no CNJ e no CNMP.

Os procedimentos para prestação de contas da Diretoria do Conselho Federal à Terceira Câmara do respectivo Conselho, tendo em conta o orçamento aprovado, são definidos pelo Provimento n. 216/2023.

CONSELHO SECCIONAL

Capítulo III
DO CONSELHO SECCIONAL

Art. 56. O Conselho Seccional compõe-se de conselheiros em número proporcional ao de seus inscritos, segundo critérios estabelecidos no Regulamento Geral.

§ 1º São membros honorários vitalícios os seus ex-presidentes, somente com direito a voz em suas sessões.

§ 2º O Presidente do Instituto dos Advogados local é membro honorário, somente com direito a voz nas sessões do Conselho.

§ 3º Quando presentes às sessões do Conselho Seccional, o Presidente do Conselho Federal, os Conselheiros Federais integrantes da respectiva delegação, o Presidente da Caixa de Assistência dos Advogados e os Presidentes das Subseções, têm direito a voz.

Art. 57. O Conselho Seccional exerce e observa, no respectivo território, as competências, vedações e funções atribuídas ao Conselho Federal, no que couber e no âmbito de sua competência material e territorial, e as normas gerais estabelecidas nesta lei, no Regulamento Geral, no Código de Ética e Disciplina, e nos Provimentos.

Art. 58. Compete privativamente ao Conselho Seccional:

I – editar seu Regimento Interno e Resoluções;

II – criar as Subseções e a Caixa de Assistência dos Advogados;

III – julgar, em grau de recurso, as questões decididas por seu Presidente, por sua diretoria, pelo Tribunal de Ética e Disciplina, pelas Diretorias das Subseções e da Caixa de Assistência dos Advogados;

IV – fiscalizar a aplicação da receita, apreciar o relatório anual e deliberar sobre o balanço e as contas de sua diretoria, das diretorias das Subseções e da Caixa de Assistência dos Advogados;

V – fixar a tabela de honorários, válida para todo o território estadual;

VI – realizar o Exame de Ordem;

VII – decidir os pedidos de inscrição nos quadros de advogados e estagiários;

VIII – manter cadastro de seus inscritos;

IX – fixar, alterar e receber contribuições obrigatórias, preços de serviços e multas;

X – participar da elaboração dos concursos públicos, em todas as suas fases, nos casos previstos na Constituição e nas leis, no âmbito do seu território;

XI – determinar, com exclusividade, critérios para o traje dos advogados, no exercício profissional;

XII – aprovar e modificar seu orçamento anual;

XIII – definir a composição e o funcionamento do Tribunal de Ética e Disciplina, e escolher seus membros;

XIV – eleger as listas, constitucionalmente previstas, para preenchimento dos cargos nos tribunais judiciários, no âmbito de sua competência e na forma do Provimento do Conselho Federal, vedada a inclusão de membros do próprio Conselho e de qualquer órgão da OAB;

XV – intervir nas Subseções e na Caixa de Assistência dos Advogados;

XVI – desempenhar outras atribuições previstas no Regulamento Geral.

XVII – fiscalizar, por designação expressa do Conselho Federal da OAB, a relação jurídica mantida entre advogados e sociedades de advogados e o advogado associado em atividade na circunscrição territorial de cada seccional, inclusive no que se refere ao cumprimento dos requisitos norteadores da associação sem vínculo empregatício;

- *Inciso XVII acrescentado pela Lei n. 14.365/2022.*

XVIII – promover, por intermédio da Câmara de Mediação e Arbitragem, por designação do Conselho Federal da OAB, a solução sobre questões atinentes à relação entre advogados sócios ou associados e os escritórios de advocacia sediados na base da seccional e homologar, caso necessário, quitações de honorários entre advogados e sociedades de advogados, observado o disposto no inciso XXXV do *caput* do art. 5º da Constituição Federal.

- *Inciso XVIII acrescentado pela Lei n. 14.365/2022.*

Art. 59. A diretoria do Conselho Seccional tem composição idêntica e atribuições equivalentes às do Conselho Federal, na forma do Regimento Interno daquele.

COMENTÁRIOS

COMPOSIÇÃO DO CONSELHO SECCIONAL E DELIBERAÇÃO

O Conselho Seccional não tem mais uma composição uniforme, para todas as unidades federativas, como ocorria de acordo com a legislação anterior. A lei não fixa mais o número mínimo ou máximo, delegando ao Regulamento Geral tal mister, especialmente no que concerne aos critérios a serem utilizados, salvo o da proporcionalidade ao dos inscritos, o único que previu.

A realidade brasileira da distribuição de advogados inscritos na OAB é extremamente heterogênea. Nas Seções maiores havia uma sobrecarga crescente dos seus membros, porque o limite máximo estabelecido pela Lei n. 4.215/63 não correspondia às necessidades.

O Regulamento Geral (art. 106) estabeleceu limites em relação ao número de conselheiros, de acordo com o número de inscritos em cada Conselho Seccional. Dentro desses limites, cabe ao próprio Conselho Seccional fixar o número de seus membros em resolução, sujeita a referendo do Conselho Federal, incorporando-o a seu Regimento Interno.

São membros os conselheiros e diretores eleitos. O voto no Conselho é unipessoal. São também membros os ex-presidentes do Conselho, apenas com direito a voz, exceto para os que assumiram o cargo até o início de vigência do Estatuto, que permanecem com o direito de voto.

O presidente do Instituto dos Advogados local (filiado ao Instituto dos Advogados Brasileiros) é membro nato e permanente do Conselho, mas não tem direito a voto.

O presidente nacional, os conselheiros federais, o presidente da Caixa de Assistência e os presidentes de Subseções, quando presentes, têm também direito a voz, mas não se consideram membros permanentes do Conselho. Com exceção do presidente do Instituto, porque tem assento permanente, não há obrigatoriedade de convocá-los às sessões, mas podem comparecer sempre que desejarem, sendo-lhes assegurado o direito de assento e de voz em todas as matérias debatidas.

O Conselho Seccional delibera com a presença da maioria absoluta de seus membros eleitos (metade mais um dos conselheiros e dos diretores). Não se incluem no cômputo do *quorum* mínimo os ex-presidentes, com ou sem direito a voto, nem os que têm apenas direito a voz. O *quorum* é de instalação da sessão e para cada votação, prevalecendo o voto da maioria presente.

O *quorum* especial de dois terços (de presença à votação e não apenas de instalação; estando os dois terços presentes, prevalece o voto da maioria) apenas é exigível, pelo Estatuto, no caso de intervenção nas Subseções (art. 60, § 1º, do Estatuto), para criação e intervenção na Caixa de Assistência, para aprovação ou alteração do Regimento Interno do Conselho Seccional e para aplicação de pena de exclusão de inscrito (art. 108 do Regulamento Geral). O presidente detém apenas o voto de qualidade.

Respondendo a consulta, entendeu o Órgão Especial do CFOAB que: 1. O *quorum* para instalação de sessões dos órgãos colegiados dos Conselhos Seccionais a que alude o § 1º do art. 108 do Regulamento Geral – metade dos membros – é extensivo a toda a apreciação, até decisão final, traduzindo verdadeiro *quorum* de presença necessária para que as deliberações possam ocorrer. Se a presença se torna inferior à metade dos membros, não poderá ser efetuada qualquer deliberação; 2. Já o *quorum* para decisão, nos termos do § 1º do art. 108 e quanto às matérias ali indicadas, será sempre o de maioria dos presentes, observada então a necessidade da presença da metade dos membros (Ementa 017/2018/OEP).

O regimento interno do Conselho Seccional pode distribuir sua competência entre câmaras e outros órgãos julgadores, integrados exclusivamente por Conselheiros eleitos, titulares ou suplentes. No Conselho Seccional e na Subseção que disponha de conselho são obrigatórios a instalação e o funcionamento da Comissão de Direitos Humanos, da Comissão de Orçamento e Contas e da Comissão de Estágio e Exame de Ordem. As demais comissões são facultativas.

Além dos órgãos previstos no Estatuto e no Regulamento Geral, o Conselho Seccional pode instituir Escola Superior de Advocacia, em seu âmbito, com finalidade de fomentar a educação continuada para o exercício da advocacia, de acordo com os critérios estabelecidos pelo Provimento n. 193/2019.

COMPETÊNCIAS DO CONSELHO SECCIONAL

Para não repetir as competências já especificadas do Conselho Federal, o Estatuto estabelece uma regra geral atribuindo-as ao Conselho Seccional, no que couber e no âmbito de sua jurisdição, exceto aquelas que são privativas daquele. Sobre a matéria remetemos o leitor aos comentários ao art. 54, com indicação dos incisos aplicáveis ao Conselho Seccional ("Competências do Conselho Federal"). São competências comuns, observada a supremacia do Conselho Federal.

Entre as competências do Conselho Seccional, que são comuns às do Conselho Federal (Estatuto, art. 57), estão as de ajuizamentos de ações, no âmbito de sua competência material e territorial. Estas são atribuídas ao Conselho Federal, desde que não colida com as competências deste, a saber: a) ação direta de inconstitucionalidade de leis ou atos normativos estaduais e municipais, em face da Constituição Estadual ou da Lei Orgânica do Distrito Federal; b) ação civil pública, para defesa de interesses difusos de caráter geral e coletivos e individuais homogêneos; c) mandado de segurança coletivo, em defesa de seus inscritos, independentemente de autorização pessoal dos interessados; d) mandado de injunção, em face da Constituição Estadual ou da Lei Orgânica do Distrito Federal. O art. 105 do Regulamento Geral, com a redação de 2025, estabelece que cabe ao plenário do Conselho Seccional deliberar sobre o ajuizamento dessas ações, mas, em caso de urgência, poderá a decisão ser deliberada pela respectiva diretoria, ou em provimento cautelar pelo relator da matéria no plenário, com recurso de ofício a este.

Os conselhos seccionais possuem legitimidade para ingressar com reclamação direta perante o STF em defesa dos interesses concretos e das prerrogativas de seus inscritos. Assim decidiu o STF na Rcl 43.479, concedendo *habeas corpus* de ofício, tendo em vista a incompetência da justiça federal que determinou busca e apreensão inespecífica em setenta escritórios de advocacia (*fishing* probatório).

Decidiu a Terceira Câmara do CFOAB (Proc. 0004/2003/TCA) que a apuração de fatos pertinentes a obras realizadas pelo Conselho Seccional é da competência deste, ainda que parte da verba a ela destinada tenha participação do Conselho Federal.

O Conselho Seccional representa, inclusive judicialmente, a coletividade dos advogados nela inscritos. Nesse sentido, o TRF da Quarta Região (MAS 2002.70.00.014508-6) assegurou a legitimidade da OAB-PR como representante de todos seus inscritos em ação judicial que discutia a cobrança do imposto sobre serviços (ISS) de advocacia pelo Município de Curitiba.

Além das competências comuns, o Estatuto confere ao Conselho Seccional competências privativas, que não podem ser exercidas pelo Conselho Federal diretamente. Passaremos a comentá-las, seguindo a ordem do Estatuto.

Regimento interno e resoluções

Cabe ao Conselho Seccional editar seu regimento interno e resoluções gerais e específicas. O regimento interno não precisa ser submetido ao Conselho Federal, porque este dispõe de instrumentos inibitórios e invalidantes, se ultrapassar a competência do Conselho ou violar o Estatuto e legislação regulamentar, inclusive cassação e intervenção. Quanto maior o grau de autonomia, maior o da autorresponsabilidade.

De ofício ou a pedido, compete ao Conselho Federal modificar ou cancelar dispositivo de Regimento de Conselho Seccional, que colida com o Estatuto, o Regulamento Geral, o Código de Ética ou Provimento.

Por tais razões não há liberdade total de conteúdo, porque são observados os limites de sua competência e as diretrizes legais. Na dúvida, o Regulamento Geral é sempre um parâmetro seguro.

Criação de Subseções e Caixa de Assistência

Compete ao Conselho Seccional criar as Subseções que julgar necessárias, observados os critérios estabelecidos no Estatuto e no Regulamento Geral, definindo suas áreas territoriais e os limites de sua autonomia. A criação não depende do referendo do Conselho Federal.

Da mesma forma, com a revogação do Decreto-Lei n. 4.583/42, a criação da Caixa de Assistência não depende de aprovação do Conselho Federal, bastando que o seu Estatuto seja aprovado pelo Conselho Seccional, que também é o órgão próprio para registro, atribuindo-lhe personalidade jurídica. Os procedimentos, que também envolvem as alterações do ato constitutivo, são estabelecidos pelo Regulamento Geral.

Recursos

O Conselho Seccional é instância recursal em face das decisões de todos os órgãos da OAB a ele vinculados: Tribunal de Ética, seu presidente, sua diretoria, diretorias das Subseções e da Caixa de Assistência.

Nenhum recurso pode ser encaminhado diretamente ao Conselho Federal sem decisão do Conselho Seccional. Mesmo quando a Subseção conte com Conselho, este não pode rever os atos de sua diretoria, como comentaremos adiante. Sobre a sistemática dos recursos remetemos o leitor aos comentários ao art. 76.

Relatório e contas

O Conselho Seccional exerce as funções de Conselho Fiscal de amplo espectro: fiscaliza a aplicação da receita e aprova ou desaprova o balanço e as contas de sua diretoria, das diretorias das Subseções e da Caixa. Assumiu as atribuições que eram cometidas à assembleia geral pela legislação anterior. Contra sua decisão, cabe recurso ao Conselho Federal.

A fiscalização das contas é um procedimento de caráter permanente e deve ser atribuída a uma comissão (permanente) de orçamento e contas, eleita pelo Conselho

Seccional, dentre seus membros. Podem ser utilizados os serviços de auditoria independente para auxiliar a comissão.

O exercício financeiro sempre coincide com o ano calendário, encerrando-se no dia 31 de dezembro.

Apenas os relatórios, balanços e contas de sua própria diretoria são submetidos diretamente à homologação do Conselho Federal. As contas devem observar o orçamento anual aprovado. Se as contas forem rejeitadas por razões formais, as irregularidades poderão ser supridas. Se a rejeição for de mérito, os responsáveis responderão nos âmbitos disciplinar, penal e civil.

O Provimento n. 185/2018 dispôs sobre as regras de gestão dos órgãos da OAB, notadamente sobre equilíbrio financeiro, planejamento orçamentário, controle interno e fiscalização, valores a receber, desenvolvimento profissional do corpo técnico, transparência e impessoalidade dos gastos, requisitos para solicitação de auxílio financeiro e processo de transição de gestão.

O Regulamento Geral (art. 60) obriga a aprovação de um orçamento anual, para cada órgão da OAB, devendo os Conselhos Seccionais aprová-lo, para o exercício seguinte, até o mês de outubro, e o Conselho Federal até a última sessão do ano, permitida a sua alteração no curso do exercício, mediante justificada necessidade, devidamente aprovada pelos respectivos colegiados. As Caixas e as Subseções observam os critérios e valores estabelecidos pelo Conselho Seccional para aprovar os seus.

Tabela de honorários

Compete ao Conselho Seccional fixar tabela de honorários a que se submetem todos os seus inscritos. Não existe uma tabela única nacional, tendo cada Conselho Seccional ampla liberdade para organizá-la. A tabela estabelece os parâmetros mínimos, mas pode (e deve) indicar os limites máximos em várias situações de maior risco de abusos. Deve ela ser amplamente divulgada e encaminhada ao Poder Judiciário para conhecimento dos juízes, particularmente tendo em vista os honorários atribuídos aos advogados que prestarem assistência jurídica, por impossibilidade parcial ou total da Defensoria Pública, conforme prevê o art. 22 do Estatuto.

A cobrança de honorários aviltados, inferiores aos estabelecidos na tabela, ou superiores aos limites máximos, constitui infração disciplinar, punível com sanção de censura (art. 36, III, do Estatuto).

Prevalece a tabela do Conselho Seccional do local onde os serviços do advogado sejam prestados, e não a do Conselho de sua inscrição originária, porque o primeiro é o competente para julgar as infrações disciplinares deles decorrentes. Esse princípio aplica-se assim aos de inscrição suplementar como aos que exercerem eventualmente a advocacia fora de seu domicílio profissional (até cinco causas).

Inscrição de advogados e estagiários

Cabe ao Conselho Seccional decidir os pedidos de inscrição de advogados e estagiários. O Estatuto flexibilizou a sistemática anterior, prevendo duas fases: a primeira, de instrução, e a segunda, de julgamento. O pedido de inscrição terá início na Subseção, onde seja domiciliado o interessado, desde que conte com Conselho (art. 61, parágrafo único), que o instruirá e emitirá parecer prévio (aprovado em sessão), submetendo-o à decisão final do Conselho Seccional.

Quando não houver Subseção o pedido será instruído pela Secretaria do Conselho Seccional e distribuído a relator ou comissão, que o submeterá à sessão da Câmara competente ou do Pleno do Conselho, na forma de seu regimento interno. Não há necessidade de análise prévia de comissão de seleção e prerrogativas, porque deixou de ser obrigatória, salvo se o regimento interno do Conselho a mantiver.

A instrução é relativa à comprovação e análise dos requisitos de inscrição, para o que remetemos o leitor aos comentários aos arts. 8º (advogado) e 9º (estagiário).

Cadastro de inscritos

Cabe ao Conselho Seccional manter cadastro de seus inscritos, na forma e condições estabelecidas em seu regimento interno, que definirá o diretor responsável. O cadastro envolve os assentamentos necessários de identidade do inscrito, de alterações e registro de infrações disciplinares, o arquivo dos documentos e processo de inscrição, e o nome da sociedade de advogados de que faça parte o inscrito.

Diante da tecnologia da informática, todos os assentamentos podem ser processados em computador e, se for o caso, microfilmados os processos findos destinados à incineração.

O cadastro nacional dos inscritos é organizado pelo Conselho Federal, com os dados de assentamentos dos Conselhos Seccionais, permitindo fácil acesso para as informações. Obriga-se o presidente do Conselho Seccional a remeter à secretaria do Conselho Federal o cadastro atualizado de seus inscritos até o dia 31 de março de cada ano.

O Cadastro Nacional dos Advogados está regulado nos arts. 24 a 24-B do Regulamento Geral, com a redação dada pelas Resoluções ns. 01/2012 e 05/2016 do CFOAB, cujas informações estão disponíveis a qualquer consulente, principalmente nas páginas da *web* do Conselho Federal e do Conselho Seccional. O cadastro de cada advogado deve conter o nome completo, o número da inscrição, o Conselho Seccional e a Subseção a que está vinculado, o número de inscrição no CPF, a filiação, o sexo, o nome social pelo qual o advogado travesti ou transexual se identifica, a data de inscrição na OAB e sua modalidade, a existência de penalidades eventualmente aplicadas, estas em campo reservado, a fotografia, o endereço completo e o número de telefone profissional, o endereço do correio eletrônico e o nome da sociedade de advogados de que eventualmente faça parte, ou esteja associado, e, opcionalmente, o nome profissional, se é pessoa com deficiência, opção para doação de órgãos, Registro Geral, data e órgão emissor, número do título de eleitor, zona, seção, UF eleitoral, certificado militar e passaporte. O Provimento n. 227/2024 acrescentou a exigência de informações ao CNA da data de nascimento, de autodeclaração de cor ou raça, da nacionalidade e da naturalidade (UF), que antes eram optativas.

Todas as informações contidas no cadastro são públicas, exceto as relativas às sanções de censura (art. 35, parágrafo único, do Estatuto), cujo acesso só é admissível aos órgãos da OAB. Não podem ser anotados nem informados os processos disciplinares em andamento ou em grau de recurso, as sanções de advertência e as que foram canceladas em virtude de reabilitação, que têm arquivo à parte e mantido sob sigilo.

Respondendo a consulta, o Órgão Especial do CFOAB manifestou entendimento no sentido de que as certidões expedidas pelos Conselhos Seccionais devem mencionar a existência de condenação disciplinar com o trânsito em julgado, na qual fora imposta ao advogado a sanção disciplinar de censura, inclusive devendo a condenação ser registrada nos assentamentos do inscrito – salvo quando convertida em advertência – e no Cadastro Nacional de Sanções Disciplinares (Ementa 010/2018/OEP).

São proibidas a venda e a cessão dos dados do Cadastro Nacional dos Advogados para terceiros, exceto em contratos firmados com entidades que prestem serviços diretamente ligados às finalidades da OAB, para o fim exclusivo de divulgação de serviços destinados à saúde, à previdência, ao ensino e ao seguro dos advogados.

Contribuições obrigatórias

A competência para fixar e receber contribuições obrigatórias, multas e preços de serviços é do Conselho Seccional. As anuidades devidas pelos advogados devem ser fixadas até 30 de novembro do ano anterior, salvo em ano eleitoral, quando serão determinadas e comunicadas ao Conselho Federal até o dia 31 de janeiro do ano da posse, podendo ser estabelecidos pagamentos em cotas periódicas. Sobre a natureza e características dessas receitas, ver os comentários ao art. 46. O Conselho Federal, as Subseções e a Caixa da Assistência não as recebem diretamente, mas mediante transferência do Conselho Seccional.

As transferências para as Subseções e a possível competência destas para recebê-las diretamente são definidas no orçamento anual, no regimento interno do Conselho Seccional ou no ato de constituição de cada Subseção. A parte da Caixa de Assistência está determinada no Estatuto (art. 62, § 5º), ou seja, a metade líquida das anuidades, consideradas as deduções previstas no art. 56 do Regulamento Geral.

O CFOAB admitiu que a Seccional da OAB possa cobrar anuidade de seus advogados e estagiários inscritos em proporção ao período de inscrição (Consulta 17/2003/OEP).

Concursos públicos

O Conselho Seccional participa dos concursos públicos para ingresso na Magistratura e no Ministério Público (previstos na Constituição) e outras carreiras jurídicas (previstos nas leis específicas), de caráter local, em todas as suas fases, o que inclui a formulação dos programas e sua organização. O representante da OAB não tem função meramente formal, pois é integrante da banca examinadora e fiscal. Cabe-lhe a vigilância, a denúncia ao Conselho e, se autorizado por este, retirar-se dos trabalhos, em caso de violação das leis e quebra dos princípios de isonomia dos concorrentes, da moralidade administrativa e da impessoalidade (art. 37 da Constituição).

A designação do representante da OAB é de exclusiva competência do Conselho Seccional, não podendo haver imposição de requisito ou condição por parte do órgão público.

"Concurso para a magistratura: exigência constitucional de participação da OAB 'em todas as suas fases': consequente plausibilidade da arguição de inconstitucionalidade das normas regulamentares do certame que: (a) confiaram exclusivamente ao Presidente do Tribunal de Justiça, com recurso para o plenário deste, decidir sobre os requerimentos de inscrição; (b) predeterminaram as notas a conferir a cada categoria de títulos: usurpação de atribuições da comissão, da qual há de participar a Ordem" (STF, ADI 2.210-MC).

Trajes dos advogados

É da competência do Conselho Seccional determinar os critérios que envolvem o conceito indeterminado de "estar convenientemente trajado". Nenhum magistrado, tribunal ou autoridade tem o poder de polícia para determinar que o advogado ou a advogada deva trajar-se desta ou daquela maneira, como, por exemplo, exigência de terno e gravata para os advogados ou proibição de calça comprida para as advogadas. Se os profissionais estão trajados segundo os costumes do lugar e das pessoas comuns, sem extravagâncias, não podem ser obrigados a outro padrão de vestuário. Há registros de vários constrangimentos sofridos por advogados, em virtude de idiossincrasias estéticas de magistrados e autoridades. Daí a oportunidade desse preceito legal.

Orçamento anual

O Conselho Seccional deve aprovar o orçamento do ano seguinte, fixando receita e despesa, inclusive as transferências para o Conselho Federal, Subseções e Caixa de Assistência. Sempre que necessário poderá modificá-lo. O *quorum* de deliberação é o comum: maioria absoluta de seus membros eleitos.

Tribunal de Ética e Disciplina

Compete a cada Conselho Seccional criar o Tribunal de Ética e Disciplina e definir sua composição (totalidade, origem e eleição dos membros) e funcionamento. O tribunal, de natureza disciplinar, assume funções relevantes, de duplo espectro: a) como órgão julgador, decidindo todos os processos disciplinares instruídos pelo Conselho ou pelas Subseções; b) como órgão de consulta e de promoção da ética profissional. Os procedimentos que deve observar estão previstos no Código de Ética e Disciplina.

Mediante Provimento, o Conselho Federal também atribuiu ao tribunal a competência para conciliação, quando a representação contra advogado for requerida por outro advogado. Frustrando-se a conciliação, o processo seguirá o rito previsto.

Além dos julgamentos de processos disciplinares, decidiu o Órgão Especial do CFOAB que há legitimidade dos Tribunais de Ética e Disciplina para responder consultas, na forma do art. 71 do Código de Ética e Disciplina da OAB, desde que não contrariem o entendimento do Estatuto da Advocacia, do Regulamento Geral, dos Provimentos, ou, ainda, as decisões do Órgão Especial e dos demais órgãos fracionários do CFOAB, observadas as disposições do art. 70 do Regulamento Geral (Ementa 088/2018/OEP).

No que concerne à consulta sobre a ética da advocacia, qualquer pessoa pode fazê-la, não necessariamente inscrita na OAB, pois, como esclareceu o Órgão Especial do CFOAB (Ementa 013/2019/OEP), impõe-se o princípio da legalidade e da natureza pública dos serviços prestados pela OAB, desde que não se trate de caso concreto, vedada sua utilização como prejulgamento.

Os membros podem ser recrutados dentro ou fora do próprio Conselho, sendo recomendável o concurso de advogados prestigiados pela classe, mesmo que não integrantes de órgãos da OAB. Os membros do tribunal exercem mandato, com prazo definido no regimento interno do Conselho, sendo irremovíveis, salvo nas mesmas hipóteses de perda de mandato dos conselheiros. De suas decisões cabe recurso ao Conselho Seccional.

Listas sêxtuplas

O Conselho Seccional elabora as listas sêxtuplas para composição dos tribunais com jurisdição no território coincidente com o de sua competência, inclusive dos tribunais federais. Também participa da composição da lista quando o tribunal tiver abrangência interestadual, incluindo o território de sua competência. Compete aos Conselhos Seccionais a indicação dos candidatos que integrarão as listas para os respectivos tribunais de justiça desportiva. A matéria está disciplinada nos Provimentos n. 102/2005, 139/2010 e 141/2010 do Conselho Federal, os quais admitem que o Conselho Seccional possa adotar o sistema de eleição direta para escolha dos candidatos.

Sobre a matéria, ver, também, os comentários ao art. 54, XIII.

Intervenção

O Conselho Seccional detém o poder de intervir nas Subseções e na Caixa de Assistência, diante das mesmas hipóteses e condições da intervenção do Conselho Federal nos Conselhos Seccionais, para cujos comentários remetemos o leitor (art. 54, VII). Para intervir nas Subseções e na Caixa de Assistência exige-se *quorum* especial de dois terços dos conselheiros eleitos, podendo votar, sem compor o *quorum* mínimo os ex-Presidentes com direito a voto.

Observado o paradigma de intervenção previsto no art. 54, VII, do Estatuto, o Regulamento Geral atribui ao Regimento Interno do Conselho Seccional competência para regulá-la, supletivamente.

Sócios e advogados associados de sociedade de advogados

A Lei n. 14.365/2022 também atribuiu ao Conselho Seccional competência concorrente com o Conselho Federal, quando por este designado, para fiscalização, acompanhamento e definição de parâmetros sobre a relação jurídica entre sociedade de advogados e advogados associados, sem vínculo empregatício, e competência para promover a mediação ou a arbitragem nos conflitos entre advogados sócios e associados de sociedades de advogados, sem prejuízo do acesso ao Judiciário dos interessados, que as não aceitarem.

Para a efetivação dessa última competência o Conselho Seccional deve instalar câmara de mediação e arbitragem, de acordo com designação e regulamentação do Conselho Federal. A alusão contida no inciso XVIII do art. 58 do Estatuto ao inciso XXXV do art. 5º da CF importa em ressaltar a faculdade e aceitação do advogado à mediação ou arbitragem da OAB, podendo rejeitá-las se preferir a decisão judicial. Se concordar com a arbitragem também se submete à irrecorribilidade da decisão arbitral, por força da Lei n. 9.307/96, pois a intervenção do Judiciário apenas ocorre para declarar sua nulidade ou para executá-la se não cumprida pelo vencido, dada sua natureza de título executivo. O STF (SEC 5.847) decidiu pela constitucionalidade dessas características, que não colidem com a garantia de acesso à justiça.

DIRETORIA DO CONSELHO SECCIONAL

A diretoria do Conselho Seccional é equivalente à do Conselho Federal, a saber: presidente, vice-presidente, secretário-geral, secretário-geral adjunto e tesoureiro. As atribuições de cada membro da diretoria, e da diretoria como órgão conjunto deliberativo e executivo, são definidas no regimento interno do Conselho Seccional, guardando simetria com as da diretoria do Conselho Federal, estas determinadas pelo Regulamento Geral.

A representação ativa ou passiva, em juízo ou fora dele, é indelegavelmente do presidente, que detém apenas o voto de qualidade nas sessões do Conselho, além de poder interpor o específico recurso de embargo à decisão não unânime, para que seja reapreciada a matéria em sessão seguinte.

Capítulo IV
DA SUBSEÇÃO

Art. 60. A Subseção pode ser criada pelo Conselho Seccional, que fixa sua área territorial e seus limites de competência e autonomia.

§ 1º A área territorial da Subseção pode abranger um ou mais municípios, ou parte de município, inclusive da capital do Estado, contando com um mínimo de quinze advogados, nela profissionalmente domiciliados.

§ 2º A Subseção é administrada por uma diretoria, com atribuições e composição equivalentes às da diretoria do Conselho Seccional.

§ 3º Havendo mais de cem advogados, a Subseção pode ser integrada, também, por um Conselho em número de membros fixado pelo Conselho Seccional.

§ 4º Os quantitativos referidos nos parágrafos primeiro e terceiro deste artigo podem ser ampliados, na forma do Regimento Interno do Conselho Seccional.

§ 5º Cabe ao Conselho Seccional fixar, em seu orçamento, dotações específicas destinadas à manutenção das Subseções.

§ 6º O Conselho Seccional, mediante o voto de dois terços de seus membros, pode intervir nas Subseções, onde constatar grave violação desta lei ou do Regimento Interno daquele.

Art. 61. Compete à Subseção, no âmbito de seu território:

I - dar cumprimento efetivo às finalidades da OAB;

II - velar pela dignidade, independência e valorização da advocacia, e fazer valer as prerrogativas do advogado;

III - representar a OAB, perante os poderes constituídos;

IV - desempenhar as atribuições previstas no Regulamento Geral ou por delegação de competência do Conselho Seccional.

Parágrafo único. Ao Conselho da Subseção, quando houver, compete exercer as funções e atribuições do Conselho Seccional, na forma do Regimento Interno deste, e ainda:

a) editar seu Regimento Interno, a ser referendado pelo Conselho Seccional;

b) editar resoluções, no âmbito de sua competência;

c) instaurar e instruir processos disciplinares, para julgamento pelo Tribunal de Ética e Disciplina;

d) receber pedido de inscrição nos quadros de advogado e estagiário, instruindo e emitindo parecer prévio, para decisão do Conselho Seccional.

COMENTÁRIOS

NATUREZA E ESTRUTURA DA SUBSEÇÃO

O Estatuto manteve a denominação de Subseção, talvez em homenagem ao uso tradicional. No entanto, não mais existe "Seção" e tão somente Conselho Seccional. O anteprojeto da OAB, de forma mais coerente, tinha sugerido alterar o termo Subseção para Seção, assim entendida a parte autônoma do Conselho Seccional (aliás, a denominação do anteprojeto era "Estadual"), mas o Congresso Nacional preferiu retomar a terminologia anterior.

A Subseção foi o órgão da OAB que maior transformação sofreu com o novo Estatuto. O Estatuto anterior apenas se referia a sua diretoria, sem estabelecer estrutura, atribuições e os meios de atuação. Seu disciplinamento básico está preceituado no Regulamento Geral.

A Subseção é parte autônoma do Conselho Seccional, com jurisdição sobre determinado espaço territorial daquele. Não é dotada de personalidade jurídica própria ou de independência, mas atua com autonomia no âmbito de sua competência. É órgão não só do Conselho Seccional, mas também da OAB enquanto instituição como sua menor unidade. Autonomia, ao contrário de independência, pressupõe vínculo e limitações.

A criação da Subseção é ato exclusivo do Conselho Seccional, que define sua área de jurisdição, o grau de competência (que pode variar de uma para outra) e a participação na receita e no orçamento, para manter-se. O Provimento n. 132/2009 estabelece que a decisão de criação ou extinção depende do voto favorável da maioria dos membros do Conselho Seccional. Não há necessidade de homologação do Conselho Federal. O critério básico estabelecido pelo Estatuto é o da existência de um mínimo de quinze advogados com domicílio profissional (ver, a respeito, os comentários ao art. 10) na área respectiva, salvo se o regimento interno do Conselho Seccional exigir maior número.

A competência é também privativa do Conselho Seccional no caso de desmembramento de Subseção, havendo desnecessidade de referendo do Conselho Federal.

O Provimento n. 132/2009 criou o Cadastro Nacional de Subseções da OAB, vinculado ao Cadastro Nacional dos Advogados, com o objetivo de identificá-las por número de advogados e serviços prestados, para fim de classificação, organização, destinação de receitas e limites territoriais.

Definido o alcance de sua autonomia, no seu ato constitutivo ou no regimento interno do Conselho Seccional, este não pode mais interferir no exercício regular e lícito da competência específica da Subseção, salvo quando violados forem este Estatuto, a legislação regulamentar ou o regimento interno dele. Incumbe à Subseção a prestação de contas ao Conselho Seccional, mensalmente, das receitas auferidas e das despesas efetuadas.

O Estatuto abre a possibilidade para o livre estabelecimento da área territorial da Subseção, ou de sua modificação ulterior, pelo Conselho Seccional, ou seja, abrangendo um município, parte de município ou mais de um município, incluindo a capital da unidade federativa onde esteja sediado o Conselho. Esta última hipótese é interessante e deve ser viabilizada, para descentralizar ao máximo as atividades executivas do Conselho Seccional, sem risco de perda da importância simbólica de sua representatividade. Afinal, é imenso o elenco de suas atribuições de coordenação, representação da classe, instância recursal, formulação de diretrizes gerais e de atuação institucional.

Não pode haver conflito de atribuições entre Subseção e Conselho Seccional, porque para este prevalece o princípio da supremacia do todo sobre a parte. Qualquer eventual conflito entre as diretorias de ambos os órgãos será dirimido pelo Conselho Seccional, sem interferência do Conselho Federal, salvo como instância recursal regular, ou então quando a maioria dos conselheiros for direta ou indiretamente interessada na decisão.

Os advogados residentes na área territorial de jurisdição da Subseção a ela se vinculam. O vínculo é de caráter administrativo e decorre da descentralização das atividades da OAB. Contudo, o domicílio profissional corresponde a todo o território da unidade federativa, a saber, do Estado-membro, do Distrito Federal ou do Território Federal, como determinam os arts. 10 do Estatuto e 117 do Regulamento Geral.

O patrimônio mobiliário ou imobiliário das subseções pertence ao Conselho Seccional, porque aquelas não detêm personalidade jurídica própria, inclusive quando obtido por doação. No exercício de sua autonomia, têm poder de gestão do patrimônio, o que inclui abertura de contas correntes próprias, em instituições financeiras.

DIRETORIA DA SUBSEÇÃO

A Subseção é administrada por uma diretoria que tem as mesmas composições e atribuições da diretoria do Conselho Seccional, que por sua vez guarda equivalência com a do Conselho Federal, ou seja, de cinco membros. O Estatuto, contudo, não se refere à equivalência das denominações, sendo razoável que não reproduza os termos que causem confusão com os cargos da diretoria do Conselho Seccional. São estes os cargos: presidente, vice-presidente, secretário, secretário adjunto e tesoureiro.

Ao presidente compete a representação ativa ou passiva, judicial e extrajudicial, da Subseção e dos advogados e estagiários jurisdicionados. O Estatuto outorga-lhe expressamente a legitimidade processual no art. 49 (ver, acima, os comentários a respeito).

COMPETÊNCIAS DA SUBSEÇÃO

As competências da Subseção são de duas ordens: a) competências legais; b) competências delegadas.

As competências legais são estabelecidas no Estatuto, correspondentes às competências comuns dos Conselhos Federal e Seccional da OAB, e no Regulamento Geral (competências legais específicas). Compete às Subseções, no âmbito de seu território, cumprir as finalidades da OAB (ver os comentários ao art. 44), velar pela independência, dignidade e prerrogativas da advocacia (ver os comentários ao art. 54, III) e representar a OAB perante os poderes constituídos locais.

As competências delegadas são as estabelecidas pelo Conselho Seccional, no ato constitutivo da Subseção, no regimento interno do Conselho Seccional ou em resolução deste que as defina. A delegação de competência é ato discricionário do Conselho Seccional e não de sua diretoria, que também poderá estabelecer prazo e suprimi-lo, quando julgar conveniente. A delegação poderá ser geral ou específica para determinadas Subseções. Uma hipótese razoável é a de poder receber diretamente as contribuições obrigatórias dos advogados e aplicá-las na própria Subseção.

Respondendo a consulta, o Órgão Especial do CFOAB respondeu afirmativamente sobre a viabilidade de criação de corregedorias autônomas no âmbito das subseções que integram o Conselho Seccional, tendo afinal consolidado esse entendimento na Ementa 052/2018/OEP. Também assegurou o Órgão Especial a legitimidade ativa das Subseções da OAB para ajuizamento de ações limitadas aos danos locais (restrita à sua base territorial), não necessitando da participação, anuência ou ciência das respectivas Seccionais (Ementa 001/2021/OEP).

CONSELHO DA SUBSEÇÃO

O Estatuto abre a possibilidade de as Subseções maiores contarem com Conselho para distribuição de suas atividades. O requisito mínimo é a existência de pelo menos cem advogados com domicílio profissional na área de jurisdição da Subseção, salvo se o regimento interno do Conselho Seccional exigir número maior. Cabe ao Conselho Seccional definir o número de seus membros e as competências delegadas que poderá desempenhar, além das competências legais previstas no Estatuto.

O Conselho da Subseção, quando existir e for criado pelo Conselho Seccional, desempenha as funções deste, onde couber, mas não constitui órgão hierarquicamente superior à diretoria. Atua paralelamente a esta, em colaboração, segundo a distribuição de competências fixada em seu regimento interno, aprovado pelo Conselho Seccional. Portanto, a diretoria da Subseção não perde nem reduz suas competências com a criação do Conselho, porque este tem acrescidas atribuições que a ela não eram cometidas. De qualquer forma, a diretoria do Conselho é a mesma da Subseção. Assim, não há total simetria entre o Conselho Seccional e o Conselho da Subseção.

O Conselho da Subseção pode editar resoluções no âmbito de sua competência específica, e deve instaurar e instruir processos disciplinares para decisão do Tribunal de Ética (ver os comentários ao art. 58, XIII, e, abaixo, ao processo disciplinar) e receber e instruir pedidos de inscrição de advogados e estagiários, para decisão do Conselho Seccional (ver os comentários ao art. 58, VII). Os procedimentos a serem seguidos, relativamente à instrução de processos, estão previstos no Regulamento Geral.

O objetivo da criação do Conselho de Subseção é a descentralização das atividades do Conselho Seccional, atuando aquele como braço auxiliar deste, além de colaborar com a diretoria da Subseção na distribuição das tarefas da OAB local. Há Subseções com um número de advogados jurisdicionados superior a de determinados Conselhos Seccionais, não sendo recomendável tratamento legal uniforme para situações tão heterogêneas.

CAIXA DE ASSISTÊNCIA DOS ADVOGADOS

CAPÍTULO V
DA CAIXA DE ASSISTÊNCIA DOS ADVOGADOS

Art. 62. A Caixa de Assistência dos Advogados, com personalidade jurídica própria, destina-se a prestar assistência aos inscritos no Conselho Seccional a que se vincule.

§ 1º A Caixa é criada e adquire personalidade jurídica com a aprovação e registro de seu Estatuto pelo respectivo Conselho Seccional da OAB, na forma do Regulamento Geral.

§ 2º A Caixa pode, em benefício dos advogados, promover a seguridade complementar.

§ 3º Compete ao Conselho Seccional fixar contribuição obrigatória devida por seus inscritos, destinada à manutenção do disposto no parágrafo anterior, incidente sobre atos decorrentes do efetivo exercício da advocacia.

§ 4º A diretoria da Caixa é composta de cinco membros, com atribuições definidas no seu Regimento Interno.

§ 5º Cabe à Caixa a metade da receita das anuidades recebidas pelo Conselho Seccional, considerado o valor resultante após as deduções regulamentares obrigatórias.

§ 6º Em caso de extinção ou desativação da Caixa, seu patrimônio se incorpora ao do Conselho Seccional respectivo.

§ 7º O Conselho Seccional, mediante voto de dois terços de seus membros, pode intervir na Caixa da Assistência dos Advogados, no caso de descumprimento de suas finalidades, designando diretoria provisória, enquanto durar a intervenção.

COMENTÁRIOS

ORIGEM E OBJETIVOS DA CAIXA DE ASSISTÊNCIA DOS ADVOGADOS

As Caixas de Assistência dos Advogados tiveram origem legal com o Decreto-Lei n. 4.563/42, que permitia que as Seções da OAB pudessem instituí-las por deliberação das respectivas assembleias gerais, com aprovação do Conselho Federal. Havia previsão para uma diretoria de três membros e três suplentes e mais um Conselho Fiscal de três membros, todos eleitos pelo Conselho Seccional. Não havia clareza quanto à personalidade jurídica das Caixas. O Decreto-Lei n. 4.563/42 conviveu com a Lei n. 4.215/63, que não o revogou.

O atual Estatuto revogou não apenas o Decreto-Lei n. 4.563/42, mas toda a legislação complementar, uma vez que cuidou inteiramente das Caixas de Assistência, elevando-as à condição de órgãos da OAB (art. 45). As normas estatutárias procuram encerrar conflitos e controvérsias que sempre emergiram entre Conselho Seccional e Caixa, procurando redimensionar a natureza do vínculo entre ambas as entidades.

A Caixa é concebida como órgão assistencial e de seguridade da OAB, vinculada ao respectivo Conselho Seccional. O vínculo está assim constituído: a eleição da diretoria da Caixa é feita em conjunto com o Conselho na mesma chapa; o Conselho é o órgão que a cria; o Conselho tem poder de intervenção e cassação; o Conselho destina metade líquida das anuidades para a manutenção da Caixa; o Conselho aprecia as contas da Caixa; o Conselho é a instância recursal contra as decisões da Caixa.

A personalidade jurídica da Caixa dá-se com a aprovação e registro de seu estatuto pelo Conselho Seccional, que detém competência de registro, dispensado o registro civil de pessoas jurídicas, como já ocorria com as sociedades de advogados, durante a vigência da Lei n. 4.215/63.

Para criação de Caixa, o Estatuto prevê um requisito mínimo de mil e quinhentos inscritos no Conselho Seccional (art. 45, § 4º).

O Estatuto não mais especifica a assistência e tipos de benefícios a serem prestados aos advogados pela Caixa, remetendo a matéria ao estatuto aprovado ou modificado pelo Conselho Seccional. Abre, no entanto, a possibilidade de atuar amplamente no campo da seguridade complementar, em todas as suas dimensões: saúde, previdência e assistência social, não só com seus recursos próprios, mas também com planos de saúde e previdência a que adiram os advogados, constituindo fundo de pensão estável e seguro.

As Caixas de Assistência têm autogoverno? Ou apenas exercem os atos que os Conselhos Seccionais deliberam? O autogoverno é consequência da autonomia inevitável de quem é dotada de personalidade jurídica própria. Se as Caixas a têm, por força de lei, então os vínculos com o Conselho Seccional são estabelecidos com respeito às suas competências específicas. Da mesma forma como se dá, no paradigma federalista, entre a União e os Estados-membros. Embora haja coordenação de atividades e competências, não há subordinação ou hierarquia, o que ocorreria se a Caixa fosse um órgão executivo desvestido de autonomia e personalidade jurídica. Os vínculos legais existentes e o sistema de controle do Conselho Seccional sobre a Caixa não a tornam órgão subordinado àquele, ou parte não autônoma.

Na hipótese de conflito de competência, em matérias expressamente não previstas, dá-se a solução pelo princípio da supremacia do órgão hierarquicamente superior sobre o inferior. Na situação peculiar das Caixas, por serem dotadas de personalidade jurídica própria, havendo conflito em matérias em que os membros do Conselho Seccional, em sua maioria, sejam direta ou indiretamente interessados, transfere-se ao Órgão Especial do Conselho Federal a competência para decidi-lo, conforme prevê o art. 85 do Regulamento Geral.

DIRETORIA E MANUTENÇÃO DA CAIXA

A diretoria, segundo o paradigma da diretoria do Conselho Federal, é composta de cinco membros: presidente, vice-presidente, secretário, secretário-adjunto e tesoureiro, eleitos diretamente pelos advogados na mesma chapa do Conselho Seccional que obtiver a maioria dos votos. As atribuições dos membros da diretoria, e da diretoria como órgão deliberativo, são definidas no estatuto da Caixa (o Estatuto refere-se equivocadamente a regimento interno no § 4º do art. 62, porque o § 1º prevê criação mediante estatuto, não sendo razoável a convivência de dois diplomas com a mesma finalidade).

A Caixa é mantida pelo Conselho Seccional, mediante a transferência de metade líquida das anuidades, segundo os critérios previstos nos arts. 56 e 57 do Regulamento Geral. Tendo em vista que a atual redação do art. 56 fixou em sessenta por cento das anuidades o montante das deduções obrigatórias (Conselho Federal, Fundo Cultural gerido pela ESA do Conselho Seccional, Fundo de Integração e Desenvolvimento Assistencial dos Advogados, e despesas de manutenção do Conselho Seccional e Subseções), metade líquida das anuidades corresponde a vinte por cento. Essa transferência deve dar-se incontinenti à efetivação das receitas mensais. Não estão incluídos as multas e os preços de serviços. A Caixa pode obter receitas próprias, oriundas de leis específicas, de seus serviços ou da implementação de planos de seguridade complementar.

O orçamento da Caixa é aprovado por ela própria, na forma de seu Estatuto, não podendo o Conselho Seccional alterá-lo. Compete ao Conselho Seccional fiscalizar todas as atividades da Caixa, inclusive a aplicação da receita, mas não pode interferir no planejamento orçamentário, salvo se houver violação da legislação aplicável. A aplicação dos recursos da Caixa de Assistência deverá estar devidamente demonstrada nas prestações de contas periódicas do Conselho Seccional e nas deste Conselho Federal.

Todas as receitas da Caixa, de qualquer espécie, devem ser depositadas em agências bancárias oficiais, considerando a finalidade da norma legal de resguardar os recursos públicos geridos pela entidade (Proc. 216/98/OEP).

Entendeu o Conselho Pleno do CFOAB que, na forma de Resolução do Banco Central, podem ser constituídas cooperativas de crédito, voltadas a advogados, mas delas não podem participar a OAB ou as Caixas, ainda que seja lícito o estímulo à sua constituição (Proc. 4.466/1999/COP).

Os procedimentos para prestação de contas da Diretoria da Caixa de Assistência ao respectivo Conselho Seccional, tendo em conta o orçamento aprovado, são definidos pelo Provimento n. 216/2023.

PECULIARIDADES DA CAIXA

Não há necessidade de Conselho Fiscal da Caixa, porque esta competência é do Conselho Seccional (art. 58, IV, do Estatuto). Inclusive para julgar suas contas.

A Caixa detém patrimônio próprio, porque é dotada de personalidade jurídica distinta, embora sob fiscalização e controle permanentes do Conselho Seccional respectivo. Em caso de extinção da Caixa, seu patrimônio será destinado ao Conselho Seccional a que se vincule.

A Caixa goza de imunidade tributária total em relação a seus bens, rendas e serviços, conforme previsão expressa do § 5º do art. 45 do Estatuto. O *caput* do art.

45 inclui entre os órgãos da OAB a Caixa. Nesse sentido, decidiu o STF (RE 405.267) que, considerada a impossibilidade de concessão de regramento tributário diferenciado a órgãos da OAB - de acordo com as finalidades que lhe são atribuídas por lei -, as Caixas de Assistência dos Advogados também se encontram tuteladas pela imunidade recíproca prevista no art. 150, VI, *a*, da CF.

A Corte Especial do STJ (CC 36.557) decidiu que as Caixas de Assistência, por serem órgãos vinculados diretamente à OAB, prestam serviços públicos, devendo por isso ter o mesmo tratamento jurídico, particularmente quanto à competência da Justiça Federal para julgar as ações em que sejam interessadas. Argumentou o tribunal que o fato de o art. 45 do Estatuto dizer que as Caixas são dotadas de personalidade jurídica própria não subtrai a sua condição de órgão da OAB, assim como os são os Conselhos Seccionais, que por igual incluem-se na competência da Justiça Federal.

A Caixa está submetida à fiscalização dos Conselhos de Farmácia e de Medicina, bem como dos órgãos de saúde pública, no que pertine ao exercício do poder de polícia desses órgãos, exclusivamente no que disser respeito às atividades de saúde e medicamentos por ela exercidas, e dos profissionais que empregue, nos limites da legislação aplicável.

Todos os atos conclusivos e relevantes da Caixa, com efeitos em interesses de terceiros, devem ser publicados no Diário Eletrônico da OAB, na íntegra ou em resumo.

O Conselho Seccional pode intervir na Caixa (arts. 58, XV, e 62, § 7º, do Estatuto), em caso de descumprimento de suas finalidades pela diretoria ou quando esta violar o Estatuto e legislação regulamentar, nomeando-se diretoria provisória. Essa decisão depende de *quorum* especial de dois terços (art. 108 do Regulamento Geral), assegurando-se à diretoria acusada amplo direito de defesa.

As Caixas são integradas por um órgão coletivo de assessoramento do CFOAB (Coordenação Nacional das Caixas) relativamente à política nacional de assistência e seguridade.

ELEIÇÕES E MANDATOS

Capítulo VI
DAS ELEIÇÕES E DOS MANDATOS

Art. 63. A eleição dos membros de todos os órgãos da OAB será realizada na segunda quinzena do mês de novembro, do último ano de mandato, mediante cédula única e votação direta dos advogados regularmente inscritos.

§ 1º A eleição, na forma e segundo os critérios e procedimentos estabelecidos no Regulamento Geral, é de comparecimento obrigatório para todos os advogados inscritos na OAB.

§ 2º O candidato deve comprovar situação regular perante a OAB, não ocupar cargo exonerável *ad nutum*, não ter sido condenado por infração disciplinar, salvo reabilitação, e exercer efetivamente a profissão há mais de 3 (três) anos, nas eleições para os cargos de Conselheiro Seccional e das Subseções, quando houver, e há mais de 5 (cinco) anos, nas eleições para os demais cargos. (NR)

- *§ 2º com redação dada pela Lei n. 13.875/2019.*

Art. 64. Consideram-se eleitos os candidatos integrantes da chapa que obtiver a maioria dos votos válidos.

§ 1º A chapa para o Conselho Seccional deve ser composta dos candidatos ao Conselho e à sua Diretoria e, ainda, à delegação do Conselho Federal e à Diretoria da Caixa de Assistência dos Advogados, para eleição conjunta.

§ 2º A chapa para a Subseção deve ser composta com os candidatos à diretoria, e de seu Conselho quando houver.

Art. 65. O mandato em qualquer órgão da OAB é de três anos, iniciando-se em primeiro de janeiro do ano seguinte ao da eleição, salvo o Conselho Federal.

Parágrafo único. Os conselheiros federais eleitos iniciam seus mandatos em primeiro de fevereiro do ano seguinte ao da eleição.

Art. 66. Extingue-se o mandato automaticamente, antes de seu término, quando:

I – ocorrer qualquer hipótese de cancelamento de inscrição ou de licenciamento do profissional;

II – o titular sofrer condenação disciplinar;

III - o titular faltar, sem motivo justificado, a três reuniões ordinárias consecutivas de cada órgão deliberativo do Conselho ou da diretoria da Subseção ou da Caixa de Assistência dos Advogados, não podendo ser reconduzido no mesmo período de mandato.

Parágrafo único. Extinto qualquer mandato, nas hipóteses deste artigo, cabe ao Conselho Seccional escolher o substituto, caso não haja suplente.

Art. 67. A eleição da Diretoria do Conselho Federal, que tomará posse no dia 1º de fevereiro, obedecerá às seguintes regras:

I - será admitido registro, junto ao Conselho Federal, de candidatura à presidência, desde seis meses até um mês antes da eleição;

II - o requerimento de registro deverá vir acompanhado do apoiamento de, no mínimo, seis Conselhos Seccionais;

III - até um mês antes das eleições, deverá ser requerido o registro da chapa completa, sob pena de cancelamento da candidatura respectiva;

IV - no dia 31 de janeiro do ano seguinte ao da eleição, o Conselho Federal elegerá, em reunião presidida pelo conselheiro mais antigo, por voto secreto e para mandato de 3 (três) anos, sua diretoria, que tomará posse no dia seguinte;

V - será considerada eleita a chapa que obtiver maioria simples dos votos dos Conselheiros Federais, presente a metade mais 1 (um) de seus membros.

- *Incisos IV e V com redação dada pelo art. 1º da Lei n. 11.179/2005.*

Parágrafo único. Com exceção do candidato a Presidente, os demais integrantes da chapa deverão ser conselheiros federais eleitos.

COMENTÁRIOS

SISTEMA DA ELEIÇÃO GERAL DOS MEMBROS DE ÓRGÃOS DA OAB

O comparecimento dos advogados inscritos no Conselho Seccional à eleição é obrigatório, ficando sujeita à multa de 20% do valor da anuidade a ausência não justificada.

No sentido da constitucionalidade da imposição legal a todo advogado inscrito de exercer o voto ou justificar sua ausência nas eleições da classe, decidiu o STF (RE 574.935). Rejeitando o MI 2.108, que alegava ausência no Estatuto de condição de inelegibilidade, o STF esclareceu que não cabe ao Poder Público legislar sobre eleições no âmbito da OAB.

Proposição, no sentido de dispensar da obrigatoriedade do comparecimento à votação os advogados com mais de 70 anos, com modificação do Regulamento Geral, foi rejeitada por unanimidade de votos pelo Conselho Pleno do CFOAB, pois importaria alteração do Estatuto (*DOU*, 7-3-2010, p. 134).

O Estatuto unifica o sistema de eleição para os cargos da OAB, que se processa na mesma data. A eleição é direta para todos os cargos, salvo para o de presidente nacional da OAB, que é semidireta. São estas suas características gerais:

a) votação direta, de todos os advogados, de caráter obrigatório;

b) votação em chapa completa (diretoria e demais membros do Conselho Seccional, conselheiros federais, diretores da Caixa de Assistência, diretores da Subseção quando for este o caso);

c) data única;

d) cédula única, salvo quando for utilizada urna eletrônica;

e) mandato uniforme de três anos.

Até a segunda quinzena do mês de novembro do último ano do mandato, os Conselhos Seccionais devem realizar as eleições, em até 45 dias contínuos anteriores da data da eleição, segundo os critérios e procedimentos estabelecidos pelo Regulamento Geral (arts. 128 e s.). Os Conselhos Seccionais devem convocar os advogados inscritos para votação obrigatória, mediante edital resumido publicado no Diário Eletrônico da OAB. Cabe aos Conselhos Seccionais promover ampla divulgação das eleições, em seus meios de comunicação, não podendo recusar a publicação, em condições de absoluta igualdade, do programa de todas as chapas.

A comissão eleitoral, composta de advogados ausentes da disputa e escolhida pela diretoria, é indispensável, competindo-lhe conduzir a eleição, designar mesas receptoras, apurar os votos e proclamar o resultado.

Não são admitidas cédulas eleitorais variadas, porque maculam o sigilo do voto. A cédula é única, constando apenas as indicações das chapas concorrentes, para livre escolha do eleitor. No caso da Subseção, a cédula será complementada com as chapas concorrentes à diretoria e ao seu Conselho, se houver.

Resolução e Provimento do CFOAB passaram a admitir, a critério de cada Conselho Seccional, o sistema de votação eletrônica ou mediante plataforma *on line*, com aprovação prévia do Conselho Federal, exclusivamente ou conjuntamente com o modo presencial. No sistema eletrônico o advogado deve votar fazendo uso de senha unipessoal ou certificação digital.

O advogado licenciado, em virtude de incompatibilidade temporária, não pode votar e não pode ser multado em virtude de sua ausência, desde que do conhecimento da OAB. Se não comunicou a função incompatibilizante está sujeito à sanção disciplinar (art. 36, III, do Estatuto) e seu voto pode ser impugnado. Nessa direção, decidiu o Órgão Especial do CFOAB (Consulta 0013/2003/OEP) que o assessor de desembargador, por exercer função incompatível com a advocacia, não pode votar em eleição da OAB.

Em qualquer hipótese, a impugnação ao voto de eleitor eventualmente não inscrito na OAB deve ser feita no ato da votação, sendo defesa *a posteriori*, como decidiu o Órgão Especial (Proc. 0006/2002/OEP); com efeito, a impugnação posterior à votação deixá-la-ia à conveniência da chapa concorrente, se o resultado lhe fosse desfavorável, o que significaria agir contra o ato próprio (*venire contra factum proprium*).

O voto é secreto, invalidando-se a cédula que contiver qualquer rasura ou identificação.

O CFOAB tem decidido que o Código Eleitoral constitui legislação supletiva do Estatuto nas eleições da OAB, mas apenas será aplicável quando inexistir totalmente norma da entidade (Rec. 0004/2003/OEP), devendo ser esgotadas todas as possibilidades de interpretação segundo as peculiaridades próprias. Na hipótese de voto eletrônico, adotar-se-ão, no que couber, as regras estabelecidas na Legislação Eleitoral, de acordo com o § 6º do art. 134 do Regulamento Geral. Mas não há segundo turno nas eleições da OAB. Segundo entendimento do Órgão Especial do CFOAB (Ementa 077/2012/OEP), quando o Estatuto estabelece maioria, a expressão usada não comporta interpretação extensiva, não podendo ser confundida com maioria absoluta.

A transferência do domicílio eleitoral para exercício do voto somente poderá ser requerida até as 18 (dezoito) horas do dia anterior à publicação do edital de abertura do período eleitoral da respectiva Seccional (Res. n. 04/2012).

Os procedimentos da eleição foram minudentemente disciplinados no Regulamento Geral, arts. 128 e seguintes, e no Provimento n. 146/2011, com alterações ulteriores. Destaque-se a proibição de propaganda por meio de emissora de televisão ou rádio e por meio de *outdoors* em todo o país. A propaganda deve ser moderada, assim entendida a que não ultrapasse um oitavo de página de jornal e um quarto de página de revista ou tabloide, tendo por fito reduzir os custos de campanha e evitar o abuso do poder político e econômico no âmbito da OAB.

Estabelece o art. 33 do Provimento n. 222/2023 que, havendo ausência de normas expressas no Estatuto da OAB, no Regulamento Geral e nos provimentos, aplica-se, supletivamente, no que couber, a legislação eleitoral, incluindo-se as instruções normativas do TSE.

REQUISITOS DE ELEGIBILIDADE

Os candidatos integrantes da chapa, para cargo da OAB, necessitam comprovar os seguintes decursos de tempo de exercício da profissão de advogado, com inscrição principal ou suplementar, excluído o período de estágio: a) três anos para os cargos de Conselheiro e Diretor de Conselho Seccional ou de Subseção; b) cinco anos para o cargo de Conselheiro Federal. A Lei n. 13.875/2019, que alterou os requisitos temporais do § 2º do art. 63, alude a cinco anos de efetivo exercício profissional para os "demais cargos", além dos referidos ao Conselho Seccional e à Subseção, porém essa alusão deve ser entendida como adstrita exclusivamente aos cargos de Conselheiro Federal. Assim, o decurso de tempo para os cargos da Caixa de Assistência é o mesmo do de Conselheiro Seccional.

Não basta a inscrição regular. Apenas pode ser considerado o período ininterrupto, não podendo ser admitida a soma de períodos descontínuos para o quinquênio. A exigência do decurso temporal pode ser cumprida até o dia da posse legal, e não até o dia das eleições, conforme Provimento n. 207/2021. Advogado que exerce atividade há mais tempo pode ser candidato, mesmo que sua inscrição suplementar na Seccional tenha tempo inferior àquele (Consulta 0014/2003/OEP).

A exigência de efetivo exercício da advocacia, prevista nos arts. 5º e 131 do Regulamento Geral, deve receber tratamento restritivo, mormente quando há prova da prática profissional da advocacia, mesmo por vias diversas daquelas sugeridas pelas referidas normas, meramente exemplificativas. Neste sentido, respondendo a consulta, o Órgão Especial do CFOAB (Ementa 27/2020/OEP) fixou entendimento de que, para os fins legais, basta que a comprovação de participação em cinco processos distintos seja feita dentro do ano de apuração; a norma que rege a aferição não considera obrigatoriamente o lapso temporal anual a ser contado mês a mês, devendo a interpretação ser aquela mais benéfica à contagem de tempo de exercício do profissional.

O Estatuto exige comprovação de situação regular junto à OAB, significando que:

a) esteja em dia com o pagamento das contribuições obrigatórias ou multas;

b) não esteja exercendo cargo incompatível, em caráter permanente ou temporário (ver os comentários ao art. 27);

c) não esteja em situação de descumprimento a qualquer determinação da OAB.

Na ADI 7.020 o STF decidiu que o estabelecimento da quitação das anuidades como critério para votar e ser votado está em conformidade com a Constituição e o Estatuto, sendo justificado exigi-lo tanto de eleitores quanto de candidatos, não restringindo o exercício profissional ou a atividade econômica.

Outro requisito de elegibilidade é a ausência de condenação disciplinar, salvo se houver sido reabilitado (ver comentários ao art. 41). Só pode ser considerada a condenação definitiva transitada em julgado. A condenação sujeita a recurso não impede a candidatura, porque não pode haver ainda registro nos assentamentos do inscrito. A existência de simples sanção disciplinar de advertência (ver comentários ao art. 36, parágrafo único) invalida a candidatura.

O último requisito é o de não ocupar o concorrente cargo exonerável *ad nutum*. Na sistemática do Estatuto cargos dessa natureza não são necessariamente incompatíveis, salvo se corresponderem aos tipos do art. 28 (ver comentários acima). Para fins de eleição, no entanto, invalidam a candidatura, seja ou não incompatível. Consideram-se tais os cargos de provimento em comissão, de funções de confiança ou administração na Administração Pública direta ou indireta (autarquias, fundações públicas, empresas de economia mista ou públicas).

O Regulamento Geral (art. 131) acrescentou as exigências de estar o candidato inscrito na respectiva Seccional da OAB, com inscrição principal ou suplementar, de não estar em débito com a prestação de contas ao Conselho Federal, no caso de dirigente de Conselho Seccional ou de Caixa de Assistência dos Advogados, e de não ter tido contas rejeitadas (Res. n. 02/2011).

CHAPA CONCORRENTE

Não pode haver candidaturas isoladas ou pessoais. Apenas serão admitidas candidaturas integrantes de chapas completas que indiquem com clareza quais os concorrentes aos cargos da diretoria e do Conselho, de conselheiros federais e da diretoria da Caixa, além dos respectivos suplentes. No caso da Subseção, a chapa específica indicará os concorrentes aos cargos da diretoria e de seu conselho, quando houver.

De acordo com o art. 131 do Regulamento Geral, as chapas devem observar a paridade de gênero, contendo o mínimo de 50% de candidatos e candidatas de cada sexo e, sobre o número total, 30% deve contemplar minorias raciais (advogados e advogadas de etnias preta e parda, mediante autodeclaração ou por definição análoga, de acordo com o Provimento n. 210/2021).

Não pode o candidato a presidente na chapa desistir do recurso, uma vez que o direito é de todos os integrantes da chapa, sendo indisponível.

O § 3º do art. 128 do Regulamento Geral estabelece importante regra de garantia de igualdade de competição entre as chapas, ao assegurar a cada uma o acesso à listagem atualizada com nome e endereço, inclusive eletrônico, dos advogados eleitores.

É possível a alteração da chapa, antes da eleição, se algum integrante renunciar, falecer ou for considerado inelegível, considerando-se votado o substituto (art. 131, § 6º, do Regulamento Geral).

A inelegibilidade para participação em pleito eleitoral que sucede àquele anulado por aplicação do art. 133 do Regulamento Geral atinge apenas o candidato que tiver dado causa à anulação, não se estendendo aos demais integrantes da chapa (Ementa 032/2013/OEP).

Durante a votação, não pode o eleitor substituir ou suprimir integrantes da chapa, para que não haja risco de invalidação e quebra do sigilo.

Ocorrendo a hipótese de empate entre as chapas concorrentes, novo pleito deverá ser realizado. Tal fato ocorreu no Estado do Amapá, nas eleições de 1994 (CFOAB, Proc. 1.838/94/TC).

ELEIÇÃO DA DIRETORIA DO CONSELHO FEDERAL

O Estatuto prevê regras específicas para a eleição da Diretoria do Conselho Federal. O sistema adotado é semidireto. O Estatuto criou um colégio eleitoral ampliado, composto dos Conselhos Seccionais. Manteve-se o princípio federativo da igualdade do voto de cada unidade, ou seja, o resultado majoritário em cada Conselho Seccional valia um voto para a chapa concorrente escolhida. Todavia, a Lei n. 11.179/2005, modificou o sistema, reassegurando ao Conselho Federal o direito de eleger sua Diretoria, com mudança substancial: substituiu o princípio federativo (cada delegação um voto) pelo voto unipessoal de cada conselheiro federal. Na mesma delegação poderá haver divergência na escolha das chapas. Assim, a eleição da Diretoria e, principalmente, do presidente do Conselho Federal não é direta nem indireta; é, sim, colegial, como ocorre nas eleições para presidentes dos órgãos colegiados.

Eleitores são apenas os conselheiros federais eleitos na eleição havida no Conselho Seccional na segunda quinzena do mês de novembro do último ano do mandato excluindo-se os ex-Presidentes do Conselho Federal.

A eleição far-se-á no dia 31 de janeiro do ano seguinte ao da eleição dos conselheiros federais, por voto secreto, tomando posse a diretoria no dia 1º de fevereiro. A reunião do colégio eleitoral será presidida pelo conselheiro eleito mais antigo, ou seja, o que contar com maior tempo de mandatos sucessivos ou interrompidos (art. 65 do Regulamento Geral); se ainda assim permanecer o empate, há de prevalecer o de inscrição mais antiga, já que a experiência foi o critério legalmente adotado.

A eleição dar-se-á por chapa que indique os candidatos aos cargos da diretoria do Conselho Federal, em cédula única que contenha todas as chapas concorrentes, ou identificadas na urna eletrônica. O Regulamento estabeleceu dois prazos distintos para o registro das candidaturas: de 31 de julho a 31 de dezembro do ano anterior à eleição, para registro de candidatura à Presidência, acompanhado das declarações de apoio de, no mínimo, seis Conselhos Seccionais; até 31 de dezembro do ano anterior à eleição, para registro de chapa completa, com assinaturas, nomes, números de inscrição na OAB e comprovantes de eleição para o Conselho Federal, dos candidatos aos demais cargos da Diretoria. Também poderá ser efetivado em uma única oportunidade na data da segunda etapa, com a chapa completa. O Estatuto exige que haja o apoiamento de, no mínimo, seis Conselhos Seccionais. Esse apoiamento não significa vínculo para votação pelos respectivos conselheiros federais, mas certificação de idoneidade eleitoral, pois são livres para votar em quem entenderem melhor. A razão de ser das duas etapas é que, salvo o candidato a presidente, os demais integrantes aos outros cargos da diretoria devem ser conselheiros eleitos na eleição geral imediatamente anterior.

A votação é secreta, devendo o presidente do colégio eleitoral indicar três escrutinadores, resolver as questões decorrentes do processo eleitoral e proclamar o resultado, valendo-se das regras do Capítulo VII do Regulamento Geral, onde couber. Será proclamada eleita a chapa que obtiver a maioria simples do colegiado, presente metade mais um dos eleitores. Recurso contra decisão do presidente do colégio eleitoral não terá efeito suspensivo; será decidido pelo colégio eleitoral imediatamente e não prejudicará a posse dos eleitos no dia seguinte (art. 77 do Estatuto).

A regra eleitoral, prevista no inciso V do art. 67, com a redação dada pela Lei n. 11.179/2005, prevê dois requisitos para eleição dos membros da chapa que obtiver a maioria dos votos: a) maioria simples dos conselheiros eleitos presentes; b) *quorum* de presença de metade mais um dos conselheiros federais eleitos. O critério da maioria simples difere do que foi utilizado como regra geral no art. 64 do Estatuto, isto é, a maioria dos votos válidos, seja qual for seu percentual. Assim, se nenhuma chapa concorrente à Diretoria do Conselho Federal obtiver a maioria simples dos votos dos conselheiros presentes, a votação deverá ser repetida até que alguma a atinja. O art. 137-A do Regulamento Geral estabeleceu que, na segunda votação, concorrerão apenas as duas chapas mais votadas, repetindo-se a votação até que a maioria seja atingida. Na ausência de normas expressas no Estatuto e no Regulamento Geral, ou em Provimento, aplica-se, supletivamente, no que couber, a legislação eleitoral.

MANDATOS

O mandato para todos os cargos da OAB (Conselho Federal, Conselhos Seccionais, Subseções e Caixa de Assistência) é uniforme: três anos. A reeleição não está vedada. Contudo, para os mesmos cargos de direção, o Conselho Federal e alguns Conselhos Seccionais têm adotado a praxe salutar da não reeleição, permitindo maior rotatividade democrática.

O Estatuto optou pelo início do mandato em 1º de janeiro do ano seguinte da eleição, exceto para o Conselho Federal, que inicia em 1º de fevereiro seguinte. Várias razões militaram em favor dessa mudança (antes as datas eram 1º de fevereiro e 1º de abril, respectivamente), sendo a mais forte a de evitar tentativas lamentáveis de inviabilização ou esgotamento das verbas orçamentárias por parte da diretoria do Conselho anterior contra a chapa vencedora que por ela não fora apoiada.

A posse dos eleitos independe de qualquer ato da diretoria ou do Conselho anterior. Embora a posse legal se dê em 1º de janeiro, feriado mundial, independentemente de qualquer formalidade, nada impede que o novo Conselho programe festividades de posse para outra data que julgar conveniente.

Ocorrendo dúvidas quanto à ordem dos suplentes eleitos, prevalece a regra geral da preferência da inscrição mais antiga, conforme decidiu o Pleno do Conselho Federal (Proc. 4.064/95/CP).

O Estatuto prevê quatro hipóteses de perda do mandato antes de seu término, pondo cobro a algumas divergências que emergiram na vigência da legislação anterior:

a) cancelamento da inscrição, de ofício ou por comunicação de terceiro, por alguns dos motivos preceituados no art. 11 do Estatuto (ver comentários acima);

b) licenciamento voluntário ou legal;

c) condenação disciplinar de qualquer tipo, em caráter definitivo;

d) falta injustificada a três reuniões sucessivas de qualquer órgão deliberativo da OAB a que se vincule (Pleno, Câmaras, Comissões permanentes ou especiais). Basta a falta sucessiva a um desses órgãos, mesmo que comprove frequência a outros, no mesmo período.

Esclarece a Súmula 5/2013 do Órgão Especial do CFOAB que os casos de incompatibilidades dispostos no art. 28 do Estatuto importam na perda do cargo de Conselheiro ou Diretor de todos os órgãos da OAB; a perda do mandato formaliza-se por ato declaratório da Presidência, de ofício, e escolha de substituto, caso não haja suplente eleito (Ementa 150/2017/OEP).

Além das hipóteses de perda, há extinção do mandato ou vacância de cargo diretivo nos casos de morte, incapacidade civil ou renúncia.

O Órgão Especial do CFOAB admitiu que o titular da função de Conselheiro ou Diretor de órgão da OAB possa assumir as funções de Procurador-Geral de qualquer ente federativo, ou de Advogado-Geral da União, sem perda do mandato, devendo requerer seu licenciamento (Ementa 036/2020/OEP).

É de ser salientada a peculiar natureza do mandato de membro de órgão da OAB (art. 48 do Estatuto): é serviço público, de exercício gratuito e obrigatório. A gratuidade e, sobretudo, a obrigatoriedade não foram estabelecidas como faculdade ou mera recomendação. Qualquer advogado é livre para ser eleito e empossado no cargo de membro de órgão da OAB.

A extinção, ocorrendo uma das hipóteses previstas na lei, é automática, independendo de ato declaratório do órgão da OAB. Cabe à Secretaria respectiva, incumbida do registro das frequências, comunicar o fato ao presidente, para que este solicite ao Conselho Seccional competente a escolha do substituto (conselheiro federal, conselheiro seccional, diretor do Conselho, de Subseção ou da Caixa), caso não haja suplente eleito. Neste último caso, a posse será imediata.

Se houver qualquer dessas hipóteses, antes da posse, o mandato não se inicia, porém aplica-se analogicamente a mesma regra do parágrafo único do art. 66, ou seja, o Conselho Seccional empossado elegerá o substituto.

Entendeu a Terceira Câmara do CFOAB que, ocorrendo vaga em virtude de renúncia (ou qualquer outra hipótese – acrescentamos), o candidato terá de obter maioria de votos do Conselho, não se considerando eleito se assim não se der (Proc. 2.050/2000/TCA). Esse entendimento aplica-se a qualquer cargo diretivo dos órgãos da OAB, que deve ser preenchido mediante eleição do Conselho Seccional ou do Conselho Federal, nesse caso para a respectiva Diretoria (art. 98, § 3º, do Regulamento Geral). O substituto legal apenas exerce o cargo, em caso de falta ou impedimento do titular, ocasionalmente, nunca em caso de vacância.

TÍTULO III
DO PROCESSO NA OAB

CAPÍTULO I
DISPOSIÇÕES GERAIS

Art. 68. Salvo disposição em contrário, aplicam-se subsidiariamente ao processo disciplinar as regras da legislação processual penal comum e, aos demais processos, as regras gerais do procedimento administrativo comum e da legislação processual civil, nessa ordem.

Art. 69. Todos os prazos necessários à manifestação de advogados, estagiários e terceiros, nos processos em geral da OAB, são de quinze dias, inclusive para interposição de recursos.

§ 1º Nos casos de comunicação por ofício reservado ou de notificação pessoal, considera-se dia do começo do prazo o primeiro dia útil imediato ao da juntada aos autos do respectivo aviso de recebimento.

- *§ 1º com a redação da Lei n. 14.365/2022.*

§ 2º No caso de atos, notificações e decisões divulgados por meio do *Diário Eletrônico da Ordem dos Advogados* do Brasil, o prazo terá início no primeiro dia útil seguinte à publicação, assim considerada o primeiro dia útil seguinte ao da disponibilização da informação no *Diário*.

- *§ 2º com a redação da Lei n. 13.688/2018.*

COMENTÁRIOS

PROCESSO E NORMAS SUPLETIVAS

O Estatuto concentrou em um título específico todas as matérias relativas a processo e procedimento administrativo na OAB. Porém, nem todas estão nele previstas, e sim as de caráter geral e principiológico, que provocam efeitos nos interesses de terceiros. Os procedimentos específicos foram remetidos para o Regulamento Geral ou para o Código de Ética e Disciplina.

As normas supletivas ao Estatuto e à legislação regulamentar estão previstas em duas áreas determinadas: para o processo e procedimento disciplinar aplicam-se supletivamente as normas da legislação processual penal comum (princípios gerais); para os demais processos (por exemplo, os relativos à inscrição ou a impedimentos), aplicam-se supletivamente, em primeiro lugar, as normas do processo administrativo comum (princípios de direito administrativo e os procedimentos adotados na respectiva legislação, principalmente a Lei n. 9.784/99) e, em segundo lugar, as normas de processo civil.

O direito disciplinar tem natureza de direito administrativo e não de direito penal, não podendo ser aplicado a ele, inclusive quanto às infrações disciplinares, as regras supletivas da legislação penal, nem mesmo seus princípios gerais. Essa importante distinção foi bem notada pela doutrina especializada, inclusive por eminentes juspenalistas (Manzini, 1961, v. 1, p. 106; Asúa, 1950, v. 1, p. 39). Por essa razão, é possível a dupla sanção, penal e disciplinar, em virtude da mesma falta, não havendo prevalência da absolvição, no plano criminal, sobre o processo disciplinar.

Prevalece no processo administrativo o princípio do informalismo ou do formalismo moderado. O processo administrativo é formal no sentido de que deve ser escrito e observar os princípios essenciais do devido processo legal e da ampla defesa. O art. 144-B do Regulamento Geral do Estatuto da Advocacia estabelece que nenhum órgão da OAB pode decidir, em grau algum de julgamento, com base em fundamento a respeito do qual não se tenha dado às partes oportunidade de se manifestar anteriormente, ainda que se trate de matéria sobre a qual se deva decidir de ofício, salvo quanto às medidas de urgência previstas no Estatuto. A decisão ou o julgamento, portanto, devem, além de observar o devido processo legal, assegurar que o profissional tenha efetivamente a oportunidade de se manifestar antes e por último sobre todos os fatos, provas e situações carreados ao processo, antes de tais julgamentos e decisões, ressalvadas as medidas de urgência, que devem ser motivadas.

O processo administrativo na OAB não segue a forma e os ritos próprios do processo judicial, significando dizer que, assegurado o direito de defesa, predominam a simplificação formal e a ausência de formas rígidas. Estabelece o art. 2º, VIII e IX, da Lei n. 9.784/99, que regula o processo administrativo no âmbito da Administração Pública Federal, aplicável supletivamente à OAB, que apenas se exige no processo administrativo a "observância das formalidades essenciais à garantia dos direitos dos administrados" e a "adoção de formas simples, suficientes para propiciar adequado grau de certeza, segurança e respeito aos direitos dos administrados"; determina o art. 22 que "os atos do processo administrativo não dependem de forma determinada senão quando a lei expressamente exigir".

De acordo com o art. 156-D do Regulamento Geral, o processo administrativo, no âmbito de todos os órgãos da OAB, tem o meio eletrônico admitido para sua tramitação e bem assim para comunicação de atos e transmissão de peças processuais.

PRAZOS E NOTIFICAÇÕES

Os prazos, em qualquer processo administrativo na OAB, são unificados em quinze dias, com início no primeiro dia útil seguinte ao recebimento do ofício reservado, ou da notificação anotada pela secretaria do órgão da OAB ou pelo agente dos Correios, ou da disponibilização da informação no *Diário Eletrônico da OAB*. De acordo com o art. 139 do Regulamento Geral, são computados apenas os dias úteis, não podendo ser corridos.

Por força da Res. n. 10/2016 do CFOAB-Pleno, entre os dias 20 e 31 de dezembro e durante o período de recesso (janeiro) do Conselho da OAB que proferiu a decisão recorrida, os prazos são suspensos, reiniciando-se no primeiro dia útil após o seu término.

Assim, seja para manifestação de qualquer natureza no processo, seja para recorrer, o prazo é único, tanto para o membro de órgão da OAB como para as partes, interessados ou terceiros.

O prazo único acarreta mais vantagens do que desvantagens, evitando a proliferação de prazos e formas de contagem que tanto atormenta o trabalho profissional do advogado em nossas legislações processuais. Todos os recursos, inclusive eventuais embargos declaratórios, defesas e razões finais, são interpostos dentro do prazo único.

Os prazos são contados da seguinte forma:

a) se a notificação foi pessoal, mediante carta, contam-se a partir do dia útil seguinte. Se a notificação não foi feita diretamente à pessoa do destinatário, deve ser refeita. Após a segunda tentativa, cabe a regra geral da notificação por edital;

b) se a notificação foi pelo *Diário Eletrônico da OAB*, contam-se a partir do primeiro dia útil seguinte à respectiva disponibilização (Provimento n. 182/2018, art. 6º). Essa hipótese, salvo no caso de edital, não deve ser utilizada para a primeira notificação, e sim para as demais (inclusive para interposição de recurso);

c) durante o período de recesso dos Conselhos da OAB, os prazos são suspensos, reiniciando-se no primeiro dia útil que se seguir a seu término.

De acordo com o Provimento n. 184/2018, o *Diário Eletrônico* será disponibilizado a partir das 10h, no horário oficial de Brasília.

Se a sessão do órgão colegiado da OAB for virtual, o requerimento para sustentação oral poderá ser feito até 24 horas antes do início, por correio eletrônico ou petição nos autos (Res. n. 19/2020, do CFOAB).

Capítulo II
DO PROCESSO DISCIPLINAR

Art. 70. O poder de punir disciplinarmente os inscritos na OAB compete exclusivamente ao Conselho Seccional em cuja base territorial tenha ocorrido a infração, salvo se a falta for cometida perante o Conselho Federal.

§ 1º Cabe ao Tribunal de Ética e Disciplina, do Conselho Seccional competente, julgar os processos disciplinares, instruídos pelas Subseções ou por relatores do próprio Conselho.

§ 2º A decisão condenatória irrecorrível deve ser imediatamente comunicada ao Conselho Seccional onde o representado tenha inscrição principal, para constar dos respectivos assentamentos.

§ 3º O Tribunal de Ética e Disciplina do Conselho onde o acusado tenha inscrição principal pode suspendê-lo preventivamente, em caso de repercussão prejudicial à dignidade da advocacia, depois de ouvi-lo em sessão especial para a qual deve ser notificado a comparecer, salvo se não atender à notificação. Neste caso, o processo disciplinar deve ser concluído no prazo máximo de noventa dias.

Art. 71. A jurisdição disciplinar não exclui a comum e, quando o fato constituir crime ou contravenção, deve ser comunicado às autoridades competentes.

Art. 72. O processo disciplinar instaura-se de ofício ou mediante representação de qualquer autoridade ou pessoa interessada.

§ 1º O Código de Ética e Disciplina estabelece os critérios de admissibilidade da representação e os procedimentos disciplinares.

§ 2º O processo disciplinar tramita em sigilo, até o seu término, só tendo acesso às suas informações as partes, seus defensores e a autoridade judiciária competente.

Art. 73. Recebida a representação, o Presidente deve designar relator, a quem compete a instrução do processo e o oferecimento de parecer preliminar a ser submetido ao Tribunal de Ética e Disciplina.

§ 1º Ao representado deve ser assegurado amplo direito de defesa, podendo acompanhar o processo em todos os termos, pessoalmente ou por intermédio de procurador, oferecendo defesa prévia após ser notificado, razões finais após a instrução e defesa oral perante o Tribunal de Ética e Disciplina, por ocasião do julgamento.

§ 2º Se, após a defesa prévia, o relator se manifestar pelo indeferimento liminar da representação, este deve ser decidido pelo Presidente do Conselho Seccional, para determinar seu arquivamento.

§ 3º O prazo para defesa prévia pode ser prorrogado por motivo relevante, a juízo do relator.

§ 4º Se o representado não for encontrado, ou for revel, o Presidente do Conselho ou da Subseção deve designar-lhe defensor dativo.

§ 5º É também permitida a revisão do processo disciplinar, por erro de julgamento ou por condenação baseada em falsa prova.

Art. 74. O Conselho Seccional pode adotar as medidas administrativas e judiciais pertinentes, objetivando a que o profissional suspenso ou excluído devolva os documentos de identificação.

COMENTÁRIOS

PODER DE PUNIR E DE EXECUTAR DECISÃO CONDENATÓRIA IRRECORRÍVEL

O poder de punir advogado ou estagiário inscritos na OAB por infração disciplinar relacionada com a atividade profissional é exclusivo da OAB, não podendo fazê-lo qualquer outra autoridade constituída, inclusive os magistrados.

"A necessidade prévia de processo disciplinar na entidade de classe para que se possa instaurar ação penal contra advogado por fato decorrente do exercício de suas funções não tem previsão em lei. Ausência de ilegalidade" (STF, HC 71.898).

O Conselho Seccional competente é aquele em cuja base territorial ocorreu a infração disciplinar e tramitou o processo administrativo correspondente, e não o da inscrição originária, cabendo o julgamento e a aplicação da sanção disciplinar ao respectivo Tribunal de Ética e Disciplina (sobre o tribunal, remetemos o leitor aos comentários ao art. 58, XIII).

"O fato de o advogado representado ter sido contratado para prestar atividade laboral em base territorial distinta de onde ocorreram os fatos que embasam a representação disciplinar não desloca a competência para a instrução e julgamento da representação, sendo competente a Seccional onde ocorreram as condutas" (Ementa 035/2021/OEP).

Somente após o trânsito em julgado da decisão o Conselho Seccional onde tramitou o processo remetê-lo-á ao Conselho onde o sancionado tenha inscrição principal, para fins de registro em seus assentamentos, se for o caso. De acordo com a Res. n. 02/2016/SCA, a decisão condenatória irrecorrível poderá ser comunicada por meio eletrônico e inserida no cadastro nacional de sanções disciplinares; a mesma Resolução também admite que a competência para execução da sanção disciplinar poderá ser delegada ao Tribunal de Ética e Disciplina se houver tal previsão no regimento interno do Conselho Seccional correspondente. Os efeitos da condenação alcançam as eventuais inscrições suplementares.

Se a falta foi cometida perante o Conselho Federal, seja por advogado, seja por membro de órgão da OAB, cabe a este a competência originária para processar e punir, através de sua Câmara competente, aplicando a sanção que julgar oportuna. A probabilidade de sua ocorrência é escassa, contudo.

Os procedimentos do processo disciplinar são objeto de disciplinamento minudente no Título II do Código de Ética e Disciplina.

No processo administrativo disciplinar não se pode atribuir efeito de nulidade à ausência de formalização do acórdão, quando dos autos constam o voto do relator e o registro da motivação que determinou a decisão, permitindo o exercício do contraditório e da ampla defesa.

A jurisprudência do CFOAB, em julgados da Segunda Câmara, é no sentido da impossibilidade de responsabilidade objetiva em processo ético-disciplinar, sendo que a condenação ético-disciplinar de advogado por sua condição de sócio e administrador do escritório, mas sem prova da sua responsabilidade pessoal na prática infracional, tem sido afastada em suas mais variadas formas (Ementa 013/2020/OEP).

No processo ético-disciplinar, parte é qualquer pessoa, não necessariamente advogado; o representante pode ser leigo, magistrado, promotor de justiça, autoridade pública. Todavia, a comunicação oficial por parte de autoridade não a converte em parte, pois o presidente da OAB pode instaurar de ofício o processo, a partir da comunicação recebida. O processo administrativo não exige a representação, por advogado, da parte, que pode postular diretamente. O acatamento ao princípio constitucional do contraditório e da ampla defesa não pode ser levado ao extremo de converter o processo administrativo em processo judicial, pois a legislação processual penal é supletiva.

Advirta-se, como decidiu a Segunda Câmara do CFOAB, que "a instauração de processo disciplinar exige, ao menos, princípio de prova aliado a indícios suficientes de infração ética. Prevalece o princípio da inocência, até prova em contrário" (Rec. 0360/2002/SCA). A mesma Segunda Câmara (Res. n. 02/2016/SCA) estabeleceu que, havendo superveniência de condenação no curso da execução da sanção disciplinar de suspensão do exercício profissional, tratando-se de aplicação de nova sanção da mesma natureza, unificar-se-ão os prazos fixados nas respectivas condenações, enquanto se forem sanções de natureza distinta promover-se-á a execução simultânea ou de forma sucessiva. Igualmente decidiu a Segunda Câmara (Ementa 112/2024/SCA-PTU) que a existência de processos disciplinares em andamento, ainda que com decisões condenatórias sem trânsito em julgado, não pode ser considerada como maus antecedentes, sob pena de ofensa ao princípio da presunção de inocência.

A Resolução n. 5/2024 do CFOAB acrescentou os arts. 3º-A e 55-A ao Código de Ética e Disciplina para estabelecer que o advogado e a advogada devem atuar com perspectiva interseccional de gênero e raça em todas as etapas dos procedimentos judicial, administrativo e disciplinar, afastando estereótipos, preconceitos e problemas estruturais que possam causar indevido desequilíbrio na relação entre os sujeitos. Relativamente aos procedimentos no âmbito da OAB, em todos seus órgãos de julgamento, a perspectiva de gênero e raça deve ser reconhecida de ofício ou mediante requerimento da parte interessada. A Resolução foi regulamentada pelo Provimento n. 228/2024.

FASES DO PROCEDIMENTO DISCIPLINAR

Em qualquer das fases do procedimento disciplinar, prevalece o princípio da presunção de inocência do advogado representado, razão por que a lei determina que se respeite o sigilo. Enquanto não houver decisão definitiva transitada em julgado, ou arquivamento, o processo disciplinar não pode ser objeto de divulgação ou publicidade. Só podem ter acesso a ele as partes, os defensores, o relator e seus auxiliares. Assim, como decidiu o Órgão Especial do CFOAB (Proc. 0007/2002/OEP), não pode ser divulgado o nome completo do representado na pauta de julgamento, podendo ser indicado por suas iniciais.

O Estatuto e o Código de Ética e Disciplina simplificaram profundamente o procedimento disciplinar, extinguindo as duas partes previstas na legislação anterior (investigação e admissibilidade e instauração do processo disciplinar), e que contribuía para o desnecessário retardamento da função disciplinar da OAB.

O procedimento disciplinar por meio eletrônico foi introduzido e regulamentado pelo Provimento n. 176/2017, no âmbito da OAB, em cumprimento ao art. 78 do Código de Ética e Disciplina. Os autos do processo, a comunicação de atos e a transmissão de peças e documentos podem utilizar esse meio. Para preservar o sigilo, a identificação pessoal e a autenticidade das suas comunicações, ao interessado é concedido acesso ao sistema, mediante cadastramento prévio. Para fins de contagem de prazo, considera-se praticado o ato processual no dia e hora de seu envio por meio eletrônico ao sistema informatizado do órgão julgador, considerando-se tempestiva a juntada até as 24h de cada dia. A petição, os documentos anexados, a notificação, o aviso de recebimento, a defesa e os documentos anexados, todos por meio físico, serão digitalizados e juntados, sendo todos considerados originais para os fins legais. Os autos físicos de processos disciplinares que forem digitalizados poderão ser descartados, a critério da Seccional, de acordo com o Provimento n. 203/2021.

A instauração dá-se automaticamente com a representação de qualquer pessoa ou autoridade, contra o inscrito, ou por determinação de ofício do presidente do Conselho Seccional ou da Subseção, quando esta contar com Conselho (ver os comentários ao art. 61, parágrafo único). De acordo com a Segunda Câmara do CFOAB (Ementa 106/2024/SCA-PTU) somente quando o processo disciplinar tiver início na Subseção – e esta dispuser de Conselho – é que o parecer deverá ser homologado pelo Conselho da Subseção, não se aplicando essa regra na hipótese em que o processo disciplinar tramitar diretamente no Tribunal de Ética e Disciplina.

Não se pode exigir requisitos formais determinados para o recebimento da representação disciplinar, máxime quando é feita por leigos, que apresentam suas queixas, confiantes na OAB, utilizando linguagem popular. Se for verbal, será reduzida a escrito pela Secretaria. É assegurada a obtenção de cópia, mediante fotocópia, fotografia ou digitalização, de autos de processos ético-disciplinares (Res. n. 02/2014 do CFOAB).

Antes de iniciada a instrução processual, poderá haver análise prévia dos pressupostos de admissibilidade das representações disciplinares, por comissões de admissibilidade no âmbito dos Tribunais de Ética e Disciplina, compostas por seus membros ou por conselheiros seccionais, que podem propor seu arquivamento (CED, art. 68, com a redação da Res. n. 04/2016).

Toda a instrução processual é presidida pelo relator designado pelo presidente da Subseção ou do Conselho Seccional, concluindo-a com um parecer prévio a ser submetido ao julgamento do Tribunal de Ética e Disciplina. O Código de Ética e Disciplina admite que os atos de instrução processual possam ser delegados ao Tribunal de Ética e Disciplina, conforme dispuser o regimento interno do Conselho Seccional; nessa hipótese, caberá ao Presidente do Tribunal designar o relator para instrução processual, por sorteio.

Assim, o processo disciplinar desdobra-se em duas fases procedimentais sucessivas: uma de instrução e outra de julgamento. Os procedimentos estão minudenciados no Manual de Procedimentos do Processo Ético-Disciplinar, do Conselho Federal da OAB.

INSTRUÇÃO E DEFESA

Cabe ao relator designado determinar a notificação do profissional representado e a instrução do processo, baixando em diligência, requisitando e produzindo provas, ouvindo testemunhas e as partes e tudo o mais que seja necessário para apuração dos fatos.

As notificações presumem-se recebidas quando enviadas ao endereço profissional ou residencial do advogado, cadastrado no Conselho Seccional, sendo sua obrigação manter sempre atualizado seu cadastro, sob pena de se considerar validamente notificado (Ementa 008/2020/OEP).

Recebida a notificação, o profissional representado apresentará defesa prévia escrita e provas, acompanhando o processo em todas as suas fases, pessoalmente, ou mediante advogado, ou defensor dativo. O prazo é o mesmo de quinze dias, mas pode ser prorrogado pelo relator, havendo motivo relevante.

Se o representado não apresentar defesa prévia ou não for encontrado, o relator solicitará ao presidente que designe defensor dativo. Todavia, "fora das estreitas hipóteses do § 4º do art. 73, do Estatuto, não se procede à nomeação de defensor dativo. Se a parte, pessoalmente intimada para razões finais, comparece sempre aos autos, antes e depois dessa intimação, há de se entender que, se não produziu razões finais, foi porque não o quis" (CFOAB, Rec. 0360/2004/SCA).

Instruído o processo, após a produção das provas, inclusive com o depoimento de no máximo cinco testemunhas, abre-se ao representado a oportunidade de oferecer razões finais após notificado pessoalmente ou pelo *Diário Eletrônico da OAB*. Encerra-se o procedimento de instrução com o parecer preliminar do relator, que deve conter a descrição clara dos fatos e o enquadramento legal. Respondendo a consulta, deliberou o Órgão Especial da OAB (Ementa 040/2025/OEP) que o número de testemunhas que podem ser arroladas por cada parte no processo disciplinar é limitado a cinco, independentemente do número de fatos a serem apurados, não se admitindo a ampliação do rol de testemunhas com fundamento no Código de Processo Penal.

De acordo com a Súmula 12/2022 do Órgão Especial do CFOAB, a ausência do parecer preliminar gera nulidade relativa, a ser reconhecida se comprovado o prejuízo causado. Essa comprovação deve ser feita pelo interessado.

Cabe ao interessado incumbir-se do comparecimento de suas testemunhas. Compete ao responsável pela instrução a busca da verdade real dos fatos, ainda que as partes não a facilitem, não podendo prevalecer sentimentos corporativistas, que não contribuem para a dignidade da profissão e a realização responsável do poder sancionador que a lei cometeu à OAB.

O relator, após a defesa prévia, pode convencer-se da insubsistência da representação, opinando por seu arquivamento ao presidente da Subseção ou do Conselho Seccional. Se o presidente não concordar com o arquivamento, o relator prosseguirá o procedimento de instrução até ao seu final. O Código de Ética e Disciplina (art. 58, § 3º) também prevê a possibilidade de arquivamento, indicado pelo relator ao presidente do Conselho, antes da defesa prévia, quando a representação disciplinar estiver desconstituída dos pressupostos mínimos de admissibilidade, por exemplo, quando o suposto advogado não for inscrito na OAB. Como decidiu o Órgão Especial do CFOAB (Consulta 0003/2002/OEP), a competência para arquivamento do procedimento ético-disciplinar é exclusiva e indelegável do Presidente do Conselho Seccional (art. 73, § 2º, do Estatuto), em razão da relevância da decisão. Com acerto, pois configura o juiz administrativo natural. Mas não pode o Presidente determinar o arquivamento se houver indícios fortes de infração, determinando a dilação probatória antes de decidir (Rec. 0314/2002/SCA). A falta de fundamentação do despacho do Presidente da Seccional desatende a regra do art. 73, § 2º, do Estatuto; quando o relator se manifestar pelo indeferimento liminar da representação, o Presidente do Conselho Seccional deverá, fundamentadamente, decidir a respeito, seja para indeferir, seja para arquivar o feito (Ementa 159/2007/SCA).

De acordo com o art. 58 do Código de Ética e Disciplina, a representação contra membros do Conselho Federal e presidentes do Conselho Seccional é processada e julgada por turma da segunda câmara do Conselho Federal, sendo da competência do pleno do Conselho Federal quando a infração for atribuída a membro da diretoria do Conselho Federal, a membro honorário vitalício ou a detentor de medalha Rui Barbosa. É também da competência originária da 2ª turma do Conselho Federal, de acordo com o art. 70 do Estatuto, a instrução e julgamento da representação contra advogado, cuja infração tiver sido cometida perante o Conselho Federal. Com a redação da Res. n. 01, de 2025, o § 6º do art. 58 do Código de Ética e Disciplina estabelece que a representação contra dirigente de subseção deve ser processada e julgada diretamente pelo pleno do Conselho Seccional, o que torna dispensável a apreciação prévia pelo TED.

Ao representado revel dar-se-á defensor dativo, que deve atuar com toda diligência profissional possível, sob pena de infringir o princípio de ampla defesa, o que leva à inevitável anulação do processo. Mas "não se vislumbra cerceamento de defesa, quando a parte, intimada por via postal em sua residência, comparece e/ou se faz representar nos principais atos processuais, participando ativamente da instrução do feito, elaborando peças escritas e recursos, sempre a tempo e modo" (CFOAB, Proc. 0003/2002/OEP).

Como regra geral, também aplicável aos procedimentos na OAB, não caracteriza cerceamento de defesa no processo administrativo disciplinar a ausência de interrogatório para a qual contribuiu o próprio representado, ante a impossibilidade de favorecimento a quem deu causa à alegada nulidade (cf. STJ, MS 21.193 e precedentes). Igualmente, não constitui cerceamento de defesa a não realização da oitiva de testemunha no processo administrativo disciplinar, quando há esgotamento das diligências para sua intimação, ou, se intimada não comparece (STJ, MS 21.298).

Decidiu o Conselho Pleno do CFOAB que compete exclusivamente ao Pleno do Conselho Seccional o julgamento dos processos de exclusão, mediante a manifestação favorável de dois terços dos seus membros, após a necessária instrução e julgamento dos referidos processos perante o Tribunal de Ética e Disciplina (Súmula 8/2019/COP). Em Embargos de Declaração ao julgamento externado nessa Súmula, o CFOAB deixou expresso que, na hipótese de absolvição nos processos de exclusão, não haverá recurso de ofício, ficando a reforma da decisão condicionada a recurso ao Pleno da Seccional, que apenas aplicará a penalidade de exclusão mediante votação de dois terços dos seus membros. E, ainda que; tendo em vista o § 3º do art. 120 do Regulamento Geral, a orientação da Súmula 8/2019/COP abrange os processos instruídos perante as Subseções e homologados pelos respectivos Conselhos.

JULGAMENTO PELO TRIBUNAL DE ÉTICA E DISCIPLINA

O Tribunal de Ética e Disciplina (TED), como visto, é a primeira instância de julgamento do processo disciplinar, com recurso ao Conselho Seccional, salvo na hipótese de arquivamento liminar pelo Presidente do Conselho.

De acordo com o art. 75 do Código de Ética e Disciplina da OAB, a pauta de julgamentos do Tribunal é publicada no Diário Eletrônico da OAB e no quadro de avisos gerais, na sede do Conselho Seccional, com antecedência de 15 dias, devendo ser dada prioridade, nos julgamentos, aos processos cujos interessados estiverem presentes à respectiva sessão.

Por mais grave e notória que seja a infração disciplinar, o Conselho Seccional não pode dispensar a apreciação pelo TED, para não incorrer em supressão de instância e comprometimento do direito de defesa.

Recebendo o processo instruído, o presidente do Tribunal designará, mediante sorteio, um de seus membros para relatá-lo, podendo acompanhar ou não o parecer do relator da instrução. Quando o TED for delegatário de competência para a instrução processual, o relator desta não poderá ser o mesmo para julgamento.

Havendo risco de prescrição, em virtude de má instrução pelo Conselheiro relator, o Presidente do TED poderá sanear o processo, adotando as providências necessárias para suprir as lacunas de instrução.

Para propiciar a sustentação oral, o representado é intimado pela secretaria do Tribunal, com quinze dias de antecedência. Decidiu o CFOAB, em caso em que o julgamento foi adiado e realizado mais de um ano depois, que teria de haver nova intimação no *Diário de Justiça* das partes e de seus procuradores, sob pena de cerceamento de defesa e nulidade (Ementa 206/2014/OEP).

Após a leitura do relatório e voto, o representado ou seu advogado poderá promover defesa oral, no prazo de quinze minutos, podendo ser inquirido pelos membros do Tribunal. Decidirá este, por maioria de seus membros. O relator, no TED, se entender insuficiente a instrução, poderá determinar diligências. O TED pode desclassificar a sanção indicada pelo Conselheiro que instruiu o processo, por exemplo, de exclusão para suspensão, se assim for seu convencimento.

A sustentação oral, perante o TED ou Conselho, não é condição de validade do julgamento. Assim, não constitui cerceamento de defesa o indeferimento do adiamento da sessão do julgamento, para facilitar a produção da sustentação (Rec. 0450/2003/SCA).

Todas as decisões adotadas em processos ético-disciplinares, da mesma forma que ocorre com o processo comum, têm a sua legalidade subordinada à fundamentação. Os motivos de fato e de direito que sustentam devem ser expressamente consignados. Não se pode admitir decisão sem acórdão; ou acórdão sem o voto devidamente fundamentado; ou omissão da juntada da ata da sessão de julgamento, ou de seu extrato.

A decisão deve ser objeto de publicação no *Diário Eletrônico da OAB*, indicando apenas o número do processo, o órgão processante ou julgador, as iniciais dos nomes das partes, seus números de inscrição e os nomes, por extenso, de seus eventuais procuradores, com seus números de inscrição. Quando o processo estiver concluído, cessa a regra de sigilo, pois é obrigatória a publicidade da pena de suspensão e exclusão.

O Tribunal de Ética e Disciplina não é composto necessariamente por membros do Conselho Seccional; pode contar com advogados não eleitos. Nesse sentido, o Órgão Especial do CFOAB editou a Súmula 01/2007, esclarecendo que: "Inexiste nulidade no julgamento de recurso em matéria ético-disciplinar realizado por órgão composto por advogado não Conselheiro, designado nos termos do Regimento Interno do Conselho Seccional".

Após o trânsito em julgado da decisão condenatória proferida por órgão julgador da OAB, deverá o Conselho Seccional competente, ou o Conselho Federal, quando se tratar de processo originário, inserir as respectivas informações no Cadastro Nacional de Sanções Disciplinares da Ordem dos Advogados do Brasil, instituído pelo CFOAB mediante Res. n. 01/2014/SCA. Cumprida e extinta a sanção disciplinar, deverá a informação ser inserida no mesmo cadastro, no prazo de 48 horas, para baixa do registro.

A competência para a execução de sanção ético-disciplinar é do Tribunal de Ética e Disciplina do Conselho Seccional em cuja base territorial tenha ocorrido a infração e tramitado o processo disciplinar, exceto nos casos de competência originária do Conselho Federal, devendo a decisão condenatória irrecorrível ser imediatamente comunicada ao Conselho Seccional no qual o advogado tenha inscrição principal, para controle e registro nos respectivos assentamentos.

SUSPENSÃO PREVENTIVA

Em caso excepcional de graves repercussões à dignidade da advocacia, o Tribunal de Ética e Disciplina poderá tomar a iniciativa, de ofício ou por solicitação do presidente do Conselho, de suspender preventivamente o inscrito. Recomenda-se extrema cautela, para que não se converta em instrumento persecutório. Não basta qualquer ofensa ou infração, por mais grave que seja, ou a autoridade do ofendido. A suspensão preventiva, por envolver imediatas repercussões no exercício profissional, apenas é admissível em situações notórias e públicas, cujas repercussões ultrapassem as pessoas envolvidas e causem dano à dignidade coletiva da advocacia. É o caso, por exemplo, de notório e permanente envolvimento de advogados com tráfico de drogas, com danosa repercussão veiculada na imprensa, caracterizador de infração disciplinar grave (passível de incidência do art. 34, XXV, XXVII e XXVIII).

Em virtude do caráter excepcional da suspensão preventiva, o § 3º do art. 70 do Estatuto reserva sua aplicação ao Tribunal de Ética e Disciplina "onde o acusado tenha inscrição principal". É exceção precisa à regra do *caput* do artigo, que atribui o poder de punir disciplinarmente ao Conselho Seccional em cuja base territorial tenha ocorrido a infração.

Nessa hipótese, o procedimento é cautelar e sumaríssimo e totalmente dirigido pelo Tribunal, que ouvirá previamente o acusado, antes de decidir pela suspensão preventiva, em sessão especial designada pelo Presidente do Tribunal. Faculta ao representado ou a seu defensor a apresentação de defesa, a produção de provas documentais, testemunhais e outras, quanto ao cabimento da suspensão preventiva, não apenas quanto ao aspecto formal, mas quanto ao conteúdo da suposta infração. Cabe ao representado, para afastar a suspensão preventiva, demonstrar que, mesmo havendo o fato, não houve repercussões públicas negativas ou danosas à dignidade coletiva da advocacia.

Se o acusado não comparecer, será substituído por defensor dativo designado pelo presidente do Conselho, segundo a regra do § 4º, do art. 73 do Estatuto. O prazo da suspensão perdurará até ao julgamento do processo disciplinar, mas não poderá ultrapassar noventa dias.

"Aplicada a suspensão preventiva, a que se refere o art. 70 estatutário, o processo disciplinar tem de chegar a termo nos 90 (noventa) dias subsequentes, independentemente do oferecimento de recurso – que não tem efeito suspensivo – contra a decisão cautelar. Os prazos prescricionais continuam fluindo, no curso da vigência da suspensão preventiva ou da tramitação do pertinente recurso" (CFOAB, Rec. 0314/2003/SCA).

A decisão pela suspensão preventiva cumpre-se imediatamente, porque o eventual recurso não tem efeito suspensivo (art. 77 do Estatuto).

Decidida a suspensão preventiva, o Tribunal remeterá o processo ao Presidente do Conselho (ou da Subseção) para designar relator e promover a instrução, retornando ao Tribunal para julgamento definitivo.

REPRESENTAÇÃO DISCIPLINAR OFENSIVA À HONRA DO ADVOGADO

A representação disciplinar, destituída de comprovação e com evidente intuito de ofender a honra do advogado, pode ensejar responsabilidade civil do ofensor, por danos morais. O abuso do direito de representar pode, no caso concreto, dar causa ao dano moral, máxime quando houver arquivamento determinado pelo presidente do Conselho Seccional ou pelo Tribunal de Ética e Disciplina, que faz presumir a ausência de prova ou fundamento da suposta infração.

Em caso julgado pelo Tribunal de Justiça do Estado de São Paulo (AC 118.710-4/0), ex-cliente ingressou com representação disciplinar contra advogado, acusando-o "de não ter escrúpulo" e de "levar vantagens em situações embaraçosas", tendo sido arquivada pelo Tribunal de Ética e Disciplina da OAB-SP, por falta de comprovação dos fatos. De acordo com a decisão do Tribunal de Justiça, "houve abuso e excesso" por parte da ex-cliente, que foi condenada a pagar indenização por danos morais, ante os constrangimentos por que passou o advogado perante seu órgão de classe e seus colegas, em virtude da divulgação do episódio.

REVISÃO DO PROCESSO ÉTICO-DISCIPLINAR

O Manual de Procedimentos do Processo Ético-Disciplinar do CFOAB regulamentou a matéria, ao estabelecer que tem natureza de ação de exclusiva iniciativa do advogado punido, não se sujeitando à disciplina dos recursos, aplicando-se subsidiariamente os arts. 621 a 627 do Código de Processo Penal, com observância dos seguintes requisitos:

a) a revisão pressupõe o trânsito em julgado da decisão condenatória;

b) a revisão poderá ser requerida em qualquer tempo, antes ou após a extinção da pena;

c) a revisão pode ser parcial, com efeito de desclassificação da infração disciplinar, de afastamento de alguma tipificação ou, ainda, para revisão da dosimetria, ou redução ou readequação da pena aplicada;

d) a competência para o prosseguimento e julgamento da revisão é do CFOAB, quando se tratar de decisão de mérito proferida em recurso ou de decisão proferida em processos disciplinares originários; ou do Conselho Seccional respectivo, quando se tratar de decisão condenatória transitada em julgado em primeira instância administrativa;

e) o art. 73, § 5º, do Estatuto é taxativo, mas na expressão "erro de julgamento", nele inserida como um dos pressupostos da revisão, também se compreende a decisão contrária à lei, à Constituição, ao Regulamento Geral da OAB, ao Código de Ética e Disciplina e aos Provimentos, na extensão prevista nos arts. 54, VIII, e 75, *caput*, do Estatuto.

Entendeu a Segunda Câmara do CFOAB que "é do Conselho Seccional a competência para conhecer e julgar o pedido revisional. Para a aplicação da pena de exclusão, o Estatuto da OAB – Lei n. 8.906/94 – exige a manifestação favorável de 2/3 dos membros do Conselho Seccional competente. Não exige o Estatuto *quorum* idêntico para o julgamento do pedido de revisão, fundado em erro de julgamento ou condenação baseada em falsa prova" (Rec. 0146/2003/SCA).

Não há necessidade e notificação de quem tenha feito a representação disciplinar contra o advogado condenado, salvo se o relator entender que a revisão possa resultar dano ao interesse jurídico que haja motivado a condenação.

O pedido de revisão não suspende os efeitos da decisão condenatória, mas o art. 68 do CED admite que o relator, ante a relevância dos fundamentos e o risco de consequências irreparáveis para o requerente, possa conceder tutela cautelar para suspender a execução.

RECURSOS

CAPÍTULO III
DOS RECURSOS

Art. 75. Cabe recurso ao Conselho Federal de todas as decisões definitivas proferidas pelo Conselho Seccional, quando não tenham sido unânimes ou, sendo unânimes, contrariem esta Lei, decisão do Conselho Federal ou de outro Conselho Seccional e, ainda, o Regulamento Geral, o Código de Ética e Disciplina e os Provimentos.

Parágrafo único. Além dos interessados, o Presidente do Conselho Seccional é legitimado a interpor o recurso referido neste artigo.

Art. 76. Cabe recurso ao Conselho Seccional de todas as decisões proferidas por seu Presidente, pelo Tribunal de Ética e Disciplina, ou pela diretoria da Subseção ou da Caixa de Assistência dos Advogados.

Art. 77. Todos os recursos têm efeito suspensivo, exceto quando tratarem de eleições (arts. 63 e s.), de suspensão preventiva decidida pelo Tribunal de Ética e Disciplina, e de cancelamento da inscrição obtida com falsa prova.

Parágrafo único. O Regulamento Geral disciplina o cabimento de recursos específicos, no âmbito de cada órgão julgador.

COMENTÁRIOS

TIPOS DE RECURSOS

O Estatuto prevê um tipo geral e inominado de recurso contra decisão de qualquer órgão da OAB. O recurso é sempre voltado à reforma da decisão e dirigido ao órgão hierarquicamente superior.

Não podem ser utilizados os tipos de recursos previstos na legislação processual comum (penal ou civil), de modo supletivo, porque não há lacuna no Estatuto. Ao contrário, a lei optou expressamente por um único recurso, com exclusão de qualquer outro, por via de interpretação, seguindo a tendência universal para simplificação e máxima economia processual. Contudo, o regulamento geral ou o regimento interno do Conselho Seccional podem instituir modalidade expressa de recurso, para situação específica, a exemplo dos embargos de declaração.

Por falta de previsão legal, não cabe agravo no âmbito do processo administrativo na OAB; os recursos são apenas os previstos no art. 75 do Estatuto (Súmula 04/2013 do Órgão Especial do CFOAB).

O Regulamento Geral prevê os embargos de declaração, dirigidos ao relator da decisão recorrida, que lhes pode negar seguimento. Não cabe recurso contra as decisões nesses embargos.

Além do recurso comum, o Estatuto prevê dois tipos especiais:

a) embargo da decisão não unânime do Conselho Federal, Seccional e de Subseção, por seu presidente (ver comentários ao art. 55, § 3º), para que a matéria seja revista na sessão seguinte;

b) revisão do processo disciplinar (art. 73, § 5º), após a decisão transitada em julgado, em virtude de erro do julgamento ou de condenação baseada em falsa prova.

De acordo com o Regulamento Geral, os recursos poderão ser protocolados nos Conselhos Seccionais ou nas Subseções nos quais se originaram os processos correspondentes, devendo o interessado indicar a quem recorre e remeter cópia integral da peça, no prazo de 10 (dez) dias, ao órgão julgador superior competente, via sistema postal rápido, fac-símile ou correio eletrônico.

No caso da revisão, o pedido deve ser dirigido ao próprio Conselho Seccional, porque envolve apreciação de matéria de fato. Não há procedimento específico, mas como possui a natureza de recurso, para o qual não há prazo preclusivo, deve ser dirigido ao Conselho Seccional, e não ao Tribunal de Ética e Disciplina, porque este foi a instância julgadora originária.

A inovação de tese recursal, somente em sede de revisão de processo disciplinar, por se tratar de questão alheia à apreciação dos órgãos julgadores, não pode ser considerada erro de julgamento ou condenação baseada em falsa prova (Ementa 002/2020/SCA).

Ao relator compete o juízo de admissibilidade, nomeadamente quanto à tempestividade e existência dos pressupostos legais. Faltando qualquer deles, profere despacho indicando ao presidente o indeferimento liminar, devolvendo o processo ao órgão recorrido. Não há necessidade, nessas preliminares, de deliberação do órgão colegiado. Contra a decisão do presidente, cabe recurso ao mencionado órgão julgador. Decidiu a Segunda Câmara do Conselho Federal que "previsto o TED legalmente como órgão recursal, a submissão do recurso diretamente ao Conselho Seccional importa em supressão de uma instância recursal de julgamento, o que caracteriza cerceamento de defesa para o representado/excipiente em razão de desobediência ao arejado princípio do *due process of law*" (Rec. 0080/2003/SCA). O indeferimento liminar do recurso principal enseja a interposição de recurso a ser apreciado pelo mesmo relator e julgado no âmbito do próprio órgão colegiado de onde emanou aquela decisão, e não por órgão julgador superior, segundo o entendimento do Órgão Especial do CFOAB (Ementa 177/2014/OEP).

Prevalece o princípio amplo da fungibilidade, pouco importando a denominação que se dê ao recurso, em virtude do princípio do formalismo moderado que preside o processo administrativo. Qualquer manifestação de inconformidade com a decisão, protocolada dentro do prazo de quinze dias, deve ser recebida como recurso.

A sustentação oral diretamente pelo interessado recorrente ou por advogado, quando da apreciação de recurso perante órgão da OAB, é assegurada pelo art. 94, II (redação dada pela Res. n. 4/2019), do Regulamento Geral, com o prazo de 15 minutos, salvo em caso de embargos de declaração com efeitos infringentes, cujo prazo de sustentação é de cinco minutos, com preferência para julgamento.

A sustentação oral, quando da apreciação de recursos em órgãos da OAB, é intangível, devendo ser anulada a decisão em que houve cerceamento de seu exercício (Proc. 56/95/OE). Mas não acarreta nulidade a não intimação do advogado para a sessão de julgamento dos embargos de declaração, porque não comporta sustentação oral (Rec. 112/2002/PCA-PR). Por outro lado, não se admite nova sustentação quando o julgamento do recurso administrativo for adiado em virtude de pedido de vista do revisor, por ser ato uno (Rec. 0143/2003/PCA).

Questão interessante é a da uniformização da jurisprudência, quando ocorrer, no mesmo órgão julgador da OAB, decisões contraditórias. Decidiu a Primeira Câmara do CFOAB que, inexistindo, no Estatuto e no Regulamento Geral, regra específica de uniformização, aplica-se o modelo da legislação processual, com as adaptações devidas. "Compete a qualquer membro do órgão julgador do Conselho Federal, ou à parte, suscitar o pronunciamento prévio a respeito da interpretação que deva prevalecer entre as decisões divergentes já existentes. O recorrente pode requerer igual pronunciamento antes do julgamento do recurso" (Proc. 4.884/96/PC).

Conforme jurisprudência consolidada do STF (RHC 6.877), a instância superior pode dar aos fatos definição jurídica diversa daquela constante da origem. Assim, é possível durante a instrução processual, ou até mesmo na fase recursal, ocorrer novo enquadramento jurídico da conduta infracional do representado, aplicando-se pena diversa daquela inicialmente prevista, desde que os fatos sejam os mesmos. Mas não pode haver *reformatio in pejus*.

De acordo com o art. 138, § 6º, do Regulamento Geral do EAOAB – *a contrario sensu* –, o órgão recursal da OAB, ainda que nos casos de nulidade ou extinção processual, não pode julgar de imediato o mérito para retorno dos autos à origem, quando se tratar de processo ético-disciplinar, sem assegurar o amplo direito de defesa.

CABIMENTO DOS RECURSOS

Apenas cabe recurso ao Conselho Federal de decisão proferida pelo Conselho Seccional, porque todos os demais órgãos da OAB são a este vinculados. No entanto, nem todas as decisões podem ser objeto de recurso. Por ter natureza extraordinária, o recurso para o Conselho Federal não serve para mera revisão de matéria de fato. O Estatuto impõe requisitos de admissibilidade incontornáveis, devendo o recurso ser contra:

a) decisão não unânime; ou

b) decisão unânime que contrarie o Estatuto ou a legislação regulamentar da OAB. Nesse caso, cabe ao recorrente especificar, com clareza, o dispositivo legal que foi contrariado e em que ponto. Nesse sentido, decidiu a Primeira Câmara do CFOAB

(Proc. 0198/2002/PCA) que somente se conhece de recurso com fundamento em divergência entre decisões de Conselhos Seccionais quando as matérias de fato e de direito de ambos os julgamentos forem semelhantes.

O art. 75 do Estatuto veda a reapreciação de provas. O recurso ao Conselho Federal contra decisão do Conselho Seccional tem natureza extraordinária, razão por que se restringe à demonstração de violação da legislação aplicável. Questões de fato não podem ser revistas.

Os requisitos de admissibilidade também se aplicam no âmbito do Conselho Federal, ou seja, aos recursos contra decisões das Câmaras dirigidos ao Órgão Especial (art. 85 do Regulamento Geral). Nesse sentido, decidiu o Órgão Especial não conhecer de recurso contra decisão das Câmaras do Conselho Federal quando o julgamento for unânime e não houver contrariedade ao Estatuto, Regulamento Geral, Código de Ética e Disciplina ou Provimentos. Questões de fato não podem suplantar as questões de direito no julgamento de recursos no Conselho Federal (Red. 0002/2003/OEP). Decidiu o Órgão Especial ser incabível o recurso a ele submetido, com fundamento em fatos ocorridos no Conselho Seccional, faltando suporte no acórdão da Câmara recorrida (Proc. 82/96/OE). É inadmissível o recurso quando há mera reiteração das teses recursais anteriores, sem qualquer impugnação aos fundamentos adotados pelo acórdão recorrido, com nítida pretensão ao reexame de questões já analisadas pela instância recorrida (Ementa 009/2020/OEP). Porém, não se aplica a jurisprudência do Órgão Especial quando não se trata de reiteração de alegações sobre fatos e provas, mas de reiteração de tese necessária e suficiente para embasar o recurso ao Órgão Especial porquanto, se não articulada, ensejaria sua não admissibilidade (devido ter sido unânime a decisão recorrida), além de que a parte recorrente tem o direito de ver a tese de contrariedade a decisão do Conselho Federal decidida quanto ao mérito em última e definitiva instância (Ementa 013/2020/OEP).

O juízo de admissibilidade do recurso é indelegavelmente do Conselho Federal. Mesmo que haja evidência de não cabimento do recurso, deve o Conselho Seccional encaminhá-lo ao Conselho Federal, após constatar sua tempestividade.

Quando o Conselho Seccional for competente para apreciar recurso, e houver suspeição de seus membros, a competência desloca-se ao Conselho Federal, mercê da aplicação analógica do art. 102, I, *n*, da Constituição. Assim decidiram as anteriores Câmaras Reunidas, em caso que envolvia representação em matéria eleitoral, havendo interesse pessoal do presidente e de membros do Conselho Seccional (Proc. CR 16/93).

Podem recorrer todos os interessados (inclusive o autor da representação disciplinar, mesmo não sendo advogado) e o presidente do Conselho Seccional. Conselheiro seccional não tem legitimidade para recorrer; apenas seu Presidente (Ementa 003/2017/OEP).

O Estatuto encerrou a controvérsia existente na anterior jurisprudência do CFOAB sobre a possibilidade, naquela reafirmada, de o autor da representação ter legitimidade para recorrer, não sendo advogado.

Contra decisão do presidente do Conselho Seccional, da diretoria do Conselho Seccional, dos órgãos deliberativos em que se divida o Conselho (Câmaras, Turmas, Seções etc.), do Tribunal de Ética e Disciplina, da diretoria da Caixa de Assistência dos Advogados, do presidente, da diretoria e do Conselho da Subseção, cabe recurso ao Conselho Seccional.

Em virtude do caráter nacional do Exame de Ordem, o recurso contra resultado obtido nesse exame deve ser dirigido à banca recursal, designada pelo Presidente do CFOAB (Provimento n. 144/2012).

Essas regras de cabimento de recurso são suplementadas por outras estabelecidas no Regulamento Geral, nos provimentos do Conselho Federal e nos regimentos internos dos Conselhos Seccionais, que devem definir qual o órgão recursal máximo em seu âmbito.

A simples alegação de cerceamento de defesa e o inconformismo em relação à decisão do Conselho Seccional não atendem os requisitos necessários para apreciação do recurso (Ementa 039/2007/SCA).

PRAZOS E EFEITOS DOS RECURSOS

Os prazos dos recursos, de qualquer tipo, são uniformes: quinze dias, inclusive se o regimento interno do Conselho Seccional admitir recursos assemelhados aos que a legislação comum atribui prazo breve, como os embargos de declaração. Sobre a contagem dos prazos, ver os comentários ao art. 69.

Os recursos nos processos administrativos na OAB têm efeito devolutivo e suspensivo. O Estatuto abre três exceções apenas: a) quando tratarem de eleições, b) de suspensão preventiva aplicada pelo Tribunal de Ética e Disciplina (ver comentários ao art. 70, acima) e c) de cancelamento da inscrição obtida com falsa prova (ver comentários ao art. 11, acima). São hipóteses que não admitem retardamento, em virtude do *periculum in mora*. No caso das eleições, geraria acefalia do órgão, porque a posse dos eleitos estaria suspensa e os mandatos anteriores, extintos. No caso da suspensão preventiva, a demora agravaria o dano à dignidade da advocacia. No caso do cancelamento da inscrição, seria prolongado o prejuízo pelo exercício ilegal da profissão.

DISPOSIÇÕES GERAIS E TRANSITÓRIAS

Título IV
DAS DISPOSIÇÕES GERAIS E TRANSITÓRIAS

Art. 78. Cabe ao Conselho Federal da OAB, por deliberação de dois terços, pelo menos, das delegações, editar o Regulamento Geral deste Estatuto, no prazo de seis meses, contados da publicação desta lei.

Art. 79. Aos servidores da OAB, aplica-se o regime trabalhista.

§ 1º Aos servidores da OAB, sujeitos ao regime da Lei n. 8.112, de 11 de dezembro de 1990, é concedido o direito de opção pelo regime trabalhista, no prazo de noventa dias a partir da vigência desta lei, sendo assegurado aos optantes o pagamento de indenização, quando da aposentadoria, correspondente a cinco vezes o valor da última remuneração.

§ 2º Os servidores que não optarem pelo regime trabalhista serão posicionados no quadro em extinção, assegurado o direito adquirido ao regime legal anterior.

Art. 80. Os Conselhos Federal e Seccionais devem promover trienalmente as respectivas Conferências, em data não coincidente com o ano eleitoral, e, periodicamente, reunião do colégio de presidentes a eles vinculados, com finalidade consultiva.

Art. 81. Não se aplicam aos que tenham assumido originariamente o cargo de Presidente do Conselho Federal ou dos Conselhos Seccionais, até a data da publicação desta lei, as normas contidas no Título II, acerca da composição desses Conselhos, ficando assegurado o pleno direito de voz e voto em suas sessões.

Art. 82. Aplicam-se as alterações previstas nesta Lei, quanto a mandatos, eleições, composição e atribuições dos órgãos da OAB, a partir do término do mandato dos atuais membros, devendo os Conselhos Federal e Seccionais disciplinarem os respectivos procedimentos de adaptação.

Parágrafo único. Os mandatos dos membros dos órgãos da OAB, eleitos na primeira eleição sob a vigência desta lei, e na forma do Capítulo VI do Título II, terão início no dia seguinte ao término dos atuais mandatos, encerrando-se em 31 de dezembro do terceiro ano do mandato e em 31 de janeiro do terceiro ano do mandato, neste caso com relação ao Conselho Federal.

Art. 83. Não se aplica o disposto no art. 28, II, desta Lei, aos membros do Ministério Público que, na data de promulgação da Constituição, se incluam na previsão do art. 29, § 3º, do seu Ato das Disposições Constitucionais Transitórias.

Art. 84. O estagiário, inscrito no respectivo quadro, fica dispensado do Exame de Ordem, desde que comprove, em até 2 (dois) anos da promulgação desta Lei, o exercício e resultado do estágio profissional ou a conclusão, com aproveitamento, do estágio de "Prática Forense e Organização Judiciária", realizado junto à respectiva faculdade, na forma da legislação em vigor.

Art. 85. O Instituto dos Advogados Brasileiros, a Federação Nacional dos Institutos dos Advogados do Brasil e as instituições a eles filiadas têm qualidade para promover perante a OAB o que julgarem do interesse dos advogados em geral ou de qualquer de seus membros.

- *Art. 85 com a redação da Lei n. 14.365/2022.*

Art. 86. Esta lei entra em vigor na data de sua publicação.

Art. 87. Revogam-se as disposições em contrário, especialmente a Lei n. 4.215, de 27 de abril de 1963, a Lei n. 5.390, de 23 de fevereiro de 1968, o Decreto-lei n. 505, de 18 de março de 1969, a Lei n. 5.681, de 20 de julho de 1971, a Lei n. 5.842, de 6 de dezembro de 1972, a Lei n. 5.960, de 10 de dezembro de 1973, a Lei n. 6.743, de 5 de dezembro de 1979, a Lei n. 6.884, de 9 de dezembro de 1980, a Lei n. 6.994, de 26 de maio de 1982, mantidos os efeitos da Lei n. 7.346, de 22 de julho de 1985.

Brasília, 4 de julho de 1994; 173º da Independência e 106º da República.
ITAMAR FRANCO
Alexandre de Paula Dupeyrat Martins

COMENTÁRIOS

REGULAMENTO GERAL

O Estatuto é uma lei compacta, que procurou tratar apenas das matérias que se encartassem na denominada reserva legal (criação, modificação ou extinção de direitos e obrigações). Todas as demais foram remetidas ao seu Regulamento Geral, mediante delegação de competência legal ao CFOAB, cumprindo-lhe editá-lo ou alterá-lo, além de provimento e resoluções, com idêntica força de obrigatoriedade a todos os órgãos da instituição e a todos os inscritos.

A delegação legal não colide com o art. 84, IV, da Constituição, que tem finalidade diversa, porque tem conteúdo delimitador do Poder Executivo, em face dos demais Poderes da República.

Com o desenvolvimento do Estado Moderno, e a complexidade das relações sociojurídicas, o princípio do monopólio estatal da produção jurídica flexibilizou-se para admitir delegações, descentralizações e reconhecimento de ordenamentos complementares, estes delimitados a grupos e classes de pessoas. Neste sentido, aponta a Constituição de 1988.

Apesar da denominação utilizada na Lei n. 8.906, o Regulamento Geral tem forma e natureza de resolução e de regimento interno e foi editado dentro desses precisos limites. A regulamentação de matérias e campos específicos, quando prevista em lei, não é novidade no direito brasileiro. Exemplos de delegações regulamentares, antes da Lei n. 8.906, foram as Leis n. 5.842/72 e 8.195/91. É da competência das entidades e órgãos de deliberação coletiva a edição de resoluções de alcance geral e abstrato, desde que não criem, modifiquem ou extingam direitos e obrigações. Todos os dispositivos do Estatuto que são remetidos à regulamentação definem os direitos e obrigações correspondentes.

REGIME DOS SERVIDORES DA OAB

Considerando-se que a OAB não se vincula à Administração Pública de qualquer espécie, sendo serviço público independente (ver comentários ao art. 44), não se aplica a seus servidores o regime dos servidores públicos. O regime próprio é o trabalhista.

A Procuradoria-Geral da República ajuizou ADI 3.026 com intuito de ver declarada a inconstitucionalidade do § 1º do art. 79 e de ser conferida interpretação conforme com a Constituição ao *caput* do art. 79, para o fim de ser exigido concurso público para contratação como empregado da OAB. O STF julgou em 2006 improcedente a ação, confirmando o regime trabalhista e esclarecendo que a OAB é serviço público especial e não autarquia especial, não estando sujeito a controle da Administração, pois ocupa-se de atividades atinentes aos advogados, que são indispensáveis à administração da justiça, além de exercer igualmente finalidades institucionais, que as demais entidades de fiscalização profissional não ostentam. Esse entendimento foi reafirmado no julgamento do Recurso Extraordinário (RE) 1.182.189, com repercussão geral reconhecida (Tema 1.054).

Como o art. 148 da Lei n. 4.215/63 mandava aplicar aos antigos servidores da OAB o regime estatutário do servidor público, para essas situações excepcionais, persistentes em alguns Conselhos Seccionais, o Estatuto facultou a opção para a conversão ao regime trabalhista, com algumas vantagens premiais.

O regime estatutário na OAB foi extinto com o advento do art. 1º do Decreto-Lei n. 968, de 13 de outubro de 1969, que revogou o art. 148 da Lei n. 4.215/63.

Em 2025, o STF, em decisão unânime, na ADPF 862, determinou que apenas os servidores da seccional contratados sob regime estatutário, em quadro de extinção, ou que fizeram a opção celetista logo após o advento do Estatuto, podem ser considerados estáveis, não se aplicando a estabilidade aos que ingressaram originalmente no regime celetista.

Para a 5ª Turma do STJ, no HC 750.133, embora a OAB não integre a administração pública, conforme a orientação do STF, seus funcionários são equiparados a servidores públicos para fins penais, conforme previsto no art. 327, § 1º, do Código Penal. O entendimento foi reafirmado pelo Tribunal ao negar *habeas corpus* a uma pessoa condenada pela participação em esquema de corrupção que tinha por objetivo fraudar exames na OAB.

CONFERÊNCIAS DA OAB E COLÉGIO DE PRESIDENTES

As Conferências Nacionais da OAB ingressaram no calendário oficial da Instituição, desde a primeira, convocada para o ano de 1958, tendo por objetivo geral o estudo e debate de questões institucionais e corporativas de interesse da advocacia brasileira.

As conferências eram realizadas bienalmente. Com a Lei n. 8.906/94, passaram a ser trienais, sempre no segundo ano do mandato, porque não poderá haver coincidência com o ano das eleições gerais na OAB.

As Conferências nacionais e estaduais tornaram-se obrigatórias, porque o Estatuto concebeu-as como órgão da OAB, de caráter consultivo. Para os Conselhos Seccionais tornaram-se imprescindíveis, em virtude da extinção da assembleia geral, como *locus* de manifestação coletiva dos advogados. Estabelece o art. 145 do Regulamento Geral, com a redação da Res. n. 8/2016, que a conferência nacional é o "órgão consultivo máximo do Conselho Federal", além de espaço de congraçamento da advocacia.

As conclusões das Conferências são vertidas em recomendações aos respectivos Conselhos, que poderão adotá-las ou rejeitá-las, mas não as ignorar.

O Provimento n. 195/2020 determinou que as conferências nacionais e demais eventos, organizados ou realizados no âmbito do CFOAB e dos Conselhos Seccionais, devem assegurar a participação, na condição de palestrantes ou de membros das comissões organizadoras, de ao menos 30% de mulheres, ou de cada gênero, exceto quando houver apenas um palestrante.

Cabe à diretoria do Conselho Federal reunir periodicamente o Colégio de Presidentes dos Conselhos Seccionais. O Colégio é órgão consultivo permanente do Conselho, não podendo, contudo, manifestar-se em nome dos advogados brasileiros. Suas manifestações são específicas, não vinculando o Conselho Federal, que poderá acatá-las ou rejeitá-las. O Colégio de presidentes está regulamentado em Provimento específico, com finalidades de intercâmbio de experiências e de formulações de propostas e sugestões ao Conselho Federal.

Cabe às diretorias dos Conselhos Seccionais reunirem periodicamente os Colégios de presidentes das Subseções, com idênticas finalidades, devendo os Conselhos Seccionais regulamentá-los mediante resoluções.

PARTICIPAÇÃO DO INSTITUTO DOS ADVOGADOS E DA FEDERAÇÃO NACIONAL DOS INSTITUTOS

O Instituto dos Advogados Brasileiros é, historicamente, a entidade associativa dos advogados mais antiga, voltando-se, após a criação da OAB, essencialmente às atividades de fomento de cultura e ciência jurídicas. A Federação Nacional dos Institutos dos Advogados do Brasil é a entidade nacional que congrega os Institutos locais, a ele filiados.

O Estatuto prevê a participação dessas entidades em duas circunstâncias:

a) Seus presidentes ou substitutos têm assento no Conselho Federal e o Presidente do Instituto local tem assento no Conselho Seccional, como membro nato, e direito a voz;

b) o Instituto dos Advogados Brasileiros, a Federação Nacional dos Institutos dos Advogados do Brasil e os Institutos filiados têm iniciativa direta de proposições ao Conselho Federal e Conselhos Seccionais.

SITUAÇÕES TRANSITÓRIAS

O Estatuto manteve o amplo direito de voto aos ex-presidentes do Conselho Federal e dos Conselhos Seccionais, em virtude do princípio do direito adquirido. Somente podem ser considerados ex-presidentes com direito a voto os que assumiram os cargos originariamente, isto é, os que foram eleitos para eles e se encontravam em seu exercício em 5 de julho de 1994.

Os mandatos, a composição e as atribuições dos órgãos da OAB, existentes quando da data do início de vigência do novo Estatuto, foram mantidos até 31 de janeiro de 1995, para os Conselhos Seccionais, e 31 de março de 1995, para o Conselho Federal. Dessa forma, permaneceram as comissões estatutárias previstas na Lei n. 4.215/63, até essas datas, com suas atribuições e bem assim os procedimentos existentes para os processos disciplinares e de inscrição. O Estatuto atribuiu aos Conselhos competência para regularem mediante resoluções os procedimentos de adaptação até à edição dos diplomas definitivos.

Quanto às primeiras eleições realizadas na vigência do novo Estatuto, este determinou que se observasse, para elas, o sistema eleitoral por ele introduzido, exceto quanto aos mandatos, que teriam o tempo de encerramento reduzido para adaptação às datas de início dos próximos. O Conselho Federal aprovou, logo em seguida ao início de vigência da Lei n. 8.906/94, o regulamento eleitoral disciplinando as primeiras eleições da OAB, sob as novas regras.

O Estatuto, por emenda havida no Congresso Nacional, manteve a regra constitucional de preservação dos direitos adquiridos dos antigos membros do Ministério Público, que optaram por continuar exercendo cumulativamente a advocacia.

Ainda quanto aos direitos adquiridos, o Estatuto manteve a dispensa do Exame de Ordem para os que realizassem o estágio profissional de advocacia ou o de prática forense e de organização judiciária, desde que o concluíssem regularmente até o dia 5 de julho de 1996, com aprovação em exame final. Embora a lei refira-se à inscrição, deve ser compreendido em seu alcance o requerimento ingressado na OAB até aquela data, em virtude do princípio adotado em nosso sistema jurídico de irretroatividade da lei nova sobre pedidos administrativos já protocolizados, porque a demora da decisão não pode ser imputada ao requerente.

"Na regência da Lei n. 8.906/94, o bacharel em Direito podia optar entre o estágio profissional ou a submissão à prova de conhecimentos jurídicos, situação que perdurou provisoriamente até 1996. (...) A partir do término de vigência do dispositivo, o exame tornou-se obrigatório para todos os egressos do curso de Direito, conforme previsão do art. 8º, inciso IV e § 1º, da Lei n. 8.906/94" (STF, RE 603.583, voto do rel. Min. Marco Aurélio).

O estagiário, referido no art. 84, é o que se inscreveu no respectivo quadro da OAB. Os estudantes de cursos de estágio não se qualificam assim, porque as instituições de ensino não inscrevem estagiários, mas apenas matriculam estudantes. São situações distintas que geraram interessadas interpretações aos que não desejaram submeter-se ao Exame de Ordem.

A legislação então em vigor para o estágio profissional de advocacia (Lei n. 4.215/63, art. 50; Provimentos n. 33/67 e 38/72) e para o estágio de prática forense e organização judiciária (Lei n. 5.842/72, Resolução n. 15/73 do CFE, Provimento n.

40/73, revogados pelo art. 87 do Estatuto) determinava seu cumprimento nos dois últimos anos letivos (sobre a natureza e finalidades do estágio, no novo Estatuto, ver os comentários ao art. 9º).

Regendo as situações transitórias, particularmente quanto à dispensa do Exame de Ordem, o CFOAB editou norma específica, mediante a Resolução n. 2/94. O bacharel em direito que colou grau até o ano de 1973 não está sujeito à comprovação de estágio profissional ou de aprovação em Exame de Ordem, por força da Lei n. 5.960/73 e dos Provimentos n. 18 e 33. A Primeira Câmara do CFOAB passou a decidir que não há direito adquirido à dispensa do Exame de Ordem se, à época da conclusão do curso de Direito e ainda sob a vigência da Lei n. 4.215/63, o bacharel exercia atividade incompatível com a advocacia (Rec. 49.0000.2017.004891-3/PCA). Todavia, essa é uma restrição que a Lei n. 5.960 e a Lei n. 8.906/94 não fizeram, não se podendo introduzi-la mediante interpretação.

O último artigo da lei (art. 87) revoga expressamente os diplomas legais que regiam, antes dela, a advocacia e a OAB. Estão revogadas (derrogadas ou ab-rogadas) todas as normas legais que com ela sejam incompatíveis.

Esclareceu o STF que "(...) os tribunais federais, assentando que a OAB tem natureza jurídica diversa dos demais órgãos de fiscalização profissional e que a contribuição que lhe é devida não tem natureza tributária, firmaram o entendimento de que a revogação expressa no art. 87 da Lei n. 8.906, de 1994, tem efeito apenas para a OAB, não atingindo as contribuições devidas aos demais conselhos de fiscalização profissional" (AI 752.439).

BIBLIOGRAFIA

ALKMIN, Ivan. *O advogado e sua identidade profissional em risco.* Rio de Janeiro: Destaque, 2001.

ALMEIDA, Cândido Mendes de. *Ordenações Filipinas.* Reprodução fac-símile da edição de 1870. Lisboa: Fundação Calouste Gulbenkian, 1985.

ALMEIDA, P. Moitinho de. *Responsabilidade civil dos advogados.* Coimbra: Coimbra Ed., 1985.

AMARAL, Luiz. Advocacia - História e perspectivas. *Revista de Doutrina e Jurisprudência do Tribunal de Justiça do Distrito Federal,* 1:22-56.

AMERICAN BAR ASSOCIATION - Canons of ethics. *Radin Law Dictionary.* New York, 1970.

ANIMALI, Samuele. Le professioni legali. Tendenze e prospective. *Sociologia del diritto,* 1º quadrimestre 1995, p. 167-76.

ASÚA, L. Jiménez de. *Tratado de derecho penal.* Buenos Aires: Losada, 1950. t. 1.

AVRIL, Yves. *La responsabilité de l'avocat.* Paris: Dalloz, 1981.

BARBOSA, Rui. *Antologia de Rui Barbosa.* Rio de Janeiro: Ediouro, s.d.

BARBOSA, Rui. *O dever do advogado.* Rio de Janeiro: Fundação Casa de Rui Barbosa, 1994.

BATOCHIO, José Roberto. A inviolabilidade do advogado em face da Constituição de 1988. *RT,* 688:401.

BOBBIO, Norberto. *A era dos direitos.* Trad. Carlos Nelson Coutinho. Rio de Janeiro: Campus, 1992.

BOMFIM, B. Calheiros. *Conceitos sobre a advocacia, magistratura, justiça e direito.* Rio de Janeiro: Destaque, 1995.

BONFANTE, Pedro. *Instituciones de derecho romano.* Trad. Luis Bacci. Madrid: Reus, 1979.

BRANCO, Tales Castelo. *Da prisão em flagrante.* São Paulo: Saraiva, 1986.

BRODY, Reed. *The harassment and persecution of judges and lawers.* Geneve: International Commission of Jurists, 1989.

CARNEIRO, Levi. *O livro de um advogado.* Rio de Janeiro: Coelho Branco Filho Ed., 1943.

CARNELUTTI, Francesco. *Sistema di diritto processuale civile.* 1936. v. 1.

CARRION, Valentin. *Comentários à Consolidação das Leis do Trabalho.* São Paulo: Revista dos Tribunais, 1993.

CHAVES, Antonio. *Advogado. Responsabilidade profissional.* São Paulo: Cultural Paulista, 1988.

CHEATHAM, E. E. *Problemas do advogado nos Estados Unidos.* Trad. José Carlos Teixeira Rocha. Rio de Janeiro: Zahar, 1965.

COMPARATO, Fábio Konder. A função do advogado na administração da justiça. *RT,* 694:45.

COMPARATO, Fábio Konder et al. *Direitos humanos*: conquistas e desafios. Brasília: OAB, 1998.

CORRÊA, Alexandre Augusto de Castro. Breve apanhado sobre a história da advocacia em Roma. *Revista do Instituto dos Advogados Brasileiros,* Rio de Janeiro, ano 20, 67-68:1-24, 1986-1987.

CORRÊA, Orlando de Assis (org.). *Comentários ao Estatuto da Advocacia e da Ordem dos Advogados do Brasil – OAB*. Rio de Janeiro: Aide, 1995.

COUTURE, Eduardo J. *Mandamientos del abogado*. Buenos Aires: Depalma, 1990.

CUPIS, Adriano de. *I diritti della personalità*. Milano: Giuffrè, 1982.

D'URSO, Luiz Flávio Borges. O sigilo do inquérito policial e o exame dos autos por advogado. *Revista da Ordem dos Advogados do Brasil*, 66:87-96, jan./jun. 1998.

FAGUNDES, Miguel Seabra. A presença da OAB no contexto político-institucional brasileiro. *Revista da Ordem dos Advogados do Brasil*, 30:115-9, set./dez. 1992.

FAORO, Raymundo. A relação do Judiciário com o advogado. *Revista do Instituto dos Advogados do Estado do Espírito Santo*, 1(1):11-7, 1990.

FELKER, Reginald D. H. O direito romano e o contrato de trabalho. *Intersindical*, 417:888, ago. 1992.

FERNANDES, Paulo Sérgio Leite (compilador). *Na defesa das prerrogativas do advogado*. São Paulo: Saraiva, 1976.

FERREIRA, Cremilda Maria Ramos. *Sigilo profissional na advocacia*. Coimbra: Coimbra Ed., 1991.

FERREIRA FILHO, Manoel Gonçalves. *Comentários à Constituição de 1988*. São Paulo: Saraiva, 1994. v. 1.

GIERKE, Otto von. *La naturaleza de las asociaciones humanas*. Trad. J. M. Navarro de Palencia. Madrid: Ed. Soc. Esp.

GOMES, Randolfo. *O advogado e a Constituição Federal*. Rio de Janeiro: Ed. Trabalhistas, 1990.

GRISWOLD, Erwin N. The legal profession. In: *Talks on American law*. Washington: Formm, 1973.

GUEIROS, Nehemias. *A advocacia e o seu Estatuto*. Rio de Janeiro: Freitas Bastos, 1961.

HAMELIN, Jacques; DAMIEN, André. *Nouvel abregé des regles de la profession d'avocat*. Paris: Dalloz, 1975.

HAMELIN, Jacques; DAMIEN, André. *Les régles de la profission d'avocat*. Paris: Dalloz, 1995.

JESUS, Damásio E. de. *Código Penal anotado*. São Paulo: Saraiva, 1991.

JUSTINIANO. *Instituições de Justiniano*. Ed. bilíngue. Trad. Sidnei Ribeiro de Souza e Dorival Marques. Curitiba: Tribunais do Brasil Ed., 1979.

KARALFY, A. K. R. *The English legal system*. London, 1990.

KLAUTAU, Paulo de Tarso Dias. Crime contra a honra de juiz federal. Imputação feita a advogado. Ação penal. Trancamento. *Revista da Ordem dos Advogados do Brasil*, 55:209-14, set./dez. 1991.

KONDER, Carlos Nelson; LIMA, Marco Antônio de. Responsabilidade civil dos advogados no tratamento de dados à luz da Lei n. 13.709/2018. *Direito civil e tecnologia*. Belo Horizonte: Fórum, 2020.

LANGARO, Luiz Lima. *Curso de deontologia jurídica*. São Paulo: Saraiva, 1992.

LEAL, Vitor Nunes. Liberdade, desenvolvimento e advocacia. *Revista da OAB-DF*, 9:107-15, 1990.

LEMAIRE, Jean. *Les régles de la profession de l'avocat et les usages du Barreau de Paris*. Paris: LGDJ, 1975.

LOBO, Eugênio R. Haddock; NETTO, Francisco Costa. *Comentários ao Estatuto da OAB e às regras da profissão do advogado*. Rio de Janeiro: Ed. Rio, 1978.

LÓPEZ, Manuel Santaella. *Ética de las profesiones jurídicas*. Madrid: Facultad de Derecho, Universidad Camplutense, 1995.

LUNA, Antonio de. *Moral profesional*. VV.AA. Madrid: C.S.I.C., 1954.

MANZINI, Vincenzo. *Trattato di diritto penale italiano*. Torino: UTET, 1961. v. 1.

MARKS, F. Raymond; Leswing, Kirk; Fortunsky, Barbara A. *The lawyer, the public, and professional responsibility*. Chicago: American Bar Foundation, 1972.

MARTINEZ VAL, José Maria. *Abogacía y abogados*. Barcelona: Bosch, 1981.

MÉHÉSZ, Kornél Zoltán. *Advocatus romanus*. Buenos Aires: Zavalia, 1971.

MOLLOT, M. *Régles de la profession d'avocat*. Paris: Ed. Durand, 1866. t. 2.

NUNES, Jardim. *Estatuto da Ordem dos Advogados*. Lisboa: Ed. Rei dos Livros, 1989.

OAB – Conselho Federal. Arquivos dos pareceres da Comissão de Sistematização do Anteprojeto do novo Estatuto, 1991-1992.

OAB – Conselho Federal. *OAB – Ensino jurídico*: diagnósticos, perspectivas e propostas. Brasília, 1992.

OAB – Conselho Federal. *OAB – Ensino jurídico*: parâmetros para elevação da qualidade e avaliação. Brasília, 1993.

OAB – Conselho Federal. *OAB – Ensino jurídico*: novas diretrizes curriculares. Brasília, 1996.

OAB – Conselho Federal. *Direitos humanos*: conquistas e desafios. Brasília: OAB, 1998.

OLIVEIRA, João Gualberto de. *História dos órgãos de classe dos advogados*. São Paulo: Instituto dos Advogados de São Paulo, 1968.

OLIVEIRA, José Lamartine Correia de Oliveira. *O novo estatuto do advogado*. Brasília: Conselho Federal da OAB, 1988.

OLIVEIRA, Rafael Carvalho Rezende. *Curso de direito administrativo*. São Paulo: Método, 2017.

OSÓRIO, Fábio Medina. *Direito administrativo sancionador*. São Paulo: Revista dos Tribunais, 2005.

PASSOS, J. J. Calmon dos. *Advocacia – O direito de recorrer à Justiça*. Tese n. 11 da VI Conferência Nacional da Ordem dos Advogados do Brasil. Salvador: Conselho Federal da OAB, 1976.

PAULO FILHO, Pedro. *O bacharelismo brasileiro*. Campinas: Bookseller, 1997.

PONTES DE MIRANDA, F. C. *Comentários ao Código de Processo Civil*. Rio de Janeiro: Forense, 1974. v. 1.

PONTES DE MIRANDA, F. C. *Tratado de direito privado*. São Paulo: Revista dos Tribunais, 1974. t. 1.

RAMOS, Gisela Gondim. *Estatuto da Advocacia – Comentários e jurisprudência selecionada*. Florianópolis: OAB-SC, 1999.

RIVERO, Jean. *Direito administrativo*. Trad. port. Coimbra: Almedina, 1977.

ROBERT, Henri. *O advogado*. São Paulo: Martins Fontes, 1997.

ROSSI, João Baptista Prado. *Reflexões sobre a advocacia e a magistratura*. São Paulo: OAB-SP, 1990.

SERON, Carroll. New strategics for getting clients: urban and suburban lawyers' views. *Law & Society*, 27:399-418, 1993.

SILVA, José Afonso da. *Curso de direito constitucional positivo*. São Paulo: Malheiros, 1995.

SODRÉ, Ruy de Azevedo. *A ética profissional e o Estatuto do Advogado*. São Paulo: LTr, 1975.

SODRÉ, Ruy de Azevedo. *Sociedade de advogados*. São Paulo: Revista dos Tribunais, 1975.

SOUZA JR., José Geraldo de (org.). *O direito achado na rua*. Brasília: UnB, 1990.

SUNDFELD, Carlos Ari. OAB – Representação dos seus filiados em juízo. *Revista de Direito Público*, 23(49):114-23, abr./jun. 1990.

SUSSEKIND, Arnaldo. *Instituições de direito do trabalho*. São Paulo: LTr, 1993.

TELLES JR., Goffredo. *Ética*. Rio de Janeiro: Forense, 1988.

TEPEDINO, Gustavo; PINTO, José Emilio Nunes. Notas sobre o ressarcimento de despesas com honorários de advogado em procedimentos arbitrais. *Revista trimestral de direito civil*. Rio de Janeiro: Padma, n. 34, abr./jun. 2008.

VENÂNCIO FILHO, Alberto. *Notícia histórica da Ordem dos Advogados do Brasil*. Rio de Janeiro: Conselho Federal da OAB, 1982.

VITAL, Armando. *A Ordem dos Advogados do Brasil*. Rio de Janeiro: Revista dos Tribunais, 1917.

WALD, Arnoldo. O advogado e as transformações da empresa. *RT*, 718:315-7, ago. 1995.

WEBER, Max. *Economía y sociedad*. Trad. José Medina Echavarría e outros. México: Fondo de Cultura Económica, 1977.

WEIL, Prosper. *O direito administrativo*. Trad. Maria da Glória Ferreira Pinto. Coimbra: Almedina, 1977.

2026/1